insel taschenbuch 2104
Kenne Fant
Alfred Nobel

Kenne Fant

Alfred Nobel

Idealist zwischen Wissenschaft
und Wirtschaft
Aus dem Schwedischen
von Wolfgang Butt
Insel Verlag

insel taschenbuch 2104
Erste Auflage 1997
Insel Verlag Frankfurt am Main und Leipzig
© der Originalausgabe Kenne Fant 1991
© der deutschsprachigen Ausgabe
Birkhäuser Verlag AG, Basel 1995
Alle Rechte vorbehalten
Lizenzausgabe mit freundlicher Genehmigung
des Birkhäuser Verlags
Hinweise zu dieser Ausgabe am Schluß des Bandes
Vertrieb durch den Suhrkamp Taschenbuch Verlag
Satz: MZ-Verlagsdruckerei GmbH, Memmingen
Druck: Nomos Verlagsgesellschaft, Baden-Baden
Printed in Germany

1 2 3 4 5 – 01 00 99 98 97

Inhalt

Vorwort 9

Kapitel 1-111 13

Anhang

Zeittafel 493

Das Testament von Alfred Nobel 496

Liste der Nobelpreisträger 1901-1996 ... 500

Index 518

Vorwort

Am 10. Dezember 1991 sind 90 Jahre vergangen, seit die ersten Nobelpreise verliehen wurden. Im Jahre 1996 jährt sich zum einhundertsten Mal der Todestag ihres Stifters.

Schon zu Lebzeiten wurde Alfred Nobel zum Gegenstand von Legendenbildung, da er als Erfinder und als multinationaler Unternehmer die Grenzen des Gewöhnlichen überschritt. Seine Persönlichkeit war schwer zu greifen. Hätten wir nicht seine umfassende Korrespondenz, bliebe der Mensch Alfred Nobel wahrscheinlich auch heute noch rätselhaft. Abgesehen von den Briefen, Kopiebüchern und Laboratoriumsjournalen spricht er auch in seinem Drama »Nemesis« zu uns. Unter dem Schutz variierender Verkleidungen gibt er hier seinen persönlichsten Gedanken Ausdruck.

Auf seinen unzähligen Reisen führte er stets einen tragbaren Kopierapparat mit. Auch von seinen Privatbriefen machte er Kopien. Obwohl ein Teil dieser Briefe undeutlich ist, stellt die gesammelte Korrespondenz ein wahrhaftes von ihm selbst verfaßtes Weißbuch dar. Unter den von der Nobelstiftung im Schwedischen Reichsarchiv deponierten Dokumenten befinden sich 218 private Briefe im Original, die das besondere Interesse auf sich ziehen. Alfred Nobel hat sie in den Jahren 1878-1895 an seine österreichische Freundin Sofie Hess mit der Hand auf deutsch geschrieben. Ihre Wiedergabe ist hier auf – häufige und oft umfangreiche – Zitate beschränkt worden. Der Interessierte, der diese Briefe in ihrer Gesamtheit kennenlernen möchte, sei auf die Nobel-Sammlung des Reichsarchivs hingewiesen: Dossier Nr. 302, Regal XXVI in vier Bänden, A bis D.

Dieser Sammlung können nun 20 weitere, von Alfred Nobel zwischen 1889 und 1895 geschriebene Briefe hinzugefügt werden. Sie sind an seinen älteren Bruder Robert adressiert und waren bisher im Besitz der Familie. Durch die verstorbene Kristina Winberg – die treibende Kraft bei der Entstehung des einzigen Nobel-Museums in Schweden – sind mir diese Briefe zur

Verfügung gestellt worden. Ich will keinesfalls geltend machen, daß diese Briefe irgendwelche sensationellen Enthüllungen enthalten, doch vielleicht vertiefen sie die Kenntnis weniger bekannter Züge in Alfred Nobels Charakter. Ein Anliegen dieses Buchs ist es gerade, ihn selbst so ausführlich wie möglich zu Wort kommen zu lassen.

Für die kontinuierliche Hilfe, die ich im Verlauf der Arbeit vom geschäftsführenden Direktor der Nobelstiftung, Dr. Stig Ramel, erhalten habe, fühle ich mich zu großem Dank verpflichtet. Weiter möchte ich den folgenden Personen danken, die mir in verschiedener Weise behilflich waren: den Schriftstellern Kjell Espmark, Sven Fagerberg und Per Anders Fogelström, dem inzwischen verstorbenen Leiter des Technischen Museums, Sigvard Strandh, sowie dem jetzigen Leiter Erik Lundblad, fil. dr. Sven Ingemar Olofsson, den Professoren David H. Ingvar und Fredrik Lund, der Museumsleiterin Gertie Ågren sowie der für die Nobeldokumente im Reichsarchiv verantwortlichen Carin Tisell. Ein besonderer Dank gilt dem kreativen Verleger dieses Buches – Lasse Bergström.

Kenne Fant

Anmerkung des Übersetzers

Die Briefe Alfred Nobels an Sofie Hess und Sofie Hess' Briefe an Alfred Nobel sind hier nach Kopien der Originalbriefe unter Beibehaltung der ursprünglichen Rechtschreibung und Zeichensetzung wiedergegeben. In einigen Ausnahmefällen haben mir die Originale nicht vorgelegen. Diese Briefe sind aus Kenne Fants schwedischer Übersetzung ins Deutsche rückübersetzt; sie sind durch eckige Klammern gekennzeichnet. Eckige Klammern kennzeichnen auch Datums- und Ortsangaben in Alfred Nobels Briefen, die nicht von seiner Hand stammen. Einzelne unleserliche Wörter sind mit [?] bezeichnet.

Wolfgang Butt

Alfred Nobel

1

Dringende Angelegenheiten und vertragliche Verpflichtungen werden bei mir aus Zeitmangel inzwischen wochen- ja zuweilen monatelang zwangsverschleppt. Biographien zu schreiben ist mir unter solchen Umständen vollständig unmöglich, es sei denn, sie dürfen im Telegrammstil sein, und solche sind, scheint mir, die beredtesten. Z. B.: Alfred Nobel – erbärmliches Halbleben, hätte von menschenfreundlichem Arzt erstickt werden sollen, als er schreiend in dieses Leben trat. Größte Verdienste: die Nägel rein zu halten und nie jemandem zur Last zu liegen. Größte Fehler: keine Familie zu haben, keine frohe Laune, keinen guten Magen. Größter und einziger Anspruch: nicht lebendig begraben zu werden. Größte Sünde: nicht dem Mammon zu huldigen. Bedeutende Ereignisse in seinem Leben: keine. Sagt das nicht genug und mehr als genug? Und was gibt es schon in unserer Zeit, das in die Rubrik ›bedeutende Ereignisse‹ gehört? Die zehn Milliarden Sonnen, die sich in unserer kleinen Astralblase, Milchstraße genannt, bewegen, sind auch unbedeutend und würden sich ihrer Kleinheit schämen, wenn sie ein Bewußtsein vom Ausmaß des Ganzen hätten. Wer hat Zeit, Biographien zu lesen, und wer kann so naiv oder liebenswürdig sein, sich dafür zu interessieren? Das frage ich mich in vollem Ernst.

Der Anlaß dafür, daß Alfred Nobel im Alter von 54 Jahren diese Zeilen schrieb, war eine Anfrage seines Bruders Ludvig. Dieser hatte als erster in der Familie Nobel angefangen, die Familiengeschichte zu erforschen. Aus diesem Grund hatte er Alfred gebeten, einerseits seine eigene Biographie zu schreiben und andererseits zu erzählen, was er selbst über die Schicksale der Vorfahren wußte. Als der Bruder sich mit diesem kurzgefaßten Dokument nicht zufriedengab und seine Anfrage nach einer lückenlosen Biographie wiederholte, wehrte Alfred erneut ab: »Warum Dich mit biographischen Aufsätzen langweilen? Niemand liest Aufsätze über andere Personen als

Schauspieler und Mörder, vornehmlich letztere, sei es, daß sie ihre Tat auf dem Schlachtfeld oder auf eine die Leute faszinierende Art und Weise zu Hause vollbracht haben. Die Familie weiß ja ungefähr alles über unseren Vater, und ob das Publikum seine Biographie bekommt oder nicht, dürfte von geringem Interesse sein.«

Es dürfte Alfred Nobels aufrichtige Meinung gewesen sein, daß sein Leben so alltäglich war, daß es kaum einen tieferen Nachgedanken verdiente, geschweige denn, aufgezeichnet zu werden. Dazu kam sein totales Desinteresse, die Familienverhältnisse in die Vergangenheit zurückzuverfolgen.

Drei Jahre vor seinem Tod wurde Alfred Nobel erneut aufgefordert, eine Selbstbiographie zu verfassen. Beim akademischen Festakt in Uppsala 1893 sollte er zum Ehrendoktor der Philosophie promoviert werden. Mit der Ehrenbezeigung ging die Verpflichtung einher, eine selbstbiographische Lebensbeschreibung einzusenden. Eine solche schrieb er auch, aber wiederum war sie im Telegrammstil abgefaßt:

Der Unterzeichnete wurde am 21. Oktober 1833 geboren, hat sein Wissen durch privaten Unterricht erworben, ohne eine höhere Schule zu durchlaufen; ist insbesondere im Bereich der angewandten Chemie mit der Entwicklung von Sprengstoffen befaßt gewesen, die unter den Namen Dynamit und Sprenggummi bekannt sind, sowie von rauchfreiem Pulver, bekannt unter der Bezeichnung Ballistit und C.89. Ist Mitglied der Königlich Schwedischen Akademie der Wissenschaft seit 1884, der Royal Institution in London sowie der Société des Ingenieurs Civils in Paris. Ist seit 1880 Ritter des Nordsternordens. Hat den Offiziersgrad der Ehrenlegion. Im Druck erschienen: nur ein Vortrag in englischer Sprache, der mit einer Silbermedaille belohnt wurde.

Obwohl Alfred Nobel wenig übrig hatte für Ehrentitel und offizielle Auszeichnungen, legte er doch Wert auf die Ehrendoktorwürde wie auf die Mitgliedschaft in der Wissenschaftsakademie.

Der saloppe Tonfall in einem Brief an den Freund und Mitarbeiter Alarik Liedbeck verstärkt nur den Eindruck, daß er sehr zufrieden war: »Es wäre fast schade, wenn ich jetzt abkratzen sollte, denn ich habe überaus interessante Sachen in Arbeit. Aber seit die Biester mich zum Doktor der Philosophie gemacht haben, bin ich beinah noch mehr Philosoph geworden als früher und glaube, daß das Wort Nutzen ein Hirngespinst bezeichnet.«

Nobel versuchte hier und da, sein Leben in einer Formel zusammenzufassen. So gab er in einem Antwortschreiben an einen Bewerber folgende Auskunft über sich selbst: »Ich bin ein Misanthrop und doch äußerst wohlwollend, habe eine Menge Schrauben locker und bin ein Superidealist, der Philosophie besser verdaut als Essen.«

Er spürte einen direkten Widerwillen dagegen, sich selbst in den Vordergrund zu stellen, und angesichts spontaner Äußerungen der Bewunderung für etwas, das er geleistet hatte, konnte er sogar Scham empfinden, als ob sich ein dunkles Gefühl von Unwürdigkeit seiner bemächtigte. Seine Reflektionen konnten dann sarkastisch werden: »Es kommt mir erbärmlich vor, in der bunten Sammlung von 1400 Millionen zweibeinigen, schwanzlosen Affen, die auf unserem kreisenden Erdprojektil herumlaufen, jemand oder etwas sein zu wollen.«

Wenn Nobel in dem schon zitierten Brief an seinen Bruder Ludvig davon spricht, daß »Verpflichtungen bei mir inzwischen wochenlang zwangsverschleppt werden«, war die Realität die, daß seine Arbeitstage dazu tendierten, unverhältnismäßig lang zu werden. Er arbeitete oft fünfzehn, zwanzig Stunden ununterbrochen ohne Ruhepause. Es war, als wolle er seine Phantasie durch strenge Arbeit disziplinieren. Oder wollte er sich von vielfältigen Pflichten ablenken lassen, wenn die Schwermut zu bedrückend wurde? Wenn man seine Briefe liest, bekommt man den Eindruck, als spalte er sich in zwei Persönlichkeiten auf: den phantasievollen Erfinder und den nüchternen Geschäftsmann. Weil er sich im Laboratorium wohlfühlte, aber

Sitzungen verabscheute, zog er es in den meisten Fällen vor, seine Anweisungen schriftlich zu geben. Er konnte zwanzig bis dreißig Briefe am Tag formulieren und kam selten vor Mitternacht ins Bett. In seiner Lebensbeschreibung anläßlich der Verleihung der Ehrendoktorwürde hebt er etwas überraschend hervor, daß er Ritter des Nordsternordens und Inhaber des Offiziersgrades der französischen Ehrenlegion sei. In seinen Briefen treibt er nämlich unverhohlen seinen Spott mit diesen »Allerweltsauszeichnungen und Ordenssternen, ob sie nun auf der Brust, dem Bauch oder dem Rücken getragen werden«, und bittet darum, »von Ordensgefunkel und derartigem Blechkram verschont zu werden«. Bei einer anderen Gelegenheit ficht er scherzhaft mit der Feder:

Meine Orden haben keine explosive Grundlage. Den schwedischen Nordsternorden habe ich meiner Köchin zu verdanken, deren Kunst einem hochwohlgeborenen Magen zugesagt hat. Meinen französischen Orden bekam ich aufgrund meiner nahen Bekanntschaft mit einem Minister, den brasilianischen Rosenorden, weil ich zufällig einmal Dom Pedro vorgestellt wurde, und was schließlich den berühmten Boliviaorden angeht, so hatte Max Philipp ›Niniche‹ gesehen und wollte das Zufallsprinzip demonstrieren, nach dem Orden ausgeteilt werden.

Dennoch nahm Alfred das »Ordensgefunkel« entgegen. Vielleicht erinnerte er sich an Goethes Wort, daß »Orden und Titel einen im Gedränge vor manchem Stoß schützen«. Auf jeden Fall kann man mit Sicherheit feststellen, daß der Stifter des Nobelpreises nicht die geringste Spur von Exhibitionismus in seinem Charakter aufwies. Er reagierte bissig, als man ihn dazu bringen wollte, einem russischen Maler, Makoffsky, Modell zu sitzen: »Ich habe Makoffsky getroffen und verspreche, daß sobald Gott Vater in seiner Güte meine Visage um dreißig Jahre verjüngt, so daß sie das Öl und die Farbe wert ist, ich ihm wie ein geduldiges Kind sitzen und der Nachwelt ein nachgeäfftes Probeexemplar meines interessanten, schönen und merkwürdigen Schweineborstenbarts schenken werde.«

Alfred Nobel empfand einen instinktiven Widerwillen gegen Reklame und Publizität. Als ein Bildband über berühmte und hervorragende Schweden herausgegeben werden sollte, antwortete er dem Verleger freundlich, aber bestimmt: »Es ist mir eine Freude, dieses interessante und wertvolle Werk zu subskribieren. Dagegen möchte ich darum bitten, daß mein Portrait nicht in die Sammlung aufgenommen wird. Ich bin nicht der Meinung, irgendeinen Ruhm verdient zu haben, und finde auch keinen Geschmack an seinem Rauschen.« Es wäre Alfred Nobel unmöglich gewesen, unter Beibehaltung seiner Selbstachtung nach der Achtung anderer zu streben. Nicht einmal am Anfang seiner Laufbahn hatte er das Bedürfnis, von sich selbst reden zu hören. In dieser Hinsicht nimmt er sich heute wie eine Gestalt an der Grenze zwischen zwei Zeitaltern aus – dem der Diskretion und dem des Exhibitionismus. Bei einer Gelegenheit bringt er indessen seine Verärgerung über das Ausbleiben einer Ehrenbezeigung zum Ausdruck. Er wurde aus unbekanntem Anlaß nicht zur feierlichen Eröffnung der St.-Gotthard-Bahn im Frühjahr 1882 eingeladen. Immerhin war die technische Durchführung dieses epochemachenden Vorhabens durch sein neues Gelatinedynamit erleichtert worden. Gekränkt schreibt er: »Das Dynamit und die Sprenggelatine haben dadurch, daß sie die Fertigstellung der Bahn beschleunigt haben, allein an Zinsen Millionen eingespart, hört man. Aber das kann wohl doch nicht stimmen, denn sonst hätte wohl selbst der ungehobelteste Tölpel es nicht versäumt, mir eine Einladung zu der Feierlichkeit zu schicken.« Der irritierte Tonfall deutet darauf hin, daß man nicht ausschließen darf, daß Ehrgeiz als eine nach außen nicht in Erscheinung tretende Triebkraft im Bild Alfred Nobels trotz allem vorhanden war. Und was wäre natürlicher?

Für den, der die Persönlichkeit Nobels zu verstehen sucht, stellt die nachgelassene und ungewöhnlich umfangreiche Korrespondenz eine unschätzbare Informationsquelle dar. Da dieser fleißige Briefschreiber seit dem fünfundzwanzigsten Lebensjahr Kopien praktisch sämtlicher seiner Schreiben angefertigt hat, meint man bei der Lektüre ein Muster erkennen zu können. Die Briefe leisten einen konkreten Beitrag zum Bild eines Menschen von ungewöhnlich heftiger Widersprüchlichkeit des Wesens.

Nicht zuletzt gewinnt man Einblick in alles, was ihn beunruhigt und gequält hat. Drei Hauptkomplexe lassen sich ausmachen: die Egozentrik, die Einsamkeit des Unverheirateten und Kinderlosen und die Einsicht in die Sinnlosigkeit des Daseins. Die meisten Privatbriefe scheinen in Zeiten geschrieben zu sein, wo die Dämone der Schwermut ihn jagten. Ein übers andere Mal spricht er von den »Geistern von Nifelheim«. Wenn sie ihm zu schaffen machten, gab es nur einen Ausweg: die Arbeit. Das Resultat ließ nicht auf sich warten. Das Herzleiden, die Atembeschwerden und die anhaltenden Kopfschmerzen verschwanden. Sogar das Gefühl der Einsamkeit schwächte sich ab, auch wenn er nie ganz frei davon wurde. An seine Schwägerin Edla Nobel, Ludvigs Frau, schreibt er:

Welcher Kontrast zwischen uns. Du, umgeben von Liebe, Freude, Lärm, pulsierendem Leben, umsorgend und umsorgt, liebkosend und geliebkost, verankert in der Genügsamkeit; ich umherirrend, kompass- und steuerlos wie ein nutzloses und schicksalsgebrochenes Lebenswrack, ohne leuchtende Erinnerungsbilder aus der Vergangenheit, ohne die falsche, doch schöne Zukunftsbeleuchtung der Illusionen, ohne Eingebildetheit, die eine grobe, aber bereitwillige Selbstverschönerin ist, ohne Familie, die das einzige zukünftige Leben nach diesem darstellt, ohne Freunde für das Herz und ohne Feinde für die natürliche Entwicklung der Galle, dagegen ausgestattet mit einer Selbstkritik, die jeden Flecken mit ungeschminkter Häßlichkeit und jede Unfähigkeit in unverhülltem Licht zeigt. Ein Portrait mit solchen Konturen paßt nicht zu einem Heim der Freude und Behaglichkeit und eignet sich nur für den Papierkorb, in den es wandert.

Als der Bruder Robert Alfred zu einem Besuch der von ihm und Ludvig erschlossenen Ölvorkommen in Baku in Rußland zu locken suchte, bekam er zur Antwort: »Was mich allein dorthin locken könnte, wäre die Gesellschaft – Deine und vielleicht Ludvigs –, aber die wasserlose, staubige, ölbesudelte Wüste an sich hat für mich nichts Verlockendes. Ich will zwischen Bäumen und Büschen leben – stummen Freunden, die meine Nervosität respektieren – und sowohl Weltstädte als auch Wüsten fliehen, wo ich kann.«

Es trifft zu, daß er ab und zu »floh«. Oft kam es vor, daß er plötzlich verschwand, ohne daß jemand wußte, wo er sich aufhielt. In der Einsamkeit konnte sein Tonfall bitter werden: »Du weist auf meine vielen Freunde hin. Wo sind sie? Auf dem trüben Boden verflüchtigter Illusionen oder an das Geklimper gescheffelter Münzen gefesselt. Glaub mir – viele Freunde bekommt man nur unter Hunden, die man mit dem Fleisch anderer füttert, und unter Würmern, die man mit seinem eigenen füttert. Dankbare Mägen und dankbare Herzen sind Zwillinge.«

Wenn man Übertreibungen im Stil seiner Briefe konstatiert, muß man sich in Erinnerung rufen, daß er in seiner Jugend ernsthaft erwog, Schriftsteller zu werden. Sein ganzes Leben hindurch war es ihm ein ebenso großes Vergnügen, mit der Sprache zu experimentieren wie mit den Säuren und dem Schwarzpulver im Laboratorium. Auf beiden Feldern wollte er die Grenzen ausweiten und in unerforschtes Gebiet vordringen. Das Nervöse in seiner Psyche erinnert stark an einen frustrierten Künstler.

Oft läßt der Ernst Raum für Scherz. Die Spaßvogellaune kann dann Texte hervorbringen, die der Studentensprache nahestehen. Man gewinnt den Eindruck eines reservierten und gehemmten Menschen, der sich erst durch das geschriebene Wort befreit fühlen kann.

Im privaten Teil seiner Korrespondenz hält Alfred Nobel indessen im allgemeinen die Ironie und die Sarkasmen zurück.

Ein dunkler Schatten scheint über die Briefseiten zu fallen, wenn er sich selbst beschreibt als »ein wertloses Grübelinstrument, einsam in der Welt und mit schwereren Gedanken, als irgend jemand ahnen kann«. Es sind Zeilen wie diese, die das Bild von ihm als einem düsteren Eigenbrötler geprägt haben, der am liebsten in Abgeschiedenheit leben wollte, wenn er nicht mit Arbeit überhäuft war. Es ist leicht, andere Beispiele zu finden. Nach einem kurzen Besuch in einem Kurort schrieb er: »Die Erde ist ein Jammertal in diesem anatomischen Museum wandernder wurmstichiger Leichen, und die, die sich schneller als einen Schritt in der Minute fortbewegen können, sind verhältnismäßig gesund. Aber hier lebt man sicher billig, denn man verliert sogleich den Appetit beim Anblick seiner Mitmenschen.« Diese misanthropische Sehweise erinnert – vielleicht nicht ohne Ursache? – an das Wort Arthur Schopenhauers, diese Welt sei die schlechteste aller denkbaren, was auch durch die Erfahrung bekräftigt werde. Die beiden Zitate können als Ausdruck der Untergangsstimmung angesehen werden, die in der zweiten Hälfte des 19. Jahrhunderts in vielen europäischen Kreisen herrschte. Nobel meinte schon in jungen Jahren, zu einer bestimmten Auffassung von der menschlichen Natur gekommen zu sein. Nach eigener Aussage waren es »das Studium der Seiten im großen Buch der Natur selbst und die Lehren daraus«, die ihn dahin führten – oft begleitet von einem Augenzwinkern.

Das Verdienst, dem Mythos von Nobel als einer Person, die ohne Unterbrechung in einer irdischen Folterkammer gepeinigt wurde, den Garaus gemacht zu haben, gebührt in erster Linie einem Augenzeugen, seinem vertrauten Freund und späteren Testamentsvollstrecker Ragnar Sohlman: »Doktor Nobel erzählte und philosophierte so unterhaltend, daß es für seine völlig faszinierte Gesellschaft zu einem großen Vergnügen und Genuß wurde. Eine Stunde mit ihm zu verplaudern war sowohl ein seltener Genuß als auch eine erhebliche Anstrengung, denn es galt, auf der Hut zu sein und dem Galopp seiner unerwarteten

Wendungen und abrupten Paradoxe zu folgen. Er flog wie eine windgetriebene Schwalbe von einem Thema zum anderen, und im schnellen Flug seiner Gedanken schrumpfte der Erdball, und die Entfernungen schmolzen zur Bedeutungslosigkeit dahin.«

Sohlman berichtet, daß Alfred Nobels Stimme etwas rauh war und sein Tonfall melancholisch, zuweilen ironisch. Er konversierte mit Leichtigkeit in fünf Sprachen: schwedisch, deutsch, englisch, französisch und russisch. Er hatte nichts dagegen, wenn ihm in einer angeregten Diskussion widersprochen wurde, und wenn er seinerseits argumentierte, so tat er es stets in einer versierten und intellektuell überzeugenden Art und Weise. Sohlman beschreibt ihn in folgenden leicht überraschenden Wendungen: »In seinem äußeren Auftreten machte Nobel einen recht nervösen Eindruck. Seine Bewegungen waren lebhaft, der Gang etwas trippelnd, das Mienenspiel rasch wechselnd, desgleichen sein Gesprächston, der nicht selten mit originellen Einfällen und hingeworfenen Ideen gespickt war. Manchmal grenzten diese Einfälle ans Barocke und wirkten, als dienten sie nur dem Zweck des épater le bourgeois. Auf seine schwedischen Landsleute, die mit seinem leicht französisch beeinflußten Konversationston nicht vertraut waren, wirkte Nobel deshalb häufig verwirrend, gelinde gesagt.«

Ragnar Sohlman kommentiert auch die Inkonsequenz, die darin gesehen wird, daß Nobel Erfindungen auf waffentechnischem Gebiet machte, während er sich gleichzeitig für die Friedensbewegung interessierte: »Alfred Nobel war sich der Inkonsequenz wohl selbst bewußt und versuchte, diese in seiner Korrespondenz mit Bertha von Suttner und vielleicht auch vor sich selbst zu verteidigen. Er hob hervor, daß die Vervollkommnung der Vernichtungsmittel bei der Kriegführung größere Aussicht haben würde, die Kriege zu beenden, als alle Friedenskongresse.«

»In Wirklichkeit«, fährt Sohlman fort, »war dies wohl kaum die Erklärung für sein Interesse an waffentechnischen Erfindungen, sondern vielmehr der Erfindertrieb an sich. Einmal, als wir über Experimente mit panzerbrechenden Granaten mit zusätzlicher Sprengladung diskutierten, die das Durchschlagen der Panzerplatte mit anschließender Explosion hinter der Platte möglich machen würden, sagte er: ›Ja, weißt du, eigentlich sind das ja ziemlich teuflische Dinge, mit denen wir uns abgeben. Aber sie sind so interessant als Problem. Außerdem so ausschließlich technisch – ohne alle finanziellen oder kommerziellen Gesichtspunkte und gerade deshalb so faszinierend.‹«

So spricht ein Erfinder, der zu den Besessenen gehört, zu den von ihren Visionen Entrückten. Nobel verstand es jedoch, seine Arbeit auf rationale Art und Weise zu organisieren. An den Neffen Emanuel schreibt er:

Wie du weißt, leiste ich ein erhebliches Übermaß an Arbeit, aber keineswegs in die Richtung, die man gewöhnlich vermuten würde. Neun Zehntel oder mehr meiner Arbeitszeit sind ausgefüllt mit technischen Dingen, Verträgen, Patentangelegenheiten und Prozeßsachen, die von solcher Natur sind, daß man andere dafür nicht einspannen kann. Was dagegen das rein Kaufmännische angeht, ist es meine Regel, nie selbst zu tun, was ein anderer besser oder ebensogut machen kann. Handelte ich nicht so, wäre ich längst körperlich und seelisch ausgelaugt und wahrscheinlich auch ruiniert, denn wenn man in großen Geschäften alles selbst tun will, ist die Folge, daß man alles vernachlässigt.

Die Handlungen eines Menschen ergeben ein Maß, mit dem sein Wert bemessen werden kann. Der schüchterne Alfred Nobel mit seinen oft schwermütigen blauen Augen vollbrachte ein Lebenswerk von außergewöhnlich beständigem Wert. Dieser rastlose ewige Wanderer – von Victor Hugo Europas reichster Vagabund genannt – hat seinen Namen durch den Nobelpreis für immer ins Bewußtsein der Menschen eingeschrieben.

Seine Familie stammt von dem Giganten schwedischer Gelehrsamkeit des 17. Jahrhunderts, Olof Rudbeck, ab. Die Tatkraft dieses Mannes und des Schwedens der Großmachtzeit kehren bei Alfred Nobel wieder.

2

Sowohl väterlicher- als auch mütterlicherseits können wir Alfred Nobels Abstammung bis ins 17. Jahrhundert zurückverfolgen, da sein Familienregister inzwischen weitgehend erstellt ist. Das Verdienst daran kommt zu einem Teil seinem Bruder Ludvig (1831-1888) zu, der mit großer Sorgfalt die Schicksale der Vorfahren erforscht hat, doch vor allem dem hervorragenden Literarhistoriker Henrik Schück, der die Arbeit vollendete. Gemeinsam mit dem Ingenieur Ragnar Sohlman legte Schück das Resultat der Forschungen in der Festschrift der Nobelstiftung zum 25jährigen Jubiläum 1926 vor.

Der erste bekannte Träger des heute in der ganzen Welt berühmten Namens Nobel war der Schone Petrus Olai Nobelius (1655-1707). Er schrieb sich 1682 in der juristischen Fakultät der Universität Uppsala ein. Eigentlich hieß er Peder Olufsson, doch nach damaligem Brauch latinisierte er seinen Namen nach seinem Herkunftsort: Östra Nöbbelöv im südöstlichen Schonen, nicht weit von Simrishamn. Es war die Zeit der Schnapphähne: So wurden die gegen Schweden kämpfenden Freischützen in den alten dänischen Provinzen Schonen, Blekinge und Halland während des Krieges 1676-1679 genannt. Oft kämpften sie in freiwilligem Zusammenschluß mit der ortsansässigen Bevölkerung. Der wissensdurstige und musikalisch begabte Jüngling Petrus Olai war der Großvater von Alfred Nobels Großvater. In einer Aufzeichnung im Album Studiosorum der Universität steht am 21. Februar 1682 zu lesen: »Petrus Olai Nobelius e Scania«. Ein Examen legte er nicht ab, was allerdings im 17. Jahrhundert an der Universität Uppsala auch nicht üblich war. Eher gehörte es zu den Seltenheiten, auf jeden Fall in der juristischen Fakultät.

An einer Stelle in den Annalen wird Petrus Olai als »musicus« bezeichnet. In der Praxis bedeutete dies, daß er der akademischen Kapelle angehörte und damit in den Genuß eines königlichen Stipendiums kam. Ganze zehn Jahre blieb er Empfänger dieser königlichen Gunst. Er mußte indessen das knapp bemessene Stipendium aufbessern und tat dies als Hauslehrer für zwei junge Adlige mit Namen Samuel und Frans Appelbom. Petrus Olais musikalische Begabung führte ihn trotz seiner einfachen Herkunft in die führenden akademischen Kreise um die Renaissancegestalt Olof Rudbeck (1630-1702). Dieser war bereits im Alter von zweiunddreißig Jahren Rektor der Universität geworden und blieb lange Zeit ihr geistiger Führer. Neben all seinen schöngeistigen und wissenschaftlichen Interessen war er ein animierter Sänger und Komponist und vieles andere mehr. Unter anderem gravierte er selbst die Illustrationen in seinen wissenschaftlichen Werken. Vielleicht hatte Alfred Nobels Vater diese künstlerische Begabung geerbt; weit später in Sankt Petersburg malte er Aquarelle der von ihm erfundenen Unterwasserminen.

Als Musikstipendiat brauchte Petrus Olai seine juristischen Studien nicht allzu energisch zu betreiben, sondern konnte damit rechnen, eine Stellung zu bekommen, wo ein Platz frei wurde. Nicht einmal um Richter zu werden, mußte man während der karolinischen Zeit ein juristisches Examen abgelegt haben. Im Jahre 1694 bekam er jedoch eine gewisse praktische Erfahrung als Auskultant bei einem Senatspräsidenten Gyllencreutz sowie am Stockholmer Stadtgericht. Am 1. März des darauffolgenden Jahres suchte er beim Svea Hofgericht mit Hilfe einer »Doctoris Olai Rudbeckii recommendation« um die venia auskultandi an, die ihm bewilligt wurde. Danach dauerte es nicht lange, bis er vom Svea Hofgericht als »für das Amt eines Kreisgerichtsrats kapabel und befähiget« angesehen wurde.

Als neuernannter Kreisgerichtsrat für die Kreise Oland und Frösåker in Uppland meinte Petrus Olai, eine Familie versorgen und heiraten zu können. Die Zukünftige war keine andere als die Tochter desselben Olof Rudbeck, der ihn für sein Amt empfohlen hatte, Wendela Rudbeck (1667-1710). Sie ist folglich die Großmutter von Alfred Nobels Großvater.

Petrus Olai und Wendela heirateten im März 1696. Ihr erstes Kind wurde im Dezember des gleichen Jahres geboren. Sie nahmen mit offenkundiger Lust am fröhlichen gesellschaftlichen Leben der Universitätsstadt teil. Petrus bewegte sich mit den Jahren immer vertrauter in den vornehmsten Kreisen. So wird in einem Privatbrief das große Fest geschildert, das aus Anlaß der Krönung Karls XII. am 3. Mai 1698 veranstaltet wurde: »...mit kürzeren Reden von vier Stimmen, welche waren die des gelehrten alten Rudbeckius, sowie die seiner Töchter und seines Schwiegersohns, des Kreisgerichtsrats Herrn Nobelius«.

Wendela Catharinas Vater war also der vielseitig begabte Gelehrsamkeitsgigant, der zu Recht »der Leonardo da Vinci des Nordens« genannt worden ist. Rudbecks Register erscheint nahezu unfaßbar weitgefächert. In der schwedischen Geistesgeschichte dürfte es schwerfallen, einen Ebenbürtigen zu finden. Der Nachwelt ist er wohl in erster Linie als Autor des merkwürdigen Werks »Atlantica« bekannt, dessen erster Teil 1679 erschien.

In der Ehe zwischen Petrus Olai und Olof Rudbecks Tochter Wendela wurden acht Kinder geboren, von denen lediglich zwei Söhne überlebten. Petrus Olai selbst erreichte kein hohes Alter. Wie sein Nachfahr Alfred Nobel war er zu Zeiten so kränklich, daß er wie dieser Kurorte aufsuchte. So kommt er beispielsweise 1706 bei Seiner Königlichen Majestät um Beurlaubung von seiner Dienstpflicht als Kreisgerichtsrat ein, um »mich zur Besserung meiner Gesundheit der dortigen Brunnenkur bedienen zu können«.

Der jüngere der beiden überlebenden Söhne war Olof Pärsson Nobelius (1706-1760). Er war Alfred Nobels Urgroßvater. Als Zeichenmeister der Universität Uppsala war Olof so erfolgreich, daß er sogar von Carl von Linné für seine wissenschaftlichen Zeichnungen gelobt wurde. Olof war auch ein geschickter

Miniaturenmaler. Nur zwei Proben seiner Kunst sind erhalten: kleine Ölportraits von ihm selbst und seiner Ehefrau. Sie befinden sich noch heute im Besitz der Familie Nobel.

Wie im Falle mehrerer anderer Vorfahren Alfred Nobels war auch das Dasein von Olof Pärsson Nobelius von schlechten ökonomischen Verhältnissen überschattet. Im Jahre 1756 waren seine Einkünfte so gering, daß er von der Universität 1 200 Taler in Kupfermünzen gegen Bürgschaft und Zinsen leihen mußte. Zwei Jahre später suchte er beim Konsistorium – dem obersten internen Verwaltungsorgan der Universität – darum an, »daß mir zur Verbesserung meiner sehr schlechten Lebensbedingungen eine Erhöhung meines geringen Lohns günstigst gewährt werden möge«. Mit Rücksicht auf seinen schwächlichen Gesundheitszustand wurde ihm »zu Hilfe und Erleichterung in Ihrem kränklichen Zustand einhundertundfünfzig Taler in Kupfermünzen aus cassa Rectoris sowie außerdem sechs Tonnen Getreide, die Hälfte Roggen und die Hälfte Malz aus der hiesigen Mühle« bewilligt. Sein Zustand verschlechterte sich indessen, und am 18. Februar 1760 starb er. Drei Tage später »wurde der Zeichenmeister Nobelius auf dem Friedhof begraben«. Das einfache Begräbnis kostete nur 39 Taler. Alfred Nobel, der sich gut einhundertfünfundzwanzig Jahre später nach dem sogenannten Panama-Skandal total entblößt wähnte, hat dem harten Schicksal Olof Nobelius' vielleicht den einen oder anderen Gedanken gewidmet. Anderseits war Alfred abgehärtet: Er war buchstäblich in einer Konkursmasse geboren.

Olof Nobelius hatte sieben Kinder mit seiner Ehefrau Anna Wallin (1718-1787), die nach dem Tod ihres Mannes kaum das tägliche Brot für die Familie aufbringen konnte. Allen Entbehrungen zum Trotz gelang es ihr, ihren Kindern eine fürsorgliche Erziehung und einigen von ihnen eine gute Ausbildung angedeihen zu lassen. Sigvard Strandh berichtet in seinem kenntnisreichen Buch »Alfred Nobel« (1983), daß der älteste Sohn Petrus sich zum Militär anwerben ließ und 1788 zum Fähnrich im Ostbottnischen Regiment befördert wurde.

Der jüngste Sohn hieß Immanuel. Er wurde 1757 geboren. Im Alter von fünfzehn Jahren trat er in die Kathedralschule in Uppsala ein. Eigentlich wollte er Doktor der Medizin werden, doch da das Studium zu lang und zu kostenaufwendig war, entschied er sich für die Ausbildung zum Feldscher. Da er sich mit den Verhältnissen beim Flottengeschwader in Karlskrona nicht anfreunden konnte, beantragte er die Versetzung zum Uppsala-Regiment. Dort gab er seinem lateinisierten Namen die schwedische Form Nobell, und es dauerte nicht lange, bis er sie 1785 zu Nobel verkürzte. Dies ist das erste Mal, daß uns in den Annalen der Familienname in der Form begegnet, die ein Jahrhundert später in der ganzen Welt bekannt werden sollte.

Immanuel Nobel d.Ä. wurde als Feldscher auf die Festung Svartholmen abkommandiert. Schon kurze Zeit später kehrte er nach Uppsala zurück, wo »der Vater der schwedischen Chirurgie«, Olof af Acrel, am 21. Juli 1789 einen »Lehrbrief« für ihn ausstellen ließ, das heißt die Vollmacht als Geselle. Trotz seiner bereits zweiunddreißig Jahre war er formal gesehen noch immer »Chirurgiae studiosus«. Aus dem Fakultätsprotokoll vom 15. Juni 1791 geht hervor, daß er sein Studium erfolgreich betrieb: »...wurde die Liste der Stipendiaten geprüft und befunden, daß ein Platz freigeworden nach dem studiosus Hjerpe, welcher in Finnland verschieden, und ernannte die Fakultät zur Wiederbesetzung des Platzes studiosus Emanuel Nobel, Uplandus«.

Wie Henrik Schück hervorhebt, bekam Immanuel keinen anderen akademischen Grad als die Bezeichnung »studiosus chirurgiae«. Eigentlich besaß er nicht einmal die Berechtigung, den Beruf des Feldschers auszuüben. Trotz des Fehlens einer formellen Kompetenz bewarb er sich um die Stelle eines Lazarett-Arztes in Wenersborg, die er 1794 auch bekam und bis 1796 innehatte. Danach wurde er »Vize Provinzialmedicus«, »Stadtfeldscher in Gefle« sowie »Krankenhausarzt«. Das Kollegium Medicum beachtete und belohnte seinen Einsatz bei der Einführung der Impfung. Obgleich Immanuel wie später Alfred

Nobel nie ein akademisches Examen ablegte, übte er mit Erfolg verschiedene Berufe aus.

Immanuel Nobel war zweimal verheiratet. In seiner ersten Ehe hatte er drei Kinder, von denen zwei im Kleinkindalter starben. Nach dem Tod seiner Frau, der Bürgermeistertochter Anna Kristina Rosell aus Karlstad (1760-1795), heiratete er zum zweiten Mal im Jahre 1800. Die neue Ehefrau hieß Brita Katarina Ahlberg und war Tochter eines Schiffers aus Gävle. Sie schenkte drei Kindern das Leben. Das älteste war der Sohn Immanuel – Alfred Nobels Vater. Immanuel wurde am 24. März 1801 geboren und zwei Tage später getauft.

3

Über die Kindheit von Immanuel Nobel (1801-1872) wissen wir nicht viel mehr, als daß er in sehr ärmlichen Verhältnissen geboren wurde – das gleiche Schicksal, das seinem Sohn Alfred drei Jahrzehnte später widerfahren sollte. Von den Demütigungen, denen er als Kind unbemittelter Eltern ausgesetzt war, konnte er sich als Erwachsener nie freimachen. Sie sollten ihn sein ganzes Leben hindurch verfolgen und bewirkten trotz seiner zeitweilig großen Erfolge einen sozialen Minderwertigkeitskomplex. Ein weiterer Grund hierfür war sein Mangel an grundlegender theoretischer Schulung. Sein Vater brachte ihm zwar Schreiben, Lesen und Rechnen bei, doch schon mit vierzehn Jahren wurde er aus der Schule genommen. Das erklärt, warum dieses robuste Naturgenie stets Schwierigkeiten hatte, einen grammatikalisch fehlerfreien Brief zu schreiben. Seine Handschrift war, vorsichtig ausgedrückt, ungeübt. Davon zeugt nicht zuletzt die handgeschriebene Selbstbiographie von 112 Seiten, die Erik Bergengren, wie er in seinem Buch »Alfred Nobel« (1960) berichtet, in der Rumpelkammer eines späten Verwandten fand.

Nach dem Abbruch seines Schulgangs mußte Immanuel sogleich seinen Lebensunterhalt selbst verdienen. Wie so viele andere mittellose Jugendliche in jener Zeit entschied er sich dafür, zur See zu fahren. Ein zusätzlicher Antrieb dürfte in der Tatsache gelegen haben, daß sein Großvater Schiffer gewesen war. In einer Aufzeichnung im Jahrbuch des Seemannsheims in Gävle von 1815 steht zu lesen, daß »dem Jüngling Emanuel Nobel die Einschreibung als Angestellter am Seemannsheim bewilligt wurde«.

Es dauerte indessen nicht lange, bis dieser tatkräftige Junge ohne Sinn fürs Lernen eine Heuer als Schiffsjunge auf einem Schiff namens Thetis annahm.

Für Immanuel bedeuteten drei Jahre Seemannsleben, daß er sich bereits in sehr jungen Jahren in der Welt umsehen konnte. Nicht zuletzt das Hafenleben in den Mittelmeerländern und im Vorderen Orient wurde ihm vertraut. Als Schiffsjunge erhielt er einen monatlichen Lohn von fünf Reichstalern banko.

Dem Kirchenregister zufolge kam er 1819 in die Heimat zurück. Sein Talent fürs Zeichnen und für Mechanik wurde offenkundig. Mit großer Energie studierte er in seiner Heimatstadt Gävle Bauwesen. Eine Information besagt – zu Recht oder Unrecht –, daß er die Ehrenpforte entworfen haben soll, mit der die Einwohner von Gävle Karl Johan XV. bei seinem Besuch in der Stadt huldigen wollten. Auch wenn es eher unwahrscheinlich erscheint, daß einem achtzehnjährigen Jüngling ohne andere Meriten als einem gerade begonnenen Studium des Bauwesens diese Aufgabe anvertraut worden sein sollte, sind in der Weihnachtsnummer 1819 von Gevle-Posten folgende Zeilen gedruckt: »Diese prachtvolle Ehrenpforte wurde von dem damals achtzehnjährigen Emanuel Nobel entworfen, der damit den Grund legte zu seiner Karriere. Er war im Jahre zuvor von einer mehrjährigen Zeit auf See zurückgekehrt und hatte angefangen, Architektur zu studieren.«

Ungeachtet des Wahrheitsgehalts in dieser Zeitungsnotiz ist indessen soviel klar, daß Immanuel bereits 1818 nach Stockholm ging, um Zeichnen zu lernen. Sein Name findet sich unter den Architekturschülern an der Akademie der freien Künste für die Jahre 1818-1819. Nach mehrjährigen Studien, die er durch Arbeit bei einem Baumeister finanzierte, erhielt Immanuel am 25. Januar 1824 die vierte Medaille der Akademie und wurde im Jahr darauf mit der Tessinschen Medaille belohnt.

Im Jahre 1825 war er Schüler an der Mechanik-Schule der Königlichen Landwirtschaftsakademie, wo er kontinuierlich Vorlesungen besuchte und Zeichnungen einreichte. Die Zeichnungen fanden Beachtung, denn er erhielt ein größeres Stipendium von 60 Reichstalern banko »für ein gut gearbeitetes Modell eines versetzbaren Hauses« sowie ein weiteres Stipendium »für das Modell einer Wendeltreppe«. In einem Jahresbericht vom 16. Mai 1828 schreibt die Leitung des Technologischen Instituts von »der Zeit, als Nobel als Zeichner des Instituts hier arbeitete«.

Im selben Jahr trat Immanuel Nobel zum ersten Mal öffentlich als Erfinder in Erscheinung. Er beantragte nicht weniger als drei Patente: das erste betraf eine von ihm erfundene »Hobelmaschine«, das zweite »eine Mangelmaschine mit zehn Rollen« und »eine mechanische Bewegung«. Die dritte Erfindung war eine Anordnung zur Umwandlung einer Rotationsbewegung in eine vor- und zurückgehende Bewegung »vermittels der Benutzung von Zügen und ohne Zähne«. Die Anträge wurden dem Kollegium des Technologischen Instituts zur Begutachtung vorgelegt. Eine solche lautete: »Diese Erfindung stellt nach dem Wissensstand des Instituts eine ganz und gar neue und bisher nicht praktizierte Verbesserung dar«.

Dies war für Immanuel ein bedeutender Erfolg. Trotz seiner geringen theoretischen Schulung reichte er nun weitere Patentgesuche ein, und die meisten davon wurden anerkannt. Eine Folge war, daß er nun in vermehrtem Umfang als Bauunternehmer herangezogen wurde. Sigvard Strandh macht in seinem Buch eine wichtige Beobachtung: »In der Bau- und Anlagentechnik waren es vor allem die handfesten Männer des praktischen Lebens – nicht die Theoretiker –, die die großen Leistungen vollbrachten. Das gilt praktisch für das ganze 19. Jahrhundert.«

Immanuels überlegene praktische Fähigkeiten – die uns an den Vorfahr Olof Rudbeck denken lassen, für den kein Problem unlösbar schien – brachten ihm einen Auftrag nach dem anderen ein. Eine seiner stärker beachteten Arbeiten betraf ein Gebäude in Stadsgården in Stockholm. Das sogenannte Ronsche Haus war auf einem Felsvorsprung gegen eine steil abfallende Felswand errichtet worden. Das Haus mußte abgestützt werden, und Immanuel fand eine Lösung. Er sprengte – also lange bevor sein Sohn das Dynamit erfunden hatte – Nischen aus dem Felsen heraus und stützte das Gebäude mit kräftigen Pfeilern ab. In Kollegenkreisen galt es als eine Großtat, das Haus vor dem sicheren Verfall gerettet zu haben.

Nicht zuletzt die Wertschätzung seiner Berufskollegen verschaffte ihm neue Aufträge, und alle wurden zur Zufriedenheit ausgeführt. Als' Unternehmer in eigener Regie baute er »versetzbare Holzhäuser« und zeigte damit wieder einmal, wie weit er seiner Zeit voraus war. Er konstruierte auch Werkzeugmaschinen, die von Fachleuten als epochemachend bezeichnet wurden. Wahrscheinlich weil sein Vater Feldscher gewesen war, gründete er eine Fabrik zur Herstellung chirurgischer Gebrauchsartikel. Er erfand Schwimmatratzen und Pontonsektionen und benutzte dabei aufblasbares Gummi elasticum.

Im Jahre 1827 heiratete Immanuel die Prokuristentochter Andriette Ahlsell (1805-1889). Damit war der Grundstein für eine ungewöhnlich glückliche Ehe gelegt.

Im Jahre 1831 war die Finanzlage des Ehepaares Nobel so gut, daß sie sich ein kleines Haus auf Långholmen kaufen konnten. Zu diesem Zeitpunkt war ihr erstgeborener Sohn Robert zwei Jahre alt, und im selben Jahr wurde der Bruder Ludvig geboren. Alles schien sich für die junge Familie zum Guten zu entwickeln, als Immanuel bei seinen unternehmerischen Projekten einen Rückschlag nach dem anderen erlitt. Drei seiner Kähne mit wertvollen Baumaterialien gingen unter, und ein fertiggestellter Steinkasten sank während des Verholens. Er mußte einen reparierten Gebäudeflügel mit hohem Kostenaufwand umbauen. Das Schlimmste von allem: Das Haus der Nobels brannte am 31. Dezember 1832 bis auf den Grund nieder.

Im darauffolgenden Monat mußte Immanuel den Konkurs beantragen. Die Akten vermitteln ein beklemmendes Bild von den Lebensumständen der Familie. Immanuel hatte eine kleine Wohnung am Rande des damaligen Stockholms gemietet, im Viertel Tobaksspinnaren in der Maria-Gemeinde, auch Sterkelsebruket genannt. Obwohl die Jahresmiete niedrig war – 106 Reichstaler 32 Schilling banko –, hatte er Schwierigkeiten, sie zu bezahlen. Aus den Konkursunterlagen geht hervor, daß der Hausrat sich auf das denkbar Einfachste beschränkte: ein paar Tische und Betten, eine Anzahl mehr oder weniger schadhafter Stühle, sechs Garnituren Bettwäsche, drei Kopfkissenbezüge, »Kupfer und Eisen« in einem Wert von cirka 20 Reichstalern sowie Glas und Porzellan im Wert von 10 Reichstalern.

Immanuel war gezwungen, ein weiteres Mal mit seiner Familie umzuziehen, nun in eine noch einfachere Wohnung im Hinterhaus des Anwesens Norrlandsgatan 11. In diesem äußerst spartanischen Milieu wurde Alfred Bernhard Nobel geboren. Aus Briefen, die er als Erwachsener schrieb, geht hervor, daß die Demütigungen und die Schmach, die die Eltern im Verlauf des Konkurses zu ertragen hatten, für Alfreds Reaktionsmuster im späteren Leben bestimmend wurden. Er sah sich oft als Gegenstand von Beleidigungen, wo nur gewöhnliche Gedankenlosigkeit vorlag. Nie vermochte er die schmerzlichen Erlebnisse seiner ersten Lebensjahre zu vergessen.

Ein objektives Studium der Konkursunterlagen läßt erkennen, daß Immanuel in ziemlich unverantwortlicher Weise agiert hatte. Als Familienversorger hätte er kein so hohes Risiko eingehen dürfen. Anderseits liefern die Akten einen überwältigenden Beweis seiner Initiativkraft und seines Unternehmungsgeistes. Seine verschiedenen Unternehmungen umfaßten so unterschiedliche Projekte wie eine Floßbrücke über den Skurusund, die ein Engagement von 13 000 Reichstalern banko beinhaltete, die Instandsetzung von Anjous Haus am Stortorget, das Petersénsche Haus bei Munkbron sowie eine Wascheinrichtung bei Jakobsberg.

In seiner Eingabe an das Stockholmer Stadtgericht beziffert er seinen Verlust als Folge einer Reihe von Fehlschlägen auf 15 471 Reichstaler 32 Schilling banko. In einem folgenden Schreiben vom 11. Januar 1833 stellt er resigniert fest, daß »angesichts der mir entstandenen Verluste, und ungeachtet meines besten Willens es mir eine Unmöglichkeit ist, die Schulden und Verbindlichkeiten, in denen ich bei meinen sämtlichen Gläubigern gegenwärtig stehe, in vollem Umfang zu begleichen. Also sehe ich mich veranlaßt, die öffentliche Vorladung meiner sämtlichen Gläubiger zu beantragen, um ihnen mein gesamtes vor den Flammen gerettetes Eigentum abzutreten...«

Der Konkurs zog sich über ein Jahr hin, doch auch bei seinem Abschluß wurde Immanuel nicht schuldenfrei. Im Gegenteil, die Gläubiger gingen brüsk vor und drohten mit Schuldhaft. Erst Anfang der 1850er Jahre war er wieder ganz schuldenfrei. Sämtliche Gläubiger hatten zu diesem Zeitpunkt bekommen, was ihnen zustand. Immanuel hatte seine Verpflichtungen eingelöst. Auch wenn er zuweilen den Eindruck eines sanguinischen Phantasten mit unbedachten Ideen vermitteln konnte, war sein Ehrgefühl stark ausgeprägt.

4

Alfred Bernhard Nobel wurde am 21. Oktober 1833 im Hofzimmer im ersten Stock eines zweigeschossigen Hauses am nördlichen Stadtrand von Stockholm geboren. Heute ist die Adresse Norrlandsgatan 9, und das Viertel – Torsken – liegt im Zentrum der Hauptstadt. Das Haus wurde 1934 abgerissen. Eine kleine Kalksteinplatte im Treppenhaus des neuen Gebäudekomplexes erinnert daran, daß hier Alfred Nobel geboren wurde, »Erfinder, Kulturförderer und Friedensfreund«.

Ob Alfred ein erwünschtes Kind war, wissen wir nicht. Dagegen ist belegt, daß sein Vater Immanuel nach dem Konkurs im Steuerverzeichnis als »arm« bezeichnet und als »artist« besteuert wurde. Seine Ehefrau Andriette hatte bereits drei Kinder zur Welt gebracht und ihr Erstgeborenes verloren. Als ihr früheres Haus mit der gesamten Einrichtung bis auf den Grund niederbrannte, hatte sie in Abwesenheit ihres Mannes unter Einsatz ihres eigenen das Leben ihrer Kinder gerettet.

Alfred erblickte also das Licht der Welt in einem ruinierten Heim. Nach eigener Aussage war er so schwach, daß er fast tot zur Welt kam. Er blieb zeitlebens kränklich und schwächlich.

Trotz Nobels Widerwillen, seine Lebensgeschichte in systematischer Form niederzuschreiben, wissen wir einiges über seine Kindheit und das Milieu, in dem er aufwuchs. Die Auffassung, daß intensive Kindheitserlebnisse bestimmend sind für die gesamte spätere Entwicklung eines Individuums, scheint Nobel selbst geteilt zu haben. Das geht aus dem hervor, was er als Erwachsener geschrieben hat. Er kam, wie schon erwähnt, nie über die Demütigungen hinweg, denen die Familie im Zusammenhang mit dem Konkurs ausgesetzt war. Diese Eindrücke blieben unauslöschlich, wie die Hinterhofgerüche.

In seinem Drama »Nemesis«, das er kurz vor seinem Tod vollendete, schreibt Alfred:

BEATRICE: *Ich bekenne, daß ich oft gefehlt habe, daß Gefühle von Haß und Bitterkeit tiefe Wurzeln in meinem Herzen geschlagen haben; aber du weißt, denn dir entgeht nichts, daß es das Mitgefühl mit meinen Brüdern und meiner armen Mutter, daß es ihr unverschuldetes und grauenhaftes Martyrium ist, das meinen Haß genährt hat. (Akt II, Szene 11)*

In der ersten Szene des vierten Aktes läßt er eine andere Hauptperson die Worte ausstoßen:

Mein ganzes Leben ist eine Quelle des Hasses; meine erste Kindheitserinnerung ist, daß ich den Tyrannen zu beißen suchte. Mein gesamter Lebensfaden ist gleichsam von der Nemesis gesponnen.

Man kann sich vorstellen, daß Alfreds erste Wahrnehmungen auch mit Kälte zu tun hatten. Es dürfte in der einfachen Wohnung an der Norrlandsgatan eiskalt gezogen haben. Sie wurde lediglich von einem Blechofen und einem Kachelofen erwärmt. Die Beleuchtung kam von qualmenden Öllampen. Es sollte noch ein halbes Jahrhundert dauern, bis das elektrische Licht den großen Wandel brachte. In Wohnungen wie der der Nobels husteten die Kinder, weil der Schwefelrauch des Kokses im Hals brannte. Abfall wurde in einer Ecke des Hofs neben den Abtritten ausgekippt, wo fette Ratten hausten.

Obwohl die Familie in den denkbar knappsten Verhältnissen lebte, versank man nicht in Hoffnungslosigkeit. Das Essen mußte rationiert werden. Fleisch bekamen die Kinder fast nie, dagegen Tag für Tag billigen Kabeljau. Für die tapfere Andriette und ihre drei Jungen war das Gefühl der Deklassierung am schwersten zu ertragen. Alfred schreibt in »Nemesis«, Akt II, Szene 11:

Du, die in meinem Herzen das ganze Elend meines Lebens liest, du weißt, daß ich seit den Tagen meiner Kindheit das Opfer von Mißhandlungen jeder denkbaren Art gewesen bin. Hunger, Geißelung, Schimpfworte, nichts ist mir erspart geblieben.

Ganz allgemein waren die Verhältnisse für Minderbemittelte in Stockholm um 1830 kaum erträglich. Da es nicht gelang, die sanitären Probleme in den Griff zu bekommen, löste eine Epidemie die andere ab. Die Sterberate überstieg die Geburtenrate. Tausende von Kleinkindern starben an Diphtherie und Keuchhusten. Darüber hinaus wurde das Land von einer Niedrigkonjunktur mit nachfolgender Geldknappheit und politischer Unruhe betroffen. Die Stürme der Julirevolution 1830 in Paris erreichten Schweden und ermutigten die Aktivistengruppen, die sich in Opposition zum Bestehenden und Traditionellen befanden.

Erhaltenen Dokumenten zufolge gingen mehrere Tausend Gewerbetreibende in Konkurs. Das Bewußtsein, Brüder im Unglück zu haben, machte die Stimmung in Immanuels Familie nicht weniger bedrückend. Man könnte vielleicht meinen, daß er aus den Erfahrungen als freier Unternehmer Lehren gezogen und eine Anstellung gesucht haben sollte. Von seiner geduldigen und mutigen Frau ermuntert, führte er indessen seine Tätigkeit als Unternehmer und Erfinder fort, wenn auch in einem immer begrenzteren Umfang. Sigvard Strandh berichtet in seinem Buch, daß Immanuel sich zu diesem Zeitpunkt »mit großem Enthusiasmus die elastischen Eigenschaften gummierten Stoffes für eine Tretmine nutzbar zu machen versuchte. Aber niemand wollte auf ihn hören. Schweden hatte seine erste Gummiindustrie bekommen – der einzige Fehler war, daß sie keine Kunden hatte«.

Obwohl Andriette mit Arbeit und Sorgen überhäuft war, nahm sie sich Zeit, um dem schwachen Alfred alle erdenkliche Fürsorge zu widmen. Er war und blieb ihr »Augenstern« solange sie lebte.

Von ihren Eltern – ihr Vater war ein relativ gutsituierter Prokurist und Kontrollant des Staatlichen Kasernenbauamts in Stockholm – war Andriette zu Verantwortungsbewußtsein, Sparsamkeit und Fleiß erzogen worden. Diese Eigenschaften kamen ihr gut zupaß, als es nun darum ging, die Ausgaben auf ein Minimum zu senken. Alfreds Bruder Robert erzählte in seinen späteren Jahren: »Zu meinen peinlichsten Erinnerungen gehört eine kleine Episode aus dieser Zeit, als ich von Mutter geschickt wurde, um für ein Zwölfschillingstück Abendessen für die gesamte Familie einzukaufen, und ich die kleine Münze verlor.« Der Bruder Ludwig erzählte einige Jahre vor seinem

Tod, daß er zusammen mit Robert den Auftrag bekam, »an den Straßenecken der Hauptstadt Streichhölzer zu verkaufen, um auf diese Weise mit einigen extra Groschen zum Lebensunterhalt beizutragen«.

Andriettes Arbeitstag begann vor dem Morgengrauen. Sie nähte aus billigen Resten Kleidung für die Kinder. Sie achtete darauf, daß sie heil und sauber waren, auch wenn die Kinder einfach gekleidet gehen mußten. Für sie war es natürlich – wie für die meisten Frauen in jener Zeit –, den Hauptteil der Alltagsbürden auf sich zu nehmen. Trotz aller Entbehrungen dauerte diese widerstandsfähige Ehe fünfundvierzig Jahre, das heißt bis zu Immanuels Tod 1872. In den 1830er Jahren war es vielleicht Andriettes größter Kummer, daß ihr Mann kein eigenes Arbeitszimmer hatte. Vielleicht bedauerte sie auch, daß er nie eine Einladung seiner Geschäftsfreunde annehmen konnte, weil ihre beengte Wohnsituation eine Gegeneinladung unmöglich machte. Der harte Druck von außen schuf indessen einen bemerkenswerten Zusammenhalt innerhalb der Familie.

In der Mitte seines Lebens schreibt Alfred: »Läge Stockholm nicht drei Schritte vom Nordpol entfernt, so würde ich zu Weihnachten einen Sprung dorthin machen und meinen Teller zur Reisbreischüssel ausstrecken.« Er vermißte die schwedischen Weihnachtsbräuche: das Stippen der Schinkenbrühe, den Stockfisch, den Tanz um den Weihnachtsbaum und »Stille Nacht, heilige Nacht«. Er erinnerte sich sicher daran, daß Heiligabend der Abend war, an dem sogar arme Kinder sich satt essen durften. Alfreds scherzhafte Worte von Stockholms Nähe zum Nordpol weisen darauf hin, daß er sein ganzes Leben die Kälte scheute. Die eiskalte Wohnung seiner Kindheit war sicher eine der Ursachen.

Die Liebe zur Mutter folgte ihm wie eine nie gestillte Sehnsucht. In der elften Szene des dritten Aktes von »Nemesis« schreibt er: »In Gedanken sehe ich mich oft, auf dem Schoß meiner wirklichen Mutter sitzend, gestreichelt und zärtlich geküßt, als könne eine Mutter ein Engel sein, oder ein Engel eine

Mutter. Ich sehe noch immer ihren traurigen, wehmütigen, tränenerfüllten Blick.«

August Strindberg, der zwei Jahrzehnte später die gleiche Schule besuchte wie Alfred Nobel, die Apologistenschule der Gemeinde Jacob, spricht in »Sohn der Magd« von einer berechtigten Frauenverehrung: Er denkt an »die Mutter, den Ursprung«. Er sieht im Mutterkult einen Ersatz für den Glauben an Gott, den er verloren hat. Hier findet sich eine bemerkenswerte Übereinstimmung zwischen Nobel und Strindberg. Äußerlich betrachtet hatten sie mehrere Berührungspunkte: beide starben im Alter von 63 Jahren, und an beider Bahre amtierte Schwedens späterer Erzbischof Nathan Söderblom. In seinen »Reden an die schwedische Nation« schrieb Strindberg jedoch in herablassender Form über »die Nobelgelder – manche sagen die Dynamitgelder«, als seien sie moralisch infiziert. Strindberg hatte sich hier von der Vulgärauffassung überzeugen lassen, daß das Dynamit hauptsächlich im Krieg verwendet werde.

Ragnar Sohlman will für sein Teil nicht ausschließen, daß »Strindberg aus Enttäuschung darüber, bei der Vergabe des Literatur-Nobelpreises nicht berücksichtigt worden zu sein, sich in dieser herablassenden Form ausgedrückt hat«.

5

Die Mutter war Alfreds Universum, nachdem er mit der Schule begonnen hatte. Sie wachte nachts bei ihm und war seine einzige Gesellschaft. Er beschreibt die Situation auf englisch in einem 1851 im Alter von achtzehn Jahren verfaßten Gedicht:

> *My cradle looked a death-bed, and for years*
> *a mother watched with ever anxious care,*
> *so little chance, to save the flickering light,*
> *my scarce could master strength to drain the breast,*

> *and the convulsions followed, till I gasped*
> *upon the brink of nothingness – my frame*
> *a school for agony with death for goal.*

Diese sieben Zeilen finden sich in einem insgesamt 419 Zeilen umfassenden Gedicht. Sie sind unter dem Einfluß Shelleys geschrieben, dessen Idealismus einen unauslöschlichen Eindruck auf Alfred gemacht hatte. Henrik Schück zufolge hat dieses erste Gedicht Nobels »die Form einer poetischen Epistel und verrät unzweifelhaft eine literarische Begabung, die unter anderen Voraussetzungen zu etwas hätte werden können. Für uns ist es indessen vornehmlich wegen seiner selbstbiographischen Aussagen von Interesse...«

Alfreds ständige Kränklichkeit schloß ihn weitgehend von den Spielen der Geschwister und der anderen Kinder aus:

> *We find him now a boy. His weakness still*
> *makes him a stranger in the little world,*
> *wherin he moves. When fellow boys are playing*
> *he joins them not, a pensive looker on,*
> *and thus debarred the pleasures of his age*
> *his mind keeps brooding over those to come.*

In gewisser Weise blieb Alfred sein ganzes Leben hindurch das einsame, abseits stehende Kind: ein kühl beobachtender Fremdling im Dasein.

Die soziale Erniedrigung der Eltern machte eine seiner bittersten Kindheitserinnerungen aus. Es kam zu Spannungen zwischen seinem Vater und der Mutter: Nach dem Abendessen konnten sie schweigend und über ihre Arbeit gebeugt bei der Lampe sitzen, er über seinen Abrechnungen und Zeichnungen, sie über ihren Nähsachen. Keiner vermochte das angespannte Schweigen zu brechen, und Alfred sollte zehn Jahre später schreiben: »...die Wirklichkeit enttäuschte so grausam die ideale Welt meines jungen Herzens«. Die Linien, denen die

Entwicklung seines Charakters folgen sollte, waren da bereits festgelegt.

Alfreds Großmutter mütterlicherseits hatte den Mädchennamen Carolina Roospigg und stammte aus dem kargen und gottesfürchtigen Småland. Von ihr hatte Andriette ihr unfehlbares Gefühl für Recht und Unrecht geerbt. Ihren Söhnen schärfte sie unentwegt ein, wie wichtig es sei, in allen Lebenslagen unbestechlich ehrlich zu bleiben. Offenbar nicht vergebens: es ist allgemein bezeugt, daß Robert, Ludvig und nicht zuletzt Alfred eine vorbildlich hohe Geschäftsmoral besaßen. Alfreds mit den Jahren immer deutlicher hervortretende Bitterkeit beruhte unter anderem auf seiner Meinung, daß Menschen in seiner nächsten Umgebung diesem Anspruch nicht genügten, sondern ihn um des eigenen Vorteils willen zu täuschen versuchten. Das verstärkte sein Mißtrauen, aber auch seine Verachtung. Selbst meinte er, das Andenken der Mutter nicht besser in Ehren halten zu können als durch skrupulöse Ehrlichkeit.

Alfred und seine Brüder hätten mit Anton Tschechow sagen können: »Von unserem Vater haben wir unser Talent bekommen, von unserer Mutter unsere Seele.« Obwohl Immanuel Nobels Rückschläge zu einem Teil selbstverschuldet waren, kann man ihm nicht eine bedeutende Intelligenz und eine ungewöhnliche Erfinderbegabung absprechen. Dazu kamen ein unbezwinglicher Mut und eine Energie, die Berge versetzen konnte. Sein Ideenreichtum war groß, auch wenn viele seiner Projekte kommerziell nicht realisierbar waren.

Später sollte Alfred sowohl den Vater als auch den Bruder Ludvig kritisieren, weil sie die Finanzierung eines Projekts in fremde Hände gegeben hatten. Für Alfred blieb das wichtigste Moment in einer geschäftlichen Verhandlung stets, wie das Finanzierungsproblem gelöst werden konnte.

Immanuel war als Vater gerecht, wenn auch fordernd. Zuweilen konnte es ihm schwerfallen, sein Temperament zu beherrschen, aber auch Alfred wurde leicht aufbrausend. In seinen

Briefen spricht er von dem »nobelschen Blut, das leicht in Wallung gerät«.

Als Alfred vier Jahre alt war, trat ein entscheidendes Ereignis im Leben Immanuels und der Familie ein. Bei einem Empfang kam der Vater in Kontakt mit dem finnisch-russischen Beamten Lars Gabriel von Haartmann. Dieser war Regierungspräsident in Åbo und Vorsitzender der Kommission des Zaren für die Entwicklung von Industrie und Handel. Immanuel brachte das Gespräch auf sein Lieblingsthema zu dieser Zeit: Tretminen. Von Haartmann zeigte Interesse und lud ihn ein, nach Åbo zu kommen. Wenn er käme, würde er den richtigen Personen vorgestellt werden.

Immanuel, der von ungeduldigen Gläubigern umgeben und von Schuldhaft bedroht war, meinte, wenig zu verlieren zu haben, wenn er reiste. Er war jedoch nicht der Meinung, die Familie mitnehmen zu können. Sie sollte nachkommen, wenn die Umstände es zuließen. Er faßte diesen schweren Entschluß, um, wie es in seinen eigenen Worten heißt, »meine Pläne realisieren zu können und für meine hartnäckigen Bemühungen Unterstützung zu gewinnen, was mir, wie ich deutlich sehe, in meinem eigenen Land nie gelingen wird, wo ich soviele unverdiente Rückschläge erlitten habe«.

Am 4. Dezember stand Immanuel an der Reling eines Segelschiffes und winkte seiner Familie am Kai zum Abschied zu. Sein Ziel war Åbo. Für Andriette und ihre drei Jungen sollten die nächsten Jahre Entbehrungen von scheinbar endloser Folge mit sich bringen. Als das Schiff außer Sichtweite war und sie sich auf den Heimweg machten, hatte sie keine Ahnung, wie sie sich und ihre Kinder versorgen sollte.

In dieser Lage sprang ihr Vater ein und versah sie mit Geldmitteln, die die schlimmste Not linderten. Mit Hilfe von Verwandten und einigen Freunden gelang es ihr, unweit ihrer Wohnung einen kleinen Milch- und Gemüseladen aufzumachen. Da sie alles selbst erledigte und vom frühen Morgen bis zum späten Abend arbeitete, machte sie einen kleinen Gewinn. Somit drohte nicht mehr der direkte Hunger, und sie konnte Pläne für den Schulgang der Kinder machen.

Schon im gleichen Jahr, in dem Andriettes Mann in Åbo sein Glück versuchte, meldete sie ihren ältesten Sohn Robert in der ersten Klasse der Apologistenschule in der Gemeinde Jacob an. Zwei Jahre später war Ludwig an der Reihe, und mit sieben Jahren fing Alfred 1840 in der gleichen Schule an.

Die Jacobschule lag in der Regeringsgatan 79-81 und hieß im Volksmund »Rabaukenschule«. Sie galt als Schule der Armen, während die herrschaftlich Gekleideten und Hochmütigen in die Klaraschule gingen. Wie August Blanche in seinen Stockholmschilderungen aus der ersten Hälfte des 19. Jahrhunderts erzählt, lagen die Schüler in ständigen Fehden miteinander. Man prügelte sich zwischen Tonnen, Karren und Warenstapeln vor einem Publikum von Hökern, Handwerkern und Markthändlern. Der Schulhof, wo die Kinder Nobel die Pausen verbrachten, wurde von hohen Hauswänden und Giebeln überschattet.

In den Klassenzimmern blakten die Öllampen, die erst gegen Ende der 1870er Jahre gegen Gasleuchten ausgetauscht wurden. Weil es kein Ventilationssystem gab und die Fenster das ganze Jahr hindurch mit schwer zu öffnenden Innenfenstern versehen waren, wurde selten oder nie gelüftet. In jedem Klassenraum gab es eine Auswahl von Rohrstöcken: lange, halblange und kurze. Prügel galten als effektives Heilmittel gegen intellektuelle Mängel. Ein Schüler, der sich sechs Buchstabierfehler zuschulden kommen ließ, konnte vom Lehrer ans Katheder gerufen werden: »Leg die Finger auf die Kante!« Danach hob er seinen Rohrstock und gab dem Schüler sechs schmerzhafte Schläge auf die Finger.

In Lundin-Strindbergs »Das alte Stockholm« wird bezeugt, daß Züchtigungen an der Tagesordnung waren. »Jeder Schuljunge in der Jacobschule betrachtete einen Tag, an dem er keine Schläge bekam, als höchst ungewöhnlich. Nach dem Morgengebet wurden diejenigen bestraft, deren Strafe am voraufgegangenen Tag aufgeschoben worden war, und danach hagelte es in jeder Unterrichtsstunde Schläge.«

In diesem Milieu verbrachte Alfred zwei lange Schuljahre. Bevor er durch seinen Fleiß und seine Begabung auf sich aufmerksam machte, muß er erfahren haben, daß ein armer Schüler ohne alle Menschenrechte ist. Man sollte dankbar sein, daß man überhaupt in eine Schule gehen durfte.

Der Unterricht wurde teilweise durch die sogenannte Termination finanziert. Dabei handelte es sich um eine »freiwillige« Abgabe, die unter erniedrigenden Umständen am Ende jedes Schuljahres einkassiert wurde. Lehrer und Schülergruppen gingen von Elternhaus zu Elternhaus und musizierten. Jede Familie sollte dann den Beitrag leisten, den sie meinte, sich leisten zu können. Eine Anzahl armer Eltern konnte nichts geben, andere unterließen es aus Geiz. Obwohl die Jacobsgemeinde über einen nicht geringen Anteil hochgestellter Persönlichkeiten wie Exzellenzen, Minister und Hofleute verfügte, waren die einkassierten Summen oft minimal. Ob Andriette als Mutter dreier Schüler einen Beitrag leistete, wissen wir nicht.

Ihre und der Jungen Gedanken kreisten natürlich um Immanuel. Sie hofften, daß es ihm gelingen würde, ihnen mit Hilfe seiner Erfindungen eine sichere Zukunft zu schaffen. Abgesehen von den Minen verfolgte er eine Reihe anderer Projekte. In erster Linie ging es um militärische Ausrüstung. Da er ein wahrer Patriot war, schmerzte es ihn doppelt, daß man sich seitens des schwedischen Militärs seinen Vorschlägen gegenüber so kühl verhalten hatte. Als Alfred Nobel ein gutes halbes Jahrhundert später Bofors kaufte, engagierte er sich auch in der Entwicklung einer Reihe von waffentechnischen Erfindungen, die darauf abzielten, die schwedischen Streitkräfte vom Ausland unabhängiger zu machen. Im Jahr vor seinem Tod schrieb er an Ragnar Sohlman. »Es wird lebhaft werden in Bofors, sobald wir mit einigen der in Entwicklung befindlichen Neuigkeiten wirkliche Resultate erzielen. Es würde Spaß machen, das alte Schweden auf dem Waffensektor mit Deutschland und England rivalisieren zu sehen.«

Damit schien sich der Kreis zu schließen. Alfred vollendete, was sein Vater Immanuel angefangen hatte.

Als ob der Schuljunge Alfred seine Mutter für alle ihre Aufopferung entschädigen wollte, ackerte er mit zäher Hartnäckigkeit seine Hausaufgaben durch. Das Resultat ließ nicht auf sich warten: durch seine kenntnisreichen und intelligenten Antworten wurde er rasch ein Musterschüler. Für sogenannte »Auffassungsgabe« erhielt er ein »Sehr gut«, ebenso für »Fleiß« und »Betragen«. Im folgenden Halbjahr sank die Note für »Betragen« jedoch auf »befriedigend«. Schück nimmt an, daß Alfred während einer Unterrichtsstunde gesprochen hat oder zu spät kam. Zum Vergleich: Ludvig bekam »befriedigend« in »Auffassungsgabe«, »ausreichend« in »Fleiß« und »gut« in »Betragen«.

Durch das Lob der Lehrer vor den Klassenkameraden bekam Alfred den Nimbus der Erwähltheit. Er, der solche Schwierigkeiten gehabt hatte, sich gegenüber seinen Brüdern und deren Kameraden zu behaupten, schien plötzlich einen Zug von Souveränität bekommen zu haben. Durch Fleiß und Begabung hatte er bereits im Alter von acht Jahren die Sonderstellung erreicht, die er sein Leben hindurch behalten sollte.

Ein anderer Auserwählter – August Strindberg – sollte, wie bereits erwähnt, die gleiche Schule besuchen. Sein Vater nahm ihn aus der »feinen«, doch wegen ihrer Härte berüchtigten Klaraschule und schickte ihn zur Jacobschule. Strindberg vergleicht die Schüler der beiden Schulen miteinander: Die Kameraden der Jacobschule »waren schlechter gekleidet, wund um die Nase, hatten häßliche Gesichtszüge und rochen übel«. Dennoch fühlte er sich mit ihnen »vertrauter« als mit den hochmütigen Kameraden in Klara.

Immanuel Nobel war erfreut darüber, daß Alfred sich zu seiner Überraschung als ein »Schullicht« erwies. Er, der sonst mit Lob geizte, schreibt in einem Brief an seinen Schwager Ludvig Ahlsell mit vorbehaltloser Anerkennung: »...mein lieber und fleißiger Alfred ist bei seinen Eltern und Brüdern hochgeschätzt wegen seiner Kenntnisse und seines unerschöpflichen Arbeitsvermögens, worin es ihm keiner nachmacht.« Fünf Jahre später versuchte er, eine Charakteristik seiner Söhne zu geben: »Woran die Vorsehung bei dem einen gespart hat, damit scheint sie den Älteren in umso reicherem Maß versehen zu haben. So wie ich sie beurteile, hat Ludwig am meisten Geist, Alfred das größte Arbeitsvermögen und Robert den größten Spekulationsgeist, aber dazu eine Hartnäckigkeit, die mich im vergangenen Winter mehrfach erstaunt hat.«

Im nachhinein läßt sich bestätigen, daß Alfred fleißig war, aber außerdem war er auch das Genie unter den Brüdern. Dies stimmt auch dann noch, wenn man bedenkt, daß Ludwig sehr erfolgreich war als Unternehmer im zaristischen Sankt Petersburg und als Ölexporteur in Baku, wo auch der lange Zeit – wenngleich nicht vom Vater – übersehene Robert Erfolge hatte.

Während der zwei Halbjahre in der Jacobschule kam Alfred in Berührung mit Jugendlichen aus anderen Gesellschaftsklassen. Bei den von der Klara- und Jacobschule gemeinsam veranstalteten Gymnastikvorführungen, aber auch bei den Abschlußfeiern traten die Klassenunterschiede zutage. Die Kinder besserer Familien waren in Seemannsanzüge und Samtjacken mit weißen Westen gekleidet. Arme Kinder trugen Lederhosen, Fahllederstiefel und selbstgenähte Kleidungsstücke. Die begüterten bürgerlichen Eltern hielten sich gerade und aufrecht, trugen steife Kragen – die sogenannten Vatermörder – und Zylinderhüte, die an Schornsteine erinnerten. Die Mütter der armen Kinder waren ärmlich gekleidete Frauen, die Väter gekrümmt und gezeichnet von harter körperlicher Arbeit.

Wahrscheinlich trugen die sozialen Ungerechtigkeiten, die Alfred schon jetzt kennenlernte, dazu bei, daß er sich später als Sozialdemokrat bezeichnete. Dies geschah immerhin zu einer Zeit, als er einer der reichsten Männer Europas war und über 90 Unternehmen in der ganzen Welt kontrollierte. Man kann es der Umwelt nicht verdenken, daß sie die von ihm behauptete politische Zugehörigkeit mit Mißtrauen betrachtete. Abgesehen von der für einen Sozialdemokraten etwas bizarren Eigenheit, Gegner des allgemeinen Wahlrechts zu sein, besaß Alfred – wie sein Bruder Ludvig– ein ausgeprägtes soziales Empfinden. Beide hatten sie Mitgefühl für die Schwachen in der Gesellschaft, und sie setzten es in Handlung um.

Nachdem für »mechanicus I. Nobel« am 15. Dezember 1837 ein Paß ausgestellt worden war, hatte sich Alfreds Vater sowohl während seines kurzen Aufenthalts in Åbo wie auch später in Petersburg der Konstruktion von Sprengminen für die Land- und Seeverteidigung gewidmet. Er hatte schließlich einen derartigen Erfolg, daß er glaubte, es sich erlauben zu können, die Familie nachkommen zu lassen. Am 21. Oktober 1842 wurde ein Paß ausgestellt für »Frau Nobel und minderjährige Kinder«.

Mit Hilfe der Einkünfte aus dem Milch- und Gemüseladen und des Geldes, das ihr Mann aus Petersburg geschickt hatte, hatte Andriette in eine bessere Wohnung in der Regeringsgata 67 umziehen können – in bequeme Nähe der Jacobschule. Die verbesserte Finanzlage hatte der streng arbeitenden Geschäftsfrau auch erlaubt, das 13jährige Kindermädchen Mina anzustellen.

Schlägt man im Melderegister dieser Jahre nach, findet man, daß Alfred Nobels Geburtshaus, als seine Familie dort auszog, folgende Bewohner hatte: die damalige Besitzerin, die Schreineraltmeisterwitwe Fredrika Claesson, die geschiedene Ehefrau des Akteurs F. A. Widerberg, Hedda Charlotta Cederberg, sowie den späteren Besitzer des Hauses, den Destillateur August Witte. Man kann sich vorstellen, daß der kleine Alfred vor diesen Personen die Mütze abnahm und sich artig verbeugte. Vielleicht hatte seine Mutter ihm schon das eine oder andere russische Wort beibringen können, wie zum Beispiel »Do Svidanija!« – Auf Wiedersehen! Der sprachbegabte Alfred sollte sich bald aus eigenem Antrieb eine gründliche Kenntnis der russischen Sprache aneignen. Schon nach wenig mehr als einem Jahr in der neuen Heimat sollte er die Sprache unbehindert sprechen.

6

Knapp zwei Monate, bevor Alfred neun Jahre alt wurde, bestieg er mit seiner Mutter und seinen Brüdern Robert und Ludvig eine Segelschute im Stockholmer Hafen. Es war Ende Oktober 1842. Die Familie Immanuel Nobel sollte nach fünf langen Jahren der Trennung endlich wieder vereint werden.

Während seines einjährigen Aufenthalts in Åbo hatte Immanuel in dem Haus der begüterten Familie Scharlin in der Nygata 8 gewohnt. Der Regierungspräsident von Haartmann hatte sein Versprechen gehalten und ihn mit einflußreichen Personen in der russischen Armee zusammengeführt. Sie stellten ihm umfangreiche Bestellungen in Aussicht, falls er sich in St. Petersburg etablierte. In der kosmopolitischen russischen Weltmetropole herrschte zu dieser Zeit Nikolaj I. (1796-1855). Sein Regiment war hart. Der Kaiser wurde zuweilen der gekrönte Gendarm genannt. Wenn er das Zentrum der Stadt passieren wollte, wurden alle Hauptstraßen zwölf Stunden im voraus abgesperrt, da Bombendrohungen nicht selten vorkamen.

Nachdem Immanuel im Dezember 1838 in St. Petersburg angekommen war, konnte er als Fabrikant, Erfinder und Maschinenkonstrukteur erhebliche Erfolge verbuchen. Die russischen Behörden hatten eine wohlwollende Einstellung gegenüber Ausländern, die sich in der Hauptstadt etablieren wollten. Bereits Peter der Große hatte durch ein Dekret im Jahre 1702 Erleichterungen verschiedener Art für ausländische Erfinder und Unternehmer geschaffen. Man wollte begabte und tatkräftige Personen anlocken, die neue Arbeitsplätze für die Bevölkerung der Stadt schaffen konnten.

Hier sei auf eine Abhandlung von Eva Thomson-Roos über die Emigration nach St. Petersburg hingewiesen. Darin stellt sie fest, daß aus Schweden im Prinzip lediglich Handwerksgesellen, Arbeiter und »Mägde« emigrierten, die in der Regel nach ein bis zwei Jahren wieder in die Heimat zurückkehrten. Die einzigen gut ausgebildeten Schweden, die nach Rußland emigrierten, waren solche, die eine Anstellung bei einem der Nobelschen Unternehmen bekommen hatten. Alfreds Brüder, ihre Familien und die angestellten schwedischen Ingenieure waren folglich im damaligen Rußland ziemlich einzigartig. Und doch hatten schon 1817 Karl Johan XIV. und Zar Alexander I. einen Vertrag abgeschlossen, daß alle Schweden in Rußland von Steuern wie vom Militärdienst befreit sein sollten.

Weil es im damaligen Rußland viele Arbeitslose gab, waren ausländische etablierte Gewerbetreibende wie Immanuel Nobel besonders gefragt. Daß er außerdem der geborene Erfinder war, geht aus einer bezeichnenden Episode hervor, die einem Nachruf auf ihn entnommen ist. Dieser stand am 20. September 1872 in »SVALAN – eine Wochenzeitung für den Familienkreis«:

»Immanuel Nobel verfertigte schon im Alter von sechs Jahren seine erste Erfindung. Es war ein Sonnenglas – ein Prisma –, das aus einem Stück Eis bestand. Aus der Eisdecke einer Pfütze hatte er ein passendes Stück herausgehauen, das er mit einem Messer so formte, daß er es in einen Holzring einpassen konnte, wonach es zwischen den Händen des Jungen noch weitere Glätte und Politur bekam. Nachdem das Eisstück in dem Holzring festgefroren war, wurden sogleich die Versuche aufgenommen und – oh Wunder! – der Kleine sah mit strahlenden Augen, wie ein unter das Eis plaziertes mehrfach gefaltetes Papier angezündet und ein Loch hindurchgebrannt wurde. Danach versuchte er mit Erfolg, auf die gleiche Art und Weise die Tabakspfeife des Vaters anzuzünden. Wer hätte stolzer sein können als der Kleine, als er für seine Erfindung den Beifall des Vaters erntete, der damit nie verschwenderisch war.«

Immanuel muß eine mangelhafte theoretische Grundlage gehabt haben, und sicherlich hatte sein Wissen weiße Flecken, aber seine Intuition kompensierte diese Mängel. Diese schwer definierbare Eigenschaft sollte Alfred in reichem Maße erben.

Dessen Verhältnis zu seinem optimistischen und extravertierten Vater war indessen kompliziert. Mit den Jahren sollten sich Vater und Sohn innerlich immer weiter auseinanderleben, obwohl sie zusammenarbeiteten. Für Alfred waren die Gedanken des Vaters alte Gedanken, die einmal wahr gewesen, aber nach und nach immer unzeitgemäßer geworden waren.

Als der bald neunjährige Alfred in St. Petersburg wieder vor seinem dominierenden Vater stand, war er jedoch von Bewunderung erfüllt über das, was der Vater in einem fremden Land geleistet hatte.

Andriette war mit ihren Söhnen in einer Postkutsche angekommen, die mit Taschen, Büchern und Hausrat überladen war. Immanuel wartete mit Pferd und Wagen und seinem »eigenen« Kutscher. Alfred muß große Augen gemacht haben, als ihm klar wurde, daß man in dem neuen Land sogar Menschen besitzen konnte. Die Leibeigenschaft in Rußland wurde erst 1863 abgeschafft.

Da es in den 1840er Jahren wenig Eisenbahnen gab, mußten Andriette, Robert und Alfred die vielen Meilen von Åbo auf elenden Wegen in einem unbequemen Gefährt reisen. Um die Jahreszeit, als sie in der russischen Hauptstadt ankamen, war die Herbstluft feucht und neblig, und es wurde früh dunkel. Alfred wußte wenig über das große Land im Osten. Möglicherweise hatte er den Ausdruck gehört, daß Rußland kein Land, sondern ein Erdteil sei.

Auf den großen, offenen Straßen um die Sankt-Peters-Kathedrale trieben sich in den 1840er Jahren hungernde elternlose Kinder zu Tausenden herum. Alles, worauf sie hoffen konnten, war private Wohltätigkeit. Für einen Teil der Wohlsituierten war es selbstverständlich, daß sie von ihrem Überfluß abgaben. Dieses Muster sollte sich in Alfreds Großzügigkeit wiederholen, als er ökonomisch unabhängig wurde. Nach altrussischer Art führte er bedeutende Summen ab, um Notleidenden zu helfen. Im Prinzip ließ er nur »die verrücktesten Schenkungsvorschläge« – ein im Vorhergehenden zitierter Ausdruck – unberücksichtigt.

Trotz Alfred Nobels umfangreicher Korrespondenz finden wir nirgends etwas über seine ersten Eindrücke von St. Petersburg. Glücklicherweise hat ein anderer schwedischer Augenzeuge seine Erlebnisse in der damaligen russischen Hauptstadt aufgezeichnet: die Krankenschwester Maja Huss, die später angestellt war, um die Schwester Edla Nobels zu pflegen. Unter schwedischen Familien von höherem Stand war es bei Auslandsaufenthalten üblich, private Krankenschwestern vor allem vom Roten Kreuz in Stockholm anzustellen.

Die Tochter von Maja Huss hat Auszüge aus der umfassenden Briefsammlung ihrer Mutter herausgegeben und auf diese Weise »lebendige und persönliche Erinnerungen und Eindrücke aus einer vergessenen Epoche« der Nachwelt erhalten. Wir erfahren beispielsweise, daß »meine 95 Öre pro Tag 95 Öre sind, ob ich bei Nobels bin oder bei XYZ. Vielleicht sogar weniger, denn ich muß hier 1 Krone bezahlen für das, was ich zu Hause für 70 Öre bekomme. Es ist auch düster, Champagner zu trinken, wenn die Nähte des einzigen Kleides, das man hat, sich auflösen«.

Maja Huss schreibt: »Die Neva ist ein herrlicher, schöner, breiter Fluß – 1 km lange Brücken führen über sie. Palast liegt an Palast – u.a. der Winterpalast. Ihr dürft aber nicht glauben, daß das Nevawasser durch irgendeinen Filter geht, sondern es mündet direkt ins Kloakenwasser der Cholerabaracken, von wo es auf direktem Weg in unsere Leitungen läuft.«

Wir erfahren, daß der Dreikönigstag der Tag ist, an dem das Nevawasser unter großen Feierlichkeiten gesegnet wird: »Die Leute stürmen dorthin und füllen ihre Wasserkrüge mit der gerade von den Bischöfen gesegneten Cholerabrühe. Ich habe einen empfindlichen Magen und bekomme nach einer Tasse Tee augenblicklich Diarrhö«.

Wie Alfred Nobel macht Maja Huss nach der Ankunft eine

Fahrt durch die Stadt: »Wir müssen vor der Kassanschen Kathedrale anhalten, die am Nevskij Prospekt, der Pulsader Petersburgs liegt, und drängeln uns durch die Menschenmassen hindurch bis zur Kirche. Dort drinnen leuchtet es förmlich von Gold und Silber. Schwarzgekleidete Bischöfe sind die Einzigen, die das Allerheiligste betreten dürfen.« Die schwedische Krankenschwester stellt einen betäubenden Duft von Weihrauch und Wachslichtern fest. Das eintönige Leiern der Priester bereitet ihr Schwindel. Das größte Fest des Jahres ist Ostern: »Schinken und Kalbsbraten halten ihren Einzug in die Häuser. Für die strenggläubigen Russen ist in des Wortes eigentlicher Bedeutung Fastenzeit gewesen. Man ißt auch Blini – eine Art große Fladen, die direkt aus der Pfanne serviert und mit saurer Sahne, Kaviar und geräuchertem Fisch gegessen werden.«

Am Schluß berichtet die Krankenschwester über eine Fahrt zum Alexander-Nevskij-Kloster. Es ist das vornehmste in Petersburg und auf einer Insel in der Neva gelegen, »welch letztere sich in der Mittagssonne von einer der Brücken brillant ausnehmen kann«. Einer Sage zufolge steht das Alexander-Nevskij-Kloster an der Stelle, wo »Großfürst Alexander im Jahre 1241 einen bedeutenden Sieg über die Schweden und ihre Bundesgenossen: die Ordensritter errang«.

Immanuels Familie kann auf der Fahrt zu ihrer künftigen Wohnung den Weg über die Dreifaltigkeitsbrücke genommen haben, an den Schanzen der Peter-Pauls-Festung vorüber und hinüber auf die Viborgseite und zum römisch-katholischen Friedhof. Die prächtigen Avenuen müssen auf einen kleinen schwedischen Knirps, der in einem Hinterhaus in der Norrlandsgatan in Stockholm geboren worden war, einen überwältigenden Eindruck gemacht haben.

Von einem Aquarell Immanuel Nobels wissen wir, daß ihr Zuhause in Petersburg ein ziemlich anspruchsloses eingeschossiges Holzhaus war, das an einem Kanal lag. Das Grundstück war von einem lädierten Lattenzaun umgeben. Selbst wenn der Lebensstandard der Familie wesentlich höher war als in Stockholm, war jede Form von Verschwendung verpönt. Es gibt Grund zu der Annahme, daß der gegen Kälte überempfindliche Alfred ebensosehr unter dem kalten Zug vom Fußboden litt wie in der Norrlandsgata. In der russischen Hauptstadt um die Mitte des vorigen Jahrhunderts zogen Eiswinde von der Tundra durch Türen und Fenster.

Ein entscheidender Grund für die verbesserte finanzielle Situation waren Immanuels gute Kontakte zu dem russischen General Ogarev. Durch dessen Vermittlung wurde das Interesse des Kriegsministeriums an »des Ausländers Nobels« Konstruktionen von Land- und Seeminen geweckt. Immanuel fand auch durch seine Herstellung von Waffen für die russische Armee Beachtung. Unter seiner kompetenten Anleitung wurde die Waffenherstellung aus einem Handwerk in eine regelrechte Industrie verwandelt. Damit war der Eintritt der Familie Nobel in das russische Wirtschaftsleben ein Faktum. Der Erfolg sollte sich mit einem um ein Vielfaches größerem Engagement in der mechanischen Industrie fortsetzen und schließlich durch die Stellung des Sohns Ludvig als Ölkönig in Baku am Kaspischen Meer gekrönt werden.

Schon ein knappes Jahr nach ihrer Ankunft in St. Petersburg schenkte Andriette einem Sohn, Emil, das Leben. Danach bekam sie noch einen Sohn und eine Tochter, die jedoch beide im Kleinkindalter starben. Auch Alfreds Gesundheit war schwach. Ein chronischer Schnupfen verursachte ihm neuralgische Kopfschmerzen. Diese andauernden und zeitweilig unerträglichen Kopfschmerzen, die er nie los wurde, stellen eine Art Refrain in seiner Korrespondenz dar.

Immanuels Aktivitäten resultierten in einem Schreiben des Generals und Ingenieurs Ogarev an den russischen Kriegsminister. Da diese Eingabe eines der wenigen Dokumente aus jener Zeit darstellt, die ein Licht auf die Unternehmungen Immanuels in den 1840er Jahren in Rußland werfen, sei daraus folgendes zitiert:

»An den Herrn Kriegsminister. Euer Erlaucht haben mich mit Schreiben Nr. 597 vom 19. September 1841 von dem Befehl Seiner Kaiserlichen Majestät in Kenntnis gesetzt, dem Ausländer Nobel zu gestatten, Experimente mit dem von ihm erfundenen Mittel, den Feind in bedeutendem Abstand zu vernichten, durchzuführen. Seit dieser Zeit hat sich Nobel unablässig mit Vorbereitungen zu diesen Experimenten beschäftigt, doch die Durchführung derselben unterblieb aus bestimmten Ursachen, unter welchen die hauptsächlichste die Erfüllung einer anderen von Nobel übernommenen Verpflichtung war, [nämlich] permanente Seeminen zu konstruieren, welche zum gegenwärtigen Zeitpunkt von ihm zu recht zufriedenstellenden Resultaten gebracht worden ist. Schließlich hat Nobel gegen Ende des Jahres 1844, in meinem Beisein, ein Experiment durchgeführt, eine Strecke Landes mit einem Pulver-Apparat von besonderer Konstruktion in die Luft zu sprengen, und dies mit vollständigem Erfolg ... In meinem Schreiben Nr. 2803 vom 16. September 1841 teilte ich Euer Erlaucht mit, daß Nobel für die Übernahme seines Systems eine Gratifikation von 40 000 Silberrubeln zu erhalten wünschte; doch verzichtet er auf dieselbe – zum gegenwärtigen Zeitpunkt – und ersucht lediglich, ein für allemal für seine Ausgaben mit 3 000 Silberrubeln entschädigt zu werden.«

Während des Krimkriegs kamen Immanuels Seeminen bei Kronstadt, Sveaborg und Reval zur Anwendung. Es hieß, sie seien den russischen überlegen. Sein ältester Sohn Robert hatte vom russischen Oberbefehlshaber den Auftrag bekommen, die Verminung nach einem vom Vater ausgearbeiteten Plan zu organisieren. Er war erfolgreich: Die englische Flotte wagte sich nicht ins Innere des Finnischen Meerbusens. Zwar wurde kein feindliches Schiff in die Luft gesprengt, doch die Urkunden berichten, daß »eine aufgefischte Mine einer so eingehenden Untersuchung an Bord des Flaggschiffs Duke of Wellington unterzogen wurde, daß sie explodierte und einen Mann tötete, was den Engländern tiefen Respekt vor den kleinen Dingern eingab«.

Die gewonnenen Erfahrungen konnte Immanuel in einem Prachtwerk mit dem langen Titel »Système de défense maritime pour passages et ports sans fortifications dispendieuses et avec épargne d'hommes par Immanuel Nobel« darlegen. Das Werk mit seinen kolorierten Bildern zeugt beredt vom Erfindergeist, der Energie und dem Zeichentalent seines Verfassers.

Geldbelohnungen seitens der russischen Regierung hatten bereits 1842 Immanuel in die Lage versetzt, eine Maschinenfabrik sowie eine Gießerei zu starten. Er bekam Anerkennung von allen Seiten und galt bald als einer von Rußlands kompetentesten Ingenieuren. Es regnete Erfolge. Im Jahre 1848 schrieb er an seinen inzwischen engen Freund, seinen Schwager Ludvig Ahlsell: »Hier geht alles seinen geregelten Gang: Arbeit bis über die Ohren, Ärgernisse und Unannehmlichkeiten in ebenso hohem Maß mit all der großen Menge von Pack, die soviel wie möglich haben wollen, aber den geringsten Nutzen bringen.« Teils fällt der Ausdruck »Pack« für die Angestellten auf – so redete man in damaligen russischen Unternehmerkreisen –, teils die sprachliche Ungeschicklichkeit. Auch auf dem Höhepunkt seiner Erfolge litt Immanuel, wie oben bereits erwähnt, darunter, nie eine ordentliche Schulbildung genossen zu haben.

Aber alles entwickelte sich zum Guten, und er konnte nicht nur seine Schulden bezahlen, sondern auch Verwandten und Freunden in Schweden helfen. Er schreibt an Ahlsell: »Wenn meine Söhne sich vertragen und gemeinsam fortführen, was ich begonnen habe, dann glaube ich, daß sie mit Gottes Hilfe stets ihr Auskommen haben werden, denn hier in Rußland gibt es noch viel zu tun.«

7

Die Erfahrungen, die Immanuel Nobel im Laufe seines Lebens machte, brachten ihn zu der Einsicht, daß Wissen zu dem Wertvollsten gehört, das ein Mensch besitzen kann. Kapital kann verlorengehen, aber Kenntnisse nie. Sobald seine ökonomische Lage es zuließ, war er deshalb darum bemüht, seinen Söhnen die denkbar beste Ausbildung zu ermöglichen. Er wollte nicht, daß sie wie er gezwungen sein sollten, sich ihre Kenntnisse selbst zu erarbeiten. Nur mit äußerster Mühe war es ihm gelungen, sich ein achtbares Wissen in den Naturwissenschaften und den Geisteswissenschaften anzueignen. In seiner Freizeit hatte er in späteren Jahren sogar Studien in französischer und englischer Literatur – insbesondere der klassischen – betrieben. Dieser Bildungshunger sollte sich auf die Söhne vererben, die nicht nur geschulte Ingenieure, sondern auch hochgebildete Männer wurden.

Der in technischen Dingen eminent kundige Sigvard Strandh hat eine wichtige Beobachtung gemacht: »Vom allerersten Anfang an war Alfred fasziniert von den spekulativen und experimentellen Teilen der Chemie, die sein Lieblingsfach wurde.« Seine Lehrer in Chemie waren die Professoren Zinin und Trapp. Yuli Trapp (1808-1882) war Professor an der Technischen Hochschule in St. Petersburg. Er war es, der Alfred und seinen Vater auf einen Stoff für die Ladung der Minen aufmerksam machen sollte: Nitroglyzerin. Es ist ein gelbes, schweres Öl, das man herstellt, indem man langsam Glycerol in eine abgekühlte Mischung aus Salpetersäure und Schwefelsäure gibt. Nitroglyzerin ist ein Sprengstoff, der bei Stößen leicht explodiert. Zehn Jahre später war Alfred reif für eine seiner epochemachendsten Erfindungen: Es gelang ihm, die Stoßempfindlichkeit radikal herabzusetzen, indem er das Nitroglyzerin mit Kieselgur mischte.

Alfreds zweiter Chemielehrer war Professor Nikolaj N. Zinin (1812-1880). Zinin war an der Akademie für Medizin und

Chirurgie tätig und hatte bei Alfreds künftigem Lehrer in Paris studiert – dem berühmten Th. J. Pelouze. Sowohl Trapp als auch Zinin waren seit den ersten Jahren in St. Petersburg Immanuel Nobels Freunde. Zinins Sommerhaus lag nicht weit entfernt vom Sommerhaus der Nobels außerhalb von Petersburg.

Unter Roberts, Ludvigs und Alfreds Hauslehrern war auch ein Schwede: der Sprach- und Geschichtslehrer fil. mag B. Lars Santesson. Trapp, Zinin, Santesson und ein Magister Peterov schärften den Brüdern ein, daß es für den menschlichen Wissenstrieb keine Grenzen gibt. Diese Einsicht sollte ihre Lebensanschauung prägen. Sie lernten, hohe Ansprüche an sich selbst zu stellen und nicht nur darauf zu warten, alles von anderen serviert zu bekommen. Die wichtigste Botschaft ihrer Lehrer war, daß man seine Zukunft selbst gestaltet, und daß Fleiß die Mutter jedes glücklichen Lebensschicksals ist. Lange Studientage legten den Grund zu einer konstruktiven Denkart. Nicht zuletzt Alfred stellte unter Beweis, daß er schon während seiner Studienzeit selbständig denken konnte. Der Versuch, etwas zu verstehen, wurde eine Manie bei ihm. Ein ungewöhnlich gutes Gedächtnis war ihm dabei eine große Hilfe.

Aus seiner Korrespondenz geht hervor, daß er drei Hilfsmittel für unentbehrlich ansah, um das Dasein zu verstehen: Selbststudium, das Beobachten anderer Menschen sowie das Lesen guter Literatur. Als Studierender schuftete er wie ein Galeerensklave. Im Beisammensein mit anderen Menschen war der lustbetonteste Reiz für ihn der intellektuelle: einen neuen, komplizierten Gedanken zu verfolgen. In jedem ungelösten Problem sah er schon während seiner Studienjahre eine persönliche Herausforderung.

Unter seinen Lehrern fühlte Alfred sich am stärksten dem weisen Peterov verbunden. Dieser übte seinen Beruf als edle Berufung aus und widmete Alfred väterliche Fürsorge. Aus seinem Lob zog sein Lieblingsschüler neue große Kräfte und ließ sich zu verdoppelten Anstrengungen anspornen. Als Alfred schnell und ohne spürbare Schwierigkeiten seine älteren Brüder Robert und Ludwig im Lernen einholte, ahnte sein Lehrer, daß er in seiner geistigen Ausrüstung über einen Zug von Genialität verfügte. Er muß sich oft gefragt haben, wie man wohl ein Genie unterrichtet.

Der Schriftsteller Sven Fagerberg hat dieser Fragestellung Aufmerksamkeit geschenkt: »Pädagogen und andere pflegen zu sagen, man brauche sich um Genies nicht zu kümmern, sie seien stark genug, um sich allein zu entwickeln. Nichts könnte falscher sein. Geniale Menschen haben oft Mängel, die sie ohne Hilfe nicht ausgleichen können. In der Schule wird der Ansatz von Genialität oft durch die Tristesse der unendlich langen Schulzeit und durch den Mangel an Funktionsmöglichkeiten, Verständnis und Aufmunterung zunichtegemacht.«

Dieser Gedankengang trifft sicher auch im Fall Nobel etwas Richtiges. Wenn Alfred nicht seinen qualifizierten Privatunterricht genossen hätte, sondern gezwungen gewesen wäre, sich durch eine gewöhnliche, langjährige Paukschule – wie wir heute sagen würden – hindurchzuquälen, dann ist nicht sicher, ob er die gleiche Entwicklung genommen hätte.

Alfred fand während seines Lebens nur wenige Menschen, mit denen er offen und ohne Umschweife über lebenswichtige Dinge sprechen konnte. Es dürfte sich um nicht mehr als vier Menschen gehandelt haben: außer Magister Peterov Bertha von Suttner, der junge Pastor in Paris und spätere schwedische Erzbischof Nathan Söderblom und Ragnar Sohlman. Sie hatten alle eines gemeinsam: eine unbestechliche Wahrheitsliebe und eine Feinheit der Gesinnung. In der Korrespondenz und im Zusammensein mit diesen vier Personen gab Alfred seine Neigung, sich in sich selbst zu verschließen, auf.

Bei Peterov brachte Alfred sogar die Unterdrückungspolitik des Zaren zur Sprache. Er hatte verstanden, daß sein Lehrer in seinem Innersten auf die Abschaffung der Leibeigenschaft und die Befreiung seines Vaterlandes hoffte, auch wenn dieser solche Gedanken nur vage andeutete. Peterovs Haltung mag hinter Alfreds Worten in der elften Szene des dritten Aktes von »Nemesis« aufscheinen:

Auch ich wäge meine Worte wohl und weiß, wo ich frei sprechen kann oder nicht. Wenn man in einer Zeit wie der unsrigen lebt, wittert man überall Spione.

In diesen zwei Sätzen vernimmt man das Echo des von der Zensur und von Polizeikontrollen beherrschten Petersburg. Alfred wurde sechzehn in dem Jahr, als Fjodor Dostojevskij gefangengenommen und zum Tode verurteilt wurde – ein Urteil, das später in vier Jahre Zuchthaus in Sibirien und Militärdienst in einer Strafkompanie umgewandelt wurde. Der Zar inszenierte ein grausames Schauspiel. Bevor das Urteil abgemildert wurde, führte man Dostojevskij und andere Verurteilte in weiße Hemden gekleidet zum Galgen – erst da wurden sie begnadigt.

Es wäre falsch, den Eindruck zu erwecken, daß der junge Alfred größeres Zutrauen zum politischen Verstand der Masse gehabt hätte. Für ihn war es nur die intelligente und vorausschauende Elite, die ein Volk führen und den Wohlstand der Menschen mehren konnte. Alfred lehnte sich gegen das Kollektive auf und war nie dazu zu bringen, sich in der Herde zu bewegen. Mit seiner russischen Erziehung war er ständig zwischen Sympathien und Antipathien für die Bewohner der Paläste und die der Elendsviertel hin und hergerissen. Diese Heimatlosigkeit sollte ihm sein ganzes Leben hindurch folgen.

Als Ludvig sich zu einem längeren Besuch in Schweden aufhielt, wollte sein Vater, daß er schnell zurückkäme. »Ich kann ihn dort nicht lassen«, schreibt er, »denn abgesehen davon, daß es mich eine Menge kosten würde, stört es ganz und gar den Unterricht meiner anderen Kinder, die nun nur auf seine Rückkehr warten, um ihre Studien wieder aufzunehmen.«

Im Januar 1849 war Ludvig zurück und schrieb seinem Onkel einen Brief, der ein Bild von Alfred im Alter von sechzehn Jahren gibt: »Alfred ist gewachsen, so daß ich ihn kaum wiedererkannte. Er ist fast so groß wie ich, und seine Stimme ist so rauh und kräftig, daß ich ihn daran nicht hätte erkennen können.«

Ende 1849 war Roberts Ausbildung abgeschlossen. Das geht aus einem Brief Immanuels vom darauffolgenden Januar an Ludvig Ahlsell hervor: »Als unglaubliche Neuigkeit kann ich Dir berichten, daß ich Kaufmann der ersten Zunft geworden bin. Da bewahrheitet sich das Sprichwort: Niemand ist zu alt, um Schorf zu bilden! Ich war aufgrund meiner weitläufigen Geschäfte zu diesem Schritt gezwungen. Robert führt die Geschäfte nach außen mit Umsicht, wofür er mit der Zustimmung meines Kompagnons 100 Silberrubel im Monat bekommt – ein ordentlicher Lohn für einen zwanzigjährigen jungen Mann. Aber ich kann gottlob sagen, daß er es verdient.« Der von Immanuel erwähnte Kompagnon war der General Ogarev, der ihn zuvor in die einflußreichen Kreise im Kriegsministerium eingeführt hatte.

In seinen Briefen kann Alfred zwischen all seinen schwermütigen Reflektionen plötzlich mit der Ansicht überraschen, daß »das Leben ein erlesenes Geschenk [ist], ein Edelstein, aus der Hand der Mutter Natur gegeben, damit man ihn selbst schleifen und polieren kann, bis sein Strahlenglanz die Mühe belohnt«. Es gilt, den wichtigen Unterschied einzusehen zwischen dem, »das der Mensch tut«, und »dem, das ihm geschieht«.

Die erhaltene Familienkorrespondenz deutet auch nicht im entferntesten an, daß Alfred – der unverheiratet und kinderlos bleiben sollte – in der Zeit seines Heranwachsens irgendwelche Probleme mit seinem Triebleben gehabt hätte.

Doch es gibt unbestreitbare Zeugnisse dafür, daß er mit seiner Intelligenz und Zielstrebigkeit zwar ein attraktiver junger Mann war, gleichzeitig jedoch frühreif, kränklich, träumerisch und introvertiert. Vielleicht bildete er sich in seiner Überspanntheit ein Frauenideal, das unerreichbar war. Später entschlüpfte ihm einmal die Bemerkung, daß gerade die russische gebildete Frau ein Vorbild für die Frauen anderer Länder sein könne, »weil sie mit der gleichen Klugheit wie ein Mann über Wissenschaft und Philosophie konversieren kann«.

Es heißt, daß man durch sich selbst andere erkennt. Alfred schreibt ohne zu zweifeln über seinen Bruder Robert: »Ein Hypochonder. Bildet sich immer neue Krankheiten ein. Am Morgen einen Herzfehler, zum Frühstück Gicht, am Nachmittag Schwindsucht, beim Zubettgehen Krebs.«

Das Gefühl von Ohnmacht und Unsicherheit, das den jungen Alfred auszeichnete, verschwand, als er in der Gießerei des Vaters zu arbeiten begann. Es war eine Zeit der Expansion. Die Produktion stieg, und damit stiegen auch die Einkünfte. Abgesehen von Dampfmaschinerie, Röhren und Eisenkonstruktionen für den zivilen Sektor strömten die Bestellungen aus dem militärischen Sektor herein: Repetiergewehre, Kanonenlafetten und Pulverminen. Der Kompagnon konnte ausgezahlt werden, und der Firmenname wurde in einen französisch klingenden umgeändert, der in etwa lautete: »Gießerei und Maschinenfabrik Nobel & Söhne«. Für die Söhne war dies eine Beförderung. Sie wurden nach Abschluß ihrer Lehrzeit zu Teilhabern erhoben. In seinen selbstbiographischen Aufzeichnungen unterstreicht Ludvig die Bedeutung der allseitigen Ausbildung, die er durch die Umsicht des Vaters in der Jugend bekam. Mit seiner Intelligenz und seinem fundierten Wissen leistete auch Alfred erstklassige Arbeit. Er machte in diesen Jahren eine spürbare Wandlung durch. Aus dem scheuen, grübelnden und schwächlichen Kind wurde – auf jeden Fall nach außen – ein effektiver, hartgesottener Unternehmer, an allem interessiert und durch nichts zu erschüttern. Es war nicht zuletzt sein Verdienst, daß die kleine Werkstatt sich in wenigen Jahren zu einem von Rußlands größten Unternehmen in seinem Bereich entwickelte. Nach und nach wurde das Sortiment für den zivilen Markt erweitert und umfaßte Heizkessel, Rohrleitungen und Heizkörper. Immanuel hatte Zentralheizungskessel für das Beheizen von Gebäuden erfunden und stellte sie als erster in Rußland her.

Selbstverständlich erlitt die Familie auch Rückschläge: So hatte der Vater einen neuen Typ des hölzernen Wagenrads konstruiert. Die Behörden zeigten sich interessiert, doch die Zollbestimmungen führten dazu, daß die Herstellung eingestellt werden mußte, mit erheblichen Verlusten als Folge. Im großen und ganzen ging es der Familie jedoch außerordentlich gut, und im Jahre 1853 erhielt Immanuel »für Betriebsamkeit und Kunstfertigkeit« in der russischen Industrie eine kaiserliche Goldmedaille.

Dreißig Jahre Frieden hatten viele Russen an ewige Waffenruhe glauben lassen. Endlich schien der Mensch reif zu sein, Meinungsverschiedenheiten zu klären, ohne zu den Waffen zu greifen. Zar Nikolaj I. wollte es indessen anders. Durch die Kriege mit Persien (1826-1828) und der Türkei (1828-1829) hatte sich sein Reich ausgeweitet. Er wollte nun seine Expansionspolitik vollenden, auch wenn dies zu einem neuen Krieg führen sollte.

Die russische Streitmacht mußte jedoch modernisiert werden, und infolgedessen erhielt Immanuels Unternehmen große Bestellungen. Um sie ausführen zu können, mußte er nicht nur Kriegsmaterial aus Schweden einführen, sondern auch qualifiziertes Führungspersonal. Nobel & Söhne konnte bald alles, von Schnellfeuergewehren bis zur Dampfmaschinerie, für Rußlands erstes propellergetriebenes Kriegsschiff liefern.

Eines Tages hielt der Zar die Zeit für gekommen und drückte sein Siegel auf einen Mobilmachungsbefehl: Der sogenannte Krimkrieg (1853-1856) war ein Faktum. Trotz der Vorteile für das Familienunternehmen war Alfred prinzipiell der Ansicht, daß der Krieg Ausdruck eines persönlichen Machthungers war. Andere Motive konnte er nicht entdecken.

Immanuel und seine Söhne bekamen nun einen staatlichen Eilauftrag nach dem anderen. Am 15. September 1855 befanden sie sich in der Festung Kronstadt, um Sprengminen auszulegen. An diesem Tag schrieb Alfred: »Dieser Ort gibt mir wirklich keine Erinnerungen ein, die die Seele erfreuen können ...

denn in Rußland dient man zuerst der Krone und danach Gott!« Diese prinzipielle Einstellung hinderte ihn indessen nicht daran, die technischen Probleme so geschickt zu lösen, daß Nobels Seeminen die ersten wirklich brauchbaren wurden.

Immanuel mußte die umfassenden und notwendigen Experimente selbst finanzieren. Er wurde immer unzufriedener mit dem Zaren. In seiner Verbitterung erwog er, die Annahme einer Gratifikation von 40 000 Rubeln zu verweigern. Das Geld deckte nur einen geringen Teil seiner Kosten. Im Alter schrieb er, was er damals in seinem Innersten dachte: »Nie sind in einer Maschinenfabrik größere Energie und Vielseitigkeit entwickelt worden als hier in den Jahren 1854-1860, Jahren von ununterbrochener fieberhafter Arbeit, und nie ist wohl auch eine große Arbeit schlechter belohnt worden.«

8

Laut Henrik Schück hat Alfred mit seinem Drama »Nemesis« kein Werk von literarischem Wert geschaffen. Das hindert uns nicht daran, der Tragödie trotzdem eine selbstbiographische Bedeutung beizumessen, denn hier drückt er sich unverblümter aus als an irgendeiner anderen Stelle. So lesen wir in Akt II, Szene 2:

So wuchs ich und entwickelte mich zu einem denkenden und ahnenden Wesen mit einer inneren Welt von Poesie, die keine Tyrannei ausrotten konnte. Die Gedichte unserer wunderbaren Dichter waren mir bezaubernde und tröstende Echos aus der geistigen Welt der Gedanken und Gefühle. Sie waren meine treuen Begleiter, wenn ich so oft in sternhellen Nächten am Strand des Mittelmeers schwärmte ... da träumte ich, noch wach, mich in eine bessere Welt, bis der Schlaf, dieser Vorgeschmack des Todes, die Bilder des Lebens auslöschte und für eine Weile seine Hast, seine Kämpfe und seine Qual betäubte...

Seine letzten Jahre verbrachte Alfred Nobel in San Remo »am Strand des Mittelmeers«. Als junger Mann hatte er alle Qualen eines werdenden Dichters durchlitten und blickte wohl mit einem schiefen Lächeln auf das, was er erreicht hatte. Er verbrannte alle seine Gedichte mit einer Ausnahme. Obwohl er sich der Grenzen seines literarischen Talents bewußt war, verbarg er den Schmerz über seine enttäuschte Hoffnung, ein anerkannter Dichter zu werden, sein ganzes Leben lang. Als Autor scheute er die Öffentlichkeit und weigerte sich bis zum Jahr seines Todes, etwas zu veröffentlichen. Da ließ der weltberühmte Erfinder, Unternehmer und Sprengstoffexperte überraschend das Drama »Nemesis« drucken.

Nach seinem Tod waren die Hinterbliebenen im Zweifel, was sie tun sollten »mit einem so schwachen Drama, das dem Andenken eines bedeutenden Mannes keine Ehre machen konnte«. Man beschloß, die gesamte Auflage mit Ausnahme von drei Exemplaren zu makulieren. Der Beschluß muß als bedauerlich bezeichnet werden angesichts des Umstands, daß das Werk tiefreichende Einblicke in Alfreds Denkweise gewährt. Schück hat sich im nachhinein mit dem Makulierungsbeschluß solidarisch erklärt: »Die Entscheidung war richtig, denn durch das einzige gedruckte Erzeugnis aus Alfred Nobels Feder hätte die Allgemeinheit ohne Zweifel ein falsches Bild von ihm bekommen, denn Alfred Nobel war wirklich Dichter, hatte die Daseinsauffassung des Dichters und konnte diese als junger Mann in dichterische Form bringen. Mit den Jahren verschwand diese Fähigkeit.«

Man fragt sich, warum Alfred gegen Ende seines Lebens ein literarisches Werk drucken ließ, während er in seiner Jugend nie etwas zu veröffentlichen suchte. Wahrscheinlich fürchtete er als junger Mann einen öffentlichen Verriß. Er dürfte sich dessen wohl bewußt gewesen sein, daß ein Mißlingen in den empfindlichen Jünglingsjahren katastrophale Folgen hätte haben können. Reich an Ehre und Ruhm meinte er dagegen, mit 63 Jahren könne er über eventuelle negative Kritik hinwegsehen. Für ihn war es nach allem Prozessieren und allen Ungerechtigkeiten, denen er ausgesetzt gewesen war, wichtig, in der Form des Dramas seine bitteren Lebenserfahrungen aussprechen zu können.

Schücks Einschätzung, daß Alfred Nobel als junger Mann ein wirklicher Dichter war und daß er die Daseinsauffassung des Dichters beibehielt, hat auch heute noch Bestand. Lange Zeit war es unentschieden, ob er das risikoreiche Dasein des Dichters wählen sollte oder das nicht minder unsichere des Erfinders. Er hatte viel von dem, was einen Schriftsteller ausmacht: eine üppige Phantasie, stilistisches Talent und nicht zuletzt die Fähigkeit zum philosophischen Räsonnement.

Seine Unsicherheit angesichts der Berufswahl erinnert an zwei andere bekannte Schweden, die in ihrer Jugend Dichter waren, sich aber schließlich doch nicht gestatteten, ihre künstlerische Begabung als Berufsschriftsteller auszuleben. Die Rede ist von dem Diplomaten und Kanzleipräsidenten Gustaf Philip Creutz (1731-1785) – dem Autor von »Atis und Camilla« – sowie Schwedens Außenminister während des Zweiten Weltkriegs, Christian Günther. Günther, Creutz und Nobel haben gemeinsam, daß sie in ihrer Jugend von der Kunst träumten und teilweise ihre Studien als Camouflage für die Schriftstellerei betrieben. Auch hatte keiner von ihnen eine herausragende gesellschaftliche Position ins Auge gefaßt. Im Gegenteil, es erschien ihnen total sinnlos, ihre äußere Position durch das Streben nach rascher Beförderung, durch Karrierismus zu verbessern zu versuchen. Christian Günther schreibt in seinem Debütwerk ein paar Sätze, die auch von Creutz oder Nobel hätten formuliert sein können: »Sein Ziel zu erreichen heißt, seine Träume wie Nebel verschwinden zu sehen. Mit leereren Händen und einsamer als je zuvor dazustehen. Macht, Ehre, Reichtum – was sind sie anderes als Felsklippen in einem Meer aus Haß und Neid.«

Obwohl Alfred ohne Schwierigkeiten in fünf Sprachen Briefe schrieb, wagte er also nicht vor seinem letzten Lebensjahr als Autor an die Öffentlichkeit zu treten. Zu Recht oder

Unrecht ist gesagt worden, daß keiner mehr als eine Sprache vollständig beherrschen kann. Was Alfred Nobel betrifft, so betrieb er seine Sprachstudien mit größtem Ernst: In jungen Jahren übersetzte er Voltaire ins Schwedische. Doch begnügte er sich nicht damit, sondern übersetzte den Text anschließend zurück ins Französische und überprüfte seine Übersetzung am Originaltext. Henrik Schück meint indessen, daß sein Sprachgefühl allen Anstrengungen zum Trotz unsicher blieb. Dies sei auch die Ursache dafür, daß er sich nach den Jugendversuchen von der Dichtkunst fernhielt.

Für Alfreds Vater Immanuel hatte das Schreiben nur als Freizeitbeschäftigung eine Berechtigung. Er weigerte sich, die Schriftstellerei als wirklichen Beruf anzusehen. Mit größter Unruhe beobachtete er die Anzeichen, daß einer seiner Söhne ernstlich erwog, »Literat« zu werden. Man kann sich vorstellen, daß Alfred die Antwort auf die Frage des Vaters, wohin seine Dichtung führen sollte, schuldig blieb. Für Immanuel war klar, daß sein Sohn einsehen mußte, welch hohe Erwartungen an ihn geknüpft waren, und sich unverzüglich die Grillen aus dem Kopf schlagen mußte. Berufsausübung und Schriftstellerei waren auf die Dauer unvereinbar.

Daß Alfred schließlich darauf verzichtete, das Schreiben zu seinem Beruf zu machen, hatte noch eine weitere, sehr drastische Ursache: Im Rußland der 1850er Jahre drohte dem, der seine Schulden nicht bezahlen konnte, die Gefängnisstrafe. Auch wenn der Vater zeitweilig erhebliche wirtschaftliche Erfolge verzeichnete, lauerte die Gefahr einer Einstellung der Zahlungen ständig im Hintergrund. Nach dem Krimkrieg sollte sie Realität werden.

Da sich die wirtschaftliche Situation der Familie vorübergehend kräftig verbesserte, als Alfred sechzehn Jahre alt war, meinte der Vater, ihn mit einem Studienaufenthalt im Ausland locken zu können, falls er auf die Schriftstellerlaufbahn verzichtete. Alfred gab nach. Er hatte ja aus nächster Nähe miterlebt, wie hart der Vater hatte schuften müssen, um in der Aufbauphase Debet und Kredit ins Gleichgewicht zu bringen. Es war ein hoher Preis, den Alfred für die Loyalität, die er der Familie erwies, zahlen mußte. Sein ganzes Leben lang machte ihm die unbefriedigte Sehnsucht zu dichten zu schaffen. Die zunichtegemachten Hoffnungen hinterließen tiefe Wunden in seinem Gemüt, nicht zuletzt deshalb, weil er glaubte, den Mut und die Tapferkeit zu besitzen, deren es bedurfte, um sich in die Domäne der Kunst zu begeben.

Während der folgenden Jugendjahre mußte Alfred erfahren, wie eine empfindliche Dichterseele gekränkt werden kann. Bevor es ihm gelang, sich auf anderen Gebieten zu behaupten, gab es keinen anderen Ausweg, als sich im Schreiben abzureagieren. Er hatte niemanden, dem er das Resultat seiner dichterischen Bemühungen anvertrauen konnte, und niemand konnte ihm sagen, ob das, was er schrieb, etwas taugte. Diese Situation brachte Mißmut und Selbstzweifel hervor.

Alfred Nobels Lesehunger war groß, und er wählte mit untrüglichem Instinkt die hervorragendsten Autoren. In seinen Briefen zitiert er oft Shakespeare, aber vor allem Shelley, der ihm bei seinen eigenen dichterischen Versuchen Vorbild war. Insbesondere gilt dies für sein erstes Gedicht, das in Englisch, der Sprache Shelleys geschrieben war. Es wurde von Alfred selbst ins Schwedische übersetzt. Er war erst achtzehn, als er in Paris dieses autobiographische Gedicht schrieb. Es hat keinen Titel, aber die erste Zeile lautet: »Ihr sagt, ich sei ein Rätsel.« Er beschreibt in engagierter Form die Weltstadt Paris, doch vor allem tritt die Schilderung seiner ersten Verliebtheit in den Vordergrund. Das Objekt seiner Bewunderung ist ein einnehmendes schwedisches Mädchen, das in Paris als Apothekenhelferin arbeitete.

Ich kam nach Paris – auch das ist ein Ozean, wo die Leidenschaft sich zum Sturm erhebt und mehr Wracks zurückläßt als jemals die salzigen Wogen. Wer immer diese gewaltige, unermeßliche Ansammlung von Sünde und Torheit erforscht, muß ihrem Ab-

gott, der Wollust, Tribut zollen. Mein Leben, bis dahin eine öde Wüste, entfaltete sich zu Seligkeit und Hoffnung. Ich fand ein Ziel, ein himmlisches Ziel – dieses liebenswerte Mädchen zu gewinnen und ihrer würdig zu werden. – Ich fühlte ein unendliches Glück, und wir trafen uns wieder und immer wieder, bis wir füreinander ein Himmelreich geworden waren; und ich lernte das liebliche Mitgefühl in ihrer Liebe kennen und versiegelte es mit einem Kuß, einem keuschen und heiligen Kuß, von reinster Hingabe, auch wenn kein Auge da war, außer dem des Allmächtigen, um über uns zu wachen. Dies hätte in der üblichen Weise enden und Freude und Kummer mit sich bringen können; doch es war nicht so bestimmt; ein anderer Bräutigam hatte stärkere Ansprüche – sie ist dem Tod vermählt.

Die letzten Zeilen haben einen tragischen Hintergrund. Die junge Schwedin bekam Tuberkulose und starb noch während Alfreds Aufenthalt in der französischen Hauptstadt. Der Verlust der Geliebten machte ihn zu »einem einsamen Eremiten in der lebhaften Welt, und ich beschloß, mein Leben nur noblen Pflichten zu weihen. Seit jenem Augenblick habe ich mich ferngehalten von den Vergnügungen der Masse...«.

Das Gedicht las ein älterer englischer Pfarrer mit literarischen Interessen während einer von Alfreds Reisen in England. Rev. Lesingham Smith, so der Name des Pfarrers, nahm sich die Zeit, eine längere Beurteilung niederzuschreiben:

»Ungeachtet einiger Passagen darin, die Sie selbst nun anscheinend bereuen, freut es mich, daß es keinen Teil der Hekatombe darstellt, die sie aus ihren anderen Kompositionen gemacht haben. Die Gedanken sind so gediegen und brillant, wenngleich nicht immer wahr, daß kein Leser auch nur einen Moment sich über Langeweile beklagen, noch ›the jingling sounds of like endings‹ mehr vermissen kann als in Paradise Lost. Ich habe nicht nur sorgfältig, sondern kritisch gelesen, wie Sie den beigefügten Anmerkungen entnehmen werden. Ich würde es für ein erstaunliches Erzeugnis eines Engländers gehalten haben, doch das Erstaunen wird hundertfach vermehrt durch die Tatsache, daß sein Autor ein Ausländer ist. Ich habe sorgfältig jeden grammatischen Irrtum und jede falsche Wendung aufgespürt, und Sie werden sehen, wie gering deren Anzahl ist. Unter den ganzen 425 Zeilen findet sich nicht ein halbes Dutzend mittelmäßiger. Wenn Sie ein solches Gedicht in der englischen Sprache schreiben können, was könnten Sie nicht in der Ihrigen tun, besonders wenn Sie sich Zeit lassen, wie Milton es tat, bis die Jahre Ihre Erfahrung gemehrt, die Rigidität des Denkens gemildert und Ihnen die vollkommene Beherrschung der Sprache gegeben haben werden.«

Rev. Smith schrieb diesen Brief im Jahre 1868. Daraus geht hervor, daß Alfred Nobel sämtliche übrigen Jugendgedichte verbrannt hat, mit Ausnahme eines weiteren: »Night-thoughts«. In diesem Gedicht meditiert Nobel vornehmlich über religiöse Probleme. In Wendungen, die an Shelley erinnern, werden darin eine aufrichtige Religiosität und eine zweifellos antireligiöse Lebensanschauung einander gegenübergestellt:

> *The solemn silence of the midnight hour*
> *Unchains the fettered spirit, and the power*
> *of reasoning takes a visionary flight*
> *Beyond the limits of detective sight*
> *Which may deceive us, yet attracts the soul*
> *Even with its wild and daring uncontrol.*

Es dürfte wenigen schwedischen Dichtern vergönnt sein, so unbehindert in englischer Sprache dichten zu können. Allein diese Tatsache hätte das Selbstgefühl des achtzehnjährigen Alfred stärken sollen. Es ist auch denkbar, daß diese Zeit eine der wenigen Perioden in seinem Leben war, in denen er ein ungetrübtes Glück erleben durfte – auch wenn er sich bewußt war, daß ihm nachgesagt werden konnte, ein Nachahmer des bewunderten Shelley zu sein. Diese Jugendgedichte legen Zeugnis ab von seinen ernsthaften Versuchen als Dichter.

Sein Entschluß, sich nicht hauptberuflich der Schriftstellerei zu widmen, sowie der Tod seiner Freundin in Paris trugen zu seiner Niedergedrücktheit bei. Der Verlust der ersten Liebe kann eine der Ursachen dafür sein, daß er nie heiratete.

Der Vollständigkeit halber sei erwähnt, daß Alfred sich 1862 auch an einem Roman versuchte – »Die Schwestern«. Schücks Kritik ist vernichtend: »...als Roman betrachtet ist es äußerst schwach, besonders in sprachlicher Hinsicht. Zu einem Teil mag dies damit zusammenhängen, daß der schwedische Roman jener Zeit so schlecht war und ihm als Muster gedient zu haben scheint. Die Charakterzeichnung ist fast pueril, und der Dialog eine unnatürliche Buchsprache. Ein Erzähler ist Nobel ganz und gar nicht...«

Über wenig erfolgreiche Schauspieler pflegt man zu sagen, daß sie ihre Liebe zum Theater wenn nicht anders, dann als Zuschauer ausleben. Auf die gleiche Weise hat wohl manch ein havariertes Schriftstellertalent seinen Trost in einer wohlgefüllten Bibliothek gefunden. Alfred Nobels Bibliothek, die auf Björkborn in Karlskoga erhalten ist, war wohlgefüllt. Er verfolgte in bemerkenswert engagierter Weise das zeitgenössische Literaturgeschehen. Neben den großen russischen Schriftstellern sind fast alle Großen der nordischen Literatur vertreten: Strindberg mit »Die Beichte eines Toren« (Plädoyer eines Irren), Selma Lagerlöf mit »Gösta Berling«, das Alfred Nobel sehr schätzte. Henrik Ibsen mit »Peer Gynt«, über das er sich in Briefen an Freunde enthusiastisch äußerte, außerdem ein oder mehrere Werke von Björnson, Jonas Lie und Kielland sowie nicht zuletzt Viktor Rydberg. Als eine Art Kuriosität ist zu erwähnen, daß schwedische Freunde Nobels ihn lange Passagen aus Tegners »Frithjofs Saga« auswendig zitieren hörten. Shelley, der das Vorbild für Nobels Jugenddichtung war, ist mit nur einem Werk vertreten. Byrons »Childe Harold« findet sich in der Bibliothek ebenso wie Herbert Spencers philosophische Werke, die der Besitzer der Buchsammlung dem abgenutzten Aussehen der Bücher nach zu urteilen eingehend studiert zu haben scheint.

Mit seinem von Shelley inspirierten Faible für die idealistisch orientierte Dichtung hatte Nobel es schwer, sich mit Naturalisten wie Strindberg und Zola anzufreunden. Den letztgenannten fertigte er bei einer Gelegenheit mit dem Urteil »Schmutzschriftsteller« ab. Dagegen war er voller Bewunderung für den Idealismus Viktor Rydbergs. Diese kam zum Ausdruck, als er gebeten wurde, sich an der Finanzierung eines Gedenksteins für den Dichter zu beteiligen, auch wenn er aus anderen Gründen seinen Beitrag mit einem prinzipiell motivierten Vorbehalt gab: »In der Regel sorge ich lieber für die Mägen der Lebenden, wenn sie leer sind, als für die Augenweide der Verstorbenen an Gedenksteinen, denn auch wenn man an eine Seele als selbständige Persönlichkeit glaubt, dürfte es sehr ungewiß sein, daß sie Augen hat. Dessen ungeachtet will ich mich nicht entziehen und zeichne 300 Kronen. Es gibt Autoren, deren Schriften ein Gedenkstein sind. Sie brauchen keinen anderen. Die Schriften Rydbergs, die von Seelenadel und Formschönheit zeugen, gehören zu dieser Kategorie.«

Diese prinzipielle Erklärung ist interessant in Hinsicht auf die zwei meistdiskutierten Wörter in Alfred Nobels endgültigem Testament. Einer der fünf Preise sollte demjenigen zuerkannt werden, »der auf literarischem Gebiet das Hervorragendste in idealer Richtung produziert hat«. Es ist offenbar, daß »Seelenadel und Formschönheit« für Nobel künstlerische Qualitätskriterien darstellten, die es wert waren, belohnt zu werden.

In seiner Bibliothek findet sich eine Reihe von Werken französischer Autoren wie Balzac, Lamartine, Maupassant und vor allem Victor Hugo, in dessen Haus Nobel häufig zu Gast war. Die Buchsammlung macht jedoch eher den Eindruck, daß ihr Besitzer sich überwiegend für englische und skandinavische Literatur interessierte.

In der Sammlung von Papieren Alfred Nobels findet sich der

Entwurf einer nie vollendeten Prosaerzählung, »Im hellsten Afrika«. Abgesehen davon, daß auch dieser stilistische Schwächen aufweist, ist er doch aus einem bestimmten Gesichtspunkt von Interesse. Wir begegnen hier einem politischen Gedankengang, der Nobels persönliches Signum trägt. Er schreibt: »Ich bin nicht Sozialist in der Bedeutung, die Sie dem Wort zu geben scheinen. Aber zwischen dem Individuum und der Kollektivität in einer Gesellschaft besteht eine unaufhörliche Wechselwirkung, und wenn der Staat die Rechte des Individuums mißversteht, mißbraucht und unterdrückt er seine eigenen. Bellamys absolute Gleichheit, die doch die Ungleichheiten der Natur nicht auslöschen kann, würde ein fast automatisches Kasernenleben entstehen lassen, mit einem allzu begrenzten Horizont, als daß das Individuum zu geistiger Tätigkeit stimuliert werden könnte.«

Gegen Ende seines Lebens bezeichnete sich Nobel als »eine Art Sozialdemokrat, doch mit Einschränkungen«. Zweifellos huldigte er dem Prinzip der Chancengleichheit. Auf jeden Fall, soweit es Männer betraf. Er erklärte bei einer Gelegenheit, »Aufklärung zu verbreiten, heißt Wohlstand zu verbreiten«. Seine Fürsorge als Unternehmer für seine Angestellten ist ebenfalls bezeugt. Seine Mitarbeiter haben besonders hervorgehoben, welche Achtung er anderen Menschen in allen Lagen erwiesen hat.

Sein Freund und Mitarbeiter Ragnar Sohlman hat indessen darauf hingewiesen – und auch das muß in diesem Zusammenhang erwähnt werden – »...daß Nobel sowohl in seiner Einstellung als auch in Worten und Handlungen sozialdemokratischen Auffassungen fernstand. Er war kaum ein Demokrat. Den Arbeitern in seinen Fabriken zeigte er großes Wohlwollen und fürsorgliches Interesse, aber zu irgendeinem persönlichen Kontakt war nie Zeit. Gegenüber seinen persönlichen Hausdienern war er ein großzügiger Hausherr, aber er hielt streng auf die Etikette, und eine persönliche Annäherung war undenkbar, auch als er krank und leidend selbst ein Bedürfnis danach verspürte«.

Alfred Nobels Sprachrohr in »Im hellsten Afrika« trägt bezeichnenderweise den französischen Namen Avenir, auf Deutsch Zukunft. Der radikale Avenir – lies Alfred – ist kritisch eingestellt gegenüber der konstitutionellen Monarchie: »Sie ist in höchstem Grade unlogisch, denn ein König ohne Macht ist eine jämmerliche Figur. Das ganze Land betet eine Persönlichkeit an, deren Funktion in etwa der eines Automaten gleicht. Entweder ist er – was meistens der Fall ist – eine vollkommene Null, und dann versteht man nicht, was er soll, oder er besitzt Willenskraft und Machthunger. Und in dem Fall müßte es sein höchstes Streben sein, eine Regierungsform umzustürzen, die ihn fast auf das Niveau von Tieren herabsetzt. In einem solchen Land ist es das Parlament – nennen wir es das Angeberhaus –, das regiert. Die Hauptbeschäftigung dabei ist, zu schwatzen, in gewissen Ländern auch, sich bestechen zu lassen. Die Repräsentanten werden deshalb meistens unter Anwälten und anderen Formalitätsparasiten rekrutiert. Aufs ganze gesehen ist eine wirkliche konstitutionelle Monarchie nichts anderes als eine maskierte Republik. Der Unterschied ist nur, daß man einen erblichen Nichtsnutz an der Spitze hat statt eines gewählten.«

In einem Privatbrief charakterisiert sich Alfred als ein »Superidealist, eine Art untalentierter Rydberg«. Das bittere Wort untalentiert deutet daraufhin, daß der Stachel der havarierten Dichterversuche seiner Jugend tief saß und noch immer schmerzte. Drei Jahrzehnte nach Alfreds Tod stellt Henrik Schück fest: »Wenn seine Anlage zum Dichter sich hätte entwickeln dürfen, wäre er sicher ein Dichter geworden, dessen Stärke in der Reflektionsdichtung gelegen hätte«.

9

Als Alfred seine erste Studienreise außerhalb Rußlands unternahm, war er neben anderem ein ausgebildeter Chemiker. Er war nicht nur ein ungewöhnlich aufmerksamer Schüler gewesen, sondern hatte auch umfassende eigene Studien betrieben. Das Resultat war, daß seine Kenntnisse nicht nur denen seiner zwei älteren Brüder, sondern auch denen seiner gleichaltrigen Kameraden weit überlegen waren.

Das Selbstbewußtsein, das ihn in kommenden Jahren auszeichnen sollte, erwachte, und mit ihm der Wille, Herr jeder Situation zu sein. Er hatte nicht die Absicht, sich ins Treiben der Welt zu stürzen und vom Zufall leiten zu lassen. Der erste selbständige Auftritt in der internationalen Arena war gut geplant: zuerst ein Besuch bei seinem Onkel Ahlsell und den Kusins auf Dalarö. Nach diesem Sommerurlaub wollte er mit den Geschäftspartnern des Vaters in Zentraleuropa und England in Kontakt treten. In Paris durfte er vorübergehend im Laboratorium des berühmten Professors Pelouze arbeiten. Die Studienreise sollte ihren Höhepunkt in einem Treffen mit dem Landsmann und Erfinder John Ericsson in New York finden. In »The Nineteenth Century« kann man lesen: »Immanuel Nobels Lieblingsidee war, daß der Dampf durch erhitzte Luft ersetzt und besiegt werden könnte. Er sah es daher als notwendig an, daß einer seiner Söhne eine gründliche Schulung bekam, um diesen Gedanken umzusetzen, und da Ludvig bei der Ingenieursarbeit fast unersetzlich und Robert noch im Ausland war, beschloß er 1850, seinen Sohn Alfred in die Vereinigten Staaten zu schikken, um unter dem bekannten schwedischen Ingenieur Ericsson zu studieren.« – Die Absicht des Vaters mit Alfreds zweijährigem Auslandsaufenthalt war nicht nur, daß dieser einen Teil seiner Ausbildung ausmachen sollte, sondern auch, daß er Alfred dazu bringen sollte, endgültig auf das Schreiben zu verzichten. Was Alfred selbst dachte und fühlte, als er von St. Petersburg abreiste, können wir nur ahnen.

Eine um die Zeit seiner Abreise ins Ausland aufgenommene Fotografie zeigt ihn bartlos, mit dunklem Haar und einer kleinen Locke, die ihm in die Stirn hängt. Sein Hemd war von der neuesten Mode, und er trug ein schwarzes, mit der Hand geknotetes Halstuch. Sein Mund war breit und die Augenlider lang. Man stellt sich vor, daß sein Lächeln, wenn er sich zu einem solchen einmal entschließen würde, sicher Sympathie wecken würde.

Alfred dürfte nach seiner Ankunft in New York seinen Landsmann, den Erfinder und Industriellen John Ericsson, der schon berühmt und sehr erfolgreich war, mit großen Erwartungen aufgesucht haben. Er war 1838 aus England in die USA gekommen – ein Jahr nachdem sein Freund Immanuel Nobel sich in St. Petersburg niedergelassen hatte. John Ericsson war mit dem von ihm selbst gebauten, ersten propellergetriebenen atlantiktauglichen Schiff Robert E. Stockton nach Amerika gereist.

Als Alfred sich, dem Wunsch seines Vaters entsprechend, zu dem kleinen, zweigeschossigen Haus Beach Street 36 gegenüber vom St.- Johns-Park begab, ging es darum, alles über die Erfindung aus John Ericssons Jugendzeit in Erfahrung zu bringen: die Warmluftmaschine oder Kalorikmaschine, wie sie auch genannt wurde. Sigvard Strandh berichtet, daß allein in New York in kurzer Zeit 12 000 Stück dieser Warmluftmaschinen verkauft wurden. Um Wasser zu pumpen! Zwar verfügte die Stadt früh über eine gut ausgebaute Wasserversorgung, aber der Druck in den Leitungen war so schwach, daß er in den immer höheren Häusern nur für die untersten Etagen reichte.

Alfreds Vater wollte alles über diese merkwürdige Maschine wissen, die er in Kriegsschiffe einbauen wollte.

Alfred knüpfte sein Halstuch um den niedrigen Umlegekragen vor der Begegnung mit Ericsson sicher besonders sorgfältig. Bisher hatte er nur über Genies gelesen: über James Watt, den schottischen Physiker, der durch Erfindungen wie den Kondensor und das Schieberventil die Dampfmaschine vollendet hatte, und über Samuel Owen, den Mechaniker englischer Abstammung, der so erfolgreich war mit der Herstellung von Dampfmaschinen, daß sie Schweden zu einem führenden Land auf diesem Gebiet machten. Im Jahre 1818, dem Jahr, in dem der französische Marschall Jean Baptiste Bernadotte unter dem Namen Karl Johan XIV. schwedischer König wurde, brachte Owen das erste Dampfschiff in Schweden zu Wasser. Danach sollte es nicht lange dauern, bis schaufelradgetriebene Dampfschiffe auf dem Mälaren und dem Saltsjön zum alltäglichen Bild gehörten.

Dem jungen Alfred muß auch John Ericsson als eine seltene Begabung erschienen sein, obwohl es noch elf Jahre dauern sollte, bevor dieser seinen Ruhm mit der Konstruktion des Panzerbootes Monitor krönte, das die Merrimac der Südstaaten auf der Reede von Hampton besiegte.

Über Alfreds Lehrzeit bei Ericsson ist wenig bekannt. Nach St. Petersburg zurückgekehrt, schreibt er im Juli 1852 lapidar an seinen Onkel »über die Zeit, als ich in Amerika war«. In einem anderen Brief an die Familie benutzt Alfred eine Formulierung, die offenbar sowohl Professor Schück als auch Ragnar Sohlman verwirrt hat. Er schreibt, daß er »mit einem gewissen Kapitän Ericsson übereingekommen [sei], notwendige Zeichnungen und Informationen zu senden, welche er während der Zeit, als ich in Amerika war, nicht fertigstellen konnte. Diese Zeichnungen sende ich an Herrn Arfvedsson in Stockholm«.

Die Formulierung »mit einem gewissen Kapitän Ericsson« hat Schück und Sohlman zu der Schlußfolgerung veranlaßt, die Bekanntschaft müsse ziemlich oberflächlich gewesen sein. Gegen diese Annahme spricht die Tatsache, daß Alfred vom Vater den weiten Weg in die USA geschickt worden war, um alles über John Ericssons Kalorikmaschine in Erfahrung zu bringen. Wenn Alfred die Formulierung »mit einem gewissen Kapitän Ericsson« benutzt, kann dies darauf beruhen, daß er zu scherzen versuchte, um zu verbergen, wie sehr ihm der Mann, dessen Name in Amerika in aller Munde war, im Grunde imponierte.

Herr Arfvedsson, an den Alfred die Zeichnungen zu senden versprach, war viele Jahre hindurch Amerikas Honorarkonsul in Stockholm. Außerdem war Carl David Arfvedsson der Inhaber von Tottie & Arfvedsson, einer Firma, die der Familie Nobel in Petersburg verschiedene Lebensmittel lieferte.

Nach dem Ende des Studienbesuchs bei John Ericsson reiste Alfred unmittelbar zurück, um die Arbeit beim Vater wieder aufzunehmen. Er wollte so schnell wie möglich alle aufgeschnappten Ideen in konkrete Projekte umsetzen. Wahrscheinlich war er es auch müde, in der Welt herumzureisen und der Familie erhebliche Kosten zu verursachen. Im Sommer 1854 war Alfred kränklich aufgrund von Überanstrengung. Das Unternehmen des Vaters beschäftigte zu diesem Zeitpunkt über eintausend Mann, und das Arbeitstempo während des Krimkriegs war hoch. Wie es damals üblich war, wurde ihm ein Kuraufenthalt in einem Heilbad verschrieben. Nach einem neuerlichen Besuch bei den Verwandten in Dalarö reiste er nach Franzensbad. »Seit dem 4. September«, schreibt er in einem Brief an seine Familie, »bin ich endlich in Eger und habe meine Bade- und Schlürfkur begonnen (das ist der richtige Name, denn man schlürft hierorts unerhörte Mengen Wasser). Es ist etwas spät im Jahr, aber die Kur läßt sich trotzdem gut an.« Um zu zeigen, daß er nicht nur auf der faulen Haut lag, berichtet er eingehend darüber, was er für das Familienunternehmen getan hat. Danach bricht er aus: »Aber nun genug von den Geschäften. Es macht Freude, zu den Erinnerungen an Stockholm und Dalarö übergehen zu können. Ach, wie wohl fühlte ich mich in jener Zeit gegenüber jetzt! Es ist leicht zu sehen, wieviel man verliert, wenn man statt Verwandten und Freunden nur zufällige Bekannte um sich hat, mit denen man zwar ein paar angenehme Stunden verbringen kann, von denen man sich danach jedoch trennt, ohne sie mehr zu vermissen als einen alten Mantel.«

Auf der Heimreise schreibt er aus Berlin:

Jetzt fange ich endlich an zu hoffen, bald ein Ende dieses Nomadenlebens zu sehen und zu einem tätigeren Leben zurückkehren zu können. Es ist wirklich höchste Zeit, denn es fängt an, mich ganz und gar zu ermüden, nicht so sehr durch die Eintönigkeit, denn daran muß man sich wohl früher oder später gewöhnen, sondern durch den Gedanken, daß ich meinen Eltern auf diese Weise zur Last liege, statt ihnen nützlich zu sein, und obwohl es mir nicht gelungen ist, meine Gesundheit so wiederherzustellen, wie ich es gehofft hatte (ich glaube, daß Stockholm und der Aufenthalt auf Dalarö meiner Gesundheit zuträglicher waren als das ganze Franzensbad), so reise ich dennoch heim, sobald ich geschafft habe, was ich hier in Berlin für unsere Geschäfte noch zu erledigen habe. Ich sehne mich stärker nach Hause, als ich sagen kann, und ich würde es gerne sehen, wenn ich am 21. dieses Monats, wenn ich 21 werde, zu Hause sein könnte.

Gut ein Jahr später, im Januar 1856, schreibt Immanuel an die Familie Ahlsell: »Ich kann mich jetzt auch der wiedergewonnenen Gesundheit Ludvigs erfreuen und als eine Folge dessen einer kräftigen Hilfe in unseren vielen und mühsamen Unternehmungen. Möge Gott geben, daß ich auch meinen lieben und fleißigen Alfred gesundheitlich auf so guten Füßen hätte wie Ludvig. Wie würden wir dann alle von Herzen froh sein.«

10

Sten Söderberg schrieb 1947 den originellen Alfred-Nobel-Roman »Der Mann, den niemand kannte«. Darin läßt er John Ericsson zu Alfred während dessen USA-Besuch sagen: »Einmal träumte ich davon, all die Fähigkeiten, die mir die Vorsehung geschenkt hat, meinem Vaterland zur Verfügung zu stellen. Aber es ist mir ergangen wie Ihrem Vater – ich habe einem anderen Land meine Dienste gewidmet, und dieses andere Land ist auch mein Vaterland geworden. Anderseits ist Schweden neben den Vereinigten Staaten das Land, das für seine Marine den Propeller angenommen hat ...«

Sowohl John Ericsson als auch Alfred Nobel waren vaterländisch gesinnt, doch das hinderte sie nicht daran zu glauben, daß alle Erfindungen – auch die weniger bedeutenden – der gesamten Menschheit zugute kommen sollten. Die beiden Neuerer hatten auch die gleiche Auffassung wie die meisten wirklichen Künstler: daß die Arbeit an sich der Lohn ist und daß man nicht damit rechnen soll, einen anderen zu bekommen. Auf jeden Fall hatte Alfred als sehr junger Mann diese Einstellung. Erst nachdem er eingesehen hatte, daß man ohne Geld leicht gedemütigt wird, hatte er angefangen, sich für den wirtschaftlichen Ertrag seiner Erfindertätigkeit zu interessieren. Im Gegensatz zu den meisten seiner Kollegen verstand er es, seine Entdeckungen in klingende Münze umzusetzen, weil er neben seiner technischen Kreativität auch über Geschäftssinn verfügte. Alfreds wichtigste Erfindungen veränderten nicht nur die gesamte Technologie in der Grubenindustrie sowie im Straßen- und Wasserbau – ihre geschickte Ausnutzung machte ihn auch zu einem der vermögendsten Männer Europas.

Nach seiner Rückkehr aus den USA hatte Alfred seinem Vater viel über John Ericssons Kalorikmaschine zu erzählen. Ihre Zielsetzung war, daß sie die wegen der Explosionsgefahr auf Schiffen problematische Dampfmaschine ersetzen sollte. Immanuel war zu dieser Zeit überaus erfolgreich und verdiente viel Geld. Was die Experimente mit Minen anging, so erklärte er, daß er der erste überhaupt sei, der mit Wasserminen experimentierte. Es kam zu einem kleineren Streit. Alfred hatte von den Experimenten des amerikanischen Erfinders Robert Fulton bei Brest und im Englischen Kanal gelesen. Versuche mit Minen hatten bereits während des amerikanischen Freiheitskrieges 1775-1783 stattgefunden, doch Alfred zufolge mußte der Vater ständig damit prahlen, in allem der erste zu sein. Eine vielleicht etwas unberechtigte Kritik: Immanuel stellte die erste mechanische Seemine her, die wirklich verwendbar war.

Was Alfred indessen ernstlich beunruhigte, waren die hohen Kredite des Vaters. Als der Krimkrieg beendet war und Zar Alexander II. in Paris 1856 gezwungen wurde, zu demütigenden Bedingungen Frieden zu schließen, hielten sich die russischen Behörden nicht mehr an ihre Zusagen. Als die Aufträge mehr oder weniger ausblieben, wurde die Lage kritisch. Die Zugewinne auf dem zivilen Markt konnten die Einkommensverluste aus dem militärischen Sektor bei weitem nicht ausgleichen. Es dauerte nicht lange, bis Immanuel zum zweiten Mal in seinem Leben vom Konkurs bedroht war. Verzweifelt suchte er nach Auswegen, um das Familienunternehmen zu erhalten. Einer davon war, den 25jährigen Alfred zu Bankiers nach Paris und London zu schicken. Doch man winkte ab: »Nobel und Söhne« wurden unter den in Rußland herrschenden Nachkriegsverhältnissen als nicht kreditwürdig angesehen.

Die Nobel-Unternehmen hielten sich durch den Verkauf verschiedener Aktiva, mit denen die dringendsten Schulden bezahlt wurden, noch eine Zeitlang über Wasser. Die einst so erfolgreichen »Fondéries & Atéliers Mécaniques Nobel & Fils« trieben indessen unaufhaltsam auf den Konkurs zu. Jetzt half es wenig, daß Immanuel »Kaufmann der ersten Zunft« und nach der geltenden Rangordnung berechtigt war, im Vierspänner zu fahren.

Als der Konkurs ein Faktum war, reiste Immanuel mit Andriette und dem jüngsten Sohn Emil verbittert zurück nach Schweden. Einige Zeit später schrieb Robert den folgenden Lagebericht an die Eltern in Stockholm: »...man hält sich nicht mehr an der Oberfläche des stürmischen Meeres, man arbeitet sich müde, die Lumpen sind schwer vom Wasser, und man sinkt unter unaufhörlicher Schufterei doch ständig tiefer und tiefer. Wer zum Teufel hätte in früheren Tagen, als unser Stern im Osten uns milde funkelte, an solch grausige Aussichten und Möglichkeiten glauben können!«

In dieser schwierigen Lage bewies insbesondere Ludwig seine Fähigkeiten. Im Einvernehmen mit den Gläubigern wickelte er das Unternehmen ab und versuchte, die Reste des Vertrauenskapitals, das die Familienmitglieder gemeinsam geschaffen hatten, zu retten. Das Resultat seiner, aber auch Roberts und Alfreds Anstrengungen war, daß den Eltern ein kleineres Startkapital für eine neue Existenz in Stockholm zugesichert werden konnte. »An dem Tag, wo ein Mensch nicht arbeitet, ist er kein Stück Brot wert«, erklärte Ludvig. Während diese wirtschaftliche Sanierungsarbeit vonstatten ging, lautete der Firmenname »Nobel & Söhne«, was später in »Gebrüder Nobel« geändert wurde. Wenn man Ludvigs Briefe studiert, bekommt man den Eindruck eines Mannes von Größe. Er nahm riesige Aufgaben in Angriff und gewann die Bewunderung seiner Zeitgenossen durch die Schaffung einer Reihe blühender Industrieunternehmen. Seine Besonderheit als Industrieführer war neben seinem Organisationstalent ein ausgeprägtes soziales Verantwortungsbewußtsein, um nicht zu sagen Pathos.

Schon zwei Jahre, nachdem das Unternehmen des Vaters zahlungsunfähig geworden war, hatte Ludvig, der 1858 seine Kusine Mina Ahlsell heiratete, 5000 Rubel gespart. Seine Brüder Robert und Alfred hatten einen gemeinsamen Haushalt in einer anspruchslosen Wohnung, und in der Küche hatte Alfred ein kleineres Laboratorium geschaffen. Seine hier weiterbetriebene Erfindertätigkeit führte zu seinen drei ersten Patenten: einem Gasometer, einem Apparat für Flüssigkeitsmessung und einer »Konstruktion von Barometer oder Manometer«. Wenngleich keine dieser Erfindungen von bestehendem Wert war, zeigen sie, wie febril er tätig war. Sigvard Strandh hat auf einen in diesem Zusammenhang neuen und wichtigen Sachverhalt hingewiesen: Die drei Brüder nahmen in dieser schwierigen Zeit Kontakt mit ihren ehemaligen Lehrern, den Professoren Zinin und Trapp auf, um neue Ideen und Produkte zu finden. Zinin hatte ihnen bereits früher von Ascanio Sobreros (übrigens ein ehemaliger Assistent von Professor Pelouze in Paris) Beobachtungen über eine Flüssigkeit berichtet, die sich als ein sehr starker Sprengstoff erwiesen hatte – Pyroglyzerin, später

Nitroglyzerin genannt. Trotz ausdrücklicher Warnungen seitens Sobreros, praktische Vorteile aus der Entdeckung zu gewinnen zu suchen, war Alfred von dieser Flüssigkeit mit ihrem bemerkenswerten und anscheinend unerklärlichen Verhalten fasziniert. Professor Zinin hatte vor seinen verblüfften Schülern einige Tropfen der Flüssigkeit auf einen Amboß gegossen und mit einem Hammer zugeschlagen. Es hatte »einen Knall wie von einem Pistolenschuß« gegeben. Ein wichtiges Detail: die Flüssigkeit explodierte, ohne daß die Sprengung sich fortpflanzte.

Der 26jährige Alfred stand vor der bis dahin größten Herausforderung seines Lebens: Wie konnte man diesen Sprengstoff von ungeahnter Stärke zur Detonation bringen und die ihm innewohnende Kraft freisetzen? Alfred führte ein riskantes Experiment nach dem anderen durch. Eines Tages kam ihm die Idee, daß es einen Versuch wert sein könnte, das Nitroglyzerin mit Schwarzpulver zu vermengen und die Mischung mit einer gewöhnlichen Zündschnur zu zünden. Das Resultat war so vielversprechend, daß er zusammen mit Robert und dem inzwischen ebenfalls interessierten Ludvig mehrere erfolgreiche Sprengungen auf dem zugefrorenen Neva-Kanal außerhalb der russischen Hauptstadt durchführte. Von dem Erfolg beflügelt, berichtete Alfred in Briefen an den Vater über die Fortschritte. Dieser begann auf eigene Faust, mit der Mischung aus Nitroglyzerin und Schwarzpulver zu experimentieren. Es dauerte nicht lange, bis er in einem enthusiastischen Brief an Alfred mitteilte, er habe »wahrlich ausgezeichnete Resultate« erzielt. Eine industrielle Produktion in Rußland könne ein enormes Geschäft werden.

Alfred hatte das Gefühl, daß der Vater voreilige Schlüsse gezogen hatte. Er reiste umgehend nach Stockholm und konnte bald feststellen, daß seine Befürchtungen zutrafen: Mängel in den vom Vater angewandten Meßmethoden hatten zu falschen Ergebnissen geführt. Die alte Spannung zwischen ihnen nahm wieder zu und erreichte ihren Höhepunkt, als Immanuel kategorisch erklärte, er selbst und kein anderer sei als erster auf die Idee gekommen, das Nitroglyzerin mit Pulver zu mischen.

Als Alfred merkte, daß der Vater seine Erfindung mit einem Embargo belegt hatte, verließ er Stockholm im Zorn. Nach St. Petersburg zurückgekehrt, schrieb er einen seiner hinsichtlich seines Charakters aufschlußreichsten Briefe:

Mein guter Papa!
Papa war selbst der Meinung, daß es einer Klärung zwischen uns bedarf. Ich teile diese Ansicht vollkommen, um so mehr, als ich mich nicht aufs neue derartigen Unterstellungen aussetzen will wie kürzlich, die weder dem einen auszusprechen, noch dem anderen anzuhören sich ziemt. Ich will deshalb im Detail unsere beiderseitigen Beziehungen in der letzten Zeit durchgehen.
Als Papa mir zuerst nach Petersburg schrieb, hieß es, daß das neue Sprengpulver eine voll ausgearbeitete Sache und 20 mal stärker als gewöhnliches Pulver sei. Ich wurde damals aufgefordert, mit diesen Vorspiegelungen zu General Totleben zu gehen, was ich tat, nur daß ich aus Vorsicht die Sprengkraft des Pulvers mit 8 mal stärker angab. Auf Papas Wunsch kam ich daraufhin nach Schweden und stellte fest, daß die Vorspiegelungen auf einem dürftigen Versuch in einem Bleirohr fußten. Die Folge war ein komplettes Fiasko. Diese ganze Expedition ist eine Tatsache, die beweist, daß Papa sich damals das Glyzerinpulver aus dem Kopf geschlagen hatte und als unpraktisch oder nicht entwickelt ansah. Da ich indessen auf Ludvigs vernünftigen Rat hin beschloß, mich oder uns durch die Präsentation des chlorgesäuerten Pulvers nicht zu blamieren, begann ich in Petersburg auf eigene Faust mit dem Pyroglyzerin zu arbeiten, und es gelang mir wirklich mit Versuchen im Kleinen, eine erstaunliche Wirkung unter Wasser zu erzielen. Dies erfolgte vermittels von Pulver umgebenen Glasröhren im Beisein von Robert und Ludvig und wurde in Papas und Emils Beisein bei meiner Ankunft wiederholt. Weil die Experimente im Kleinen so gut gelungen waren, war es meine Absicht, Totleben zu einer Sprengung im größeren

Maßstab einzuladen, wonach vermutlich das Pulver angenommen worden wäre. Aber zu diesem Zeitpunkt kommt ein neuer Brief von Papa mit Vorspiegelungen über ein doppelt so starkes Schießpulver, das die Gewehre nicht ein Zehntel so stark verunreinigt wie gewöhnliches Pulver. Dies mit einer Einladung an mich, zu kommen und die Sache zu betreiben.

Auch diese Sache erwies sich als genauso wenig ausgearbeitet wie die erste. Schon vor meiner Abreise hatte Emil die Entdeckung gemacht, daß gekörntes Pulver, nachdem es Pyroglyzerin bis zur Trockenheit aufgesaugt hat, im Pulverprüfer einen höheren Ausschlag gab als gewöhnliches Pulver. Was danach vorgegangen ist, weiß ich nicht, außer daß bei meiner Ankunft die Ergebnisse höchst schwankend waren und wir den ganzen Sommer mit Proben vertrödelten, die von einer kompetenten Person an einem Tag hätten gemacht werden können. – Da griff ich für die Felssprengung auf die von mir bereits in Petersburg versuchte Methode mit von Pulver umgebenen Röhren zurück, und weit davon entfernt, diese Idee als seine eigene anzusehen, machte Papa auf meine Kosten Witze darüber. Ich beschloß daraufhin, mir keine Fesseln mehr anzulegen, und suchte nach einem anderen Ausweg, um ohne Kollisionen und Unannehmlichkeiten das Ziel zu erreichen. Durch theoretische Erwägungen über den Ablauf bei der Explosion wurde ich dabei zu einem gänzlich anderen Prinzip geführt, das ich bereits geahnt hatte, als dem, das Papas Verwendung des Glycerinpulvers zugrundegelegen hatte, nämlich daß, wenn man eine höchst unbedeutende Menge Pyroglycerin zu plötzlicher Explosion bringt, dann muß diese sich durch einen Schlag und durch Wärme durch die ganze Masse fortpflanzen.

Alles, was ich hier schreibe, ist sowohl Mama als auch Emil bekannt und dürfte mir schwerlich das Verdienst abzusprechen sein, welches ich in dieser Sache habe. – Ich vermag mir außerdem kaum vorzustellen, daß so etwas Papas ernstliche Meinung sein könnte, sondern schreibe es schlechter Stimmung oder Kränklichkeit zu.

Wo indessen zwei so nahestehende Personen wie Mama und Emil den Verlauf der Sache kennen, dürfte es nicht schwerfallen, unser beiderseitiges Verdienst um die Sache festzustellen, und danach sollte natürlich unser jeweiliger Anteil bestimmt werden.

Der einzige Grund zur Nachgiebigkeit meinerseits wäre daher Sohnesliebe, doch um diese zu erhalten, muß sie gegenseitig sein und sie erfordert zumindest das gleiche Feingefühl, wie man es fremden Personen schuldet. Papas hastige Abreise aus Petersburg, während ich – wie Papa sich selbst ausdrückte – auf den Tod lag, dürfte weniger ein Beweis für Liebe sein als für Angst, denn bei Papa strandet ja die väterliche Liebe bei dem geringsten Druck seitens der Eigenliebe oder der Eitelkeit. Es ist nicht verwunderlich, wenn ich mit 30 Jahren mich unter solchen Umständen nicht wie ein Schuljunge behandeln lasse.

Es tut mir weh, diese lange Erklärung nötig gehabt zu haben, die zwischen uns überflüssig hätte sein sollen, aber in ernsten Angelegenheiten ist es meine Regel, ernst zu handeln.

Papas eigener
Alfred.

Wenn Alfred schreibt, daß »ein neuer Brief von Papa mit neuen Vorspiegelungen kam«, bezieht er sich auf einen Brief des Vaters vom 3. Juli 1863. In diesem Brief schreibt Immanuel: »Nun erst kann ich Dir sagen, daß ein wirklich gelungenes Resultat mit Stück- oder Kanonenpulver erzielt worden ist, welches mit höchst unbedeutenden Kosten in der gleichen Güte gemacht werden kann wie das französische Jagdpulver. Die Herstellung dieses Pulvers könnte besonders in Rußland ein enormes Geschäft werden... Es ist deshalb erforderlich, daß Du so schnell wie möglich zurückkommst, um Deinem alten Vater zu helfen, die Sache hier und im Ausland zu betreiben.«

Vor diesem Hintergrund nimmt sich Alfreds Antwortbrief bemerkenswert offen aus. Man hat den Eindruck, etwas wie einen Aufruhr gegen den Vater zu spüren. Henrik Schück ist der Auffassung, daß Alfreds Antwortbrief »ziemlich charakteristisch für beide ist. Er ist sehr männlich und ehrlich und überschreitet nicht die Grenze der Sohnespietät.«

Trotz Alfreds unverblümten Worten kam es nicht zum Bruch mit dem Vater. Vielleicht trug die Offenheit statt dessen dazu bei, die Luft zu reinigen. Die Mutter spielte hierbei eine wichtige Rolle. Es war sicher ihr Verdienst, daß Alfred nicht endgültig mit dem Vater brach. Andriette ergriff von Anfang an Partei für ihren Sohn: »Du hast recht getan«, schreibt sie bei späterer Gelegenheit in einem Brief, »die Beschuldigungen von Dir zu weisen, die Du am wenigsten von allen verdientest. Einen solchen Dank für soviel Mühen und Sorgen! Die Sache wäre immer noch ungelöst, wenn Du sie nicht in die Hand genommen hättest. Aber mein Alfredchen findet wohl, daß die Kränklichkeit des Alten die größte Ursache für seine manchmal überreizte Gemütsverfassung ist.«

Nach der Rückkehr von St. Petersburg nach Schweden hatten Andriette und Immanuel sich in Stockholm niedergelassen. Sie hatten den verfallenen Landsitz Heleneborg auf Södermalm am Mälarsee gemietet. In einem Schuppen des Hofs hatte Immanuel ein kleines Laboratorium eingerichtet. Von hier aus war es nicht weit zu dem Fachwerkgebäude, das Alfred zu seinem Laboratorium umbauen sollte. Nachdem Immanuel und Alfred ihre Mißhelligkeiten bereinigt hatten, begannen sie zusammen mit dem jungen Emil, in immer avancierterer Weise mit Pulver und Nitroglyzerin zu experimentieren. Es gelang ihnen, das Interesse der Militärbehörden zu wecken, und sie erhielten sogar eine Bewilligung von 6000 Kronen für eine Demonstration auf der Festung Karlsborg. Diese resultierte indessen in einem halben Fiasko. Alfred kam schnell auf die Ursache: Die Sprengwirkung verminderte sich in hohem Grad, wenn das Nitroglyzerin von dem Pulver aufgesogen wurde.

In dramatischen Wendungen wird in einer Notiz berichtet, wie Alfred eine Roheisenbombe zur Hälfte mit Schwarzpulver und zur Hälfte mit Nitroglyzerin füllte. Danach forderte er die zahlreichen Zuschauer auf, in Deckung zu gehen. Seine Ladung explodierte mit einer solchen Kraft, daß die militärischen Experten erschraken. Sie meinten, ein solcher Sprengstoff sei zu riskant, um im Krieg verwendet zu werden!

Die Militärbehörden nahmen keinen weiteren Kontakt mit Alfred auf, der sich jedoch nicht geschlagen gab und seine ganze Energie daran setzte, neue Wege zu finden, um das Nitroglyzerin zur Explosion zu bringen. Sowohl seine eigenen Experimente wie die des Vaters waren mit erheblichen Kosten verbunden. 1861 reiste Alfred zum zweiten Mal nach Paris, um Geld zu leihen. Diesmal wandte er sich an die »Société de Crédit Mobilier« (L. und I. Pereire), die sich darauf spezialisiert hatte, den Bau von Eisenbahnen und andere öffentliche Arbeiten zu finanzieren. Sie müßten an einem billigen und doch wirksamen Sprengstoff interessiert sein. Seine Überlegung erwies sich als zutreffend. Obwohl Alfred Nobel erst 28 Jahre alt und ein unbekannter ausländischer Erfinder war, hörte man seinem Vortrag mit Interesse zu. Redegewandt berichtete er über die Experimente mit dem Nitroglyzerin und legte dar, welche kommerziellen Vorteile es würde bieten können. Man bewilligte ihm einen Kredit von 100 000 Francs.

Als die ökonomischen Sorgen zumindest fürs erste aus dem Weg geräumt waren, begann Alfred das wirkliche Problem im Zusammenhang mit dem Nitroglyzerin in Angriff zu nehmen: Wie rief man eine kontrollierte Explosion hervor?

11

Die Ironie des Schicksals fügte es so, daß im gleichen Jahr, als Alfred Nobel »zum ersten Mal mit Erfolg das Nitroglyzerin zur Explosion brachte«, die Gläubiger in St. Petersburg die Firma seines Vaters verkauften. Käufer war ein russischer Ingenieur, der den Namen des Unternehmens in »Golubyevs Sampsonievskys Maschinenfabrik« änderte.

Gleichzeitig konnte Ludvig sich unter Ausnutzung seines

Sparkapitals von 5000 Rubeln eine Fabrik zur Herstellung von Maschinen kaufen. Das Kaufobjekt umfaßte ein kleineres Industriegebiet. Am 2. Januar 1860 hatte er in einem letzten verzweifelten Versuch zur Rettung der väterlichen Firma die russischen Behörden zu einer Kompensationszahlung für die ausgebliebenen Bestellungen des Marineministeriums zu bewegen versucht. Im Vertrauen auf gegebene Versprechen hatte Immanuel für 400000 Rubel Ausrüstung gekauft. Obwohl Ludvigs Aktion durch diplomatische Ersuchen seitens offizieller schwedischer Stellen unterstützt wurde, blieb sein Antrag unberücksichtigt. Da Ludvig sich dessen sehr bewußt war, daß der zweite Konkurs des Vaters ein Alptraum für ihn war, verdoppelte er seine Anstrengungen, um sämtliche Gläubiger zufriedenzustellen. Es gereicht ihm zu unvergänglicher Ehre, daß dies auch geschah.

Es muß eine stillschweigende Übereinkunft in der Familie gewesen sein, nie auch nur mit einem Wort an Immanuels zweiten Konkurs zu erinnern. In der Korrespondenz zwischen ihm und seinen Söhnen findet sich nicht die kleinste Anspielung auf den erzwungenen Schritt vom großen Leben in der russischen Hauptstadt zu dem kleinen Leben am Stadtrand von Stockholm.

Aber Immanuel war von Revanchegelüsten erfüllt. Mit desperater Energie experimentierte er von 1861 an ausschließlich mit dem Nitroglyzerin. Die von ihm begonnenen Experimente wurden von Alfred in Zusammenarbeit mit den Brüdern fortgeführt. Aufgrund der heiklen Eigenschaften des Nitroglyzerins hatte es bis dahin keine größere Aufmerksamkeit auf sich gezogen. Erst als es Immanuel und seinen Söhnen gelang, das sogenannte Nobelsche Sprengöl herzustellen, kam Interesse auf. Zuvor war die Pulverladung mit Feuer gezündet worden, und wie der Nobel-Biograph A. Walter Cronquist feststellt, »gleichviel, ob sie in Waffen zum Vorwärtsschleudern von Projektilen oder bei der Sprengung von Felsen zur Anwendung kam«.

Immanuels ursprüngliche Idee in St. Petersburg war gewesen, das Schwarzpulver in seinen Minen durch Nitroglyzerin zu ersetzen. Er hatte jedoch das Problem, wie sie zur Detonation gebracht werden konnten, nicht lösen können. Zur Zeit des Aufbruchs von St. Petersburg neigte Immanuel dazu, Ascanio Sobrero darin zuzustimmen, daß das Nitroglyzerin als Sprengstoff kaum geeignet war. Durch seine Unberechenbarkeit war es allzu risikobehaftet.

Der eigentliche Durchbruch wurde durch Alfreds Idee ermöglicht, das Nitroglyzerin mit Schwarzpulver zu mischen und die Mischung mit einer gewöhnlichen Zündschnur zu zünden. Als er an einem denkwürdigen Wintertag 1862 die Mischung in einen wassergefüllten Graben in St. Petersburg warf, nahm die Entwicklung in der gesamten Sprengstoffindustrie eine Wendung. Es war ihm gelungen, die dem Sprengstoff innewohnenden Kräfte durch diese relativ sichere Methode der Detonation freizusetzen. Sobrero, der Erfinder des Nitroglyzerins, hatte selbst erfahren müssen, wie riskant es sein konnte. Sein Gesicht war durch Glassplitter übel zugerichtet worden, als das Sprengöl in den 1840er Jahren in einem Reagenzglas explodierte. Danach hatte er keine Möglichkeit gesehen, die unbekannten Kräfte, die er losgelassen hatte, zu zähmen.

Weil sowohl Immanuel als auch Alfred einsahen, welche unbegrenzten Möglichkeiten das Nitroglyzerin bekommen könnte, setzten sie alle ihre Kräfte daran, die Sicherheitsprobleme zu lösen. Erst nach jahrelangen kostenaufwendigen Experimenten waren sie erfolgreich. Sowohl Alfred als auch sein Lehrer Professor Zinin hatten anfänglich die Sprengkraft des Nitroglyzerins auf nicht weniger als das Fünfzigfache des gewöhnlichen Schwarzpulvers geschätzt. Diese Berechnung hatte indessen keinen Bestand, sondern erwies sich als zu hoch veranschlagt.

Als Alfred zu Beginn des Jahres 1863 aus St. Petersburg ankam, hatte er 1 290 Rubel bei sich, die er von den russischen Behörden bekommen hatte, um seine Versuchstätigkeit fortsetzen zu können. Mit fortschreitender Dauer der Experimente in Heleneborg wuchsen indessen die Schulden. Alfred muß sich bei verschiedenen Gelegenheiten in solcher Geldnot befunden haben, daß er ans Aufgeben dachte, aber er tat es nicht. Statt dessen übernahm er nach der Heimkehr der Eltern nach Schweden und Heleneborg die ungeteilte Verantwortung für die Finanzen der Familie. Auf irgendeine wunderbare Weise gelang es ihm, genügend Geld für den Lebensunterhalt und für weiteres Experimentieren zusammenzubekommen.

Aus Alfreds privater Korrespondenz kann man entnehmen, daß er mit dem bitteren Schicksal des Vaters vor Augen ständig von Angst erfüllt war. Alle Familienmitglieder hatten erfahren müssen, wie Geldnot ihre Würde gekränkt hatte, und besonders Alfred hatte diese Erfahrung schwer zugesetzt. Wenn man dies bedenkt, wird seine weitere Karriere verständlicher.

Für Immanuel muß Alfred sich als Retter offenbart haben. Als alles verloren schien, gelang es ihm, die Not abzuwenden, die die kleine Erfinderfamilie in dem Landsitz auf Södermalm bedrohte. Wenn die letzten Mittel zusammengekratzt waren, schuf Alfred immer wieder Rat. Nicht das Trachten nach Ruhm trieb ihn an, sondern die Verantwortung für seine Nächsten. Er war ein vorbildlich guter Sohn, der stets dafür sorgte, daß die Eltern das Nötigste hatten.

Das demütigende Erlebnis, mittellos zu sein, vergaß Alfred nie. Als er selbst wohlhabend geworden war, war er gegenüber wirklich Bedürftigen sehr großzügig. Für nachlässige Kreditnehmer sollte er dagegen nicht viel übrig haben. Dann konnte es sich folgendermaßen anhören: »Es gab einmal eine Zeit, da hatte ich mit großen Schwierigkeiten zu kämpfen – auch pekuniären –, doch desungeachtet habe ich niemals einen Zahlungstermin auch nur mit einem Tag überschritten. Das berechtigt mich dazu, von anderen die gleiche Pünktlichkeit zu fordern, wie ich sie selbst praktiziert habe.« Als ein wohlhabender Kreditnehmer, der sich vorübergehend in einer Geldverlegenheit befunden hatte, seine Geschäfte wieder in Ordnung gebracht, aber trotzdem seine Schulden nicht pünktlich beglichen hatte, konnte Alfred schärfere Töne anschlagen: »Bruder, da Du erneut meine kleine Forderung vergessen hast, die mir lange genug überfällig gewesen zu sein scheint, so nehme ich mir die Freiheit, sie durch die Botschaft oder den Schwedischen Unterstützungsverein zu kassieren und armen Landsleuten zugutekommen zu lassen.«

Ein Studium der Rechenschaftsberichte bestätigt auch, daß Alfreds »kleine Forderung« von 10000 Kronen an bedürftige Künstler in Paris ausgezahlt wurde.

12

Im Jahre 1863 war Alfred Nobel dreißig Jahre alt, und die Phantasien des jungen Dichters waren durch das streng logische Denken des Forschers ersetzt worden.

Der wirtschaftliche Druck beschleunigte seine Entwicklung als Erfinder. Vielleicht war die erste Zeit im Laboratorium auf Heleneborg trotz der Sorgen die glücklichste seines Lebens. Das Laboratorium war im Viertel Tobaksspinnaren untergebracht. Die Miete belief sich auf 775 Reichstaler und wurde von Alfred Nobel pünktlich an den Eigentümer, den Großkaufmann Burmeister, eingezahlt.

Nach der Rückkehr aus St. Petersburg mit nichts als dem kleineren Kapital, das Ludvig ihm zugesichert hatte, nannte sich Immanuel in der Liste des Einwohnermeldeamts »Kaufmann a.D.«.

Alfred konnte nicht umhin zu bemerken, daß etwas Hilfloses über den Vater gekommen war. Es war klar, daß er nicht nur als Unternehmer, sondern auch als Erfinder mehr wollte als er vermochte. Er war nicht imstande, unter all seinen mehr oder weniger unrealistischen Einfällen die Spreu vom Weizen zu trennen.

Wenngleich Vater und Sohn sich nach jenem Brief, der mit den Worten »Mein guter Papa« begann, versöhnten, blieb ihr Verhältnis gestört. Das sollte sich im Februar 1868 zeigen, als ihnen gemeinsam der Letterstedt-Preis der Wissenschaftsakademie »für ausgezeichnete Originalarbeiten auf dem Gebiet der Kunst, Literatur oder Wissenschaft oder für wichtige Entdeckungen von praktischem Wert für die Menschheit« verliehen wurde. (Die Formulierung stimmt auf merkwürdige Weise überein mit Alfred Nobels eigener in dem 1895 abgefaßten Testament.)

Die Wissenschaftsakademie begründete ihre Wahl damit, daß man es angemessen gefunden habe, »Herrn I. Nobel und seinen Sohn Herrn Alfred Nobel gemeinsam [auszuzeichnen], ersteren für seine allgemeinen Verdienste um die Verwendung des Nitroglyzerins als Sprengstoff, und letzteren besonders für seine Erfindung des Dynamits«. Die Preisträger wurden vor die Wahl gestellt, den Preis entweder in barem Geld oder in Form einer Goldmedaille entgegenzunehmen. Sie wählten die Medaille, die später in Immanuels Besitz blieb. Beim Tod der Mutter verzichtete Alfred auf das Erbe mit Ausnahme einiger kleinerer Dinge, darunter die Goldmedaille. Daß es in seinem Inneren noch immer schmerzte, geht aus seinen Worten an den Nachlaßverwalter hervor: »Die Letterstedt'sche Medaille kann ja auch mir zufallen. Ich verstehe sehr wohl, was meine Mutter mit der Aufschrift »Gehört Alfred Nobel« beabsichtigte. Meine Mutter hatte Kenntnis von manchem, das der Außenwelt unbekannt war.«

Obwohl es zu Zusammenstößen kam, gelang es Vater und Sohn, auch weiterhin zusammenzuarbeiten, anfänglich in bescheidenem Umfang. Ein Jahrzehnt später wählte Alfred in einer Zeugenaussage folgende Worte: »...aber das wirkliche Nitroglyzerinzeitalter begann im Jahre 1864, als zum ersten Mal eine Sprengung mit reinem Glyzerin mit Hilfe einer äußerst kleinen Pulverladung vorgenommen wurde.«

So kann man es ausdrücken, wenn man – wie Alfred – große Worte scheut. Man könnte auch sagen, daß er sich damit zu den Menschen gesellte, die die Grenzpfähle des Fortschritts versetzt haben: Seine Schöpferkraft beeinflußte die Entwicklung in der

Sprengstoffindustrie in entscheidender Weise. Ein übers andere Mal glückte ihm das Schwere: den Abstand zwischen Einfall und Praxis, zwischen Idee und Handlung zu überbrücken. Er erschien am Schluß als der Erfinder des Unmöglichen. Wissenschaftler vom Fach haben seine Initialzündung als »den größten Fortschritt in der Sprengstofftechnik seit der Erfindung des Schwarzpulvers« bezeichnet.

F. D. Miles schreibt 1955 in »A History of research in the Nobel division of I.C.I.«: »Die Einführung des Zündhütchens bei der Initialzündung eines Sprengstoffs und die klare Auffassung von der Sprengwirkung einer Stoßwelle sind ohne Zweifel die größte Entdeckung, die jemals in der Theorie und Praxis der Sprengstofftechnik gemacht worden ist. Auf diese Entdeckung gründet sich alle moderne Anwendung von Sprengstoffen.«

Über die gleiche Entdeckung schreibt Nobels engster Mitarbeiter während seiner drei letzten Lebensjahre, Ragnar Sohlman: »In der allgemeinen Auffassung erscheint Alfred Nobel in erster Linie als der Erfinder des Dynamits. Aber in der Realität dürfte seine Erfindung der Sprengkapsel und der Initialzündung von Sprengstoffen aus rein prinzipieller Erfindersicht sowie mit Hinsicht auf das technische Gewicht und die technische Bedeutung weit vor dem Dynamit rangieren.«

Bleiben wir noch ein wenig bei dem, was man die »Bedingungen des Schöpferischen« nennen kann. Aus welcher mächtigen Quelle entsteht der geniale Einfall – sei es nun Alfred Nobels Initialzünder oder Harry Martinsons Raumepos »Aniara«? Der künstlerische Schöpfungsakt ist schwer zu beschreiben, und das gleiche gilt für das Mysterium des Erfindens. Strindberg schreibt über die Voraussetzung des Dichtens: »Man muß eine Wünschelrute in der Hand haben und die mystische Fähigkeit besitzen, die Wünschelrute über der klaren Quelle, in der sich die Wahrheit spiegelt, ausschlagen zu lassen.«

Vielleicht gibt es eine geheime Verwandtschaft zwischen dem Künstler und dem Forscher. Beide stehen mit dem einen Fuß auf dem Boden der Kenntnis und des Wissens und mit dem anderen im Magischen. Beide beobachten, wählen, probieren, ahnen und fügen zusammen. Der in den USA tätige ungarische Psychologe Mihaly Csikszentmihalyi bezeichnet den schöpferischen Augenblick »als einen Zustand vollkommener Konzentration, der von einem euphorischen Gefühl und einem Erlebnis absoluter Zielbewußtheit begleitet wird«.

Ingmar Bergman spricht von »magischen Augenblicken«. In »Laterna Magica« schreibt er: »Melodramatisch ausgedrückt hatte Die Gnade mich noch einmal angerührt, die Lust war wieder bei mir. Die Tage waren erfüllt von jenem heimlichen Vergnügen, das ein Beweis ist für eine handfeste Vision.«

Der hervorragende Krebsforscher Georg Klein drückt sich in seinen Memoiren ähnlich aus: »…während einiger kurzer Augenblicke hat man eine Chance, den unbeschreiblichen Rausch der Einsicht zu erleben.«

Wenn wir der Einfachheit halber den begnadeten Moment »den schöpferischen Augenblick« nennen, können wir mit Sicherheit feststellen, daß solche Augenblicke fast nie aus einem Zufall entstehen. Mit äußerst geringen Ausnahmen sind sie das Resultat zielbewußter Arbeit und ausdauernder Energie. Immer wieder ist in der Literatur und der Presse behauptet worden, daß Alfred Nobels Dynamitkomposition aus einem Zufall entstanden sei. Ragnar Sohlman kann indessen klarstellen: »Es ist sicher, daß ich nie bei irgendeiner Gelegenheit eine zufällige Leckage von Nitroglyzerin in die Kieselgurabdichtung von solcher Quantität beobachtet habe, daß sie eine plastische oder auch nur feuchte Masse bilden konnte, und die Auffassung, daß es so vor sich gegangen sein sollte, muß von jemandem erfunden worden sein, der eine Vermutung zur Gewißheit machte. Das Dynamit entstand also nicht aus einem Zufall…«.

Dieses entschiedene Dementi wird durch zahlreiche mündliche wie schriftliche Aussagen von Alfred Nobel selbst bekräftigt. Es ist korrekt, daß er andere Absorptionsmittel erprobte als Kieselgur, aber er blieb bei diesem aufgrund seiner Saugfähigkeit bei gleichzeitiger chemischer Unveränderlichkeit. Er hatte jedoch zuvor Versuche mit Kohlepulver gemacht. Am 25. Dezember 1866 schreibt sein Bruder Robert:

»Ich bin völlig begeistert von Deiner Art, Nitroglyzerin mit Kohle zu mischen. Gestern habe ich damit drei Explosionen in flachen Löchern durchgeführt und fand, daß die Wirkung viel stärker war als mit Sprengöl allein: Sowohl Wasser als auch Sandverdämmung wurden angewendet – alles mit dem gleichen Erfolg. In letzter Zeit ist unzählige Male beobachtet worden, daß nicht das ganze Sprengöl in der Ladung explodiert, was leicht dadurch erklärt werden kann, daß eine im Verhältnis zu dem Widerstand, den die Felsart bot, zu große Ladung gezündet wurde. Ich vermute, daß dies in den meisten Fällen geschieht, so daß ein Teil des Sprengöls unverbraucht umhergeschleudert wird. Abgesehen davon, daß dies durch Deine neue Methode verhindert wird, so wird die Kraft gleichmäßiger verteilt durch den größeren Raum, den die Masse einnimmt. Ich glaube fast, daß Du in Klaushal zu wenig Sprengöl beigemischt hast, sonst wärst Du sicher begeisterter gewesen von Deiner Erfindung. Ich machte die Masse zu einem festen Teig – ungefähr wie fette Schuhwichse. Man bringt so wenig von dieser Masse mit Zündhütchen zur Explosion, daß es mit Nitroglyzerin allein in flachen Löchern nicht möglich wäre. Ein großes Verdienst besitzt dieser Sprengsatz insofern, als die Arbeiter eher lernen, damit hauszuhalten, als es keiner Patronen bedarf und das Nitroglyzerin an den engsten Stellen und in den tiefsten Gruben ohne jede Gefahr verwendet werden kann. Ich sage dieser Sache eine große Zukunft voraus...«

Viele Kunstwerke und Erfindungen können triviale und unbedeutende Entstehungsgeschichten haben. Eine Wunde an einem Finger war die Ursache dafür, daß Alfred Nobel die ursprüngliche Idee zu seiner Sprenggelatine bekam, eine seiner bedeutendsten Erfindungen. Chemikern vom Fach zufolge entspricht die folgende Episode den Tatsachen. Eines Nachts anfangs der 1870er Jahre, als Alfred in seinem Haus an der Avenue Malakoff in Paris nicht schlafen konnte, ging er hinunter in sein Laboratorium, um eine Wunde an einem Finger mit einem Pflaster zu versehen. Er pinselte ein wenig Kollodium darauf, wie man es in solchen Fällen zu tun pflegte. Nachdem er einige Stunden geschlafen hatte, wachte er davon auf, daß der Finger schmerzte und die Kollodiumhaut abgepellt war. Es war ungefähr vier Uhr am Morgen, als er beschloß, ins Laboratorium zurückzugehen und mehr Kollodium aufzupinseln. Bei dieser Gelegenheit begann er, sich über die chemische Zusammensetzung des Kollodiums den Kopf zu zerbrechen. Der Stoff entsteht bei der Auflösung von Nitrozellulose in Äther und Alkohol. Wenn der Äther verdunstet ist, bleibt eine geleeartige Masse zurück. Diese war es, die Alfreds intensives Interesse auf sich zog. Er begann damit, einige Tropfen Nitroglyzerin zuzusetzen, die sich sofort auflösten. Stunde auf Stunde variierte er danach die Proportionen und die Ingredienzien, bis er eine feste, geleeartige Masse erhielt. Die Sprenggelatine oder »das Gummidynamit«, wie es später in Schweden genannt wurde, hatte das Licht der Welt erblickt. Als seine Mitarbeiter um acht Uhr an ihren Arbeitsplatz kamen, konnten sie konstatieren, daß Alfred einen neuen, bedeutungsvollen Durchbruch auf dem Gebiet des Sprengstoffs geschafft hatte. Mitten in der Nacht. Allein.

Er berichtete seinem Assistenten, dem französischen Chemiker Georges Denis Fehrenbach, daß er die ganze Zeit bereit gewesen war, dem flüchtigsten Einfall zu folgen, nachdem er eingesehen hatte, daß auch unbedeutende Veränderungen in den Proportionen der aktuellen Stoffe bemerkenswert große Auswirkungen auf die Konsistenz des neuen Produkts ergaben. Sie begannen sofort mit einer Versuchsserie, die am Ende fast dreihundert Experimente umfaßte. Erst da fand Alfred bestätigt, was er in der »Kollodium-Nacht« zu erkennen gemeint hatte. Es gab ein Lösungsmittel für Nitrozellulose, das es möglich machte, ein Material herzustellen, das so strapazierfähig wie Leder und so geschmeidig wie Naturgummi war.

Nach diesem Einblick in die Arbeitsweise eines Erfinders können wir uns fragen: Was geht im Gehirn vor sich, wenn man eine neue Einsicht erlangt, eine neue Wahrheit, wenn man einen neuen Zusammenhang sieht, wenn man kurz gesagt: versteht? Professor David H. Ingvar vom Institut für klinische Neurophysiologie an der Universität Lund meint in seinem Buch »Rapport från hjärnan« (Gehirn-Rapport), daß es einen gemeinsamen Nenner zwischen einer Bibliothek und dem zentralen Nervensystem gibt, nämlich die Information, oder vielleicht korrekter die Behandlung von Information. Sowohl in der Bibliothek als auch im zentralen Nervensystem wird die Information aufgenommen und sortiert, beurteilt, bearbeitet, bewertet, geformt, interpretiert, vergessen oder erinnert. Das Gehirn »übersetzt« die eingehende Information in ein Verhalten, das der Situation des Individuums angemessen ist. Ingvar weist darauf hin, daß wir mehr als zehntausend Millionen Nervenzellen in unserem Gehirn haben. Wenn die linke Gehirnhälfte und die rechte Gehirnhälfte in einer »Harmonie der Hemisphären« perfekt zusammenarbeiten, kann eine neue schöne Theorie, eine künstlerische Vision oder geniale Erfindung – wie Alfreds Zündhütchen – das Licht der Welt erblicken.

David H. Ingvar präzisiert: »Wir tragen eine Menge Ideen, Gedanken, Vorstellungen und Bilder in unserem Gehirn mit uns herum. Wir vergleichen sie miteinander und wir machen Probedrucke von verschiedenen Zusammenhängen. Wir versuchen, das Chaos zu verstehen, dem wir durch unsere Sinnesorgane unentwegt ausgesetzt sind. Es vollzieht sich eine fabelhafte Reduktion – glücklicherweise – auf dem Weg von den Sinnesorganen bis ins Bewußtsein.« Man kann auch von einem »Helikoptergefühl« sprechen. Man erhebt sich über seine intellektuelle Landschaft und sieht neue Zusammenhänge. Manchmal ereignet sich das Wunder, daß man, wenn man in seinem Inneren Bilder, Gedanken, Meinungen, Wörter, Vorstellungen und verschiedene Zusammenhänge vergleicht, in einem plötzlichen Moment der Einsicht weiß, wie etwas gemacht werden muß: der »schöpferische Augenblick« ist eine Realität.

13

Im Laboratorium fühlte sich Alfred zu Hause. Hier probierte er seine Einfälle aus, die oft auf losen Zetteln niedergeschrieben waren und sein wichtigstes Arbeitsmaterial ausmachten. Er war darauf bedacht, stets ein Forschungslaboratorium in der Nähe zu haben. Seine Hauptlaboratorien lagen in Krümmel, Ardeer, Paris, San Remo und schließlich in Bofors.

Das Personal in Heleneborg bestand 1864 neben Alfred und seinem Vater aus einem Ingenieur, einem Laufjungen, einem Dienstmädchen sowie dem jüngsten Bruder Emil. Letzterer hatte am Ende des Frühlingshalbjahres in Uppsala sein Abitur gemacht und sollte im Herbst am Technologischen Institut anfangen.

Alfred war in dem Laboratorium des kleinen Fachwerkhauses rastlos tätig. Ein Arbeitstag von achtzehn Stunden war während gewisser Perioden normal, und er neigte dazu, sich zu überarbeiten. Seine schon vorher schwache Gesundheit wurde Belastungen ausgesetzt, die verhängnisvoll hätten werden können.

Als Projektleiter war er zuweilen anstrengend wegen seines Perfektionismus. Daß er dennoch nicht als unerträglich empfunden wurde, beruhte auf dem Umstand, daß er gleichzeitig ein inspirierender Impulsgeber war. Mitarbeiter haben bezeugt, daß er bis ins Alter ständig neue Ideen hatte, die keineswegs auf das Gebiet der Sprengstoffe begrenzt waren. Während seines ganzen Lebens streute er Einfälle um sich, die so unterschiedliche Gebiete wie Maschinentechnik, Optik, Biologie und Elektrochemie betrafen und die ähnlich wie die vielen Ideen des Vaters oft wirklichkeitsfremd waren. Manchmal in solchem Grad, daß die Mitarbeiter sich gefragt haben müssen, ob er einen Scherz mit ihnen treiben wollte. Alfred war sich dessen wohl bewußt, daß nicht alles Gold war, was in seiner Inspiration glänzte: »Wenn ich in einem Jahr dreihundert Ideen habe, und nur eine von ihnen brauchbar ist, bin ich zufrieden.«

Seine Worte erinnern an Thomas Edisons Kommentar über all das Lob für seine Erfindung der Glühlampe: »...it isn't the discovery of the tungsten filament that is so important, but the 10000 other things I tried that didn't work!«

Seinen Mitarbeitern gegenüber war Alfred stets rücksichtsvoll. Im Gegensatz zu vielen anderen Genies war er nie so von einer Idee besessen, daß er sein rücksichtsvolles Auftreten aufgab. Wortkarg, aber vorbildlich effektiv war er stets zur Stelle, um seinen Mitarbeitern das Richtige zu sagen, wenn sie Aufmunterung nötig hatten. Er hielt sie dazu an, durch das Studium wissenschaftlicher Zeitschriften der Entwicklung zu folgen. Dagegen ist es schwer, in seiner eigenen Korrespondenz Beispiele dafür zu finden, daß er selbst einmal Ratschläge anderer befolgt hat. Vielleicht war er der Ansicht, daß es besser sei, wenn Fehler, die man macht, auf eigene Irrtümer zurückgehen.

Es kam nicht selten vor, daß Alfred sich mehrere Tage lang in seinem Laboratorium einschloß. Er war so in sein Projekt versunken, daß er Zeit und Raum, Essen und Schlafen vergaß. Selten klagte er nach solch langen Arbeitsphasen über seine schwache Gesundheit. Das leicht Wehleidige und Nervöse an ihm waren dann, wie auch die Kopfschmerzen, die ihn so häufig plagten, wie fortgeblasen. Wenn Alfred nach seinen langen, täglich wiederholten Experimenten die Lampe löschte, hätte er in Strindbergs Versicherung einstimmen können, daß »die Arbeit mir einen so großen Genuß bereitet hat, daß ich das Dasein als die reine Seligkeit empfand, solange sie dauerte, und so ist es noch. Nur dann lebe ich.«

Als Forscher war Alfred mit einer stark entwickelten Intuition ausgestattet. Man kann die über fünfzig mißlungenen Versuche, die seiner Erfindung des Patentzünders vorausgingen, nicht als Gemeinschaftsarbeit bezeichnen. Alfred hatte kaum einen Mitarbeiter an den Vorarbeiten beteiligt, und wahrscheinlich war die Zielrichtung des Projekts bis zuletzt geheim. Wenn man sein Werk aus einer distanzierten Perspektive betrachtet, kann man wohl wagen zu behaupten, daß er der Teamarbeit, zu der die Forschung heutzutage tendiert, fremd gegenüberstand. Schon in der ersten Hälfte der 1860er Jahre war er ein einsamer Wolf in seinem Laboratorium in Heleneborg, und das sollte er auch späterhin bleiben.

Wir wissen, daß Alfred sich bereits als achtjähriger Schüler in der Jakobschule als Auserwählter empfand. Als er mit Hilfe des Vaters und seines jüngeren Bruders Emil im Sommer 1864 in Experimenten seine neue Methode, das gefährliche Nitroglyzerin zu zähmen, entwickelt hatte, spürt man etwas von dem gleichen Gefühl hinter den selbstbewußten Worten in seinem Patentansuchen: »...ich bin der erste, der diese Stoffe aus dem wissenschaftlichen in den industriellen Bereich gebracht hat.« Es ist ganz klar, daß er früher als irgendein anderer die kommerziellen Möglichkeiten seiner Entdeckung erkannte.

Es fehlte nicht an kritischen Stimmen, die geltend machen wollten, daß er mit zu großer Eile seine Erfindung nutzbar zu machen suche. Viele Chemiker haben diese Kritik jedoch als unberechtigt bezeichnet. Wie viele andere Pioniere mußte Alfred erfahren, daß zu früh zu kommen oft gleichbedeutend ist mit im Irrtum zu sein.

Der 3. September 1864, ein Samstag, war ein schöner Frühherbsttag. In Immanuels und Alfreds Laboratorium in Heleneborg war der frischgebackene Abiturient Emil Oscar mit der Reinigung von Glyzerin beschäftigt. Zusammen mit einem Arbeitskameraden, dem Technologen C. E. Hertzman, war ihm die Herstellung für Åmmeberg und die nördliche Stammbahn anvertraut worden. Die Herstellung fand im Freien auf dem eingezäunten Platz statt. Alfred hing sehr an seinem blonden, immer zum Lachen aufgelegten Bruder, der sich unter seiner erfahrenen Anleitung zu einem tüchtigen Fachmann entwickelt hatte. Ein bedeutendes Lager von Nitroglyzerin war bereits fertiggestellt.

Alfred selbst hielt sich an diesem Morgen gegen halb elf im Hauptgebäude auf, wo er sich durch ein offenes Fenster im Erdgeschoß mit dem Ingenieur Blom unterhielt.

Das Stockholm, in das die Familie Nobel zurückgekehrt war, bildete einen Kontrast zu dem St. Petersburg der Reichen. Das Venedig des Nordens war zu jener Zeit ohne Bürgersteige, und die kopfsteingepflasterten Straßen waren voller Abfall. Der Gestank wurde zeitweilig unerträglich, und die Straßenbeleuchtung bestand aus schwachen Öllampen. Wenige Einwohner wagten sich nach Einbruch der Dunkelheit hinaus. Überall waren die Zeichen großer Armut zu sehen.

Alfred hatte nach seiner Rückkehr bei seinen Sprengstoffexperimenten eine solche Energie entwickelt, daß die Nachbarn nicht ohne Grund geglaubt hatten, auf einem Vulkan zu leben. Beunruhigt klagten sie beim Eigentümer, Großkaufmann Burmeister. Sowohl Immanuel als auch Alfred versicherten, daß es keinen Grund zur Besorgnis gebe, da ihre Experimente ganz ungefährlich seien. Gerade an diesem Septembermorgen lagerte jedoch eine ansehnliche Menge Sprengstoff im Schuppen. Alfreds eigenen Berechnungen zufolge müssen es ungefähr fünzig Pfund (à 425 g) für Åmmeberg und zweihundert Pfund für die nördliche Stammbahn gewesen sein.

Elf Monate zuvor hatte er sein erstes Patent bekommen und überzeugend demonstriert, wie man die Sprengkraft von Pulver durch Beimischung von Nitroglyzerin erhöhen konnte. Das zu einer Fabrikationshalle umgebaute Gebäude war früher als Wagenschuppen benutzt worden und von einer unansehnlichen Mauer umgeben. Hinter dieser Mauer widmete sich Alfred zum Entsetzen der Nachbarn »Verbesserungen bei der Herstellung und Anwendung von Pulver« – seinen eigenen Worten zufolge.

Wenn sowohl Immanuell als auch Alfred versicherten, daß ihr Betrieb mit geringem oder keinem Risiko verbunden sei, waren sie guten Glaubens. Zu diesem Zeitpunkt waren ihnen die wirklichen Eigenschaften des Nitroglyzerins noch unbekannt. Sie hatten sich ganz auf die Aufgabe konzentriert, die Schwierigkeiten, es zur Explosion zu bringen, zu überwinden, und waren davon ausgegangen, daß es ziemlich ungefährlich sei. Vielleicht spielte auch ein unbewußtes Wunschdenken mit hinein: sie wollten nicht daran glauben, daß ein Unglück geschehen könnte.

Nichts schien Immanuel und Alfred an diesem friedlichen Morgen zu beunruhigen. Der Platz vor dem Hauptgebäude lag still und verlassen.

Da geschah die Katastrophe: Das Laboratorium im Nebengebäude flog mit einem Knall in die Luft, der dem Bericht in der Posttidningen zufolge so gewaltig war, »daß die Häuser in ihren Grundfesten erschüttert wurden und hier und da auf Kungsholmen Fensterscheiben zersprangen«.

Die Zeitung fährt fort:

»Später erfuhr man, daß die von dem Ingenieur Nobel draußen bei Heleneborg am Långholmsund angelegte Nitroglyzerinfabrik explodiert war. In der Hauptstadt nahm man das Unglück durch einen heftigen Knall wahr, und durch eine große, gelbe Flamme, die zum Himmel stieg. Dieser folgte jedoch unmittelbar eine gewaltige Rauchsäule, die ebenfalls nach einer Weile verschwand, so daß man mit Ausnahme der oben erwähnten Fensterscheiben auf Kungsholmen und einem gewissen Durcheinander auf den Verkaufstischen der Hökerinnen auf Munkbron in der Stadt nichts weiter davon mitbekam. Ein um so schrecklicherer Anblick bot sich bei der Ankunft am Unglücksort. Von der Fabrik, die aus Holz gebaut war und unmittelbar neben dem Anwesen von Heleneborg lag, lediglich vermittels einer Steinmauer und eines unwesentlichen Zwischenraums von diesem getrennt, war nichts übrig als einige rauchgeschwärzte Trümmer, die verstreut umherlagen. In allen benachbarten Häusern und selbst in Häusern auf der anderen Seite des Sundes waren nicht nur alle Fensterscheiben geborsten, sondern auch Fensterbänke und Dachgesimse fortgesprengt.

Das Entsetzlichste war jedoch der Anblick der verstümmelten Leichen, die über den Unglücksplatz verstreut lagen. Nicht genug damit, daß die Kleider von den Körpern gerissen waren, bei einem Teil von ihnen fehlte auch der Kopf, und das Fleisch war zerfetzt bis auf die Knochen. Mit einem Wort, man sah keine gewöhnlichen Leichen, sondern formlose Massen von Fleisch und Knochen, die wenig oder keine Ähnlichkeit mit einem Menschenkörper hatten. Die Heftigkeit und entsetzliche Wirkung der Explosion läßt sich daran ermessen, daß in einem in der Nähe gelegenen Steinhaus die der Fabrik zugekehrten Wände geborsten waren und einer Frau, die am Herd gestanden und gekocht hatte, ein Teil des Kopfes zerschmettert, ein Arm abgerissen und das eine Bein entsetzlich zugerichtet wurde. Das unglückliche Opfer lebte noch und wurde, mehr einer blutigen Fleischmasse als einem Menschen gleichend, auf einem Küchenbankdeckel ins Krankenhaus gebracht.

Herr Nobel selbst war nicht anwesend, doch soll einer seiner Söhne sich unter den Opfern befinden und ein anderer schwere Kopfverletzungen davongetragen haben. Aus Furcht vor einer Explosion wagte man nicht, zwischen den Überresten der Fabrik Untersuchungen vorzunehmen. Deshalb ist die Anzahl derer, die bei diesem Unglück ihr Leben verloren, noch unbekannt. Bis zur Stunde sollen fünf oder sechs verstümmelte Körper gefunden worden sein.

Späteren Informationen zufolge sollen die bisher geborgenen Überreste menschlicher Körper als die Leiche des Herrn C. E. Hertzman sowie die eines dreizehnjährigen Jünglings, Herman Nord, des in der Glyzerinfabrik tätigen Mädchens Maria Nordquist, Tochter des Nachtwächters in Bergsund, sowie des schon erwähnten Tischlereiarbeiters identifiziert worden sein. (Andere glaubten, in einer der Leichen den jüngsten Nobel erkannt zu haben.) Über die näheren Umstände, die aus der bevorstehenden polizeilichen Untersuchung hervorgehen dürften, werden wir weiter informieren.«

Abschließend teilt die Posttidning mit:

»Hinsichtlich der Unglücksursache haben wir uns nach der Niederschrift des voraufgehenden Berichts folgende Informationen verschafft: Der jüngste Sohn des Ingenieurs Nobel, Emil Nobel, war zusammen mit dem Technologen Hertzman mit Experimenten zur Vereinfachung der Zubereitungsmethode der Glyzerinflüssigkeit beschäftigt, um diese explosiver zu machen, wobei eine Unvorsichtigkeit begangen worden sein dürfte, welche die Explosion verursachte, die sich sodann auf das übrige, in offenen Behältern aufbewahrte Nitroglyzerin übertrug. Dieses ist erst bei einer Erhitzung auf 180 Grad oder durch die Explosion eines anderen Stoffes an seiner Oberfläche entzündbar.

Emil Nobel und der Technologe Hertzman wurden unmittelbar getötet, ebenso der junge Herman Nord und das neunzehnjährige Dienstmädchen Maria Nordquist. Außerdem wurde ein Tischler namens Nyman, der zufällig an der Fabrik vorüberkam, so schwer verletzt, daß er kurz darauf starb. Der Ingenieur Blom und der älteste von Ingenieur Nobels Söhnen, Ingenieur Alfred Nobel, wurden von dem heftigen Druck zu Boden geworfen und im Gesicht und am Kopf durch Glas- und Holzsplitter schwer verletzt.«

Was Alfred nach dieser Explosion dachte und fühlte, wissen wir nicht mit Sicherheit, da er bis zu seinem Tod in bezug auf das Unglück äußerst verschwiegen blieb. Soweit man weiß, ging er an keiner Stelle in seiner umfassenden Korrespondenz auf eine Detailanalyse des tragischen Geschehens ein. Vielleicht glaubte er, nachdem er sich Gewißheit über das Ausmaß der Katastrophe und ihren tragischen Ausgang verschafft hatte, daß seine Zukunft ein für allemal zerstört worden sei. Das, wovor ihn in seinem Inneren gegraut hatte, war eingetreten.

Nur zwei Monate vor dieser Verwüstung – also im Juli 1864 – hatte er voller Zuversicht in seinem Patentgesuch über seinen Zünder geschrieben: »Wenn die Hitze des Pulvers mit der für eine Explosion erforderlichen Geschwindigkeit an das Nitroglyzerin weitergegeben werden kann, dürfte die noch größere Hitzeentwicklung des Nitroglyzerins mit Unterstützung des Schlags und des Drucks der gebildeten Gase nach einem einmal erhaltenen Detonationsimpuls dessen eigene Explosion in Gang halten können.«

Aber dieser schicksalsschwere Samstag im September 1864 konnte Alfred nicht brechen. Auch sein Vater behielt in den ersten Tagen in bewundernswerter Weise die Fassung. Für die unmittelbar eingeleitete gründliche polizeiliche Ermittlung konnte er bereits zwei Tage nach dem Unglück einen sachlichen und sehr ausführlichen Bericht ausarbeiten, den er an die »Kgl. Polizeikammer in Stockholm« richtete. In seinem Schreiben gibt er eine konkrete Beschreibung des Nitroglyzerins, nennt aber auch die vermutliche Ursache des Unglücks.

Durch ein Protokoll des Polizeiverhörs, das am 6. September stattfand, wissen wir genau, was passierte. Stockholms Dagblad schreibt:

»Die Polizeikammer führte gestern eine Untersuchung zur Ermittlung der näheren Umstände des Unglücksfalls in Heleneborg am vergangenen Samstag durch. Zu dieser Untersuchung hatte der zuständige Polizeikommissar sowohl den Eigentümer des fraglichen Grundstücks, den Großkaufmann Burmeister, als auch Ingenieur Nobel, den Inhaber der im Aufbau befindlichen Fabrikanlage geladen, welche durch die eingetretene Explosion vollständig zerstört wurde, sowie einige Angehörige der ums Leben Gekommenen.

Großkaufmann Burmeister mußte zuerst über die Bedingungen Auskunft geben, unter welchen Nobel gestattet wurde, daselbst seine gefährliche Produktionsstätte anzulegen und zu betreiben. Herr Burmeister berichtete, daß Nobel vor ungefähr drei Jahren das zu Heleneborg gehörige größere Wohnhaus gemietet habe, in welchem Nobel mit seiner Familie wohnte. Erst im Frühjahr dieses Jahres erhielt Nobel das Dispositionsrecht über ein an dieses Gebäude angrenzendes größeres Fachwerkhaus, welches früher als Wagenschuppen und dgl. genutzt wurde, sowie das Recht, mit einem Bretterzaun einen Teil des davor liegenden freien Platzes einzuzäunen. Die von Nobel in letzter Zeit in größerem Umfang betriebenen Experimente zur Herstellung von Sprengöl waren häufig Gegenstand von Gesprächen zwischen ihnen gewesen. Nobel hatte dabei stets versichert, daß eine Gefährdung von in der Nachbarschaft wohnenden Personen nicht zu befürchten sei, womit Burmeister seine übrigen Mieter, die durch die Nachbarschaft beunruhigt waren, zu beruhigen versucht hatte. Was den Schaden betraf, der an den zu seinem Anwesen gehörenden Gebäuden angerichtet worden war, so teilte Burmeister mit, daß diese bei Stockholms stads Brandkasse versichert seien, wo er Entschädigung für den erlittenen Schaden fordern werde.«

Stockholms Dagblad fährt fort:

»Anschließend wurde Ingenieur Nobel gehört, wobei er zunächst ein Schreiben vorlegte, das nähere Auskunft über die Beschaffenheit der von ihm betriebenen Produktion geben sollte. Dieses Schreiben hat folgenden Wortlaut:

Da keiner der bei der Sprengöl- oder Nitroglyzerinzubereitung Anwesenden überlebt hat, kann natürlich keine vollständige Erklärung über die Ursache der Explosion abgegeben werden.

Das einzige, was ich aus einigen vor dem Unglück von meinem Sohn gemachten Äußerungen schließen kann, ist, daß die Explosion ihre Ursache in einem von ihm gemachten Versuch zur Vereinfachung der Zubereitungsmethode des Sprengöls gehabt hat.

Da Nitroglyzerin selbst bei direktem Anzünden ungefährlich

ist und selbst die größte Unvorsichtigkeit mit Feuer schwerlich eine Explosion verursacht haben kann, und da außerdem kein Feuer vorhanden gewesen sein kann, bleibt als einzige Erklärung, daß die heftige Reaktion, die bei der von meinem Sohn durchgeführten Probe entstand, die Temperatur in der Mischung auf den Hitzegrad erhöhte (um 180 Grad Celsius), bei dem das gebildete Nitroglyzerin explodiert.

Das Versäumnis der Benutzung eines Thermometers, um bei einem neuen Experiment die Temperatur abzulesen, bevor sie zu hoch steigt, ist demnach die eigentliche Ursache des Unglücks.

Die normale Zubereitung kann auf zweierlei Weise erfolgen:

1) Durch die sogenannte warme Methode, bei der die Temperatur bis ungefähr 60 Grad Celsius steigt, aber nie darüber. Diese Zubereitung ist Hunderte von Malen praktiziert worden und nicht mit der geringsten Gefahr verbunden.

2) In Kälte, vermittels Frostmischung, wobei die Temperatur nie über den Gefrierpunkt ansteigen darf und somit keine Gefahr entstehen kann. Die Ursache dafür, daß ich die Zubereitung des Sprengöls nicht an einen Platz außerhalb der Stadt verlegt habe, ist, daß unter normalen Verhältnissen wirklich keine Gefahr vorausgesehen werden konnte, und zwar aus folgenden Gründen:

a) Weil das Nitroglyzerin ohne Explosion entzündlich ist, wie Öl brennt, doch mit geringerer Gefahr, weil es von selbst erlöscht.

b) Weil ich versucht habe, es in größerer Quantität in einem Glasgefäß zu erhitzen, um seine Wirkung zu erforschen, und gefunden habe, daß auch da nur ein kleiner Teil explodiert und der Rest verspritzt wird.

c) Weil es in Wirklichkeit ohne Erhitzung auf 180 Grad Celsius und in einem starkwandigen Gefäß äußerst schwer zur Explosion zu bringen ist, was auch eine Menge von Felssprengungen beweisen, die aufgrund der Zündung mißlangen, bevor die Sache voll ausgearbeitet war.

Der Grund dafür, daß die Sprengöl-Zubereitung nicht angemeldet wurde, liegt darin, daß diese noch bis in die letzten Tage in überaus kleinem Umfang durchgeführt wurde und mehr auf die Ausarbeitung der Sache als auf ihre kommerzielle Ausnutzung zielte, was auch daraus zu ersehen ist, daß keine Annonce in die Zeitung gesetzt worden ist.

Zur Vermeidung von Mißverständnissen muß ich außerdem hinzufügen, daß das Reinigen von Glyzerin, womit, wie ich annehme, mein Sohn zum Zeitpunkt des Unglücks beschäftigt war, keineswegs auch nur das Geringste mit der Herstellung von Nitroglyzerin gemeinsam haben muß, daher sollte diese Reinigung in der gleichen Fabrik durchzuführen sein, wo das Glyzerin zubereitet wird, und ein Unglück wie dieses sollte bei der Nitroglyzerinherstellung nicht mehr eintreffen können.
Heleneborg, den 5. September 1864

I. Nobel

Nach Kenntnisnahme des Inhaltes dieses Schriftstücks wurde Herr Nobel aufgefordert, sich mündlich ausführlicher zu den Umständen der eigentlichen Explosion zu äußern. Er erklärte daraufhin, daß die Fabrikation im Freien auf dem eingezäunten Gelände vor sich ging, in dessen Mitte das für die Zubereitung des Sprengöls notwendige Zubehör aufgestellt war. Herr Nobel beschäftigte als Gehilfen bei diesen Experimenten seinen 21jährigen Sohn Emil Oscar sowie einen jungen Mann namens Hertzman, der gerade sein Studium am Technologischen Institut abgeschlossen und sich bereit erklärt hatte, sich der im Aufbau befindlichen Fabrik anzuschließen. Außerdem wurde daselbst und für allerlei Tätigkeiten ein 13jähriger Junge mit Namen Herman Nord beschäftigt, Sohn eines auf der anderen Seite des Sundes bei Långholmen wohnhaften Zimmermanns, sowie das Dienstmädchen Maria Nordquist, 19 Jahre und Tochter eines bei Heleneborg wohnhaften Arbeiters, der mehrere Jahre Nobels Gehilfe gewesen war, nun aber aufgehört hatte. Über dieses Mädchen bemerkte Herr Nobel ausdrücklich, daß sie in der Ausführung der ihr anvertrauten Tätigkeiten eine solche Klugheit gezeigt habe, daß er sich häufig darüber gewundert habe. Ein Zimmermann namens Johan Peter Nyman – in der Nähe wohnhaft – befand sich an jenem Unglückstag ebenfalls auf dem Fabrikgelände, wo er damit beschäftigt war, Gegenstände zusammenzubauen, die er in Nobels Auftrag zu Hause angefertigt hatte.«

Danach folgt in Stockholms Dagblad eine Präzisierung: »Nobel jun. und Hertzman hatten am Samstagvormittag gesagt, sie wollten Versuche durchführen, das für das Sprengöl benutzte Glyzerin noch weiter zu reinigen, zu welchem Zweck sie am Vormittag, nachdem der Vater sich entfernt hatte, beim Reinigungsapparat zurückblieben. Wie sie dort verfuhren, konnte Nobel lediglich vermuten, aber seine Auffassung war, daß sie Schwefelsäure in allzu großer Menge zugesetzt hatten, so daß das Öl auf den Hitzegrad gebracht wurde, bei dem es explosiv wird. Als die Explosion geschah, hielt sich Nobel im Abstand von ungefähr fünfzig Ellen von dem umzäunten Platz auf. Steine und Mörtel von dem gesprengten Gebäude fielen rings um ihn her herab, merkwürdigerweise ohne daß er den geringsten Schaden nahm...«

Auch wenn Immanuel Nobel keinen physischen Schaden davontrug, wurde das Unglück doch schicksalhaft für ihn. Einen Monat später – am 6. Oktober – erlitt er einen Schlaganfall, der seine Bewegungsfähigkeit einschränkte. Sein Gesundheitszustand verbesserte sich etwas, doch er blieb bis zu seinem Tod acht Jahre später ein Schatten seiner selbst. Es ist ein Brief bewahrt, den er im April 1865 mit Bleistift zu schreiben vermochte – also gut ein halbes Jahr nach dem Unglück. Er berichtet Alfred, daß er anscheinend die Bewegungsfähigkeit in der rechten Hand wiedererlangt habe, »doch bevor ich gehen und mich selbst bewegen kann, wage ich nicht an eine Heilkur zu denken, denn dazu ist allzuviel Geld erforderlich«.

Im selben Brief erzählt seine Ehefrau, daß er nicht einmal mit

Hilfe stehen oder gehen könne, aber »mein Alterchen fängt schon an zu phantasieren, und das wundert einen nicht bei dem eintönigen und angsterfüllten Leben, das Dein armer Vater hat. Vier Monate im Bett zu liegen und nicht einmal da ohne die Hilfe anderer eine einzige Bewegung machen zu können – das heißt, die Geduld eines armen alten Mannes auf eine harte Probe stellen«.

Im folgenden Brief an Alfred beklagen die Eltern aufs neue, daß ihnen die »Mittel für eine ordnungsgemäße Pflege in einem Kurbad« fehlen. Der Sohn kam ihrer Bitte um Unterstützung, wie schon angedeutet wurde, nach, obwohl er sich zu diesem Zeitpunkt selbst in einer wirtschaftlichen Notlage befand. Die Dankbarkeit der Mutter kannte keine Grenzen: »Gleich nach Gott haben wir unserem Alfredchen dafür zu danken, daß wir hier sein und baden können. Papachen kann zwar noch immer keinen Schritt hinausgehen, aber er fühlt selbst, daß er kräftiger geworden ist, und auch ich fühle mich besser.« Der Aufenthalt in Norrtälje war kostspielig, aber Alfred schickte weiter Geld.

Während seiner langen Krankheit arbeitete Immanuel an seinen illustrierten Werken. Seine unbezwingliche Energie blieb bis zu seinem Tod intakt. Während der sieben endlosen Jahre »phantasierte« er, wie Andriette es ausdrückte. Unter anderem kreisten seine Gedanken um eine Erfindung, die ihn »zum Diktator für Krieg oder Frieden in der ganzen Welt [machen würde], zumindest für die nächsten Jahrhunderte«. Andriette konstatiert nüchtern, daß er nun »viel spekuliert über alle möglichen Geschäfte und viele Menschen in Tätigkeit versetzt, aber meiner Meinung nach ohne einen Zweck – natürlich eine Folge der einst so großen Wirksamkeit des Alten, die sich nun geltend machen will«.

Nicht alle seine Ideen waren jedoch unrealistisch. So publizierte er beispielsweise 1870, zwei Jahre vor seinem Tod, eine kleine Broschüre mit dem langen Titel: »Versuch zur Beschaffung von Erwerbsmöglichkeiten zur Abwendung des derzeit durch Mangel derselben hervorgerufenen Auswanderungsfiebers«. Was ihm vorschwebte, war ein Rohstoff, der einerseits in Schweden reichlich vorkam, anderseits so billig war, daß auch die schwächer Gestellten ihn erwerben konnten. Immanuel schreibt: »Nach einem fünfjährigen Schlaganfall mit Schmerzen, die viele und lange schlaflose Nächte mit sich brachten, gelang es mir jedoch, den Rohstoff auszudenken, der meiner Überzeugung nach der beste und geeignetste wäre, um die Lösung dieses Problems zu erreichen.«

Das Material, das Immanuel vorschwebte, waren die noch mit Rinde versehenen äußeren Bretter, die beim Zuschneiden von Holz übrigblieben, und die zu jener Zeit verbrannt wurden. »Ohne irgendeinen anderen Zweck, als daß man das Zeug los werden will. Aber aus diesem Abfall kann man das für Heimwerkerei geeignetste Material gewinnen, und Tausende jetzt arbeitsloser Menschen können damit ihr Auskommen finden, besonders die Saisonarbeiter, die während des langen Winters nahezu ohne das tägliche Brot sind. Aber außer zur Heimwerkerei kann dieses Material zum Bau größerer oder kleinerer Boote sowie von Häusern verwendet werden, die später ein äußerst wertvoller Exportartikel in wärmere Länder werden können, besonders in solche, die von Erdbeben heimgesucht werden.«

Aus der Fortsetzung geht hervor, daß Immanuel vor allem an die Ufer des Suez-Kanals gedacht hat, die nach der Eröffnung des Kanals 1870 bebaut werden mußten. Er gibt sogar Anweisungen für eine Methode, wie man »aus verleimten Spänen oder dünnen Holzplatten, die so aufeinandergelegt sind, daß die Fasern in den verschiedenen Schichten sich kreuzen, eine Art Sperrholz herstellen kann ... Es ist ziemlich wahrscheinlich, daß man die Möglichkeit, aus Hobelspänen oder dünnen Holzplatten Gegenstände herzustellen, skeptisch beurteilt. Aber die Platten müssen mit einem speziell dafür entwickelten Stahl hergestellt werden, der zur gleichen Zeit hobelt und Scheiben von der Dicke eines Strichs schneidet.«

Diese Zeilen hat kein seniler Utopist geschrieben. Eher erscheint Immanuel als ein Visionär, der hellsichtig eine Großindustrie der Zukunft plant: die Herstellung von Plywood oder Sperrholz. Viele seiner Vorschläge, wie man das neue Material verwenden könne, sind später mit kommerziellem Erfolg verwirklicht worden. Ein Teil seiner Einfälle kann indessen als abwegig bezeichnet werden. So schlug er in vollem Ernst die Verfertigung von »Röhren zum Transport von Särgen aus den Städten zu den außerhalb gelegenen Friedhöfen« vor. Auch machte er einen Vorschlag für »Särge, die so eingerichtet sein könnten, daß ein Scheintoter von innen den Deckel selbst abheben kann, der mit Luftlöchern für die Atmung versehen ist und vermittels einer Klingelschnur mit einer Signalglocke verbunden ist«.

Es gäbe keinen Grund, die Aufmerksamkeit des Lesers mit derartigen Einfällen in Anspruch zu nehmen, wenn wir uns hier nicht einer der Phobien des Sohnes Alfred näherten: der Befürchtung, lebend begraben zu werden. Sowohl in seinen Briefen als auch in seinem Testament ist diese Furcht dokumentiert. Als der Bruder Ludvig 1887 für seine Familienforschung biographische Auskünfte zu bekommen wünschte, antwortete Alfred: »...größter und einziger Anspruch: nicht lebendig begraben zu werden...«

Während seines gesamten Lebens blieb Immanuel ein Träumer, der sich weniger für den wirtschaftlichen Ertrag als für die Forschungsarbeit als solche interessierte. Obgleich er zeitweise als Unternehmer sehr erfolgreich war, hatte er im Innersten eine Art L'art pour l'art-Einstellung, die eine der Hauptursachen für sein ökonomisches Scheitern war. Auch der Mangel an theoretischer Ausbildung trug dazu bei. Hätte er selbst die gleiche gediegene Ausbildung bekommen, die er seinen Söhnen angedeihen ließ, hätte er es weit bringen können. So blieb er eine wildgewachsene Begabung.

Henrik Schück fand seinen letzten Brief an Alfred:

Stockholm und Heleneborg am 26. Dezember 1871

Unser lieber Alfred!
Dein liebevolles Telegramm erreichte uns gerade, als wir unseren Morgentee zu uns nehmen wollten, und alle Deine Konfektgeschenke wurden uns von unserem lieben Liedbeck um 17 Uhr am Heiligabend gebracht, der durch den Besuch des alten Ahlsell aufgehellt wurde – welcher sich seit meinem Geburtstag bei uns nicht hatte sehen lassen – zur großen Freude Deiner innig lieben Mama, der Du dadurch Freude bereitet hast, daß Du nicht nur an Pauline und die Kinder gedacht hast, sondern Du hast ihre Freude noch gemehrt, indem Du Dich an Lotten Henne und ihre Kinder erinnert hast.

Meine Neujahrsgabe zur Verteidigung der alten Mutter Svea in ihrer gegenwärtigen Wehrlosigkeit habe ich nun soweit fertig, daß sie als passende Neujahrsgabe am Jahresanfang eingereicht werden kann. Bleibt nun abzuwarten, wie sie vom Reichstag aufgenommen wird. Eine herzliche Umarmung senden als die letzte des Jahres Deine alten Eltern, die sich glücklich schätzen, solche Söhne zu haben, die uns nur Freude bereiten und nie Kummer.

»Die Verteidigung der alten Mutter Svea« stand für den alternden Immanuel im Zentrum seines Interesses. Die drei Bände mit Aquarellen im Format 50×40 cm veranschaulichen seine Minenerfindungen und Abwehr- und Verteidigungssysteme. Um seine eigenen Worte zu benutzen, konkretisieren sie seine »Gedanken hinsichtlich der Art und Weise, wie unser liebes Vaterland jetzt und in der Zukunft gegen einen überlegenen Feind verteidigt werden kann, und dies ohne teure Befestigungen oder größere Opfer an Mannschaften und Mitteln«.

Erik Bergengren kann berichten, daß die Aquarellbände erst ein halbes Jahrhundert nach Alfreds Tod in der Rumpelkammer eines Urenkels von Immanuel wiederentdeckt wurden. Was die Bücher interessant macht, ist weniger der Text von fünfzig Seiten, sondern die farbigen Darstellungen. Mit Tusche und Aquarellfarben hat Immanuel unter anderem dramatische Minensprengungen geschildert. Wie wir wissen, nannte sich Alfred bei einer Gelegenheit »Superidealist«. Wir wissen nicht, inwieweit Immanuel sich als Superpatriot empfand, aber die Titel der drei spektakulären Aquarellbände deuten darauf hin: »Billige Verteidigung von Schärengebieten« (Treibminen), »Billige Verteidigung der Straßen des Landes« (Tretminen), »Vorschlag zur Verteidigung des Landes. Neujahrsgabe an das schwedische Volk 1871«.

14

Ein paar Jahre nach der Heimkehr von St. Petersburg änderte Immanuel aufs neue seinen Titel im Adreßbuch, diesmal von Kaufmann a.D. zu Ingenieur. Das kleine Familienunternehmen auf Heleneborg entwickelte sich vielversprechend. Da geschah das Unglück, das seine restlichen Lebensjahre zu einer Tragödie machte.

Das Explosionsunglück bei Heleneborg am 3. September 1864 hallte noch Jahrzehnte in den Gemütern der Stockholmer wider. Man sprach von Ereignissen, die vor und nach »dem Nobelschen Knall« eingetreten waren.

Manchmal tritt die Eigenart eines Menschen erst zutage, wenn er ernsthaft auf die Probe gestellt wird. So war es bei Alfred nach dem Unglück und dem Schlaganfall des Vaters. Trotz der Trauer um den jüngsten Bruder und trotz aller praktischen Probleme, Geldmangel, dem Widerwillen der Allgemeinheit und Schereneien mit den Behörden war seine Tatkraft ungebrochen. Mit einer nahezu unfaßbar anmutenden Willensanstrengung nahm er am Tag nach dem Unglück seine Arbeit wieder auf.

Man kann kaum sagen, daß Alfreds Situation durch all die gutgemeinten Ratschläge, die er bekam, erleichtert wurde. Auf jeden Fall nicht durch die empörten Leserbriefe in den Zeitungen. Bereits im Mai 1864 – also drei Monate vor dem Unglück – hatte sein Bruder Robert aus Finnland geschrieben, daß er wenig Vertrauen in Alfreds Erfindung bezüglich des Nitroglyzerins habe. Der Bruder gab Alfred bei dieser Gelegenheit einen Rat, den dieser zum Glück nicht befolgte:

Lieber Alfred,
gib die verdammte Erfinderlaufbahn auf so schnell wie möglich; sie bringt nur Unglück. Du hast so große Kenntnisse und so viele hervorragende Eigenschaften, daß Du Dir einen ernsthafteren Weg bahnen mußt. – Hätte ich Deine Kenntnisse und Deine Fähigkeiten, dann würde ich selbst hier in dem elenden Finnland recht kräftig mit den Flügeln schlagen, aber nun muß ich eben in Maßen flattern...

Aber Robert sah bei einem Stockholmbesuch nach dem Unglück ein, daß dem Nitroglyzerin die Zukunft gehörte. Als eine großzügige Geste von Alfreds Seite erhielt er das Recht, in Finnland auf eigene Rechnung – aber in Alfreds Namen – ein Patent für die Erfindung zu beantragen. Roberts Patentgesuch wurde am 9. Dezember 1864 bewilligt, und schon im darauffolgenden Frühjahr hatte er in der Nähe von Helsinki eine kleinere Nitroglyzerinfabrik errichtet. Er verstand sich auf die Vermarktung des Produkts, wie man folgender Annonce im Helsingfors Dagblad vom 21. September 1865 entnehmen kann:

> Auf Wunsch des Unterzeichneten läßt der Bauleiter von Skatudds Kanal- und Brückenbau auf Skatudden unterhalb der russischen Kirche auf der Nordhafenseite einige größere Probesprengungen mit Nitroglyzerin sowie zum Vergleich ein paar mit Pulver durchführen, zu welchselbiger Probesprengung, die morgen, Mittwoch den 27. September um fünf Uhr nachmittags stattfindet, alle an

der Sache Interessierten eingeladen sind. Der geeignetste und sicherste Platz zur Betrachung des Effekts ist die Ecke von Kyrkogatan und Norra Kajen.

Das Signal für die Sprengung mit Nitroglyzerin ist eine rote Flagge und für Pulver eine weiße Flagge.

R. Nobel
Nitroglyzerinfabrikant

Einem Bericht in Helsingfors Dagblad zufolge war der Effekt »erstaunlich«.

Alfreds Zielsetzung wurde trotz des Sturms der Entrüstung nach dem Heleneborg-Unglück nicht erschüttert. Er wollte auf die effektivste und sicherste Weise das Nitroglyzerin als Sprengstoff verwenden. Nichts konnte ihn dazu veranlassen, auf die praktische Verwertung seiner Erfindung zu verzichten. Aus seinen Briefen geht hervor, wie er kühl damit rechnete, daß die Aufgabe, die zu lösen er sich vorgenommen hatte, mit höchsten Opfern verbunden sein könnte. Spuren des gleichen Gedankengangs meint man in einigen Passagen seines Dramas »Nemesis« erkennen zu können, so in Szene 4, Akt IV:

GUERRA: *Siehst du, welches Damoklesschwert über deinem Haupt hängt?*
BEATRICE: *Ich sehe es wohl, aber keine Warnung hilft. Ich werde von einer unsichtbaren Hand unwiderstehlich zur Vollendung meines Schicksals getrieben.*

SZENE 5
BEATRICE: *Er glaubt, daß diese Warnungen nötig sind. Als hätten warnende Stimmen in mir selbst mir nicht schon lange gesagt, welcher Gefahr ich mich und die, die mir im Leben am liebsten sind, aussetze!*

Alfred erlebte auch in der Folgezeit verschiedene Beweise dafür, daß die Einwohner Stockholms seine Tätigkeit mit argwöhnischen Blicken betrachteten. Um so ermutigender muß es für ihn gewesen sein, daß die Gruben in Dannemora und Herräng bedeutende Quantitäten Nitroglyzerin bestellten. Zusätzlich erklärte ein Vertreter der Staatlichen Eisenbahn am 10. Oktober 1864 – nur fünf Wochen nach der Explosion –, daß sie beim Bau des Södertunnels in Stockholm, der die Verbindung zwischen dem nördlichen und dem südlichen Eisenbahnnetz herstellen sollte, ausschließlich das Nobelsche Sprengöl benutzen würden. Für Alfred kam dies einer Sanktionierung von offizieller Seite gleich.

Aber hinter seinem Rücken wurde getuschelt. Böse Zungen wollten wissen, daß »die Nobels wieder ruiniert sind«. Alfred ging darauf nicht ein, sondern parierte das Gerücht durch Taten. Er begann, eine Gesellschaft für die Herstellung und den Verkauf von Nitroglyzerin zu planen. Es war nicht leicht, in dem aufgewühlten Klima, das immer noch in Stockholm herrschte, Startkapital aufzutreiben. Einen Interessenten hatte Nobel jedoch von Anfang an: den Kapitänleutnant im Technischen Korps der Marine, Carl Wennerström (1820-1893), der persönliche Erfahrung mit dem heiklen Sprengöl hatte. Er hatte in den uppländischen Gruben Herräng und Vigelsbo Versuche damit durchgeführt. Es galt jedoch, eine Person mit bedeutenden finanziellen Mitteln zu finden. Wie Alfred dies gelang, können wir in einem Bericht von Ragnar Sohlman nachlesen:

»Aus meiner allerfrühesten Kindheit war mir der Name Nobel wohlbekannt. Meine Mutter war Anfang der 1860er Jahre im Zusammenhang mit sozialer und kultureller Aufklärungsarbeit in der Hauptstadt mit einer Schwester von Immanuel Nobel und Tante von Alfred, Frau Elde, einer rührigen und energischen Dame, in Berührung gekommen und hatte sich mit ihr angefreundet. Immanuel und Alfred waren zu dieser Zeit mit Experimenten mit Nitroglyzerin beschäftigt, das draußen in ihrem kleinen Laboratorium in Heleneborg hergestellt wurde. (...) Die Vollendung der wichtigen neuen Ansätze in der Sprengstofftechnik lag voll und ganz auf Alfreds Schultern. Aber er verfügte wie sein Vater nicht über die nötigen Mittel, um eine wirkliche Fabrikation aufzunehmen, und war darüber hinaus von größeren Schadensersatzforderungen bedroht. Nach dem Unglück war es auch nicht so leicht, andere dazu zu bewegen, ihr Geld in ein so riskantes Unternehmen zu investieren.

Durch Vermittlung meiner Mutter und Frau Eldes konnte Alfred jedoch mit dem später als »König von Kungsholmen« bekannten J. W. Smitt Kontakt aufnehmen, der ein Kusin meiner Mutter war, und es gelang ihm, ihn für die Nobelsche Erfindung zu interessieren. Smitt finanzierte also die neugebildete Nitroglyzeringesellschaft – eine der vorteilhaftesten Investitionen, die dieser erfolgreiche Geschäftsmann getätigt hat.«

J. W. Smitt (1821-1904) hatte den Grund seines Vermögens in Südamerika gelegt und galt als einer der reichsten Männer Schwedens. Er war nicht leicht zu überzeugen. Mehrere Faktoren sprachen gegen eine Investition: teils war es keineswegs sicher, daß Alfred die Genehmigung bekommen würde, wie geplant eine Nitroglyzerinfabrik bei Vinterviken zu bauen, teils war sich Smitt der negativen öffentlichen Meinung durchaus bewußt. Alfred konnte außerdem nicht behaupten, daß er der ursprüngliche Entdecker des Nitroglyzerins war, oder garantieren, daß keine neuen Unglücke geschehen würden.

Abgesehen von Alfreds gradliniger Art und seinem leidenschaftlichen Engagement, die Smitt beeindruckten, war es aller Wahrscheinlichkeit nach der Beschluß der Schwedischen Eisenbahn bezüglich des Södertunnels, der seine Entscheidung beeinflußte. Nachdem der »König von Kungsholmen« seine positive Entscheidung mitgeteilt hatte, konnte Alfred zusammen mit seinem Vater, Carl Wennerström und Smitt am 22. Oktober 1864 die »Nitroglyzerin Aktiengesellschaft« bilden. Damit war die erste Gesellschaft der Branche eine Realität.

Die Einleitung der Stiftungsurkunde hat folgenden Wortlaut:

Nachdem die Unterzeichneten übereingekommen sind, unter der Firma Nitroglyzerin Aktiengesellschaft das dem Zivilingenieur Alfred Nobel am 15. Juli dieses Jahres vom Kgl. Commerce Kollegium erteilte Patent für die Zubereitung und Anwendung des Nitroglyzerins zu kaufen und in Schweden zu verwerten, haben die Unterzeichneten nach der Aufstellung von Statuten für die geplante Gesellschaft folgende Übereinkunft getroffen:

Von einhundertfünfundzwanzig Aktien der Aktiengesellschaft zeichnet Herr Alfred Nobel 62 Aktien von welchen Herr Immanuel Nobel 31 Stück übernimmt:
Herr Carl Wennerström 31 Aktien
und Herr Johan Wilhelm Smitt <u>32 Aktien</u>
Summa 125 Aktien

Dem weiteren Wortlaut zufolge sollte Alfred 38 000 »Reichstaler Reichsmünze« dafür erhalten, daß er der Gesellschaft sein patentiertes Recht zur Herstellung von Nitroglyzerin übertrug. Noch heute ist nicht klar, ob er diesen Betrag wirklich erhielt.

Außer nach Norwegen verkaufte Alfred Nobel nie ein Herstellungsrecht zu einem festen Preis. In der Folgezeit begnügte er sich nicht mit dem Lizenzertrag, sondern gründete eigene Gesellschaften, denen er selbst vorstand. Es waren diese über die ganze Welt verstreuten Unternehmen, die ihm die Mittel einbringen sollten, die ihn schließlich zu dem großen Donator machten.

Die neue Gesellschaft, die ihre Tätigkeit auf das Patent gründete, wurde bereits am ersten Tag vor erhebliche Probleme gestellt. Eines davon war die Forderung des rasch alternden Immanuel, geschäftsführender Direktor des Unternehmens zu werden. Während eines Stockholmbesuchs nach der Bildung der Gesellschaft schreibt Robert an seinen Bruder Ludvig in St. Petersburg:

»Ich habe meine ganze Kraft aufgeboten, um den Alten dazu zu überreden, auf den Direktorposten zu verzichten. Ich wies ihn auf seine geringen Fähigkeiten als Schreiber, Redner und Chemiker hin, und er mußte zugeben, daß ich recht hatte, und versprach, den Posten nicht anzunehmen, sondern an Alfred abzutreten. Papa ist schrecklich, wenn er loslegt; er kann einen bis zur Weißglut reizen, und ich würde es nicht solange aushalten wie Alfred. Aber desungeachtet gefällt mir Alfreds Handlungsweise nicht richtig. Er ist zu hitzig und zu despotisch, und eines schönen Tages geraten sie sich in die Haare. Dem Alten ganz und gar nachzugeben, geht auch nicht, denn in ökonomischer Hinsicht würde er die ganze gute Sache verderben. Alfreds Stellung ist in der Tat sehr schwierig, aber am bedauernswertesten ist doch Mama, denn sie muß um der Gerechtigkeit willen Alfred verteidigen und bekommt deswegen von Papa alle möglichen Unannehmlichkeiten zu spüren.«

»Es war mehr als traurig«, schreibt Robert weiter, »aus Stockholm abzureisen, wo ich durch meine Anwesenheit zwischen Papa und Alfred ausgleichen konnte, deren Unversöhnlichkeit bald den Siedepunkt erreichen wird.«

Der Familienstreit wurde durch einen Kompromiß beigelegt: Alfred verzichtete darauf, geschäftsführender Direktor zu werden, und Carl Wennerström wurde auf den Posten gewählt. Dem geschwächten, aber immer noch hitzköpfigen Immanuel wurde ein Stellvertreterposten im Vorstand angeboten. Weil Alfred lediglich bei der ersten Hauptversammlung anwesend war und sich in der Folgezeit meist auf Reisen befand, wurde der Vater nach einiger Zeit ordentliches Mitglied.

Ein weiteres Problem: die Möglichkeiten der Gesellschaft, bestelltes Sprengöl zu liefern, drohten durch das Verbot der Polizeibehörde gegen »Herstellung und Lagerung von Nitroglyzerin auf bebautem Gebiet« zunichte gemacht zu werden. Mit dem Rücken zur Wand bewies Alfred seine Fähigkeiten als Unternehmer. Schon nach wenigen Wochen hatte er einen überdachten Schleppkahn gefunden, den er erwarb und im Bockholmsund im Mälarsee verankerte. Auf diesem stellte er mit einer primitiven Apparatur »Nobels patentiertes Sprengöl« her. Er verkaufte es für 2 Kronen und 50 Öre per »Skålpund« (ein altes Gewichtsmaß = 0,425 kg). Damit hatte eine Industrie ihren Anfang genommen, die innerhalb weniger Jahre weltumspannend werden sollte – auf dem Wasser vor Nytorp bei Kaggeholm.

Der Unternehmer Alfred verfügte über knapp 25 000 Kronen Betriebskapital und mußte deshalb das meiste selbst erledigen. Er war in der Praxis geschäftsführender Direktor, aber auch Produktionschef, Korrespondent, Finanzchef und nicht zuletzt Reklamechef. Per Post sandte er Broschüren an Kaufinteressenten, die unter anderem genaue Gebrauchsanweisungen enthielten. Unter »Benötigte Geräte« stand zu lesen: »Ein langes Rohr, durch das das Öl in das Felsloch gegossen wird, um nicht einen Teil davon zu verschütten, der sich an den oberen Wänden des Loches festsetzen könnte«. Diese Anweisungen und vor allem Alfreds Zünder wurden in der seriösesten Weise unter Fachleuten und in qualifizierten technischen Zeitschriften diskutiert.

Alfred fuhr zwischen Steinbrüchen und Gruben hin und her, um zu demonstrieren, wie überlegen das Nitroglyzerin bei seiner Zubereitungsmethode dem alten Schwarzpulver war. Aufgrund der erhöhten Sprengkraft konnte er wesentliche Einsparungen versprechen: Die Sprengarbeiten würden schneller vorangehen und weniger Arbeiter erfordern.

So wurde die Tätigkeit der Gesellschaft während der ersten Monate von Alfred dominiert. Eine seiner wichtigsten Maßnahmen war die Anstellung des gleichaltrigen Kindheitsfreunds, des Ingenieurs Alarik Liedbeck (1834-1912). In diesem fand Alfred eine Person mit dem gleichen unerschütterlichen Glauben in die Zukunft seiner Erfindungen wie er selbst.

Bereits im November 1865 trat Carl Wennerström als geschäftsführender Direktor ab, und J. A. Berndes wurde sein Nachfolger. Dieser verstarb im darauffolgenden Monat, hatte es aber während seiner kurzen Zeit als Direktor geschafft, über 2 000 Kronen zu unterschlagen. Aus den Vorstandsprotokollen vom 17. Februar und 28. März geht hervor, daß die Stimmung hochgradig erregt war. Aber der üblicherweise hitzige Immanuel wußte zu schweigen, als die Majoritätsbesitzer Smitt und Wennerström sich selbst jeweils 1 500 Kronen »als Kompensation für Bemühungen als Direktionsmitglieder während des vergangenen Jahres« zuerkannten. Immanuel hoffte nämlich, daß Robert zum neuen Direktor der Gesellschaft bestellt werden würde. Er schreibt an Alfred: »Ich gebe ihrem Drängen nach, doch nur, um so besser zu einem guten Resultat für Robert kommen zu können.«

Diesmal bekam Immanuel seinen Willen: Robert wurde aus Finnland nach Hause gerufen, um geschäftsführender Direktor und zusätzlich ordentliches Vorstandmitglied zu werden, nachdem Alfred sich mit einem Platz als Stellvertreter zufrieden erklärt hatte. Er visierte schon größere Aufgaben und Märkte an.

Für Alfred konnte das große Abenteuer beginnen.

15

Fünfundzwanzig Jahre später sollte Alfred auf französisch einen Brief an einen Bekannten im Ausland schreiben. Er befand sich zu diesem Zeitpunkt zu Besuch bei seinem Bruder Robert in Getå außerhalb von Norrköping. Von allen seinen Briefen dürfte dieser der aufschlußreichste sein, was seine Erfindungen zwischen 1862 und 1875 anbelangt. Der Brief ist sehr gradlinig und von einem Mann mit ungewöhnlicher Zielbewußtheit und Schaffenskraft geschrieben.

Getå bei Norrköping (Schweden), den 28. August 1889

Sehr geehrter Herr!
Aufgrund meiner unzähligen Reisen komme ich erst jetzt dazu, Ihren Brief vom 7. August zu beantworten.
  Hier die Antworten auf die vier Fragen, die Sie mir gestellt haben:
  1. Ich begann 1862, mich mit Nitroglyzerin zu beschäftigen.
  2. Die Massenherstellung begann Ende 1863.
  3. Im Juni 1862 gelang es mir zum ersten Mal (das Experiment fand bei meinem Bruder in St. Petersburg statt), eine in Kanonenpulver paketierte Ladung Nitroglyzerin unter Wasser zur Explosion zu bringen.
  Ende 1863 brachte ich Nitroglyzerin mit Hilfe einer kleinen Ladung Jagdpulver (ungefähr 1 Gramm) zur Detonation, wann immer ich wollte. Etwas später benutzte ich Knallpulver, das am Ende einer Lunte festgebunden war. Das war der erste Schritt zur Anwendung eines stärkeren Detonators, wie ich später das Dynamit anwandte.
  Im November 1863 erfand ich wirklich das Dynamit, und in meinem Patentgesuch vom 10. Januar 1864 erhob ich Anspruch auf »in sehr poröser Kohle oder in einer anderen sehr porösen Substanz aufgesaugtes Nitroglyzerin«. Da man aber die ernsten Risiken, die der Transport von flüssigem Nitroglyzerin beinhaltet, noch nicht kannte, beschäftigte ich mich nicht damit, das Dynamit zu vollenden. Erst 1866 widmete ich mich diesem wieder. Die erste Dynamitladung (Nitroglyzerin absorbiert in poröser Kohle) wurde im November 1863 von mir präpariert und in einem Eisenrohr (das in kleine Stücke zerbarst) zur Detonation gebracht. Die Explosion erfolgte ohne Detonator.
  4. Ich erfand die Sprenggelatine 1875. Alle Experimente und Forschungen wurden ohne irgendwelche Unglücksfälle durchgeführt. Ich sollte hinzufügen, daß ich schon 1866 versucht hatte, das Nitroglyzerin zu gelatinieren, aber damals ohne Erfolg. Indessen wäre es mir beinah mit einer ähnlichen Methode gelun-

gen, denn ich versuchte, trinitrierte Schießbaumwolle in Nitroglyzerin zu lösen, die sich darin nicht löst. Es ist sicherlich wahr, daß die Frage zu jener Zeit nicht von besonderer Bedeutung war, und ich ließ mich in meiner Forschung mehr von Neugierde als von einem wirklich lebendigen Interesse leiten.

Mit freundlichen Grüßen
A. Nobel.

Das Nitroglyzerin erhielt den Namen Sprengöl, und dieser sollte noch lange verwendet werden. Alfred erwies sich als ein geschickter Vermarkter: Er scheute sich nicht, Prinz Oscar – den späteren König Oscar II. – zu einer Demonstration auf Tyskbagarbergen einzuladen, um zu zeigen, was das Hauptprodukt der Gesellschaft zu leisten vermochte. Den Zeitungsmeldungen zufolge war das Bohrloch 12 Meter tief, und in dieses wurde das Sprengöl gegossen. Der Reporter von Aftonbladet konnte konstatieren, daß »der Berg sich zu heben schien und eine Unmenge Steine losgebrochen wurden«. Dreißig Jahre später sollte König Oscar II. das Nobel-Unternehmen noch einmal durch seine Anwesenheit ehren – diesmal in Bofors ·Mitte der 1890er Jahre. Alfred war kein ergebener Royalist, doch er sah den PR-Wert des Königshauses. Vielleicht erinnerte er sich, daß der Vater in St. Petersburg den russischen Zaren zu verschiedenen Probesprengungen eingeladen hatte.

In den Tyskbagarbergen sprengte man einen Schacht zu den Kasernen am Valhallavägen auf Östermalm – oder Ladugårdslandet, wie der Stadtteil damals hieß. Der Schacht wurde bekannt als »Pforte Karls XV«.

Als Alfreds Gesellschaft am 21. Januar 1865 von der Bezirksregierung die Genehmigung erhalten hatte, in Vinterviken gegenüber von Stora Essingen eine Fabrik an Land zu errichten, konnte die Herstellung des Sprengöls beginnen. Schon nach einem Monat hatte man 44 Kilo produziert, und im August waren es zwei Tonnen. Es war eine rasante Entwicklung, seit man den Schleppkahn im Bockholmssund verlassen hatte. Ragnar Sohlman berichtet, daß er als Junge J. W. Smitt von seinen Besuchen in Vinterviken erzählen hörte: »Vielleicht bewirkten diese Schilderungen, daß ich beschloß, Sprengstoffchemiker zu werden. Vor und während meiner Studienjahre arbeitete ich als Schüler einige Sommer in Vinterviken, der ältesten Nobelschen Sprengstoffabrik. Über Alfred Nobels kurze, meteorhafte Besuche in der Heimat und in der Fabrik wurde dort mit allem gebührendem Respekt gesprochen.«

Nachdem Alfreds Bruder Robert geschäftsführender Direktor des Unternehmens geworden war, bestand eine seiner ersten Amtshandlungen darin, Alarik Liedbeck zum Fabrikleiter zu befördern. Er sollte sich als eine vortreffliche Wahl herausstellen: schon 1867 konnten 25 000 Kronen an die Aktionäre ausgezahlt werden, ebensoviel wie das faktische Startkapital drei Jahre zuvor. Auf dem Gelände, wo die neue Fabrik errichtet worden war, hatte früher ein alter Bauernhof gelegen, und hinüber zu dem von der Explosion verwüsteten Heleneborg waren es nur drei Kilometer Luftlinie.

»Dynamit oder Nobels Sicherheitspulver« wurde schnell in Norwegen (die erste Fabrik wurde bei Lysaker gebaut, aber nach einer Explosion verlegte man die Fabrikation nach Engele in der Nähe von Dröbak) und in Deutschland eingeführt (Krümmel bei Hamburg). Danach folgte eine Dynamitfabrik in Ardeer in Schottland. Diesen und den folgenden Fabrikgründungen war gemeinsam, daß sie eine eigene, einheimische Gesellschaft mit lokalen Aktionären hinter sich hatten. Indem Alfred sich in jeder Gesellschaft einen bedeutenden Aktienposten sicherte, sorgte er dafür, daß er den notwendigen Einfluß nicht aus der Hand gab.

Nachdem Alfred Ende März 1865 ins Ausland gereist war, widmete man sich in Vinterviken weniger der experimentellen Forschung, sondern dem, was man heutzutage industrielle Entwicklungsarbeit nennt – ganz in Übereinstimmung mit Alfreds

Direktiven. Sigvard Strandh hat ein Stimmungsbild aus der Zeit von Alfreds Abreise entworfen. Seiner Gewohnheit treu arbeitete dieser bis spät abends mit feuergefährlichen Lösungsmitteln und hochexplosiven Stoffen in seinem Laboratorium. Dabei verwendete er die gleiche Beleuchtung wie in der Fabrik. Außerhalb der verglasten Wände hingen Petroleumlampen mit Reflektoren. Einem späten Nachtwanderer muß dieses in Licht gebadete und in knisternden Schnee gebettete Laboratorium einen sonderbaren Anblick geboten haben: ein würdiger Rahmen für die erste Nitroglyzerinfabrik an Land.

In den Augen der Allgemeinheit gilt Alfred als der Erfinder des Dynamits, doch in Fachkreisen wird, wie bereits erwähnt, seine Erfindung der Sprengkapsel und der Initialzündung von Sprengstoffen als bedeutender angesehen, was der deutsche Sprengstoffchemiker Professor Will in einem Vortrag 1904 unterstrich: »Die Entdeckung des Knallquecksilbers als Initialladung kann als der größte Fortschritt in der Sprengstofftechnik seit der Erfindung des Schwarzpulvers bezeichnet werden. Erst durch sie wurde die Verwendung von Nitroglyzerin und Schießbaumwolle für Sprengzwecke ermöglicht.«

Es ist zu beachten, daß Knallhütchen, Zündhütchen, Sprengkapsel und Detonator Synonyme für die gleiche Sache sind. Alfreds Arbeitsname für den Prototyp war »Initialzünder«. In seinem Patentgesuch 1864 benutzte er die Bezeichnung Knallhütchen, doch es dauerte nicht lange, bis die Bezeichnung Zündhütchen immer üblicher wurde. Heutzutage spricht man in der Regel von Sprengkapsel oder Zündhütchen. Dagegen ist das Wort Knallhütchen überwiegend im Zusammenhang mit Patronen gebräuchlich. Die ursprüngliche Kapsel wurde fast unverändert bis in die zwanziger Jahre dieses Jahrhunderts benutzt. Alfred sollte später seine Sprengkapsel so weiterentwickeln, daß sie mit einem elektrischen Funken gezündet werden konnte.

Als erstem in der Welt war Alfred die Lösung des Problems gelungen, das Nitroglyzerin in einer praktisch anwendbaren

Weise detonieren zu lassen. Er hatte damit begonnen, die Flüssigkeit mit Schwarzpulver zu mischen und mit der bereits 1831 erfundenen Zündschnur zu zünden. Der praktische Nutzen des Nitroglyzerins lag in seiner gegenüber dem bis dahin verwendeten Schwarzpulver um ein Vielfaches größeren Sprengwirkung. Erik Lundblad vom Technischen Museum hebt hervor, daß Alfred mit der Theorie arbeitete, daß das Nitroglyzerin auf irgendeine Weise sehr schnell erhitzt werden müßte. Eine Art der Zündung sollte darin bestehen, die Flüssigkeit einer schnellen Druckwelle auszusetzen. Damit war der theoretische Grund für die Entstehung des Zündhütchens gelegt.

Der Prototyp, den Alfred auf experimentellem Weg entwickelte, bestand aus einem Reagenzglas mit einer zusammengepreßten Pulvermischung, die mit einer Zündschnur versehen war, die durch einen Holzpfropfen am anderen Ende des Glases gezogen wurde. Obwohl Alfred fand, daß die Anordnung funktionierte, war er der Meinung, daß sie keine ausreichend starke Druckwelle für größere Nitroglyzerin-Mengen ergab. Er ersetzte daher das Pulver durch Quecksilberfulminat oder Knallquecksilber, einen hochbrisanten Stoff. In kleinen Mengen und in feuchtem Zustand konnte er jedoch unter großer Vorsicht verwendet werden.

Da hatte Alfred einen glänzenden Einfall: er gab einige Milligramm Fulminat in eine kleine Kupferhülse. Danach führte er eine Zündschnur ein, die in der Hülse festgeklemmt wurde. Diese einfache, aber geniale Erfindung bahnte den Weg für alle neuen Explosivstoffe und ermöglichte ihre praktische Anwendung. Alfreds Kombination von Nitroglyzerin und Zündhütchen war das erste neue Sprengmittel, das seit dem 15. Jahrhundert, als das Schwarzpulver aufkam, eingeführt wurde.

Man kann folglich feststellen, daß das Zündhütchen Alfreds bedeutendste Erfindung war und blieb. Es sieht im Prinzip noch heute gleich aus. Mit ihm wurde die moderne Sprengstofftechnik begründet. Sein Glauben an die Zukunft des neuen Sprengstoffs war unerschütterlich, trotz Geldmangels und trotz der

Explosionsunglücke, die in der ganzen Welt Menschenopfer forderten und einen allgemeinen Widerwillen gegen die Produktion hervorrufen sollten. Ein Brief des Kompagnons Theodor Winkler an Alfred vom 3. Mai 1866 dürfte die Stimmung zutreffend widerspiegeln:

Hamburg, d. 3. Mai 1866

Mein bester Alfred!
Welcher Sturm infolge der verschiedenen Unglücksfälle, die sich ereignet haben, über uns hereingebrochen ist, brauche ich wohl nicht zu sagen. (...) Im Verlauf von zwei Tagen haben die Ereignisse in Aspinwall, in San Francisco und hier die Gemüter in dem Grad erregt, daß ich fürchten mußte, wir würden nicht mehr ein Lot Öl verfrachten können, ehe die Ruhe wiederhergestellt wäre. Die Sendungen nach Belgien und England, mit einem Wort alle Sendungen zu Schiff von Hamburg, sind augenblicklich vollständig unmöglich. – In London, wohin 1250 Pfund unterwegs waren, ist die Landung verboten worden, und Cusel... kann sich nicht entscheiden, ob die Sendung zurückgehen oder in die See geworfen werden soll – mit einem Wort, die Schwierigkeiten haben sich nach den letzten Nachrichten in einem Grad vermehrt, daß nicht darüber zu lachen ist, und ich muß vor allem sehr vorsichtig disponieren, damit wir nicht Gefahr laufen, in Geldverlegenheit zu kommen. (...) Wie es in Zukunft gehen wird, müssen wir abwarten; ich will hoffen und glaube auch, daß alles gut wird, wenn wir bloß die Mittel haben, diese Schwierigkeiten und Zeitverluste zu überwinden. – Mehr als je hoffe ich, daß Du die Sache mit der Gesellschaft in Ordnung bekommst und bald mit mehreren tausend Dollar in der Tasche wiederkehren kannst, denn mit Geld läßt sich hier in der Welt alles machen.

Wie Du Dir denken kannst, haben die Unterhandlungen mit Österreich, England usw. infolge der Unglücksfälle einen gewaltigen Knacks bekommen; die größte Hoffnung, die ich noch hege, bald einen großen Gewinn aus unserm Öl zu ziehen, ist, daß der österreichische Kriegsminister für die Festungsverteidigung darauf reflektiert...

Wie die Sache in Neuyork für Dich abgelaufen ist, weiß ich nicht; daß Du in den acht Tagen, die Du dort warst, kein Wort geschrieben hast, ist unrecht. – Ich bitte Dich, bald hierher zurückzukommen, wenn Du nicht siehst, daß es in Neuyork mit der Gesellschaft wirklich ernst wird. Versäume dort keine Zeit, denn hier kannst Du unter den jetzigen Umständen Deine Zeit besser anwenden...

(...)

Dein treu ergebener Freund
Theodor Winkler

Gemeinsam mit seinem Bruder Wilhelm hatte Theodor Winkler Nobels Sprengöl im Feldspatbruch seines Familienunternehmens in der Nähe von Hamburg benutzt. Die Brüder hatten Alfred auch mit einflußreichen Kaufleuten und Finanziers in der Stadt zusammengebracht. Sie waren im Juni 1865 zusammen mit dem Wirtschaftsjuristen Dr. Christian Eduard Bandmann als Teilhaber in die zu diesem Zeitpunkt gebildete Firma »Alfred Nobel & Co.« eingetreten.

16

Ich finde es sonderbar, daß das Schwedische Patentamt sich weigert, meine neue Zündschnur zu patentieren. Jede praktische Lösung eines noch ungelösten Problems bedeutet eine Erfindung, und die Verkennung dieser fundamentalen Wahrheit verleitet alle Voruntersuchungsbüros zu den komischsten Urteilen und Ablehnungen. Hätten sie in der Zeit von Watt existiert und floriert, so hätte er niemals ein Patent auf seine Erfindung bekommen. Sie würden ihm geschrieben haben, daß Wasser bekannt sei, Dampf bekannt sei, dessen Kondensierung bekannt sei, ergo sei es lä-

cherlich, von einer Erfindung zu sprechen, wenn der Kondensator an einer anderen Stelle angebracht wird als vorher. Er wäre ausgelacht worden von Personen, die ihm an Sachkenntnis weit »überlegen« waren.
Mit vorzüglicher Hochachtung

A. Nobel.

In diesem undatierten Brief vermißt man Alfreds Zurückhaltung, und ohne abmildernde Umschreibungen macht er seinem Ärger über bürokratische Engstirnigkeit Luft. Er war der Meinung, daß sich das Schwedische Patentamt kategorisch über Dinge ausließ, die es nicht verstand. Für ihn waren die anonymen Beamten mit ihren Stempeln unnütze Parasiten.

Wieder reagierte er als der leicht verletzliche Künstler, der er im Innersten war. Man sollte meinen, daß er abgehärtet hätte sein sollen nach all den Anträgen an englische, deutsche, französische und österreichische Patentbehörden, doch das war mitnichten der Fall. Im Gegenteil bezeugen verschiedene seiner Briefe, wie leicht er in diesem Zusammenhang sarkastische, um nicht zu sagen höhnische Formulierungen fand, als sei dies die einzige Sprache, die solche Leute verständen.

Nicht zuletzt in Paris, das während vieler Jahre seinen festen Punkt im Dasein bildete, fragte er sich, wie es möglich sein könnte, in »diesem Heimatland der administrativen Langsamkeit« irgend etwas auszurichten. Ständig war er darüber verärgert, daß die Behandlung seiner Angelegenheiten soviel Zeit beanspruchte. Der gewöhnlich so friedfertige Alfred schrieb sich seinen Mißmut in unzähligen gepfefferten Eingaben an die Behörden von der Seele.

Im Laufe seines Lebens wurden Alfred nicht weniger als 355 Patente bewilligt – darin liegt die Erklärung dafür, daß seine Patentkorrespondenz so umfassend ist. In vielen Briefen wütet er, und von diesen Ausbrüchen blieben nur wenige verschont. Die gewählten Volksvertreter bekommen zu hören, daß sie in einem »Angeberhaus« arbeiten, und gewisse Akademiker in der Verwaltung charakterisiert er als »elende Fakultätsesel«, eine Bezeichnung, die sie sich mit seinem Privatarzt teilen müssen.

Wenn er nicht ungeduldig ist, ist er verbittert. So, wenn er meint, um den Lohn seiner vielen Erfindungen betrogen oder bestohlen worden zu sein. Die ihm in der Presse zugedachten Schmähungen waren ebenfalls kränkend: »Teufel in Menschengestalt«, »Handelsreisender des Todes« und »Massenmörder«. Der zeitungslesenden Allgemeinheit erschien Alfred zu gewissen Zeiten als ein kalter, gefühlloser, nahezu grausamer Mensch, das Gegenteil dessen, was er wirklich war.

Lange half es wenig, daß er Leserbriefe schrieb, Vorträge hielt und in der Sprengstoffindustrie mehr Arbeitsplätze schuf als irgend jemand sonst. Es war, als sähe seine Zeit in seinem Dynamit nur Tod und Zerstörung, nicht aber den Fortschritt und den Wohlstand, die in seiner Spur folgen konnten. Nicht zuletzt erregte sich die Öffentlichkeit in Deutschland, als die Fabrik in Krümmel am 29. Mai 1870 zum zweiten Mal explodierte. Für Alfred selbst war dieses Unglück besonders schmerzlich. Sein junger enger Mitarbeiter und Freund Hjalmar Rathsman wurde bei der Explosion in Stücke gerissen. Alfred schreibt:

In Ermangelung von Zeugen ist es unmöglich, volle Klarheit über die Explosionsursache zu erlangen. Wir haben jedoch soviel feststellen können, daß der Kühlschlauch im Apparat auf irgendeine Weise verstopft war – so daß Rathsman nicht mit so niedriger Temperatur wie gewöhnlich arbeiten konnte... Es steht außer allem Zweifel, daß die Explosion vom Separator ausgegangen ist. Ich ändere deshalb die Separierung, so daß sie in völlig anderer Form vor sich geht als bisher. Ich verlege sie ins Souterrain, wodurch zweierlei gewonnen wird, einerseits daß sie gegen Hitze geschützt ist, andererseits, daß wenn eine Explosion eintreten sollte, kein Mensch zu Schaden kommen kann...

Um die öffentliche Meinung zu beruhigen, widmete Alfred einen großen Teil seiner Zeit Vorträgen und Demonstrationen. Außer seinen regelmäßigen Besuchen in den deutschen Grubenrevieren arrangierte er Sprengungen in Merstman in Surrey. Er hielt vor einem aufmerksam lauschenden Auditorium in der British Association Vorträge. Und sein Bruder Robert reiste mehrfach nach Paris, um vor den französischen Behörden die Zuverlässigkeit des Dynamits und auch dessen Nutzbarkeit für militärische Zwecke zu beweisen.

Für Alfred war der Sicherheitsaspekt der alles andere überragende. Bei einer Gelegenheit formulierte er folgendermaßen:

Bei einem Rückblick auf die Jahre, in denen das Pulver sich im Kindheitsstadium befand, findet man, daß es sich weniger friedlich ausnahm als das Dynamit unter dem gleichen Mangel an Erfahrung. Wenn das Dynamit so gefährlich wäre, wie allgemein angenommen wird, dann ist es angesichts der großen Mengen, die bereits hergestellt worden sind, sicher ein wunderbares Glück, daß es nicht mehr Unfälle gegeben hat. Und wenn die Schießbaumwolle so ungefährlich ist, wie geltend gemacht wird, woher kommt es dann, daß die Anwendung von vergleichsweise geringen Quantitäten so viele und schwerwiegende Unfälle veranlaßt hat?

Bei öffentlichen Auftritten konnte er in einer Art und Weise argumentieren, die nicht alle Kritik zum Verstummen brachte:

Man kann nicht erwarten, daß ein effektiver Sprengstoff allgemein gebräuchlich wird, ohne daß Menschenleben zu beklagen wären. Ein einziger Blick auf zugängliche Statistik zeigt, daß der Gebrauch von Schußwaffen zum Vergnügen unvergleichlich viel mehr Unglücksfälle mit sich gebracht hat als das Dynamit, das ein so wertvolles Mittel für die Erschließung unserer Mineralreichtümer ist.

Nitroglyzerinfabriken waren schon in Schweden, Deutschland, Norwegen, Finnland und Österreich etabliert. Bald sollten trotz anfänglichen Widerstands England und Frankreich folgen. Alfred widmete den Fabriken in Ardeer bei Glasgow und Paulilles in der Nähe von Port Vendres besonderes Interesse.

In den Jahren 1867 und 1868 waren in den bereits genannten Ländern Patente für das Dynamit beantragt worden, während das Recht zur kommerziellen Nutzung der Erfindung in Südeuropa, Südamerika und den britischen Kolonien erst 1871 und 1872 bewilligt wurde. Kurioserweise war das Dynamit in all den Ländern, in denen Alfred Nobel Unternehmen gegründet hatte, nicht patentgeschützt. In Preußen beispielsweise und in Deutschland war das Dynamit während fast der ganzen 1870er Jahre ohne Patentschutz. In Frankreich war aufgrund eines Lapsus das Patent allgemeines Eigentum geworden. Die französischen Behörden indessen wußten davon nichts, und solange kein anderes Unternehmen einen Versuch machte, auf den Markt zu drängen, war kein Schaden entstanden. Wäre dies der Fall gewesen, würde Alfreds französische Gesellschaft es jedoch kaum gewagt haben, sich auf einen Patentprozeß einzulassen.

Die Rechtsstreitigkeiten, in die Alfred gegen seinen Willen hineingezogen wurde, zehrten an seinen Kräften. Immer wieder spricht er in Briefen davon, daß er von den »Geistern von Nifelheim« verfolgt werde. Wenn es ihm zu quälend wurde, nahm er seine Zuflucht zur Einsamkeit. Er konnte plötzlich für einen Tag oder eine Woche verschwinden, ohne an seine engsten Mitarbeiter zu denken. Er spürte, daß er fliehen mußte.

Alfreds beste Tage waren die, an denen er sich ganz der Forschungsarbeit widmen konnte. Eine sprechende Überschrift hat er selbst auf eins seiner unzähligen Promemorien gesetzt: »Diverse Laboratoriumsarbeiten«. Es handelte sich um eine Zusammenstellung von in Arbeit befindlichen, nicht abgeschlossenen Forschungsarbeiten. Die Vielfalt ist überwältigend. Er trug ständig unerprobte Ideen mit sich herum. Darin war er seines Vaters Sohn. Doch im Gegensatz zu seinem Vater war er pedantisch genau in seinem Forschereifer und überließ wenig dem Zufall.

Es war eine fast physische Qual für ihn, eine Vision zu haben, ohne sie umgehend in seinem Laboratorium erproben zu können. Er hatte eine angenehme Eigenart: Er hatte nichts dagegen, seine Ideen und Kenntnisse in Frage gestellt zu sehen. Es war im Gegenteil eine intellektuelle Stimulanz für ihn, zum Umdenken gezwungen zu werden.

Dies führte zu seinen wichtigsten Erfindungen, aber auch in unzählige Sackgassen. Dann konnte er das Gefühl bekommen, daß alles, was er unternahm, flüchtig und eitel war: die totale Sinnlosigkeit grinste ihn an.

Die Rolle des Zufalls in der Geschichte der Erfindungen lehnte Alfred Nobel jedoch ab. Es gibt noch ein weiteres Dokument über die Entstehung der Sprenggelatine. Es ist von Alfred selbst verfaßt. Erik Bergengren gebührt die Ehre, dieses Dokument gefunden zu haben.

Der Hintergrund ist folgender: Der Verfasser einer von der Nobel-Gesellschaft herausgegebenen Schrift »La Dynamite« war ein österreichischer Sprengstoffchemiker namens Isidor Trauzl, der auch technischer Ingenieur bei der Gesellschaft in Wien war. Obwohl er also einer von Alfreds eigenen Leuten war, hatte er in dieser Schrift mehr oder weniger die Gerüchte bekräftigt, daß sowohl das Dynamit als auch die Sprenggelatine Produkte des Zufalls seien. Dies veranlaßte Alfred, zur Feder zu greifen:

Paris, den 2.3.1881

Geehrter Freund.
Wie weit sind Sie eigentlich mit der neuen Auflage Ihrer Broschüre gekommen? Ich möchte Sie freundlichst bitten, wenn sich dazu die Gelegenheit ergibt, ein paar Fehler zu berichtigen, die

mir nicht selten Kummer bereiten. In Ihrer ersten Auflage ist angegeben, daß eine zufällige Leckage von Nitroglyzerin in Kieselgur zur Entdeckung oder Erfindung des Dynamits führte. Vermutlich hat Doktor Bandmann dieses Gerücht in die Welt gesetzt. Die Wahrheit ist indessen, daß vor dem Kieselgur andere ausgezeichnete Absorbierungsmittel benutzt wurden, und daß ich selbst eine Zeitlang im Zweifel war, ob ich hochporöse Kohle oder Kieselgur verwenden sollte. Wie deutlich aus meinen Patenten hervorgeht, verwendete ich für Nitroglyzerin nur poröse Aufsaugmittel, und 1865 sah ich in Hamburg zum ersten Mal Kieselgur. Das Dynamit entstand also nicht durch einen Zufall, sondern weil ich schon von Anfang an den Nachteil eines flüssigen Sprengstoffs einsah und mich darauf konzentrierte, ein Mittel dagegen zu finden.

Was nun die Sprenggelatine angeht, so nehmen die meisten an, daß auch hier der Zufall in höchstem Grade beteiligt gewesen sei. Man glaubt, daß das Nitroglyzerin zufällig auf Kollodiumbaumwolle geflossen sei, und siehe da – das Präparat war fertig. Herr G. Fehrenbach, der in meinem Laboratorium arbeitet, weiß, daß ich lange nach einer Gelatiermöglichkeit für das Nitroglyzerin gesucht habe, bevor ich ein passendes Mittel für die Herstellung fand. Auch die Methode, die Stoßempfindlichkeit durch Zusatz löslicher, indifferenter Stoffe zu überwinden, schreibt Professor Abel einem Zufall zu. Die Wahrheit jedoch ist, daß ich ganz und gar auf Theorie baute und meiner Sache so sicher war, daß ich die Neuheit beschrieb, ohne mich auch nur durch einen einzigen praktischen Versuch von der Richtigkeit überzeugt zu haben. Die Sache war ja sonnenklar.

Ich lese auch in der Hess-Broschüre: neben dem Direktor I. Trauzl, dem das Hauptverdienst an den bis zum heutigen Tag erreichten Resultaten mit dem neuen Sprengstoff gegeben wird, müsse man Nobel einen wesentlichlichen Anteil an dieser kriegstechnischen Eroberung zuschreiben sowie danach allen helfenden Kräften der Chemie und – da besonders den Herren S. und R. (österreichische Chemiker). – Zwei Fachleute, die das betreffende Buch gründlich durchgelesen und selbst kürzlich ein interessantes Werk herausgegeben haben, vermuten darin aufgrund des oben Zitierten, daß die Sprenggelatine in Österreich erfunden worden sei, aber sie sind doch ein wenig im Zweifel, ob nicht eventuell auch Nobel ein wenig dabei mitgewirkt habe.

Für mich ist es zwar ziemlich gleichgültig, wem man die Erfindung zuschreibt, und diese meine Gleichgültigkeit erklärt mein Versäumnis, derartige Irrtümer aufzuklären. Dagegen ist es mir absolut nicht gleichgültig, wenn die Leute den Eindruck gewinnen, daß ich eine Erfindung, die andere gemacht haben, als meine eigene hätte patentieren lassen, aber genau zu einer solchen Auffassung können viele Formulierungen in der Hess-Broschüre Anlaß geben. Aber da Sie nun im Begriff sind, eine neue Auflage herauszugeben, könnten Sie vielleicht so freundlich sein, mit ein paar Zeilen den wahren Sachverhalt darzustellen. Persönlich einzugreifen und in eigener Sache zu sprechen ist in solchen Zusammenhängen immer unangenehm.

*Mit herzlichen Grüßen
Ihr stets ergebener
A. Nobel.*

Trotz des höflichen Tonfalls spürt man einen unterdrückten Zorn. Das Patent auf die Sprenggelatine betrachtete Alfred als unantastbar, da es durch einen einzigartigen chemischen Prozeß hergestellt worden war. Er konnte damit einverstanden sein, daß das Dynamit eine Mischung war, aber die Sprenggelatine war ein ganz neuer chemischer Stoff. In einem Brief an seinen Hauptfinanzier J. W. Smitt schreibt er am 17. Februar 1876: »Du fragst, warum ich jetzt die Konkurrenz weniger fürchte als früher. Weil ich einen neuen Sprengstoff baue, der aller bekannten Konkurrenz widerstehen kann.« Die erste Sprenggelatine war – der von Alfred bei seinen Laboratoriumsversuchen mit Sprengstoffmischungen praktizierten Arbeitsweise entsprechend – in einer flachen Glasschale zubereitet worden. Es bestand aus Nitroglyzerin mit einem Zusatz von einigen Prozent in Ätheralkohol löslicher Nitrozellulose.

Damit war das Problem indessen keineswegs gelöst. Es blieb noch viel Arbeit, um die günstigste Qualität der Nitroglyzerinzellulose zu finden. Über 250 Nitroglyzerinversuche wurden unter Alfreds Leitung durchgeführt.

Die Gerüchte, daß mehrere von Alfreds Erfindungen aus Zufällen entstanden seien, haben sich bis in unsere Zeit erhalten. So sollte bei einer Gelegenheit Nitroglyzerin aus einem lecken Blechkanister gesickert und von der aus Kieselgur bestehenden Umhüllung absorbiert worden sein. Dabei sei eine teigige Masse entstanden, die später den Namen Dynamit bekommen habe. Noch am 7. Mai 1883 sah Alfred sich veranlaßt, in einem Brief an den Sprengstoffinspektor des englischen Staates, Vivian D. Majendie, diese Informationen als freie Phantasien zurückzuweisen:

Ganz sicher ist in jedem Fall, daß ich bei keiner einzigen Gelegenheit eine Leckage von Nitroglyzerin in die Kieselgurverpakkung beobachtet habe, die von solcher Quantität war, daß sie eine plastische oder auch nur feuchte Masse hätte bilden können. Die Information, daß es so vor sich gegangen sein sollte, muß von jemandem erfunden worden sein, der eine reine Vermutung zur Gewißheit gemacht hat. Was mir in Wirklichkeit den Impuls gab, Kieselgur für das Dynamit zu verwenden, war dessen hohes Schwellungsvermögen beim Trocknen, was natürlich von großer Porosität zeugte. Das Dynamit entstand also nicht durch einen reinen Zufall, sondern weil ich schon von Anfang an den Nachteil eines flüssigen Sprengstoffs einsah und mich darauf konzentrierte, ein Mittel gegen diesen Nachteil zu schaffen.

Die Sprenggelatine – mit cirka 7% Nitrozellulose – wurde von zeitgenössischen Fachleuten als in mehrfacher Hinsicht idealer Sprengstoff bezeichnet. Unter anderem war seine Unempfindlichkeit gegen Schläge und Stöße sehr groß, und er wurde so gut wie gar nicht von Wasser beeinflußt. Obwohl seine Anwendung zu Alfreds Zeit durch die hohen Herstellungskosten begrenzt war, konnten bei umfangreichen Sprengungen durch die Verwendung von Gelatinedynamit statt Gurdynamit außerordentlich große Einsparungen gemacht werden. In Schweden wurde die Sprenggelatine unter dem Namen Extra-Dynamit auf den Markt gebracht. Diese gelatinierten Nitroglyzerinprodukte sind es, die wir heute als Dynamit bezeichnen.

Alfred nahm Versuche mit seiner neuen Erfindung auf, um herauszufinden, ob sie als Sprengstoff für militärische Zwecke Verwendung finden könnte. Es dauerte nicht lange, bis ähnliche Versuche auch in England unter der Leitung des Professors und späteren Sir Frederic Abel gemacht wurden. Auch wenn die praktischen Resultate gering waren, sollten Alfreds Versuche wichtige Beiträge zu seiner nächsten Erfindung in der Sprengstofftechnik leisten: dem Ballistit oder rauchschwachen Nitroglyzerinpulver.

Er charakterisierte selbst die Vor- und Nachteile des alten Schwarzpulvers vor der Society of Arts in London am 21. Mai 1875: »Diese alte Mischung besitzt eine wahrhaft bewundernswerte Elastizität, die ihre Anpassung an die unterschiedlichsten Zwecke erlaubt. So soll sie in einer Grube sprengen ohne vorwärtszutreiben, in einem Gewehr vorwärtstreiben ohne zu sprengen; in einer Granate dient sie beiden Zwecken zugleich; in einer Zündschnur, wie in Feuerwerkskörpern, brennt sie sehr langsam, ohne zu explodieren.«

Alfreds viele geniale Einfälle und die vielen Patente brachten es mit sich, daß er gegen seinen Willen in zeitraubende und harte Verhandlungen mit den führenden Anwälten in der Welt verwickelt wurde. Seine Erfindungen waren ja nicht nur begehrt, sondern es war auch möglich, sie nachzuahmen. Welche Sorgen er sich machen konnte, zeigt der folgende Abschnitt aus einem Brief an einen Kompagnon:

Man darf sich in den meisten Ländern nicht auf die Anwendung analoger Stoffe berufen, weshalb ein und dieselbe Erfindung, um ein halbwegs gutes Patent zu bekommen, oft mindestens zwei Dutzend für ein und dasselbe Land erfordert. Sucht man beispielsweise Patentschutz in englischen Kolonien und anderen wichtigen Ländern, so muß man cirka 40 Staaten rechnen: 40 mal 24 = 960 Patente für eine Erfindung! Selbst mit einem derartigen Patentluxus wäre der Schutz in den meisten Fällen illusorisch. Ich schlage deshalb vor, der Patentierung chemischer Verbesserungen den Namen ›Besteuerung von Erfindern zur Aufmunterung von Parasiten‹ zu geben. Man wird revolutionär, wenn man alle wurmstichigen, mißgebildeten und totgeborenen Gesetze untersucht. Es wäre Sache der Zeitungen, diesem Elend ein Ende zu bereiten.

Das während der Nachlaßaufnahme angelegte annähernde Verzeichnis beinhaltet 355 Patente in verschiedenen Ländern. Einer der wenigen, die diese Zahl übertreffen, ist Thomas Alva Edison, der Erfinder der Glühlampe und des Phonographen. Bei seinem Tod 1931 besaß er nicht weniger als 1093 Patente. Er hatte eine Zielsetzung, die ebensogut die Nobels hätte sein können: »Eine kleinere Erfindung jeden zehnten Tag und jedes halbe Jahr oder so eine große Sache.« Sie waren beide äußerst gut ausgebildete Techniker und zugleich Visionäre.

Ein entscheidender Unterschied zwischen ihnen war Alfreds Geschäftsbegabung. Obwohl Edison dreimal soviele Patente besaß, belief sich der Wert seiner Hinterlassenschaft nur auf ein Drittel des von Nobel hinterlassenen Vermögens von 33 Millionen Kronen.

17

Taliafero Preston Shaffner (1818-1881) sollte Alfreds böser Geist werden. Nach dem Erfolg mit dem Sprengöl war Alfred zwar daran gewöhnt, von profithungrigen Scharlatanen aufgesucht zu werden, aber keiner bereitete ihm soviel Kummer wie Shaffner.

Shaffner nannte sich Oberst, doch das war ein selbstverliehener Titel. Das wußten allerdings Immanuel und seine Söhne nicht, als sie schon in St. Petersburg von dem »Oberst« aufgesucht wurden, einem autodidaktischen Anwalt aus Virginia im Osten der USA. Shaffner war oft in gigantischen Projekten engagiert, und diesmal redete er sich in Eifer für ein transatlantisches Telefonkabel nach Europa. Das Kabel sollte sich von der Halbinsel Labrador im Nordosten Kanadas über Grönland nach St. Petersburg erstrecken. Dieses Projekt war der Grund für Shaffners Aufenthalt in der russischen Hauptstadt. Dort hörte er von Immanuels Unterwasserminen und informierte sich detailliert über ihre Konstruktion. Nach seiner Rückkehr nach Amerika präsentierte er sich als »der Welt führender Experte für militärische Unterwasserminen«.

Das nächste Mal wurde Alfred nach der tragischen Explosion in Heleneborg mit Shaffner konfrontiert. Während der Räumungsarbeiten offenbarte Shaffner sein wahres Wesen: er begann, zwischen den noch rauchenden Trümmerhaufen herumzuschnüffeln. Alfred war von dem Unglück, das den Tod seines jüngsten Bruders und vier anderer Personen gefordert hatte, so erschüttert, daß er nicht in der Lage war, den aufdringlichen Abenteurer auf Abstand zu halten.

Sie trafen sich im Hotel Rydberg in Stockholm, und Shaffner erklärte, das Patent für das Sprengöl in den USA erwerben zu wollen. Alfred schlug 200 000 Dollar als angemessene Entschädigung vor. Zur Verbitterung des Schweden war der Gegenvorschlag des Amerikaners nahezu eine Beleidigung – 10 000 spanische Dollar von geringem oder keinem Wert. Daß Shaffner im September 1864 von den schwedischen Behörden als Minenexperte eingeladen worden war, machte Alfred nicht weniger bitter.

Der 45jährige Shaffner mußte unverrichteter Dinge wieder nach Amerika zurückkehren. Er besaß daraufhin die Unverfrorenheit, an den Minister der USA in Stockholm zu schreiben und ihn zu bitten, in Erfahrung zu bringen, wie Alfred verfuhr, um sein Sprengöl zur Explosion zu bringen.

Als Alfred am 25. Oktober 1865 das amerikanische Patent für seine Erfindung bekam, hatte Shaffner die Frechheit zu behaupten, er selbst habe diese Entdeckung vor Alfred gemacht. Seine Proteste führten dazu, daß der amerikanische Konsul in Hamburg, James H. Anderson, Alfred am 22. Januar 1866 zu einem regelrechten Verhör bestellte. Einige Zeugen waren auf Alfreds Kosten ebenfalls hinzugerufen worden, unter anderem sein Mitfinanzier und kurzzeitiger geschäftsführender Direktor der schwedischen Gesellschaft, Kapitänleutnant Wennerström. Ein weiterer Zeuge, der »nach Ablegen des Eides« gehört wurde, war der Grubenarbeiter Pehr Wilhelm Jansson aus dem Kirchspiel Lerbäck im Regierungsbezirk Örebro: »Im Dezember 1863 war ich in den Gruben von Åmmeberg anwesend, als Versuche mit Nobels Nitroglyzerin gemacht wurden... seine Methoden wurden nach und nach verbessert... ich kenne mich mit Sprengungen mittels Pulver aus, und die Wirkung des Nitroglyzerins ist ungefähr doppelt so groß. Der Zeuge Kapitänleutnant Wennerström seinerseits bekräftigte, daß Mr. Nobel seine Erfindung von Zeit zu Zeit verbessert hat.«

Danach begann laut Protokoll das »Kreuzverhör durch den Oberst Shaffner mit Mr. Alfred Nobel, 32 Jahre«:

FRAGE 1: Wann genau gelang Ihnen die Detonation des Nitroglyzerins mit der Methode, die in Ihrem amerikanischen Patent beschrieben ist?
ANTWORT: Die erste Idee ist alten Ursprungs, wie es bei den

meisten nützlichen Erfindungen der Fall ist. Aber die erste erfolgreiche Detonation von Nitroglyzerin bei Versuchen in praktischem Maßstab hatte ich im Frühsommer 1863 (ob im Mai oder im Juni, kann ich nicht mehr mit Bestimmtheit sagen). Das Nitroglyzerin detonierte unter Wasser in Anwesenheit meiner Brüder Robert und Ludvig.

FRAGE 2: Wo und unter welchen Umständen kamen Sie auf die Idee?

ANTWORT: Der Chemie-Professor Zinin in St. Petersburg hat vor vielen Jahren meine und meines Vaters Aufmerksamkeit auf diesen Stoff gelenkt. Er zeigte uns seine unerhörte Kraft, indem er einige Tropfen Nitroglyzerin auf einem Amboß detonieren ließ, und zeigte zugleich, daß die Explosion nur dort erfolgte, wo der Hammer getroffen hatte. Er sagte, daß man bisher keine praktische Anwendung für das Nitroglyzerin habe finden können. Aber er fügte hinzu, daß es von allergrößter Bedeutung sei, eine praktische Methode zur Herstellung zu finden und insbesondere eine Methode, größere Mengen zur Explosion zu bringen. Dies war vor zwölf Jahren oder mehr. Seitdem habe ich die Sache nie vergessen, sondern für zukünftige Versuche in Erinnerung behalten. Da mein Vater Unterwasserminen erfunden und hergestellt hat, ist es ja nur natürlich, daß ich meine Aufmerksamkeit auf Explosivstoffe lenkte, was ich auch getan habe.

FRAGE 3: Was waren Ihre ersten Versuche? Beschreiben Sie sie vollständig und nennen Sie die Namen der dabei Anwesenden.

ANTWORT: Der erste Versuch einer Felssprengung wurde in einem Steinbruch bei Huvudsta in der Nähe Stockholms im Beisein zahlreicher Arbeiter und mit einer Patrone aus Zinnblech durchgeführt, die ich fertig geladen mit dorthin gebracht hatte. – Dann verbesserte ich die Erfindung, und im Herbst 1863 wurde sie auf Kosten des schwedischen Staates für die Verwendung in Granaten erprobt. Im Dezember 1863 wurden in den Gruben von Åmmeberg Versuche zur Felssprengung damit gemacht, mit dem Ergebnis, das aus der Zeugenanhörung und aus einem Artikel in Aftonbladet vom 18. November 1863 hervorgeht. Bei den Versuchen auf Staatskosten waren außer der Versuchskommission eine größere Anzahl von Personen anwesend. Bei den Versuchen in Åmmeberg waren der erste Grubeningenieur Mr. Turby, Ingenieur Beck und zahlreiche Arbeiter zugegen.

FRAGE 6: Wie lange haben Sie in Schweden Nitroglyzerin hergestellt und verkauft?

ANTWORT: Ich habe seit Anfang 1864 in Schweden Nitroglyzerin verkauft. Ich kann mich nicht genau daran erinnern, welcher Monat es war, aber die reguläre Herstellung für den Verkauf begann im Mai oder Juni 1864.

FRAGE 7: Leiten Sie persönlich die Herstellung, und wenn ja, wer waren Ihre Mitarbeiter?

ANTWORT: Die Herstellung nach meiner Methode wurde zuerst von mir persönlich betreut. Später hatte ich als Mitarbeiter einen jungen Mann namens Hertzman und einige Arbeiter, die jedoch alle bei der Explosion ums Leben kamen, die das Laboratorium am 3. September 1864 zerstörte.

FRAGE 8: Welcher Teil der Erfindung, für die Sie das Patent beantragt haben, geht auf Ideen oder Vorschläge Ihres Vaters oder Ihrer Brüder zurück?

ANTWORT: Mein Vater und mein Bruder Robert assistierten mir und waren mir eine große Hilfe, aber den besten Beweis dafür, daß sie die eigentliche Erfindung als meine ansahen und ansehen, liefern die verschiedenen Patente, die allein meinen Namen tragen. Mein Vater versuchte lange vor mir, etwas aus dem Nitroglyzerin zu machen, aber ich habe die aktuelle Erfindung gemacht, und er erhebt keinen Anspruch darauf.

Alfred war wie sein Vater impulsiv, aber es fällt auf, daß er hier bei keiner Gelegenheit feindseligen Gefühlen gegenüber Shaffner nachgibt. Die Formulierungen sind vorbildlich sachlich, und trotz seiner schon bedeutenden Erfolge als Erfinder war sein Auftreten anspruchslos.

Ob der amerikanische Konsul eine juristische Ausbildung hatte, ist nicht bekannt. Auf jeden Fall scheint Alfred ihn nicht als Jurist aufgefaßt zu haben, was sicher zu seinem beherrschten Auftreten beitrug.

Das Verhör resultierte in einem unzweideutigen Erfolg für Alfred. Das ausführliche Protokoll belegt, daß er und nicht Shaffner der rechtmäßige Inhaber des amerikanischen Patents war. Der Prozeß ging jedoch weiter, weil der »Oberst« sich weigerte, seine Niederlage im Patentstreit anzuerkennen. Die Möglichkeiten, mit Hilfe eines effektiven, kapitalsparenden Sprengstoffs ein Vermögen zu machen, waren in dieser Zeit unbegrenzt. In den meisten Ländern wurden die Transportnetze mit Nachdruck ausgeweitet, Eisenbahnen gebaut und neue Häfen angelegt. Im Bergbau hatte man größeren Bedarf denn je zuvor an einem neuen, hochwirksamen Sprengstoff, seit man begonnen hatte, auch die Mineralvorkommen in den Kolonien auszubeuten.

Es war nicht möglich, davon abzusehen, daß Shaffner Beziehungen zu einflußreichen politischen Kreisen in seiner Heimat hatte. Als Alfred Ende März 1866 nach New York abreiste, erwog er vermutlich eine Art Kompromiß. Wer Kapital benötigt, ist häufig gezwungen, weniger wünschenswerte Bekanntschaften am Leben zu erhalten, und es kam nicht zu einem Bruch auf der persönlichen Ebene zwischen Alfred und Shaffner. Jedenfalls vorerst nicht.

18

Als Alfred am 15. April 1866 zum zweiten Mal in New York an Land ging, war er bereits ein Kosmopolit, der die ganze Welt als sein Arbeitsfeld sah. Seine internationalen Geschäftsbeziehungen hatten sich vervielfacht, doch privat lebte er mehr denn je als Eigenbrötler.

Die Zeit nach dem Ende des amerikanischen Bürgerkriegs war ein Eldorado für Unternehmungslustige. Täglich konnte man in den Zeitungen von neuen Anlage- und Bauprojekten lesen. Für einen Sprengstoffpionier wie Alfred hätten die Voraussetzungen gar nicht günstiger sein können, auch wenn er durch Shaffner schon zu spüren bekommen hatte, daß die Geschäftsmethoden hier andere waren als in Europa. Außerdem verbreitete sich die Rede von der Unberechenbarkeit des Nitroglyzerins. Es wurde – übrigens mit Recht – als lebensgefährlich angesehen, das Sprengöl der Nobel-Unternehmen in Kanistern aus verzinntem Blech in Holzkisten zu transportieren. Die Kenntnisse über die explosive Flüssigkeit waren vielerorts, trotz Alfreds Broschüren und Vorträgen, minimal. Er ging selbst auch nicht mit gutem Beispiel voran. Wenn er auf Reisen war, hatte er oft ein paar Flaschen Nitroglyzerin in seinem Handgepäck. Und doch mußte er sich dessen bewußt gewesen sein, daß es nicht viel brauchte, um die Flüssigkeit zum Gären und dann zum Überlaufen zu bringen, wenn die Korken aus den Flaschenhälsen herausgedrückt worden wären.

Sowohl vor als auch während Alfreds Aufenthalt in New York kamen Berichte über schwere Explosionsunglücke. Unter anderem hatte ein deutscher Hotelgast in der Greenwich Street darum gebeten, eine Holzkiste hinter dem Rezeptionspult abstellen zu dürfen, und danach nichts mehr von sich hören lassen. In der Kiste war eine Flasche mit fünf Litern Sprengöl. Die Angestellten benutzten die Kiste als Sitzgelegenheit oder als Fußstütze, wenn sie sich die Schuhe putzten. Eines Tages entdeckte man, daß Rauch aus der Kiste aufstieg. Sicherheitshalber trug der Portier sie auf die Straße hinaus. Er war kaum ins Hotel zurückgekehrt, um die Polizei zu benachrichtigen, als eine gewaltige Explosion die Hotelfenster zerschmetterte und ein metertiefes Loch in die Straße riß. Neunzehn Personen wurden mehr oder weniger schwer verletzt. Ein hinzugerufener Experte bezeichnete das Geschehene als »eine spontane Verbrennung von Nitroglyzerin«.

Knapp zwei Wochen vor Alfreds Ankunft in New York hatte sich laut der New York Times »eines der entsetzlichsten Unglücke der Geschichte« ereignet. Ein Dampfer an der Atlantikküste Panamas flog in die Luft, wobei 47 Menschen umkamen. Das Schiff hatte Kriegsmaterial und eine bedeutende Menge Sprengöl geladen. Kurz danach konnten die Zeitungen über eine neue verheerende Explosion an Bord eines großen Schiffes berichten. Das deutsche Schiff »Mosel« wurde vor der Abreise von Bremerhaven nach New York total verwüstet, als eine Nitroglyzerin-Sendung detonierte. 84 Menschen wurden getötet und 184 verletzt.

Aus Sydney in Australien kam die Nachricht, daß eine große Anzahl Menschen ums Leben kam, als ein Lagerhaus und einige benachbarte Gebäude dem Erdboden gleichgemacht wurden. Eine unmittelbar durchgeführte Untersuchung ergab, daß in dem Lagerhaus zwei Kisten mit 150 Kilo Nitroglyzerin gelagert waren. In San Francisco flog bei einer Explosion, die 15 Menschenopfer forderte, eine Lagerhalle in die Luft. Die lange Reihe von Unglücksfällen betraf auch Alfred persönlich. Während der Überfahrt über den Atlantik explodierte seine Fabrik in Krümmel.

Nicht nur das Nitroglyzerin, auch Alfred als Person wurde zum Gegenstand des allgemeinen Interesses in Amerika, nachdem die Zeitungen ausdrücklich vor seinem gefährlichen Sprengöl gewarnt hatten. Als die Kritik sich verschärfte, beschloß Alfred, sich in die Höhle des Löwen zu begeben: er bat um eine Audienz bei New Yorks Bürgermeister John T. Hoffman, wurde vorgelassen und erhielt die Erlaubnis, unter großen

Sicherheitsvorkehrungen seinen Sprengstoff in der Stadt zu demonstrieren. Er wollte ein für allemal vor der amerikanischen Öffentlichkeit den Beweis erbringen, daß er eine Methode erfunden hatte, die es ermöglichte, das Nitroglyzerin auf risikofreie Weise explodieren zu lassen. Damit würde dieser Sprengstoff zu einem unvergleichlichen Hilfsmittel bei der Verwirklichung aller großartigen Bauprojekte in New York werden.

Direkt vom Bürgermeister ging er zu seinem Hotelzimmer und schrieb einen Leserbrief, der schon am folgenden Tag in der New York Times erschien:

Seit meiner Ankunft in dieser Stadt habe ich mit tiefstem Bedauern erfahren, daß sich hierzulande kürzlich zwei Unglücksfälle mit Nitroglyzerin ereignet haben. Auch wenn die Explosionsursachen nicht bekannt sind, ist es meine Hoffnung, kompetente und wissenschaftliche Autoritäten davon überzeugen zu können, daß Nitroglyzerin ein Stoff ist, der weniger gefährlich zu handhaben und zu lagern ist als Pulver. Zu diesem Zweck beabsichtige ich, in den nächsten Tagen eine Serie, wie ich hoffe, überzeugender Experimente durchzuführen. Zeit und Ort dieser Experimente werden in Ihrer geschätzten Zeitung bekanntgegeben werden. Bis dahin ersuche ich die Allgemeinheit höflichst, sich mit ihren Ansichten zurückzuhalten, da diese Experimente jedermann die Möglichkeit geben werden, sich ein gesichertes Urteil zu bilden.

Während Alfreds Überfahrt nach New York und seiner ersten Zeit dort war Shaffner nicht untätig. Seine Lobbytätigkeit resultierte in einem Gesetzesvorschlag, der die Todesstrafe für die Verursachung von Explosionsunglücken mit Nitroglyzerin vorsah.

Am 25. April 1866 wurde Alfred zu einem Bundesbüro in Washington gerufen. Dort wurde er von einem Beamten empfangen, der vom Kongreß den Auftrag bekommen hatte, Unterlagen für die Beschlußfassung hinsichtlich des Nitroglyzerins zu beschaffen. Durch den amerikanischen Schriftsteller Robart Shaplen, bekannt durch sein Buch über Ivar Kreuger, wissen wir im großen und ganzen, wie das verhörähnliche Gespräch verlief. Shaplen hat das während des Gesprächs geführte Protokoll eingehend studiert. Daraus geht hervor, daß Alfred einräumte, daß sein Sprengöl Eigenschaften besaß, die schwer zu erklären waren, und daß gewisse unfreiwillige Explosionen dies bestätigten. Auch war er nicht imstande, eine konkrete Ursache für die jüngsten Unfälle anzugeben. Dagegen konnte er versichern, daß weder Reibung noch Stöße – auch heftige – eine Detonation verursachen konnten. Er wies dabei auf ein in Hamburg durchgeführtes Experiment hin. Man hatte mit einer Rakete eine Nitroglyzerinladung in tausend Fuß Höhe geschossen, und trotzdem explodierte sie beim Aufschlag nicht. Bei starker Erhitzung wird dagegen unfehlbar eine Explosion ausgelöst.

Er argumentierte indessen vor tauben Ohren, denn der Kongreß verabschiedete später ein Antiglyzeringesetz, das in mancherlei Hinsicht eine aufsehenerregende Ausformung erhielt. Obwohl Alfred bei den Gesetzgebern in Washington kein Gehör gefunden hatte, stieß er seine Pläne nicht um, sondern führte am 4. Mai 1866 seine erste Demonstration vor Wissenschaftlern und Journalisten auf den vordersten Plätzen durch. Alfred hatte für seine »Premiere« in den USA einen Steinbruch im oberen Manhattan gewählt. Die »Rezension« der New York Times ist es wert, zitiert zu werden, nicht nur, weil Alfred darin als Professor tituliert wird:

»Mit einem gewissen Zittern nahmen wir gestern eine Einladung von Professor Nobel an, einer Zusammenkunft mit Wissenschaftlern an den felsigen Abhängen zwischen der 8. und 9. Avenue in der Nähe der 83. Straße beizuwohnen, um Zeugen einer Serie von Experimenten mit dem anregenden Stoff, der gewöhnlich Nitroglyzerin genannt wird, zu sein. Der Professor war mit einem Überfluß dieses Stoffes in Kisten und Flaschen ausgerüstet, ebenso mit Streichhölzern, Zündschnur und einem nicht unerheblichen Mut. Er öffnete eine Flasche, goß ein wenig des Inhalts auf einen Stein. Er hielt ein Streichholz daran, und es brannte wie Pech. Ungestraft warf er einen Kanister und eine Flasche, beide mit dem Sprengstoff gefüllt, von einem hohen Felsvorsprung auf den Boden, was bewies, daß Stöße allein es nicht zur Explosion bringen konnten. Was den Transport betrifft, sagte er, daß eine ordnungsgemäße Verpackung vollständige Sicherheit garantiere. Der Stoff kann nur explodieren, wenn die Temperatur auf 360 Grad Fahrenheit erhöht wird, eine Hitze, die unter normalen Umständen nicht erzeugt wird, und seine Theorie ist daher die, daß die in der Vergangenheit vorgekommenen Explosionen von dem Material verursacht wurden, in das die Kanister verpackt waren – ein Material, das mit aus den Kanistern leckendem Öl gesättigt war und das durch einen Funken entzündet wurde.

Auf mancherlei lustige und anschauliche Weise experimentierte er mit dem Sprengstoff und überzeugte die Anwesenden davon, daß unter Bedingungen wie den dort präsentierten das Nitroglyzerin sicherer zu handhaben und zu transportieren ist als Pulver und Schießbaumwolle, seine Sprengwirkung aber entschieden größer.«

Wenn Alfred die Absicht gehabt hatte, Aufmerksamkeit zu wecken, so war sein Erfolg vollständig. Leitartikler in ganz Amerika kommentierten seine Experimente mit dem Sprengöl, und eine aufgebrachte Allgemeinheit schrieb unzählige Leserbriefe. In den Augen dieser Allgemeinheit wurde Alfred zu einem Symbol des Todes und des Schreckens.

1866 in New York traf Alfred erneut den Landsmann und Erfinder John Ericsson, der einer seiner wenigen Freunde dort geblieben war. Auch Ericsson war zu einem Kongreßverhör nach Washington geladen worden, nachdem eine von ihm konstruierte Kanone auf dem Kriegsschiff »Princeton« explodiert war, wobei mehrere bekannte Politiker und hohe Militärs getötet worden waren.

Ironischerweise hatte Ericsson seine Kanone »Peacemaker« – Friedensstifter getauft. John Ericsson sah nicht nur voraus, daß sein Propeller in der Zukunft alle Schiffe im friedlichen Handel antreiben würde, sondern auch, daß die Kanone, richtig konstruiert, durch ihre abschreckende Wirkung dem Frieden dienen würde.

Die beiden Erfinder hatten vieles gemeinsam. Sie wurden beide unverschuldet zur Verantwortung gezogen für Unglücke, die Menschenleben gefordert hatten und die Schatten über ihre epochemachenden Erfindungen warfen. Die Briefe, die Alfred nach dem Kongreßverhör schrieb, bezeugen, wie sehr er sich die ganze Kritik zu Herzen genommen hatte. Die einflußreiche New York Times schulmeisterte ihn in verdammenden Wendungen und stellte in einem Leitartikel fest, daß der Erfinder offenbar nicht alle Risiken kannte, die mit der Handhabung des Nitroglyzerins verbunden waren.

Angesichts des kompakten amerikanischen Widerstands begann Alfred zu schwanken, und seine Versicherungen bezüglich der Ungefährlichkeit des Sprengstoffs in allen Lagen waren nicht mehr so kategorisch. Allzuviel stand auf dem Spiel – gelang es ihm nicht, durch eine ergänzende Erfindung die volle Kontrolle über die »außergewöhnlichen Umstände« zu gewinnen, die spontane Explosionen auslösen konnten, war seine ursprüngliche Erfindung nicht mehr viel wert. Seine Konkurrenten witterten Morgenluft. General Henry Du Pont, Chef der Du Pont de Nemours, die Pulver herstellte, erklärte öffentlich, daß »es ja nur eine Zeitfrage ist, wie schnell ein Mann, der Nitroglyzerin benutzt, sein Leben verliert«. Die Ironie des Schicksals wollte es, daß es später gerade die Du-Pont-Fabrik sein sollte, die wirksam dazu beitrug, daß Alfreds Erfindungen in aller Welt bekannt und genutzt wurden.

Es ging ihm nun darum, das schiefe Bild zu korrigieren, das die Öffentlichkeit von seinem Sprengöl bekommen hatte. Eine Fortführung der Diskussion in der Presse war unergiebig. Es war sinnlos, mit Menschen, die von vornherein »die Logik suspendiert hatten«, wissenschaftliche Fragen zu diskutieren. Er hatte keine Wahl: Er mußte in einem fremden Land und ohne die Vorteile eines eigenen Laboratoriums eine Lösung finden, die es ermöglichte, das Nitroglyzerin ohne Explosionsrisiko zu transportieren. Sigvard Strandh hat gezeigt, wie er das Problem löste: durch Zusatz von Methylalkohol – Holzspiritus – wurde die Empfindlichkeit des Nitroglyzerins in so hohem Maß eliminiert, daß die Mischung Alfred zufolge ohne Sicherheitsrisiko transportiert werden konnte. Der Zusatz von Holzspiritus brachte einen weiteren Vorteil mit sich. Er verhinderte das Gefrieren des Sprengöls bei der Lagerung oder während des Transports. Das schwedische Patentgesuch für dieses Verfahren ist datiert: New York, den 20. Mai 1866.

Als am 12. Mai der Prozeß um sein amerikanisches Patent begann, hatte Alfred Nobel seine Lösung des Sicherheitsproblems also nicht patentiert, was sich als bedauerlich erweisen sollte. Während des Prozeßverlaufs war Alfred zunehmend schokkiert durch die wirren und oft widersprüchlichen Ausführungen. Er vermutete, daß nicht alles mit rechten Dingen zuging und die Patentangelegenheit keiner objektiven Prüfung unterzogen werden würde. Es war offensichtlich, daß das Gericht nicht unparteiisch war, sondern unter ungebührlichem Einfluß stand.

Es war Alfred bald klar, warum die Mitglieder des Gerichts so aufmerksam dem zuhörten, was gerade Shaffner, der als Zeuge geladen war, vortrug. Shaffner nützte die labile Lage der öffentlichen Meinung aus und betonte, daß die Allgemeinheit um jeden Preis beruhigt werden müsse. Er sprach plötzlich nicht mehr von seinem Prioritätsrecht auf Alfreds Erfindung, sondern begann statt dessen, eine von ihm selbst erfundene Verpackungsmethode für den gefährlichen Sprengstoff zu erläutern.

Daß das Gericht am Ende Shaffners Protest gegen sein Patent nicht stattgab, kam für Alfred eher überraschend. Aber er ahnte, daß Shaffners Worte über seine Verpackungsmethode nicht ungehört verklungen waren. Es sollte sich später zeigen, daß die Gesetzgeber in Washington aufgehorcht hatten.

Ein anderer »Oberst« war Otto Bürstenbinder, ein Bekannter von Dr. Bandmann, Alfreds Kompagnon in Deutschland. Bürstenbinder hatte ohne Alfreds Wissen versucht, das Sprengöl auf dem amerikanischen Markt einzuführen. Als der Patentstreit zu Alfreds Gunsten entschieden war, begann »Oberst« Bürstenbinder, öffentlich Aktien eines projektierten Unternehmens mit dem Namen »United Blasting Oil Company« anzubieten. Bürstenbinder hatte einige New Yorker Interessenten im Rücken und ein geplantes Aktienkapital von einer Million Dollar. Er bot Alfred im Austausch gegen die Patentrechte ein Viertel in Gratisaktien sowie 20000 Dollar als Barentschädigung an. Überrumpelt durch Bürstenbinders Unverfrorenheit akzeptierte Alfred übereilt.

Er sollte jedoch seine Zusage an Bürstenbinder bald zurücknehmen. Shaffner, der Prozeßgegner, bot ihm nun eine Zusammenarbeit an. Er wollte die »US Blasting Oil Co« begründen und das Sprengöl auf ausgedehnten Reisen in den USA demonstrieren. Er erläuterte seine neue Verpackungsmethode: einen Blechkanister mit doppelten Wänden. Der Zwischenraum zwischen den Wänden war mit Wasser gefüllt.

Alfred war weniger angetan von dieser Erfindung als von Shaffners Beziehungen zu den Gesetzgebern in Washington. Er fürchtete ihren bevorstehenden Gesetzesvorschlag. Wie gewisse einzelne Bundesstaaten konnten sie sehr wohl anordnen, daß »jeder Todesfall, der direkt oder indirekt durch den Transport dieses Sprengöls auf Schiffen oder Landfahrzeugen gleich welcher Art verursacht worden ist, als Mord erster Ordnung zu bezeichnen und mit dem Tod zu bestrafen ist«.

Nun kam die Nachricht, daß seine Fabrik in Krümmel explodiert war. Die Gebrüder Winkler appellierten an ihn, schnellstmöglich zurückzukehren. Die Zeit begann Alfred knapp zu werden. Der Beschluß über den das Nitroglyzerin betreffenden Gesetzesvorschlag konnte jederzeit gefaßt werden. Seine einzige Möglichkeit, diesen in positiver Weise zu beeinflussen, war Shaffner. Gegen seinen innersten Instinkt ließ er sich auf eine

Zusammenarbeit ein. Die Vereinbarung erwähnt nicht Shaffners Verpackungsmethode, die Alfred nicht für praktikabel hielt. Dagegen wurden dem »Oberst« die amerikanischen Patentrechte des Schweden überlassen – doch ausschließlich auf militärischem Gebiet. Als Entschädigung verlangte Alfred die fürstliche Summe von einem Dollar.

Am 26. Juli 1866 wurde das Antinitroglyzeringesetz angenommen, dem Alfred mit wohlbegründeter Besorgnis entgegengesehen hatte. In wesentlichen Stücken war der ursprüngliche Vorschlag geändert. Die Folge der Verursachung eines Explosionsunglücks war Gefängnis und nicht die Todesstrafe. Weiter wurde der Transport von Sprengöl unter der Voraussetzung erlaubt, daß die Sendung als dangerous gekennzeichnet war. Schließlich erntete Shaffner den Lohn für seine Lobbytätigkeit: Das neue Gesetz forderte ausdrücklich, daß die explosive Flüssigkeit in Behältern des Typs aufbewahrt werden sollte, für den Shaffner das Patent besaß.

Am Tag nach der Verabschiedung des neuen Antinitroglyzeringesetzes ließ sich in New York die »United States Blasting Oil Company« registrieren. Auf der konstituierenden Sitzung wurde ein alter Bekannter Alfreds aus der Zeit in St. Petersburg, Israel Hall, zum Vorsitzenden gewählt. Dieser war überredet worden, 1 625 Aktien zu zeichnen, und damit nach Alfred der größte Aktionär der Gesellschaft. Da Shaffner über keine Mittel verfügte, gab Alfred ihm zehn seiner eigenen Aktien, so daß der »Oberst« formell zum Mitglied des Vorstands gewählt werden konnte. Das ihm erwiesene Vertrauen sollte er auf schändliche Weise mißbrauchen. Er fuhr kreuz und quer durchs Land als Reisender in explosiven Waren und konnte schließlich erzählen, daß er »zehntausend Schuß geschossen« habe. Die »US Blasting Oil Co« bekam eine gewisse Reklame, doch vor allem bereicherte sich Shaffner auf Kosten der Gesellschaft. Die Entschädigung für jede Demonstrationssprengung steckte er in die eigene Tasche.

Als verschiedene zwielichtige Manipulationen ans Tageslicht

kamen und das Aktienkapital nicht vollständig gezeichnet wurde, wurden Alfreds amerikanische Patentrechte auf eine in aller Eile gebildete Gesellschaft mit dem Namen »Giant Powder Co« mit Sitz in San Francisco überführt. Der Name stammte von den kalifornischen Goldgräbern: Sie nannten den neuen, effektiven und billigen Sprengstoff »Giant powder« – Riesenpulver. Die neue Firma kam bald gut in Fahrt, nachdem man am Fluß Hackensack in New Jersey eine Fabrik gebaut hatte. Als Shaffner, der die Nachfolge des altersschwachen Israel Hall als Leiter der US Blasting Oil Co angetreten hatte, sich über die neue Situation klar wurde, führte er einen Coup durch. Mit einigen einfachen Federstrichen übertrugen er und ein paar Kumpane die Patentrechte des Unternehmens auf eine eigene Firma in New York: »The Nitroglycerine Co«. Es war beabsichtigt, daß diese neue Firma Lizenzen für Alfreds Sprengöl wie für Shaffners eigene Transportbehälter verkaufen sollte. Shaffner war definitiv auf Kollisionskurs mit Alfred, dem immer noch größten Aktieninhaber der »US Blasting Oil Co«. Der bereits erwähnte Dr. Bandmann hat in einem Brief an seinen Bruder Julius in San Francisco die Situation zusammengefaßt:

»Die Schurken haben für ein Spottgeld die Gewinnmöglichkeiten, die in den Patenten lagen, auf andere überführt. Die Aktien geben natürlich keine Dividende, aber Shaffner und seine Helfer nehmen das ganze Geld.«

Über Shaffners weiteres Schicksal kann man sich kurz fassen. Einige Zeit später schrieb Alfred ihm einen Brief, dessen Schärfe in seiner Korrespondenz einzigartig ist:

... *Ich bin sehr erstaunt, wenn mich von Ihrer Seite überhaupt noch etwas erstaunen kann, über Ihre gegenwärtigen Vorhaben. Wenn Sie meinen, es sich leisten zu können, meine Verdienste zu schmälern, lassen Sie uns erproben, was Feindseligkeit meinerseits ausrichten kann. Als erstes, da Sie schreiben, daß Sie sich an meine Aktien machen wollen, werde ich damit fortfahren, die Ihren wertlos zu machen, indem ich eine Konkurrenz entfesseln werde, die zu verhindern jenseits Ihrer und des Gesetzes Möglichkeiten liegen wird.*

Alfred zögerte auch nicht, seinen Worten Handlungen folgen zu lassen. Eine neue Gesellschaft – »Atlantic Giant Powder Co« – mit 3 Millionen Dollar Aktienkapital wurde gebildet. Als Shaffner unberücksichtigt blieb, scheute er sich nicht, die »US Blasting Oil Co« zu verklagen, doch nach all seinen zwielichtigen Manövern hatte er seine Kontakte unter den Einflußreichen verloren, so daß seine desperate Aktion ergebnislos blieb.

Als Schlußvignette der Shaffner-Episode mögen einige Sätze aus »Nemesis« dienen, da es nicht ausgeschlossen ist, daß Alfred an ihn gedacht hat, als er sie schrieb:

BEATRICE: *Irgendein teuflischer Plan, wenn möglich noch feiger als alle früheren Gemeinheiten!*
CENCI: *Halt ein! Du bist die erste, die ohne unmittelbare Bestrafung wagt, mich zu beleidigen, aber das kann dich teuer zu stehen kommen.*

Am 10. August ging Alfred in Hamburg an Land – auf jeden Fall reich an Erfahrungen. Zu einem Teil waren seine vor der USA-Reise gehegten Erwartungen eingelöst: Er hatte mit Erfolg sein Prioritätsrecht auf das Sprengöl gegenüber Shaffner behauptet. Dagegen waren die wirtschaftlichen Probleme der Fabrik in Krümmel noch nicht gelöst, obwohl es Alfred gelungen war, vielversprechende Voraussetzungen für eine zukünftige Nutzung in Amerika zu schaffen.

Am 14. August 1866 wurde Alfred in den USA unter der Nummer 57175 das Patent auf sein Sprengöl bewilligt. Danach ergoß sich förmlich eine Woge von Anfragen und Bestellungen über »Alfred Nobel & Co.« in Hamburg. Nun war nicht nur das Interesse Amerikas für den epochemachenden sicheren Sprengstoff geweckt, sondern das der ganzen Welt.

19

Als Alfred nach der Rückkehr nach Hamburg die während seines Aufenthalts in den USA gemachten Erfahrungen zusammenfaßte, schreibt er in einem Brief an einen Freund: »Wenn Du ein neues Futter für irgendeinen alten Mantel brauchst, dann kann ich Dir mit meinen ›Blasting Oil‹-Aktien dienen. Sie haben eine schöne Farbe.«

Alfred sollte nie wieder in die USA zurückkehren. In einem Brief an einen seiner Mitarbeiter gibt er einen der Gründe an: »...das Leben in den USA war mir auf die Dauer wirklich nicht angenehm. Die übertriebene Jagd nach dem Geld dort ist eine Form von Pedanterie, die dem menschlichen Umgang viel von seiner Annehmlichkeit raubt und das Ehrgefühl zugunsten eingebildeter Bedürfnisse verdirbt.«

Alfred hatte für den Rest seines Lebens genug von gewissenlosen Glücksuchern, schwindelnden »Obersten« und skrupellosen Rechtsverdrehern.

Angesichts der ernsten wirtschaftlichen Situation der Fabrik in Krümmel bewies Alfred Handlungskraft. Es war der Mangel an Betriebskapital gewesen, der ihn im Frühjahr 1866 zu seiner Reise nach New York veranlaßt hatte. Schon zu diesem Zeitpunkt waren die Finanzen der Firma wenig erfreulich. Zwar betrugen die Schulden nur 7000 Mark gegenüber Aktivposten von ca. 25000 Mark. Aber die Aktivposten bestanden in erster Linie in nicht verkauftem Sprengöl (15000) sowie Rohmaterial (6000). Ein positiver Faktor war, daß das Fabrikgebäude nicht als Vermögenswert aufgenommen worden war – was als weise Voraussicht bezeichnet werden kann, wenn man daran denkt, daß die Fabrik zweimal explodieren sollte.

In verblüffend kurzer Zeit gelang es Alfred, den Betrieb zu

reorganisieren, wobei er sich zielstrebig darauf konzentrierte, den Vertrieb so effektiv wie möglich zu organisieren.

Es gelang ihm, eine große Anzahl fachkundiger Vorarbeiter und Arbeiter aus Vinterviken herüberzuholen. Noch heute erinnern viele Ladenschilder in der Gegend mit Namen wie Andersson, Johansson und Pettersson an diese kleinere Einwanderung aus Schweden. Mißernten und die Armut im Agrarland Schweden veranlaßten in dieser Zeit viele dazu, auszuwandern. Daß es eine so große Anzahl Schweden ausgerechnet nach Krümmel zog, dürfte vor allem mit Alfreds gutem Ruf als Arbeitgeber zusammenhängen: er bezahlte anständig und kümmerte sich um sein Personal.

Das Verdienst an der vorbildlichen Planung der Fabrik in Krümmel kam Alfreds Kindheitsfreund Alarik Liedbeck zu. Sie sollten später in der ganzen Welt gemeinsam Fabriken aufbauen. Liedbeck war einer der hervorragendsten technischen Experten der damaligen Sprengstoffbranche. Er begann seine Laufbahn als Leiter der Fabrik in Vinterviken, aber von Anfang an zog Alfred ihn zu Rate, wenn er bei seinen Erfindungen ein technisches Problem hatte, oder wenn eine neue Fabrik gebaut werden sollte. Während ihrer dreißigjährigen Zusammenarbeit war Alfred so von Liedbeck abhängig, daß er auf technischem Gebiet kaum jemals einen entscheidenden Beschluß faßte, ohne sich mit ihm beraten zu haben. Liedbecks Name ist für immer mit technischen Hilfsmitteln wie Dynamitpressen, Luftinjektoren für das Nitrieren von Glyzerin sowie Pressen für rauchschwaches Pulver verbunden. Er war mütterlicherseits ein Enkel des Schöpfers der schwedischen Gymnastik, Pehr Henrik Ling, und bewies bei unzähligen Gelegenheiten einen seltenen physischen Mut. So ist bezeugt, daß er persönlich verdächtige Ladungen, die jeden Augenblick explodieren konnten, aus der Fabrik ins Freie trug. Während seiner Zeit als Ingenieur in Vinterviken ereigneten sich trotz aller Vorsichtsmaßnahmen zwei große Explosionen, 1868 und 1878.

Die häufig vorkommenden Explosionsunglücke ließen Alfred einsehen, daß dem Sprengöl ein grundlegender Fehler anhaften mußte, und zwar in bezug auf seine Konsistenz. Bei einer Gelegenheit schrieb er: »Schon 1863 waren mir die Nachteile der flüssigen Form des Nitroglyzerins vollkommen klar.« Eine andere Aussage kam von dem erfahrenen Baumeister O. Bergström: »Ungeachtet der ergriffenen Vorsichtsmaßnahmen ereignen sich bekanntlich ständig Unglücke bei Sprengungen mit Nitroglyzerin. Die Ursache ist in den meisten Fällen, daß nicht die gesamte verwendete Menge verbrennt, sondern ein Teil unverbrannt zurückbleibt und in die Felsspalten rinnt.«

Doch Alfred bewahrte kühlen Kopf. Er sah außerdem ein, daß das Sprengöl noch einen weiteren Nachteil hatte: die Eigenschaft, bei einigen Grad über dem Gefrierpunkt in feste Form überzugehen, was ein Auftauen des Öls notwendig machte – mit neuen Risiken.

Nachdem es Alfred gelungen war, das Detonationsproblem zu meistern, galt es eine Möglichkeit zu finden, das Öl in eine ungefährliche Form zu bringen, ohne daß seine Sprengwirkung sich verringerte. Eine neue Mischung war notwendig. Die Tatsache, daß es an der Elbe und ihrem Nebenfluß Alster eine unbegrenzte Menge sogenannter Infusorienerde gab, wurde von entscheidender Bedeutung. Sie bestand aus abgestorbenen Algen und war feinkörnig wie Pulver. Ein geeigneteres Mittel als dieses Kieselgur zum Aufsaugen des Nitroglyzerins konnte Alfred nicht finden. Er ließ 25% Kieselgur mit 75% Nitroglyzerin mischen. Damit hatte er einen hocheffektiven Sprengstoff in fester Form gewonnen, der leicht handhabbar und nahezu risikofrei war. Die Sprengwirkung war immer noch außerordentlich.

Am 19. September 1866 erhielt Alfred das schwedische und 1867 das englische Patent auf seinen neuen Sprengstoff, dem er den Namen Dynamit gab. Ein Kommentar Nobels dazu ist erhalten:

Der neue Sprengstoff, Dynamit genannt, ist nichts anderes als Nitroglyzerin in Verbindung mit einem sehr porösen Silikat, und wenn ich ihm einen neuen Namen gegeben habe, dann wirklich nicht, um dessen Natur zu verbergen, sondern um Sie auf seine explosiven Eigenschaften in der neuen Form aufmerksam zu machen, welche so andersartig sind, daß ein neuer Name wahrlich notwendig ist.

»DYNAMIT ODER NOBELS SICHERHEITSPULVER« war die von Alfred selbst formulierte Warenbezeichnung. Das klangvolle, aber auch ein wenig furchteinflößende Wort Dynamit hatte er von dem griechischen Wort »dynamis« abgeleitet, das ja Kraft bedeutet. Vielleicht war seine Wahl des Namens auch durch die schon zu dieser Zeit existierende Bezeichnung für einen elektrischen Generator beeinflußt – »Dynamo«.

Als er seinen neuen Sprengstoff auf den Markt brachte, wurde dieser beschrieben als »eine rotgelbe, weiche und plastische, feuchte Masse, die zu Patronen von einer gewissen Dicke gepreßt wird, welche in Papierhülsen eingeschlagen sind«. Heute besteht das Dynamit gewöhnlich aus 50-70% Sprenggelatine, die mit 24-25% Ammoniumnitrat und 2-5% Holzmehl zu einer plastischen Masse verknetet ist. Bei Felssprengungen verwendet man zylindrische Dynamitpatronen, die in die Bohrlöcher gesteckt werden. Trotz kleiner Veränderungen ist die Vorgehensweise im großen und ganzen die gleiche wie zu Alfreds Zeit.

Der Sprengstoff, den er als Dreiunddreißigjähriger in seinem Laboratorium in Krümmel entwickelte, sollte bald eine Nachfrage erfahren, die alle Erwartungen übertraf. Er hat selbst notiert, daß 1867 elf Tonnen Dynamit hergestellt wurden. Schon drei Jahre später waren es 424 Tonnen.

Niemand konnte diesmal bezweifeln, daß er und kein anderer der Erfinder war. Ebenso unbestritten, wie Sobrero der Entdecker des Nitroglyzerins war, war Alfred der des Dynamits. Bald war er in ganz Deutschland als »Der Dynamitkönig« bekannt, und man konnte konstatieren, daß er den Grund zu einer weltumspannenden Industrie gelegt hatte. In diesen Jahren des Aufbaus gibt er in seinen Briefen Proben einer lichteren

Lebensauffassung. Es war, als habe der Erfolg ihm neuen Lebensmut gegeben.

Da der Sicherheitsaspekt weiterhin eine entscheidende Rolle spielte, zögerte er nicht, persönlich die gleichen spektakulären Demonstrationen durchzuführen wie in New York. Um zu zeigen, wie risikofrei man das Dynamit handhaben konnte, setzte er es der unsanftesten Behandlung aus. Er ließ Kisten mit Dynamit in tiefe Schluchten werfen, ohne daß eine Explosion erfolgte. Nicht einmal, als er Dynamitkisten auf glühende Feuerstellen legte, passierte etwas. Alfred bewies auch, daß das Dynamit gelagert werden konnte, ohne sich selbst zu entzünden.

Alfred wurde nun nicht nur in Schweden und Deutschland Aufmerksamkeit zuteil. Die Einkünfte strömten herein, und plötzlich war ihm alles möglich. Aber er änderte seinen Lebensstil nicht, der weiterhin geprägt war von spartanischer Einfachheit und rastlosem Arbeitseifer.

Der Erfinder des Dynamits mußte auch Kritik hinnehmen. Obwohl der Sprengstoff für friedliche Anwendung und keineswegs für kriegerische Zwecke gedacht war, war man vielerorts – nicht zuletzt im zaristischen Rußland – der Ansicht, daß das Dynamit es Umstürzlern allzu leicht machte, Terroranschläge zu verüben. Mit Pulverladungen war es wesentlich schwieriger, Attentate zu inszenieren.

Auch in Schweden wurde vom Dynamit als der Terrorwaffe der Zeit gesprochen. August Strindberg huldigte Alfred in ironischen Worten als dem »Lieferant von Munition für Dynamitarden«.

Es ist unbestreitbar, daß »Dynamitarden« sich den neuen, leicht handhabbaren Sprengstoff zunutze machten. So entging Zar Alexander II. im Februar 1880 nur mit knapper Not dem Tod, als unter seinem Speisesaal im Winterpalast eine Dynamitladung explodierte. Gut ein Jahr danach wurde er während einer Kutschenfahrt durch St. Petersburg ums Leben gebracht, und zwar mit Bomben, die mit Dynamit gefüllt waren.

Alfred hatte sicherlich nicht beabsichtigt und auch nicht vorausgesehen, daß sein Sprengstoff in dieser Art und Weise verwendet würde. Ebensowenig war es seine Absicht, daß das Dynamit im Krieg zur Anwendung kommen sollte, was indessen während des französisch-deutschen Kriegs 1870-1871 gelegentlich der Fall war.

In einem Gedicht von 1883 spricht August Strindberg den Erfinder des Dynamits direkt an, der der breiten Masse eine Chance gegeben habe, sich zu wehren, nachdem der Erfinder des Pulvers, Barthold Schwartz, es der Obrigkeit ermöglicht hatte, mit Kanonen auf das Volk zu schießen. Die vier abschließenden Zeilen lauten:

> »Du, Schwartz, verlegtest eine kleine Edition
> für Fürstenhäuser und die Welt der Feinen!
> Nobel! Die Volksausgabe, die du brachtest, gibt es schon
> in ständig neuen Großauflagen für die Kleinen!«

20

»Nemesis«, III. Akt, Szene 5:

GUERRA: *Sind Sie leidend?*
BEATRICE: *... ja, denn ich bin beleidigt worden.*
GUERRA: *Sie beleidigt! Unmöglich! Wer sollte es wagen...*

Während Alfred Nobel forschte und Erfindungen machte, Gesellschaften gründete und Fabriken anlegte, wurde hinter seinem Rücken getuschelt.

Böse Zungen wollten wissen, daß Alfred versuche, sich mit fremden Federn zu schmücken. Die Verleumdung war bald in aller Munde und fand auch Widerhall in Kreisen, auf die er geglaubt hatte, sich verlassen zu können. Die Verleumdung lief darauf hinaus, daß Alfred nicht der Erfinder seiner Erfindungen sei. Er sollte beispielsweise nicht das Nitroglyzerin erfun-

Bildteil I

1. Alfred Nobel im Alter von 20 Jahren.

2. Olof Rudbeck (1630-1702).

3. Olof Nobelius (1706-1760).

4. und 5. Fassade und Hinterhaus in der Norrlandsgatan 9, wo Alfred Nobel 1833 geboren wurde.

6. Alfreds Mutter Andriette. Gemälde von Zorn 1886.

7. Diese Fotografie von Immanuel Nobel wurde im Jahre 1853 aufgenommen, als er noch erfolgreicher Unternehmer in St. Petersburg mit über 1 000 Angestellten war.

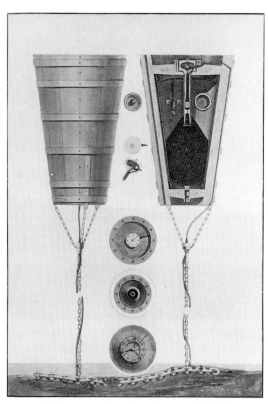

8. Mine, gezeichnet von Immanuel Nobel.

9. Immanuel Nobels Minen werden im Finnischen Meerbusen ausgelegt.

10. Die Verwüstung in Heleneborg nach der Explosion am 3. September 1864. Zeichnung aus Ny Illustrerad Tidning.

11. Alfreds jüngerer Bruder, der bei dem Unglück ums Leben kam.

12. Diese ausdrucksstarke Fotografie wurde um 1870 aufgenommen. Immanuel Nobel hat nach einem Schlaganfall einen Stock. Alfred Nobel sitzt ganz rechts.

13. Immanuel Nobel (Ausschnittvergrößerung).

14. Auf diesem im Bockholmssund im Mälarsee verankerten Kahn wurde 1864 eine weltumspannende Industrie begründet. Bemaltes Türoberteil aus Gyttorp.

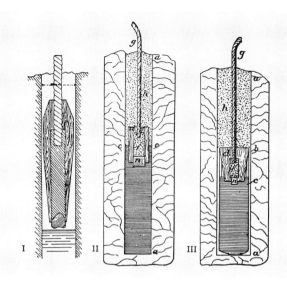

15. Alfred Nobels berühmter Initialzünder. Durch diese Methode konnte er mit Hilfe eines Zündhütchens eine Nitroglyzerinladung zur Explosion bringen.

16. Alfred Nobels Haus in der Avenue Malakoff in Paris. Es sieht heute noch genauso aus.

17. Der Wintergarten in Alfreds Pariser Haus. Er lag auf der Rückseite des Hauses.

18. Bertha von Suttner.

den haben – was er nicht ein einziges Mal behauptet hatte –, sondern nur aus den Forschungsergebnissen eines anderen Kapital geschlagen haben.

Aus Nobels Korrespondenz geht hervor, daß er tief gekränkt und empört war.

Dennoch enthielt die Verleumdung ein Körnchen Wahrheit. Ein Teil der Gerüchte kreiste um die zwei Jahre, als er bei dem Chemieprofessor Pelouze in Paris studiert hatte. Während seines Studiums in dessen Privatlaboratorium experimentierte Alfred mit Salpetersäure und teilte seinen Arbeitsplatz mit dem dreiundvierzigjährigen Italiener Ascanio Sobrero (1812-1888). Diesem war es 1846 durch eine Kombination von Salpetersäure und Schwefelsäure gelungen, ein Öl mit höchst explosiven Eigenschaften herzustellen. Die Schwefelsäure war notwendig, um eine Spaltung zu verhindern, während die Salpetersäure den eigentlichen Gegenstand der Versuche dieses Lieblingsschülers von Pelouze ausmachte. Schon in St. Petersburg hatte Alfred durch Professor Zinin von Sobreros »Pyroglyzerin« gehört. Seine Sprengwirkung wurde als so enorm angesehen, daß es nahezu unmöglich schien, sie praktisch nutzen zu können.

Alfred erkannte die praktischen Möglichkeiten des Nitroglyzerins, was Sobrero nicht getan hatte. Zu dessen Ärger schien der Schwede sich seine Entdeckung angeeignet zu haben, indem er sie auf dem Weltmarkt verwertete. Hier ist freilich anzumerken, daß schon andere Chemiker vor Sobrero die gleiche Spur verfolgt hatten. Außer Pelouze, den Russen Sinin und Petrusjevski und den Franzosen Braconneau, Chevreul und Berthelot hatte bereits der schwedische Chemiker Carl Wilhelm Scheele (1742-1786) gewisse vorbereitende Versuche gemacht.

Die hohe Meinung, die Pelouze von seinem Schüler Sobrero hatte, kommt in einem Brief zum Ausdruck, den er aus Paris an dessen Vater schrieb: »Noch nie zuvor habe ich in meinem Laboratorium einen so unermüdlich arbeitenden und begabten jungen Mann gehabt.« Der Beginn von Sobreros akademischer Karriere war wenig glücklich gewesen, da seine Doktorarbeit über ein medizinisches Thema nicht angenommen wurde. Doch Alfred machte nie ein Hehl aus seiner uneingeschränkten Bewunderung für dessen Begabung und erkannte an, daß Sobrero der Entdecker des Nitroglyzerins war.

Alfred Nobels Erfolge mit dem Dynamit bewirkten bei Sobrero das Gefühl, daß ihm schweres Unrecht zugefügt worden sei. Seine Verbitterung kam in einem Vortrag vor der wissenschaftlichen Akademie in Turin zum Ausdruck, in dem er erklärte, daß Alfred 1865 vor der Französischen Akademie über die Explosionskraft des Nitroglyzerins berichtet habe, ohne seinen Namen zu erwähnen. Er fügte hinzu: »Nicht aus Ruhmsucht melde ich mich jetzt zu Wort, sondern aus Liebe zur Gerechtigkeit.« Vor seinen Landsleuten machte er geltend, daß die Entstehung des Nitroglyzerins ausschließlich das Resultat »beharrlicher italienischer Arbeit« sei. In der folgenden Debatte fehlte es nicht an Andeutungen, daß es Sobreros Entdeckung gewesen sei, die die Familie Nobel aus der Armut, in der sie sich nach dem wirtschaftlichen Debakel in Rußland bei der Rückkehr nach Schweden befand, gerettet habe.

Da die Sobrero-Episode eine so große Rolle in Alfred Nobels Leben spielen sollte, sei hier der Hintergrund skizziert. Ascanio Sobrero wurde in Caseale Monferrato zwischen Turin und Mailand geboren. Nach der mißglückten Doktorarbeit in Medizin sattelte er um und studierte zunächst in Turin und danach bei Pelouze in Paris Chemie. Als er sein Nitroglyzerin erfunden hatte, tat er, was so viele seiner Kollegen taten, er schmeckte das Produkt: »Dieser Stoff hat einen süßlichen Geschmack, stark aromatisch, seine Erforschung sollte mit größter Vorsicht erfolgen...« Seine Entdeckung wurde lange Zeit als wissenschaftliches Kuriosum betrachtet, weil sie so risikobehaftet war.

Sobrero sollte selbst erfahren, daß seine Warnungen vor den explosiven Eigenschaften des Nitroglyzerins nicht übertrieben waren. Er schreibt: »Es zersetzt sich bei Erhitzung. Ein auf einem Platinblech erhitzter Tropfen entzündet sich und verbrennt heftig. Es hat indessen die Eigenschaft, unter gewissen Bedingungen mit großer Gewalt zu detonieren. Bei einem Versuch verdunstete eine kleine Menge Ätherlösung von Pyroglyzerin in einer Glasschale. Der Rückstand von Pyroglyzerin war sicher nicht mehr als 2 oder 3 zehntel Gramm. Als die Schale über einer Spirituslampe erhitzt wurde, trat eine äußerst heftige Explosion ein, und die Schale zerbarst in kleine Stücke.«

Bei einer anderen Explosion während eines Experiments mit »einem Tropfen in einem Reagenzglas« wurde Sobrero schwer im Gesicht verletzt. Nach einer Explosion im Arsenal von Turin gab der italienische Chemiker endgültig auf. 400 Gramm Nitromannit – eine ähnliche Verbindung, bei der das Glyzerin durch Mannit ersetzt war – detonierten mit verheerenden Folgen. Danach war das Sprengöl für Sobrero tabu, und er gab die Arbeit daran gänzlich auf. Es gelang ihm auch nicht, die chemische Zusammensetzung des Nitroglyzerins zu bestimmen.

Um ein so vollständiges Bild von Sobrero zu bekommen wie möglich, muß man auch die folgende Äußerung von ihm kennen: »Wenn ich an alle die Opfer denke, die Explosionen mit Nitroglyzerin gefordert haben, und an die furchtbaren Verwüstungen, die sie zur Folge gehabt haben und wahrscheinlich auch in Zukunft haben werden, schäme ich mich beinahe, den Anspruch erhoben zu haben, als sein Entdecker anerkannt zu werden. Nur die folgende Überlegung kann mich trösten: früher oder später mußte das Nitroglyzerin als ein unvermeidliches Resultat der chemischen Forschung entdeckt werden. Wenn nicht von mir, dann von einem anderen Chemiker...«

Alfred begab sich nie in eine öffentliche Polemik mit Sobrero, sondern schrieb statt dessen den folgenden höflichen und anerkennenden Privatbrief:

Paris, den 25. Mai 1879

Hoch geehrter Herr Professor!
Gestatten Sie mir anläßlich Ihres äußerst freundlichen Briefes, der Bewunderung und großen Achtung Ausdruck zu geben, die

ich immer für Sie empfunden habe. Ich beneide Herrn Duchene um seine gute Idee, in Avigliana die sympathischen Züge des Schöpfers der bedeutungsvollen Erfindung zur allgemeinen Betrachtung darstellen zu lassen, für die eine ganze Welt in Ihrer Dankesschuld steht.

Ich hoffe, das Vergnügen zu haben, Ihnen in Turin persönlich meine Hochachtung zu bezeugen. In Erwartung dessen sende ich Ihnen meine besten Grüße.

Ihr ergebener
A. Nobel.

Es ist darüber spekuliert worden, warum er in dieser Form schrieb. Hatte er Gewissensbisse und Schamgefühle? Wollte er sich versöhnen, solange die Zeit es noch zuließ?
Die Marmorbüste von Sobrero, auf die sich Alfred in seinem Brief bezieht, war eine öffentliche Anerkennung eines wissenschaftlichen Pioniers ersten Ranges. Die Büste wurde anläßlich der jährlichen Generalversammlung von Nobels italienischer Gesellschaft 1879 enthüllt. In der Fabrik von Avigliana existieren noch heute einige hundert Gramm Nitroglyzerin, das Sobrero 1847 hergestellt hat. Er überreichte diese Probe 1882 anläßlich seines Abgangs als Professor. Sein akademischer Nachfolger hatte es nicht gewagt, den gefährlichen Sprengstoff im Universitätslaboratorium zu beherbergen.

Wie zählebig eine parteiische Geschichtsschreibung sein kann, ist einer Schrift zu entnehmen, die zur Feier von Sobreros hundertjährigem Geburtstag herausgegeben wurde. In dieser 1912 erschienenen Schrift nimmt der Chemieprofessor N. Guareschi kein Blatt vor den Mund: Sobrero sei einer zutiefst ungerechten Behandlung ausgesetzt gewesen, und die Nobelstiftung erhält den Rat, in Zukunft ihre Belohnungen Sobrero-Nobelpreis zu nennen. Weder die italienischen Wissenschaftler noch die Allgemeinheit scheinen von der Salve beeindruckt gewesen zu sein, das aufgefahrene Geschütz war zu grob. Sigvard Strandh vertritt die Meinung, daß Sobreros chemische Synthese von Nitroglyzerin heute kaum eine Entdeckung oder Erfindung genannt werden könne. In der Pionierzeit war man indessen mit solchen Bezeichnungen großzügig. Man mag sich diese Expertenmeinung in Erinnerung rufen, wenn man den folgenden Passus in Sobreros Vortrag vor der Akademie in Turin liest: »Ich sehe mich berechtigt, für mein Land und für mich selbst die Anerkennung einer Entdeckung zu fordern, die sich jetzt andere ganz oder teilweise zuschreiben.«

Aus der Rückschau können wir konstatieren, daß Sobrero zwar das Nitroglyzerin entdeckte, aber daß es Alfred war, dem seine Zähmung und die Freisetzung seiner Sprengwirkung unter sicheren Formen gelang. Dazu kommt, daß er vor allen anderen das neue Produkt in den Handel brachte.

Es war nicht das erste Mal in der Geschichte, daß eine Erfindung zwei Talente erforderte: das des Schöpfers und das des Verwerters.

21

Mit der Patentierung des Dynamits und einem Kundenkreis, der von Tag zu Tag wuchs, wurde Alfred bald ökonomisch unabhängig. Sein Ansehen als Forscher und Geschäftsmann stieg weltweit. Zwischen 1866 und 1872 dürfte er mehr gereist sein als die meisten seiner Zeitgenossen, und einen großen Teil seiner Zeit verbrachte er in engen Eisenbahncoupés, die er in Briefen »meine rollenden Gefängnisse« nannte.

Nicht zuletzt hatte er sich vorgenommen, den englischen Markt zu erobern. An J. Norris schrieb er am 1. September 1868: »England is a jewel worth the rest of the world. A dynamite company there would have the entire Empire as its market.« In seinem Handgepäck hatte er eine Tasche, die mit seinem neuen Sprengstoff gefüllt war. Sie soll zehn Kilo gewogen haben, doch er schleppte sie mit, als er nacheinander Aberdeen, Glasgow, Middlesbrough on Tees und Bristol besuchte. Der ansonsten so gesetzestreue Alfred verstieß damit bewußt gegen geltende Bestimmungen. Wäre den Behörden der Inhalt der Tasche bekannt geworden, hätte er bis zu zwei Jahre Gefängnis bekommen können.

Er war während dieser Reisen rastlos tätig, als ob die zahlreichen Milieuwechsel ihm neue Energie gäben. Vielleicht kann man auch von Arbeitstherapie sprechen. Durch seinen Fleiß gelang es ihm meistens, die depressiven Tendenzen in Schach zu halten. Sein Arbeitsvermögen kannte keine Grenzen, wenn er in rascher Folge zwischen Deutschland, England, Frankreich, Österreich, Italien und Schweden hin und her reiste.

Aber in der Tiefe seines Herzens war er Schwede, und er behielt seine Staatsbürgerschaft sein ganzes Leben hindurch. Wenn er Probleme mit den Patentbehörden hatte, konnte er denken, daß die Heimat ärmlich war und daß man dort für viel Mühe wenig Lohn erntete. Er erkannte, daß seine Landsleute dazu neigten, ihre eigenen zu unterschätzen.

Es sollte denn auch viele Jahre dauern, bevor man in Schweden Alfreds Leistungen richtig zu würdigen vermochte. Seine internationalen Erfolge wurden zwar in Stockholm registriert, aber vor allem wurde das Unvorteilhafte zitiert, das im Ausland über ihn geschrieben wurde.

In Geschäften war mit Alfred nie leicht umzugehen. Wenn es um die Wahrung seiner Interessen ging, konnte er die Zähne zeigen. So schrieb er folgenden ziemlich drohenden Brief an John Downie in Schottland:

Früher suchte ich Ihre Freunde auf; jetzt werden sie mich aufsuchen müssen. Wenn wir uns einig werden, gut und schön: wenn nicht, werde ich noch vor dem Frühjahr ohne Kapitalhilfe eine Fabrik in England starten. Ihre Freunde irren sich sehr, wenn sie meinen, daß es ihr Kapital ist, das ich schätze. Ich brauche nur ein Wort zu sagen, und das Kapital wird in Deutschland zu meiner Verfügung gestellt. Was ich suche, ist gute und wirtschaftliche Fähigkeit, die Vorurteile zu überwinden, die bei unserem ersten

Start als Stolperstein fungieren werden. Diesen wird meine Zustimmung gelten, nicht dem Kapital.

Am Anfang der 1870er Jahre war Alfred in der Mehrzahl der Länder Europas wirtschaftlich engagiert. Sein Reisetakt wurde immer hektischer. »Mein Heimatland ist da, wo ich arbeite, und ich arbeite überall.« Diese kennzeichnende Formulierung spiegelt nicht die ganze Wahrheit wider. Seine Wurzeln in Schweden waren tief – dort wohnte seine geliebte Mutter, und dorthin sollte er in seinen späteren Jahren zurückkehren. Richtig ist aber auch, daß die Stadt, in der er sich am meisten zu Hause fühlte, nicht Stockholm war, sondern Paris. Die französische Hauptstadt war für ihn nicht nur das Zentrum des Geschäftslebens, sondern auch das der Kultur.

Als Alfreds hektischste Wanderjahre vorüber waren, zog es ihn 1873 in die »Stadt des Lichts«, Paris, wo ihm alles wie »Glanz auf einem Schmetterlingsflügel« erschien. Schon als verliebter Siebzehnjähriger hatte er diesen Eindruck bekommen, und er hatte Bestand. Hier hatte er das Gefühl, eine Szene betreten zu können, wo das große Geschehen sich abspielte, die französische Hauptstadt war eine ideale Operationsbasis für die Verwertung seiner Erfindungen.

Ein weiterer Grund, warum er sich in Paris so wohl fühlte, war, daß er seit den Jugendjahren in St. Petersburg die Sprache »à la perfection« beherrschte. Er war auch sehr wohl vertraut mit französischer Literatur, was zu einer engen Freundschaft mit Victor Hugo führen sollte.

Im gleichen Jahr, in dem Alfred auf Dauer nach Paris kam, gab Emile Zola »Le ventre de Paris« heraus, das auf minutiösen Milieustudien basierte. Der hervorragendste Vertreter des Naturalismus war ursprünglich Journalist gewesen und kannte Alfreds Lebensschicksal sicher gut. In dem Roman wird geschildert, wie ein französischer idealistisch gesinnter Chemiker – Froman – sein gesamtes Lebenswerk in den Dienst der Erfindung eines erschreckend effektiven Sprengstoffs stellt...

Mit der Zeit wurde Alfred vom Französischen stark beeinflußt: Er vermischte in den Briefen häufig französische Wörter mit schwedischen, und seine Gesten waren gallisch lebhaft. Er konnte sich auch mit einer so großen französischen Redegewandtheit ausdrücken, daß seine schwedischen wie auch seine ausländischen Besucher beeindruckt waren.

22

Nun wollte Alfred also eine gepflegte Wohnung in Paris finden, wo er sich zwischen all seinen Reisen ungestört aufhalten konnte.

Er begann in den Vierteln um den Arc de Triomphe und den Bois de Boulogne zu suchen. Nachdem er den größten Teil seines Lebens in zugigen Laboratorien und dürftigen Büros zugebracht hatte, wollte er ein mit einem hohen Gitterzaun umgebenes Haus finden. Von dort würde er den weiteren Siegeszug des Dynamits in Europa planen.

Als Alfred zusammen mit seinem Vater während des Krimkrieges im Finnischen Meerbusen Minen ausgelegt hatte, war 1855 die Stadt Sevastopol am Schwarzen Meer in Schutt und Asche gelegt worden. Eine ihrer bekanntesten Festungen hieß Malakov.

Als er nun 18 Jahre später als frischgebackener Besitzer eines vornehmen Hauses vor der Nummer 53 in der Avenue Malakoff stand, dürfte die Namensübereinstimmung ihn frappiert haben.

Die Hausnummer wurde 1891 in 59 geändert. 1936 wurde dieser Teil der Straße in Avenue Raymond Poincaré umbenannt und Alfreds Haus bekam die Nummer 74. Es dient heute als Botschaft der Volksrepublik Laos.

Nach den elterlichen Wohnungen in Stockholm und St. Petersburg war dies sein dritter fester Wohnsitz. Der Kontrast zwischen dem heruntergekommenen Landsitz in Heleneborg und dieser aristokratischen Residenz hätte kaum größer sein können.

Ein Vorteil des Hauses war, daß das attraktive Grün des Bois de Boulogne bequem zu Fuß zu erreichen war, falls Alfred es nicht vorzog, im Wagen zu fahren, der von zwei aus Rußland importierten Pferden gezogen wurde. Das Gebäude hatte im ersten Stock prachtvolle Fenster. In Zukunft sollten Passanten dort festlich gekleidete Gäste erblicken, wenn seine Residenz erleuchtet und für größere Empfänge gerüstet war.

An der rechten Seite der Fassade befand sich eine Einfahrt zum Hof, wo Alfred ein kleines aber gut ausgestattetes Laboratorium bauen ließ. Die linke Flanke des Hauses bestand aus einer schrägen Dachfensteranordnung, unter der er eine Bibliothek einrichten ließ.

Wenngleich Alfred einen Innenarchitekten engagiert hatte, war die Einrichtung von seinem subtilen, aber unpersönlichen Geschmack geprägt. Alles war wohldurchdacht, doch trotz aller Anstrengungen fehlte das Wichtigste: Gemütlichkeit. Eine wirklich anheimelnde Atmosphäre vermochten die teuren Möbel nicht zu schaffen. Die Ursache war offensichtlich: Es fehlte die Frau im Haus.

Der erste Eindruck des großen Wintergartens war überwältigend, aber wenig einladend. Hinter den Blumentischen hingen Samtvorhänge. Eine Sitzgarnitur in grünem Seidendamast und ein Klavier erinnerten daran, daß dies trotz allem eine Privatwohnung und kein Hotelinterieur war.

Alfreds Gäste befiel eine leichte Beklemmung, wenn sie sich nach einer Einladung verabschiedeten und ihn allein in seinem einsamen, kinderlosen Haus stehen sahen. Der Wintergarten lag auf halber Treppe und wurde von Kerzen in einem großen Kristallüster erleuchtet, dessen Klöppel in der ·Abenddämmerung glitzerten. Abgesehen von hinterlassenen Partituren u.a. zu »Carmen« und »Mignon«, die Alfreds in Briefen oft dokumentiertes Musikinteresse belegten, gab es hier kaum etwas, das eine persönliche Note verriet. Das gab es indessen im Speisesaal. Hier hingen zwei Gemälde eines der ersten bedeutenden Freiluftmaler in der schwedischen Kunst, Alfred Wahlberg, die Alfred selbst ausgesucht hatte. Hier hing auch ein Gemälde von Gustave Courbet, »Wasserfall in den Bergen«.

Im Treibhaus gehörte seine Aufmerksamkeit vor allem den Orchideen. Das Klappern von Pferdehufen im Stall zeugte von einer anderen seiner Leidenschaften. In einem aufbewahrten Brief an den Bruder Ludvig in St. Petersburg bittet er diesen, ihm ein paar stattliche Pferde in St. Petersburg zu beschaffen, die gerne mehrere tausend Rubel kosten durften. Hier findet man wieder eine Reminiszenz an Alfreds viele Jahre in der russischen Hauptstadt: Dort war es für die Wohlhabenden selbstverständlich, auch bei dem kürzesten Weg Pferd und Wagen zu benutzen. Man betonte seinen Status, indem man mit zwei Pferden oder im Dreispänner fuhr. Alfred blieb sein ganzes Leben ein passionierter Pferdeliebhaber.

Die meiste Zeit verbrachte er im Laboratorium im Hof in der Avenue Malakoff. Sein Assistent dort war Georges Fehrenbach, der fast zwei Jahrzehnte lang sein hoch geschätzter Mitarbeiter sein sollte. Nach einiger Zeit fand Alfred es notwendig, einen geeigneteren Platz für die Experimentiertätigkeit zu finden. In Sevran-Livry, nordöstlich von Paris, fand er, was er suchte. Dort kaufte er 1881 ein Grundstück, das abseits von bewohntem Gebiet lag. Es sollte seine Routine werden, früh morgens den Zug nach Sevran zu nehmen, wo er auch übernachtete, wenn seine Experimente es erforderten.

Ein Diener und eine Wirtschafterin – eine ›ekonomka‹ wie es auf russisch hieß – sorgten für die Befriedigung seiner leiblichen Bedürfnisse. In dem Maße, wie seine »Dynamitreisen« – Alfreds eigener Lieblingsausdruck – seltener wurden, begannen Ordnung und Beständigkeit in sein Dasein einzukehren.

23

Als Afred 40 Jahre alt geworden war, glaubte er, den Zenit seines Lebens überschritten zu haben. Da saß er in seinem leeren Speisesaal und nahm sein Abendessen ein, und man liest in seinen Briefen, daß er von Überdruß ergriffen werden konnte. Er stellte fest, daß sein Dasein düster sei und daß er begonnen habe, menschenscheu zu werden. Es fehlte ihm nicht an Einladungen, seit er zu einer öffentlichen Person geworden war, aber meistens sagte er unter dem Vorwand einer dringenden Geschäftsreise ab.

Erhaltene Einladungskarten und Dankesbriefe zeigen jedoch, daß er Einladungen aus dem Elyséepalast stets Folge leistete. Wenn Frankreichs Präsident zu einem Empfang bat, war es Alfreds Ansicht nach eine Pflicht, sich einzufinden. Patrice Maurice de Mac Mahon war der Präsident der Republik von 1873 bis 1879 und der Marschall von Frankreich. Er war unter anderem der Kopf hinter der Eroberung Sevastopols während des Krimkrieges gewesen, und er war es, der den Aufstand der Kommunarden in Paris 1871 niederschlug. Jules Grévy war einer der Führer der republikanischen Linken und Präsident von 1879 bis 1887. Bei den Banketten bekam Alfred einen auffallend hochrangigen Platz. An höchster verantwortlicher französischer Stelle hielt man ihn für einen Mann, mit dem zu rechnen war.

In den zwei Jahrzehnten zwischen 1860 und 1880 legte Alfred den Grund für seine Erfolge als Erfinder und multinationaler Großunternehmer. Die Wahl seiner Mitarbeiter erfolgte mit Bedacht. Fehrenbach war sein kompetenter und unverbrüchlich treuer Assistent im Laboratorium. Mit Liedbeck schuf er die technischen Voraussetzungen für die außerordentlich schnelle Steigerung der Dynamitproduktion. Zusammen mit Paul Barbe schließlich schuf er die finanziellen Voraussetzungen für sein kommendes Sprengstoffimperium.

Alfreds Tagesplan war oft so ausgefüllt, daß er vergaß, wie krank und schwermütig er eigentlich zu sein meinte.

Die Kehrseite des Erfolgs waren Bettelbriefe in allen Sprachen der Welt. Die Summierung der Beträge, die man von ihm begehrte, zeigt, welch unangemessene Forderungen an ihn gestellt wurden. Es drehte sich um Millionen, die er spenden sollte. Auch wenn er versuchte, standzuhalten gegenüber denen, die Geld von ihm wollten, machte er doch oft genug Ausnahmen. Eine dieser Ausnahmen war die junge Frau, die seinen Haushalt führte. Als sie heiraten wollte, fragte Alfred sie, was sie am liebsten als Geschenk haben wolle. Die aufgeweckte junge Französin verblüffte ihn mit ihrem präzisen Vorschlag: »Soviel, wie Herr Nobel selbst an einem Tag verdient.« Vielleicht hatte sie halb im Scherz, halb im Ernst geantwortet. Alfred war beeindruckt und amüsiert und stimmte ohne Bedenken zu. Das Mädchen erhielt ein so großes Geldgeschenk, daß sie und ihr Mann sich daran erfreuen konnten, solange die Ehe dauerte. Die von Alfred ausgefüllte Bankanweisung lautete auf 40 000 Francs.

Die Errichtung des modernen Laboratoriums in Sevran bedeutete einen Wendepunkt in Alfreds Erfindertätigkeit. Von nun an widmete er sich auch der Suche nach neuen Sprengstofftypen für den militärischen Gebrauch. Das in Europa betriebene Wettrüsten erforderte immer effektivere Waffen und Munition. Alfred erhielt vom französischen Staat die Bewilligung, auf dessen in der Nähe liegender Schießbahn mit Kanonen und Armeegewehren zu experimentieren. Es sollte sich später zeigen, daß man auf französischer Seite das moralische Erstzugriffsrecht auf seine Erfindungen zu haben glaubte, weil man ihm die Schießbahn zur Verfügung gestellt hatte.

Während dieser extrem arbeitsreichen Jahre wollte Alfred weniger denn je seine Zeit im Gesellschaftsleben vertändeln. Da er ein rücksichtsvoller Mensch war, der nicht gegen die elementaren Umgangsregeln verstoßen wollte, akzeptierte er dennoch gewisse Einladungen. Wenn er schon bei seiner Ankunft Gegenstand einer aufdringlichen Neugier oder eines allzu überschwenglichen Empfangs wurde, erwiderte er dies mit einer steifen Verbeugung, weil Schmeichelei ihm als lockender Köder erschien, der einen Haken verbarg. Er zog sich dann gern schnell in eine Ecke zurück, wo er stehenblieb und sich weigerte, ins Rampenlicht gezogen zu werden.

Von seinem Platz aus stellte er Beobachtungen und Reflektionen an, die sich in seiner Korrespondenz widerspiegeln. Die übliche Konversation vermochte ihn selten zu fesseln. Nun war Alfred nicht ohne Selbstkritik: Er wußte, daß er die heiterste Stimmung niederdrücken konnte, wenn er selbst nicht amüsiert war. Er hielt sich häufig im Hintergrund, bis serviert wurde.

Wenn er sich schließlich an den festlich gedeckten Tisch in einem in starkes weißes Licht getauchten Speisesaal gesetzt hatte, bekam er nicht selten einen Migräneanfall. Er trank dann zuweilen gegen seine Gewohnheit ein paar Gläser Wein in rascher Folge, obwohl ihm klar war, daß ihm dies nur vorübergehende Linderung verschaffen würde.

Seine Erfahrungen mit dem Genuß von Wein sind in »Nemesis« festgehalten, wo es in der sechsten Szene des zweiten Aktes heißt:

CENCI: *Welche Nachwirkung hat das Getränk?*
CANTARIDINIA: *Gewöhnlich fühlt man sich am Tag danach ermattet und wird von schwerer Migräne geplagt; doch leicht verdauliche Nahrung und einige Gläser feurigen Weins beheben den Schaden bald.*

Er war sich der Risiken, die er durch seine freiwillige Isolierung in Kauf nahm, sehr wohl bewußt. Das bekräftigt der folgende Passus aus einem Brief: »Leider ist es im Leben so, daß derjenige, der sich jedem gebildeten Umgang entzieht und den Ideenaustausch mit denkenden Menschen vernachlässigt, am Ende untauglich dazu wird und sowohl in seinen eigenen als auch in den Augen anderer die Achtung verliert, die er sich erworben hat.«

Seine Meinung über die Rolle der Französin im Gesellschaftsleben geht aus einigen nicht besonders galanten Zeilen eines anderen Briefes hervor:

Ich für meinen Teil finde, daß die Konversation der Pariserinnen zum Fadesten gehört, das es gibt, wohingegen die Gesellschaft gebildeter und nicht bis ins Extrem emanzipierter Russinnen bezaubernd und angenehm ist. Leider haben sie einen Widerwillen gegen Seife, aber man darf nicht zuviel verlangen!«

24

Von Paris aus machte Alfred schnelle »Ausfälle« – wie er zu sagen pflegte – nach Ardeer, Hamburg, Stockholm, London und Wien. Bei der Rückkehr fand er seinen Schreibtisch stets mit Briefen, Einladungen und den ewigen Bettelbriefen übersät. Zu einem späteren Zeitpunkt in seinem Leben schrieb er, nachdem er sie einmal überschlagen hatte: »Die Post bringt mindestens zwei Dutzend Gesuche und Bettelbriefe am Tag, über zusammen mindestens 20 000 Kronen, das macht sieben Millionen Kronen im Jahr, weshalb ich konstatieren muß, daß es besser wäre, einen schlechten Ruf zu haben, als in dem Ruf zu stehen, hilfsbereit zu sein.«

Alfred scheint eine bemerkenswerte Fähigkeit besessen zu haben, unter den Bittstellern die Spreu vom Weizen zu trennen. Er konnte verzweifelten Menschen, die ihn unangemeldet in seinem Haus aufsuchten, eine helfende Hand reichen, obwohl er strenge Order gegeben hatte, daß niemand eingelassen werden dürfe. Er praktizierte seine Hilfe mit größter Diskretion. Stets griff er ein, wenn er eine Möglichkeit sah, die Zukunftsaussichten ordentlicher und strebsamer junger Menschen zu verbessern, weil er sich an seine eigene Jugend erinnerte. Oder wie er selbst es formuliert: »...für solche Erinnerungen gibt es ja keinen Schwamm wie für Schiefertafeln«. Und er fügt hinzu: »Ich frage nicht danach, wo ihre Väter herstammen oder welchen Liliputgott sie verehren; Hilfsbereitschaft – die richtige – kennt keine Landesgrenzen und ist konfessionslos.«

Wenn die tägliche Post durchgesehen und beantwortet war, überflog Alfred »die Weltblätter«: »Le Figaro«, »Le Matin«, »The Times« und nach 1877 »The Times Literary Supplement«, »B.Z. am Mittag« und andere. Die Zeitungslektüre hinterließ selten Spuren in seinen Briefen oder Aufzeichnungen. Er hielt es für wenig wichtig, den letzten »Zeitungspapiergedanken« zu kennen und zu kommentieren, den letzten Theatererfolg oder politischen Skandal. Was dagegen die Literatur anbetraf, war er wohlinformiert, aber wählerisch. Nur Werke der größten zeitgenössischen Autoren ließ er für seine Bibliothek anschaffen. Das meiste, was geschrieben wurde, fand er minderwertig.

Das schnell verrinnende Leben zwang ihn dazu, vieles ungetan zu lassen. Seine Briefe vermitteln häufig den Eindruck, daß er außerhalb seines Laboratoriums gezwungenermaßen und ohne Lust arbeitete.

In gewissen Perioden diente Alfreds Haus in erster Linie Repräsentationszwecken. Dann gingen Finanzmänner und Industriemagnaten aus aller Herren Länder ein und aus. Alfred hatte auch häufig Besuch von den Direktoren seiner Gesellschaften in verschiedenen Ländern, wie Gustaf Aufschläger aus Hamburg und C. O. Lundholm aus Ardeer. Zuweilen übernachteten Verwandte aus Schweden oder Rußland bei ihm.

Die Erinnerungen der Besucher geben wichtige Aufschlüsse über seine Gewohnheiten. Sie machen klar, daß Alfred ein typischer Großstadtmensch war, der zwischen seinen Arbeitszeiten im Laboratorium oder in Sitzungszimmern gern im Straßengewimmel und im Lärm der Straßencafés auf den Boulevards flanierte. Die Pariser Atmosphäre zog ihn an. In dieser Stadt meinte er eine Sinnesverfeinerung zu finden, die nichts mit Klassenzugehörigkeit zu tun hatte: »Hier riecht jeder Köter nach Zivilisation.«

Wenn die Einsamkeit im Haus zu bedrückend wurde, suchte er zuweilen ein Bistro in seinem Viertel auf und nahm ein einfaches Abendessen ein, während er über seine Probleme nachdachte und dem Stimmengewirr lauschte.

Alfred war ein Arbeitsathlet mit geringer Fähigkeit zur Entspannung. Er kannte nur die Loyalität gegenüber seinem Lebenswerk, was bei schöpferischen Menschen ja eher die Regel ist als die Ausnahme. Trotz seiner schwächlichen Physis und seines schüchternen Auftretens strahlte er Autorität aus.

Alfred war eher klein als mittelgroß und schmächtig. Schon mit vierzig Jahren hatte er begonnen, leicht gebeugt zu gehen. Augenzeugen zufolge war es schwer, sich vorzustellen, daß er einmal jung gewesen war. Er ging mit kurzen und schnellen Schritten, was Ragnar Sohlman zu der Formulierung veranlaßte, daß er »trippelte«. Sein Haar war dunkelbraun mit zunehmenden grauen Strähnen. Die buschigen Augenbrauen beschatteten die blauen, tiefliegenden Augen. Wie die meisten Männer seiner Zeit trug er einen Bart, der stets wohlgepflegt war. Sein Gesicht war das ganze Jahr über blaß, da er es bei sonnigem Wetter vorzog, sich im Schatten aufzuhalten. Er trug immer einen dunklen Anzug mit weißem Hemd und sorgfältig gebundener Krawatte.

Wenn man seinen Worten Glauben schenken will, war er alles andere als zufrieden mit seinem Aussehen. Die Redaktion einer Festschrift, die ihn um sein Foto gebeten hatte, bekam die Antwort, daß »sobald meine Mithelfer, jeder einzelne Arbeiter, gebeten worden sind, ihre Portraits zu schicken, so werde ich die Abbildung meiner schweinsborstigen Jungesellenschnauze für die Sammlung einsenden, vorher nicht«.

Er hatte gewisse Schwierigkeiten, seinen Körper ruhig zu halten, als leide er an nervösen Beschwerden, doch es waren seine rheumatischen Schmerzen, die sich geltend machten und ihn zwangen, immer wieder eine neue, weniger schmerzhafte Körperstellung einzunehmen.

Seine Briefe atmen oft Schwermut. So schrieb er einmal: »Ich habe meinen Konkurrenten zweierlei voraus: Gelderwerb und Lobhudeleien sind mir vollkommen gleichgültig.«

Doch auch wenn Alfred zu einer Art Misanthrop wurde, weigerte er sich, die Hoffnung auf eine bessere Zukunft für die Menschen aufzugeben. Vermehrter Wohlstand könnte durch die Verbreitung von Wissen erreicht werden, meinte er. In »Nemesis« entwickelt er diesen Gedanken:

GIACOMO: *Aber glauben Sie nicht, daß es für die Gesellschaftsordnung gefährlich sein kann, unter der rohen Masse Wissen zu verbreiten?*
GUERRA: *Was könnte roher sein als die Masse von Schurken und Verrückten, die jetzt die Welt führen und ihr ihre geistige Orientierung geben? Seien Sie davon überzeugt, daß Exzesse des Pöbels – wie widerlich sie auch erscheinen mögen – das reine Kinderspiel sind gegen die organisierten Greuel, unter denen die Völker ächzen und leiden und moralisch verpestet werden!*

Hier klingen Alfreds Prozeßerfahrungen nach. Seiner Meinung nach setzten die politischen Machthaber die Gerichte einer unzulässigen Beeinflussung aus. Eine Garantie gegen derartigen Machtmißbrauch konnte es nur geben, wenn man im Geiste Montesquieus wasserdichte Schotten zwischen der Exekutive, der Legislative und nicht zuletzt der Judikative aufrechterhielt. Da die Wächter des Gesetzes in Alfreds Augen oft karrierelüstern und demzufolge manipulierbar waren, mußten die Befugnisse der Politiker begrenzt werden. Das konnte seiner Meinung nach nur durch öffentliche Meinungsbildung vermittels Volksaufklärung erreicht werden.

25

Empfand Alfred das Jungesellenleben als eine Last?

Wenn es so war, warum heiratete er nicht? Dies ist ein heikles Thema, das bis weit in unser Jahrhundert hinein in autorisierten Biographien ungern berührt wird. Man sah es als eine Voraussetzung für die Bloßlegung solcher intimen Details an, daß sie von dem Biographierten selbst sanktioniert waren.

Das wenige, das wir über Alfreds Liebesleben wissen, kommt im großen und ganzen von zwei Frauen – Sofie Hess und Bertha von Suttner. Sie legen keine dunklen, schwer deutbaren Schichten in seinem Triebleben bloß. In den Briefen der beiden so unterschiedlichen Frauen erscheint er als ein schüchterner und eher linkischer Kavalier – und das ist auch ihr erster Eindruck von ihm. Aus Alfreds eigenen Aufzeichnungen wissen wir, daß er sich nicht für attraktiv genug hielt, um bei einer Frau Gefühle wecken zu können. Es hat den Anschein, als habe er es vermeiden wollen, in eine derartige gefühlsmäßige Abhängigkeit von Frauen zu kommen, daß seine Arbeit darunter leiden konnte. Hätte sein Verhältnis zu Bertha von Suttner sich entwickeln können, wie er es wollte, ist es jedoch denkbar, daß er diesen Nachteil in Kauf genommen haben würde.

In einem Brief bezeichnet er sich selbst als »ein umherirrendes und schicksalsgebrochenes Lebenswrack«, das sich aus eigenem freien Willen von »Liebe, Freude, Lärm, pulsierendem Leben« und vom Geben und Nehmen von Fürsorge und Zärtlichkeit ausgeschlossen habe. Er sah also klar die Nachteile der Tatsache, daß er nicht die Verantwortung für eine Familie auf sich nahm: ein andauerndes Dasein in frostiger Isolierung ohne engere menschliche Kontakte. Man kann sich schwer einen Menschen vorstellen, der sich in stärkerem Maße als Alfred gegen die Außenwelt abschirmte – das heißt, während der wenigen Stunden des Tages, in denen er nicht arbeitete.

Alfred sagt es in seinen Briefen nie klar und deutlich, doch gewisse Formulierungen deuten darauf hin, daß er der Meinung war, eine zeitaufwendige Ehe sei nicht vereinbar mit seiner Leitung der Nobel-Unternehmen. Wenn auch mit Zweifeln, so war er doch bereit, einen hohen Preis dafür zu zahlen, daß er das Jungesellenleben vorzog. In einem Brief nennt er das Leben, das er führt, »ein halbes Leben«. Er mußte sich ja auch mit der Freundschaft zu einigen wenigen begnügen, da er diejenige, die er haben wollte, nicht lieben durfte – Bertha von Suttner.

Zu jener Zeit wurden lebhaft die Risiken und Vorteile sexueller Enthaltsamkeit diskutiert. In England wurde eine Organisation für die Abschaffung der Prostitution gebildet, und in Schweden propagierte die 1878 begründete Zeitschrift »Der Sittlichkeitsfreund« das gleiche. Vielleicht waren es diese Erscheinungen, die Alfred zu den folgenden vorurteilsfreien Zeilen in »Nemesis«, I. Akt, Szene 8 veranlaßten:

Diese dummen Moralisten, die von der Verbesserung der Menschen predigen, sie haben kaum in einem von tausend Fällen Erfolg, während es dagegen das Leichteste in der Welt ist, die Tugend in die wildeste und zügelloseste Unzucht hinabzuziehen. Und wie herrlich ist das! Was wäre das Leben wert, wenn es nicht die Unsittlichkeit mit allen ihren Abarten gäbe.

26

Alfreds Arbeitsintensität verminderte sich nicht, als er sich den mittleren Jahren näherte.

Durch Gelatinierung von Nitroglyzerin (92%) und einen Zusatz von Nitrozellulose (8%) war es ihm gelungen, einen neuen Sprengstoff herzustellen, der die Sprengkraft des Nitroglyzerins mit der relativen Ungefährlichkeit des Dynamits in sich vereinigte. Dennoch war er nicht zufrieden und setzte seine Forschungen fort.

Die Kombination der kräftigsten Sprengstoffe der Zeit war eine so epochemachende Erfindung, daß das Jahr 1875 als ein

Markstein hervortritt. Die Sprenggelatine war nicht nur stoß- und reibungssicher, sondern konnte auch unter Wasser benutzt werden, was ihre Anwendungsmöglichkeiten entscheidend ausweitete.

Alfred hatte einen langen Weg zurücklegen müssen: von dem Schleppkahn im Bockholmssund im Mälarsee über den Schleppkahn auf der Elbe dreißig Kilometer südlich von Hamburg zu den Laboratorien in der Avenue Malakoff und Sevran. Nach zahllosen Arbeitstagen war es ihm also gelungen, einen in mehrfacher Hinsicht idealen Sprengstoff herzustellen. Das war die einhellige Meinung der Fachwelt, als das englische Primärpatent bekannt wurde. Alfred selbst war der Meinung, daß die Sprenggelatine nicht nur eine Verbesserung des Dynamits war, sondern daß die Erfindung auf zwei ganz neuen Entdeckungen basierte: der Nitrierung teils von Baumwolle und teils von Nitroglyzerin.

An ein Vorstandsmitglied seiner schottischen Gesellschaft, Archibald Shaw, schrieb er einige Zeilen, die zeigen, wie sehr er sich des Marktwertes seiner neuen Erfindung bewußt war: »It is certain that at the time of the formation of the Co. neither they expected to acquire nor I to cede, free of charge a patent of such importance.« Alfreds Haltung ist interessant: Hier findet sich plötzlich nicht eine Spur zurückhaltender Anspruchslosigkeit.

Anfänglich hoffte Alfred, daß die Sprenggelatine auch als militärischer Sprengstoff verwendet werden könnte: als Sprengladung in Granaten, aber auch als Treibladung in Kanonen und Handfeuerwaffen. Während ausgedehnter Versuche durch ihn selbst und Sir Frederic Abel in England zeigte sich jedoch, daß die Sprenggelatine allzu kräftig war und zu schnell verschwand.

Der erwartete Erfolg der Erfindung ließ daher auf sich warten. In Frankreich, England und Deutschland wurde die Entwicklung dadurch gehemmt, daß die Sprenggelatine teurer war als Dynamit. Hinzu kam, daß ihre Herstellung mit größeren Risiken verbunden war. Bei einer speziellen Art von Sprengungen kam sie indessen zu ihrem Recht: in hartem Fels bei Tunnelsprengungen. Bei den Bauarbeiten an dem 15 Kilometer langen St.-Gotthard-Tunnel hatte die Sprenggelatine ihren definitiven Durchbruch und zeigte sich dem Dynamit klar überlegen. In einem Brief vom 27. Februar 1880 schreibt Paul Barbe an Alfred, daß man in einem Monat 27-28 Meter gesprengt habe, gegenüber nur 17-18, als man noch Dynamit benutzte.

In England machte der Leiter der Sprengstoffinspektion – Sir Vivian Majendie – weiterhin so große Schwierigkeiten, daß Alfred Anlaß fand, von »...restriktiven Regeln, Bürokratie, Pedanterie, Überheblichkeit und anderen Unerquicklichkeiten« zu sprechen.

Nachdem die englische Sprengstoffinspektion 1879 die Herstellung von gelatinierten Sprengstoffen mit dem Hinweis auf Sicherheitsaspekte verboten hatte, sollten noch fünf Jahre vergehen, bevor die notwendigen Genehmigungen erteilt wurden. Alfred ließ untersuchen, was der Grund für diese kleinliche Haltung sein könnte. Es zeigte sich, daß man Sir Frederic Abels Meinung eingeholt hatte. Abel hatte selbst ein Verfahren zur Herstellung von Schießbaumwolle mit vermindertem chemischen Zerfallsrisiko entwickelt. Alfred war klar, daß hier ein Interessenkonflikt vorlag. Bereits 1870 hatte er Abel »the distinguished advocate for guncotton« genannt. Die wirkliche Ursache des Widerstands, auf den die Sprenggelatine in England stieß, war, daß Abel darin eine ernste Konkurrenz zu seiner eigenen Schießbaumwolle sah.

27

Der Widerstand gegen die Sprenggelatine in England erwies sich als eine isolierte Erscheinung. Andernorts wurde sie um so höher geschätzt, und Alfreds Lizenzeinkünfte flossen reichlich. Die steigenden ökonomischen Mittel waren von großer Bedeutung für den Geschäftsmann Alfred, doch seinen Briefen nach zu urteilen vertrieben sie nicht die trüben Gedanken des Privatmannes.

In seinen Briefen beschreibt er sich selbst als einen gelegentlichen Besucher in seinem eigenen Haus, nicht nur während der hektischsten Reiseperioden.

Die folgenden Worte aus »Nemesis«, II. Akt, Szene 8, waren seiner persönlichen Erfahrung entsprungen und spiegeln seine Daseinsauffassung wider:

MADONNA: *Mein Leben ist ein Gewebe aus Qualen. All die unvergleichliche Pracht, die mich umgibt, ist mehr dazu angetan, meine Trauer zu vermehren als sie zu mildern.*

Eins der großen Geschenke des Lebens, seine Gedanken und Gefühle mit einem anderen Menschen teilen zu können, war Alfred versagt. An einen Freund schreibt er: »Wie andere und vielleicht mehr als andere kenne ich die Schwere der Einsamkeit, und während vieler langer Jahre habe ich jemanden gesucht, dessen Herz den Weg zu meinem finden kann.«

Da geschah an einem Frühlingstag 1876 in Wien etwas, das sein weiteres Leben prägen sollte. Er befand sich in einer Stadt, die älter war als Österreich und die Habsburger Monarchie, für die er ein besonderes Empfinden hatte. Er hatte ein praktisches Problem zu lösen: seine Korrespondenz war inzwischen so umfassend geworden, daß er eine kompetente Person finden mußte, die ihm bei der Schreibarbeit und in anderen Dingen helfen konnte. Bisher hatte eine früher bei ihm angestellte Hauswirtschafterin ihm bei einfacheren Tätigkeiten wie dem Abschreiben von Briefen und Archivierungsarbeiten geholfen. Nun brauchte er eine hochqualifizierte und sprachkundige Privatsekretärin.

In einer Wiener Zeitung gab er eine Annonce auf, deren Wortlaut sein eigener war: »Ein sehr reicher, hochgebildeter, älterer Herr, der in Paris lebt, sucht eine sprachenkundige Dame, gleichfalls gesetzten Alters, als Sekretärin und zur Oberaufsicht des Haushalts.«

Der »ältere Herr« war zu diesem Zeitpunkt noch nicht 43 Jahre alt. Er schrieb Briefe in fünf Sprachen. Da er sich selbst als hochgebildet charakterisierte, erwartete er von einer Sekretärin Kenntnisse in Geschichte und Literatur und gerne auch in Musik. Überdies sollte die Mitarbeiterin in spe ihm noch Essen kochen können.

Unter den Antworten war eine, die sein besonderes Interesse erweckte. Die Handschrift der Briefschreiberin und ihre intelligenten Formulierungen ließen eine ungewöhnlich gut qualifizierte Person vermuten. Die Bewerberin war Gräfin Bertha Sofia Felizitas Kinsky von Chinic und Tettau. Sie gab an, gegenwärtig als Gouvernante der Töchter von Baronesse von Suttner angestellt zu sein. Sie war 33 Jahre alt und unverheiratet.

Die Familie Kinsky gehörte der österreichischen Hocharistokratie an, aber Berthas Vater war ein armer Militärangehöriger in Wien.

Doch Bertha Kinskys Art und Weise, sich auszudrücken, war die einer österreichischen Aristokratin. Weil sie es gewohnt war, sich in den vornehmen Salons von Wien zu bewegen, war sie überaus gut geeignet zu repräsentieren, und das war in Alfreds Augen ein großer Vorteil.

Nachdem er einige Briefe erhalten hatte, war er davon überzeugt, daß Bertha Kinskys Qualifikationen seinen Erwartungen entsprachen. Das Bild, das er sich von ihr gemacht hatte, glich dem Frauenideal, das er aus Rußland mitgebracht und nie vergessen hatte.

Der Eifer, mit dem Alfred Berthas Briefe beantwortete, deutet darauf hin, daß er schon zu diesem frühen Zeitpunkt ihrer Bekanntschaft ein Vorgefühl davon entwickelt hatte, was sie für ihn bedeuten würde. Er scheint sich, bevor sie sich überhaupt begegnet waren, auf all die anregenden Gespräche gefreut zu haben, die er mit ihr führen würde.

In seinem Novellenentwurf »Im hellsten Afrika« schreibt Alfred:

Ich glaube, nur die gebildeten Klassen sollten Stimmrecht haben. Es allen zuzugestehen ist ungefähr das gleiche, wie Vater und Kinder in der Familie gleichberechtigt zu machen.
– Und die armen Frauenzimmer, sagte Emmy. Bekommen sie kein Stimmrecht?
– Ich finde, erwiderte Avenir, daß sie es in dem gleichen Maße haben sollten wie unser Geschlecht.

Danach will der Novellenautor Alfred allerdings die Rechte der Frau einschränken. Es sei beispielsweise unpassend, sie zum Gouverneur oder Präsidenten zu wählen, »da das Kommandieren nun einmal sozusagen Männersache ist«.

In ihren Memoiren erzählt Bertha ohne schönende Umschreibungen von den oft rauhen Erlebnissen ihrer Jugend. Nach unruhigen Jugendjahren nahm sie die Anstellung als Gouvernante für die Töchter der Familie von Suttner an. Der junge Sohn des Hauses – Arthur – verliebte sich heftig in die sieben Jahre ältere Bertha. Seine Mutter widersetzte sich jedoch jedem Gedanken an eine Heirat. Der Grund war nicht nur der Altersunterschied, sondern auch die magere Mitgift, die von der Auserwählten zu erwarten war. Sobald die Baronesse Alfreds Annonce in der Zeitung las, sah sie eine Möglichkeit, ihr Problem zu lösen, und es gelang ihr auch, Bertha dazu zu überreden, sich um die Stelle in Paris zu bewerben.

Nachdem Alfred und Bertha sich über ihren Lohn geeinigt hatten, fuhr sie ohne weiteren Aufschub nach Paris. Sie tat dies in der Überzeugung, den verliebten jungen Sohn des Hauses für immer zu verlassen, der den beharrlichen Vorhaltungen der Mutter, von einem »undenkbaren« Verhältnis Abstand zu nehmen, nachgegeben hatte.

Als Bertha in der französischen Hauptstadt ankam, wußte sie wenig mehr von Alfred, als daß er vermögend war und das Dynamit erfunden hatte. Aus ihrem Briefwechsel hatte sie auch den Eindruck gewonnen, daß er umfassende literarische und philanthropische Interessen hatte und daß er ein sehr zurückgezogenes und einsames Leben führte. Besonders was er über seine Einsamkeit geschrieben hatte, hatte sie frappiert.

Alfred holte sie am Bahnhof ab, und als sie in seine Kutsche stiegen, erzählte er, daß sein Haus in der Avenue Malakoff umgebaut werde. Er habe sich deshalb erlaubt, eine Suite im Grand Hotel auf dem Boulevard de Capucines zu bestellen.

Bertha war angenehm überrascht. Sie schreibt: »Alfred Nobel machte einen sehr sympathischen Eindruck. Ein ›alter Herr‹, wie es in der Annonce hieß und wie wir alle uns ihn vorgestellt hatten, grauhaarig, gebrechlich: das war er nicht, geboren 1833, war er damals dreiundvierzig Jahre alt, von Gestalt unter Mittelgröße, dunkler Vollbart, weder häßliche, noch schöne Züge, etwas düsteren Ausdruck, nur gemildert durch sanfte blaue Augen; in der Stimme ein melancholischer oder abwechselnd satirischer Klang. Traurig und spöttisch, das war ja auch seine Art. War Byron darum sein Lieblingsdichter?«

Es war also kein griesgrämiger und fordernder Arbeitgeber, der sie empfing, sondern ein zuvorkommender und geistreicher Kavalier. Die erste Begegnung fiel zu beider Zufriedenheit aus. Als Bertha aus dem Morgenzug stieg, konnte Alfred feststellen, daß sie die Schönheit war, die er sich in seiner Phantasie vielleicht vorgestellt hatte.

Berthas Tagebuchaufzeichnungen zufolge frühstückten sie im Speisesaal des Hotels, um danach wieder Alfreds Wagen zu besteigen, zur Fahrt in die Avenue Malakoff und in den Bois de Boulogne.

Alfred hatte jetzt die Möglichkeit, seine neue Mitarbeiterin in Augenschein zu nehmen. Von Photographien von Bertha aus jener Zeit wissen wir, was er sah: ein ovales Gesicht mit feinen Linien unter einem breiten, auf hochgestecktem dunklem Haar schwebenden Hut. Ihr Blick leuchtete vor Intelligenz. Sie pflegte dunkle, eng anliegende Kleider zu tragen, die ihre schlanke Taille hervorhoben.

Man kann sich vorstellen, daß die widersprüchlichsten Gedanken ihm durch den Kopf schossen, als sein Blick ihren spöttischen Augen begegnete. Wir werden nie wissen, ob er den folgenden Passus aus »Nemesis«, I. Akt, Szene 8, möglicherweise mit dem Gedanken an diese erste Begegnung mit Bertha schrieb:

CENCI: *Es liegt etwas Großartiges in der Natur dieses Mädchens. Eine Aristokratin vom Scheitel bis zur Sohle mit jener schlummernden Leidenschaft der Seele, die sie zu grenzenloser Liebe oder zu grenzenlosem Haß anspornen kann. Sie ist gewinnend in ihrem stolzen Trotz wie in ihrer milden Alltagsstimmung. Aber ich kenne Kniffe, die jeden Trotz bändigen, und bald wird sie wie meine früheren Opfer eine kriechende und untertänige Sklavin sein, die alles begehrt und nichts verweigern kann. In despotischen Händen sind alle Frauen gleich.*

Die Fahrt zu Alfreds Haus ist von Bertha auch beschrieben worden: »Wir passierten die Champs Elysées – es war zur Promenadenzeit – (...) Welche Menge von Karren mit duftenden Veilchen die Luft erfüllten zu dieser Jahreszeit. Die Sonnenstrahlen spielten mit den schimmernden Springbrunnen des Rond Point und ließen die Laternen und das Zaumzeug der unzähligen Equipagen blitzen.«

Wieviel Alfred Bertha an Lohn bot, ist nicht bekannt, aber es war sicher bedeutend mehr als die kargen Gehälter, die üblicherweise zu jener Zeit in den deutschsprachigen Ländern gezahlt wurden. Über die Hausbesichtigung in der Avenue Malakoff schreibt Bertha, daß besonders die wohlgefüllte Bibliothek sie beeindruckt habe, die die unterschiedlichsten Geschmacksrichtungen zufriedenzustellen schien. Als die Kutsche nach der Hausbesichtigung zum Bois de Boulogne hinausrollte, waren sie ernsthaft miteinander ins Gespräch gekommen. Bertha schrieb später an ihre Mutter in Wien: »Dank der Briefe, die wir gewechselt hatten, fühlten wir uns überhaupt nicht wie Fremde.«

Der gewöhnlich so schweigsame Alfred begann eine intensive Konversation mit Bertha und berichtete ausführlich über seine laufenden Experimente. Ausnahmsweise schien er sich nicht zu einer munteren Stimmung zwingen zu müssen. In Bertha hatte er eine inspirierende Gesprächspartnerin gefunden. Einige Zeilen in der ersten Szene des zweiten Aktes von »Nemesis« lauten:

GUERRA: *Endlich eine Zeit mit Ihnen allein! Sie ahnen nicht, wie unbeschreiblich ich mich nach einem solchen Glück gesehnt habe.*

Wenngleich Bertha von Suttner noch nicht begonnen hatte, sich für die Friedensarbeit zu engagieren, hörte sie besonders aufmerksam zu, als der »Dynamitkönig« aus eigenen Stücken begann, seine Ansicht über »das scheußliche Gewerbe« darzulegen, das die Herstellung von Kriegsmaterial darstellte. Er erklärte, daß moralische Erwägungen immer nationalen Interessen untergeordnet sein würden.

Bertha erfuhr auch, daß die Kriegskunst sich in einem Anfangsstadium befinde. Wenn sie einst ihre Vollendung erfahren haben würde, könne das Abschreckungsmoment von solcher Art sein, daß die Völker gezwungen wären, in Frieden miteinander zu leben. Es ist eine Bemerkung Alfreds bewahrt, die bei einer anderen Gelegenheit gemacht wurde, doch im Prinzip das gleiche besagte: »Ich würde gerne ein Mittel oder eine Maschine von so schrecklicher massenvernichtender Wirkung erfinden, daß Krieg dadurch für immer unmöglich gemacht würde.« Dies waren also Alfreds Gedanken über die Vernichtungswaffen der Zukunft, fast hundert Jahre, bevor das nukleare Damoklesschwert über allem zu schweben begann.

Bertha bemerkt in ihren Memoiren, daß Alfreds Konversation sich in hohem Maße um militärische Vernichtungswaffen drehte, obwohl die zweite Hälfte des 19. Jahrhunderts mit Ausnahme des kurzen deutsch-französischen Krieges eigentlich eine recht friedliche Periode war. Alfred hob jedoch nachdrücklich hervor, daß seine Erfindungen von Sprengstoffen wie dem Dynamit und der Sprenggelatine zwar für militärische Zwecke genutzt würden, überwiegend aber friedlichen Zwecken dienten. Es sollte jedoch ein Jahrzehnt dauern, bis sie einen ernsthaften und engagierten Meinungsaustausch über diese Fragen begannen.

Vom ersten Tag in Paris an war Alfred davon überzeugt, in Bertha eine intellektuell Ebenbürtige gefunden zu haben. Bertha ihrerseits war von der ernsten Art und der wohlartikulierten Konversation ihres Chefs tief beeindruckt. In ihr Tagebuch schrieb sie, nachdem sie sich am Ende des ersten Tages von Alfred verabschiedet hatte: »Mit ihm über Welt und Menschen, über Kunst und Leben, über die Probleme von Zeit und Ewigkeit zu reden, war ein geistiger Hochgenuß.«

An einem der folgenden Tage überreichte Alfred seiner neuen Angestellten das Jugendgedicht, dessen erste Zeile lautet: »Man sagt, ich sei ein Rätsel«. Er tat dies mit einigen entschuldigenden Worten, daß es sich hierbei um das Resultat »des Hobbys eines einsamen Mannes« handele. Bertha war verblüfft. In dem einen Augenblick konnte er der selbstgeprägten Bezeichnung »Grübelinstrument« alle Ehre erweisen, im nächsten war er der tatkräftige Industrieführer, der großartige Zukunftspläne entwarf. Er erklärte den widersprüchlichen Eindruck, den er hervorrufen konnte, damit, daß er Pessimist sei, was ihn selbst betreffe, daß er aber »hoffnungsvoll auf die Zukunft der Menschheit« blicke.

Es war Bertha von Anfang an klar, daß er jemanden brauchte, der sich seiner annahm, eine Person, die mehr für ihn war als eine tüchtige Sekretärin. Mit ihrer weiblichen Intuition kann sie nicht ganz unvorbereitet gewesen sein, als er sie später fragte, ob sie »freien Herzens« sei.

Der dies fragte, sollte zwei Jahrzehnte später »Guerra« in »Nemesis« sagen lassen:

Nehmen Sie mir nicht das liebste, was ich habe, das einzige, für das es sich zu leben lohnt – meine Hoffnung, daß Sie einmal die Meine sein werden... Stellen Sie mich auf die Probe, und Sie werden sehen, wie weit die Liebe mich führen kann! Ich kann mir nichts vorstellen, das Sie vergebens von mir fordern könnten – alles, was ich besitze, meine Würde, alles, was mir lieb und heilig ist...

So taktvoll es ihr überhaupt möglich war, erklärte Bertha, daß sie bereits mit Arthur von Suttner in Wien verlobt sei und daß sie ihn liebe. Sie habe vorübergehend auf den Druck seiner Mutter hin die Verbindung abgebrochen. Der Grund für ihre Antwort auf Alfreds Annonce war, daß sie ihr eigenes Auskommen haben wollte.

28

Als Bertha eine Woche in Paris gewesen war, zwangen dringende Geschäfte Alfred zu einer Auslandsreise. Er war zwischen dem 9. und 30. Mai fort. Als er zurückkam, hatte Bertha gepackt, bezahlt und war abgereist. Er sah ein, daß es ein Fehler gewesen war, sie allein in einer einsamen Hotelsuite zurückzulassen. Bertha war der Stimme ihres Herzens gefolgt und zurück zu Arthur nach Wien gereist. Sie hatte einen Diamantschmuck, den sie von einem Verwandten geerbt hatte, verkauft und trotz der nachdrücklichen Versicherung der Direktion, daß Ingenieur Nobel Order gegeben habe, die Rechnung an ihn zu senden, ihre Hotelrechnung bezahlt. Bertha beschreibt den Ablauf des Geschehens in ihren Memoiren: »Ich handelte wie im Traum, wie unter unwiderstehlichem Zwang.« Sie hatte einen Pikkolo zum Bahnhof geschickt, um eine Fahrkarte zu kaufen, und schon ein paar Stunden später saß sie im Schnellzug nach Wien und hatte ihre Anstellung aufgegeben.

Bertha und Arthur von Suttner heirateten am 12. Juni 1876 in einer kleinen Vorstadtkirche bei Wien, ohne seine Eltern zu unterrichten. Es sollten zehn Jahre vergehen, bevor eine Versöhnung zustande kam und das Ehepaar von Suttner sich auf dem Familiengut Harmannsdorf niederlassen konnte.

Alfred war wieder allein und machte sich nie wieder Hoffnungen, bei einer »Dame von Welt« zarte Gefühle wecken zu können. Er scheint sogar befürchtet zu haben, sich mit seiner platonischen Schwärmerei lächerlich gemacht zu haben. In »Nemesis« schreibt er:

BEATRICE: *Unter ständiger Tortur verliert man den Glauben an die lichten Tage des Lebens. Meine Zukunft erscheint mir so finster wie ein Gefängnis... Die Liebe zu Ihnen sitzt wie ein Heiligenbild in meiner Seele.*

So war seine Gemütsverfassung, als er durch einen Zufall die schöne und einladende junge Wienerin Sofie Hess traf. Mit ihr sollte er ein achtzehn Jahre dauerndes Verhältnis eingehen. Zwischen den Zeilen in seinen Briefen meint man herauslesen zu können, daß er nach der Episode mit Bertha bereit war, Trost zu suchen, wo immer er ihn finden konnte.

29

Alfred traf die 20jährige Schönheit Sofie Hess im Spätsommer 1876 in dem Kurort Baden bei Wien. Sie arbeitete als Gehilfin in einem Blumengeschäft.

Alfred fand Gefallen an der koketten Verkäuferin, und bald war die Beziehung etabliert, die trotz zahlreicher Störungen fast zwei Jahrzehnte dauern sollte.

Anfänglich war Alfred so verliebt, daß er, sobald es die Geschäfte zuließen, zu Sofie nach Baden bei Wien zurückkehrte. Seine Gefühle scheinen zunächst zwischen onkelhafter Zärtlichkeit und Begierde gependelt zu haben, nachdem er seine Bedenken, als 43jähriger ein Verhältnis mit einer 20jährigen einzugehen, erst einmal überwunden hatte. Sofies augenfälliges Interesse rührte ihn außerdem und schmeichelte ihm. Als er nun dieses Verhältnis einging, war es das erste nach dem tragischen Liebeserlebnis als junger Mann mit der Apothekenhelferin in Paris.

Im kosmopolitischen Wien, wo Tschechen und Deutsche, Juden und Christen in Eintracht miteinander leben konnten, fühlte Alfred sich wohl. Hier lebte er nach dem Prinzip »leben und leben lassen«, konnte aber auch das Angenehme mit dem Nützlichen verbinden; er hatte auch in Österreich eine Dynamit-Gesellschaft.

Nach der kurzen Episode mit Bertha von Suttner in Paris mußte sich Alfred nun abfinden mit der Liebe, die Sofie ihm geben konnte. Ein Vergleich der Briefe an Sofie mit denen, die er an Bertha von Suttner schrieb, ist entlarvend. An Sofie schreibt er nonchalant und selten mit großer Sorgfalt. In den Briefen an Bertha greift er zu gezierten Formulierungen und ist um ausgesuchte Höflichkeit bemüht.

30

Ein Einsiedler ohne Bücher und Tinte ist ein schon im Leben toter Mann.

Es ist angebracht, diesen Aphorismus Alfreds im Gedächtnis zu behalten, wenn man seine Briefe an Sofie Hess untersucht. Sein erstes Vaterland war sicher Schweden, sein zweites die Laboratorien und das Dynamitimperium, aber sein drittes die Bücher und das Schreiben.

Um sein Gefühl von Einsamkeit in den Jahren des Heranwachsens in St. Petersburg zu betäuben, las und schrieb Alfred ununterbrochen. Als Erwachsener blieb er dabei. Das resultierte in einer ungewöhnlich großen Sammlung von Privatbriefen. Manchmal bekommt man den Eindruck, daß er gar nicht an einen anderen Menschen schreibt – auch wenn die Briefe in diesem Falle zufällig an Sofie Hess adressiert sind –, sondern um seine Gedanken in Worte zu fassen.

Man darf indessen nicht vergessen, daß Alfreds Briefe, was Sofie anbetrifft, eine lange parteiliche Stellungnahme sind. Das Bild, das wir von ihr gewinnen, wenn wir die Korrespondenz betrachten, ist in der Hauptsache seines. Schon die Handschrift verrät, daß Sofie ungeschult ist. Alfred scheut sich ja auch nicht, dies ein übers andere Mal zu betonen. Ihre Briefe machen meistens den Eindruck, in Eile geschrieben zu sein, und handeln in der Regel davon, daß sie Geld haben möchte oder wie es ihr gesundheitlich geht. In den reinen Bettelbriefen klingt ein einschmeichelnder Ton an, der Alfred gestört haben muß. Sie schreibt, als spreche sie, gedankenlos, aber mit geschmeidiger Zunge. Meistens ist es Alltagsklatsch, und man begreift, daß Alfred ein Bedürfnis verspürte, ihren Horizont zu erweitern. Dort liegt zugleich der erste Keim zu einem Konflikt: sie verabscheute den überlegenen und schulmeisternden Ton, den er anschlug.

Es dauerte, bevor Alfred einsah, daß es vergeudete Mühe war zu versuchen, Sofie in der Welt des Wissens heimisch zu machen. Seine Ermahnungen tendierten dann dazu, strenger zu werden. In »Nemesis« schreibt er im ersten Akt, Szene 10:

CENCI: *Ich rate dir, dich ohne Widerstand meinem Willen zu fügen, ja ihm sogar entgegenzukommen. Langjährige Erfahrung hat mich gelehrt, daß es vom Widerwillen des Mädchens zur Hingebung der Frau nur ein Schritt ist... Meine kleine Zurechtweisung kürzlich hatte nicht die gebührende Wirkung; aber wenn du glaubst, daß ich keine anderen Mittel zur Verfügung habe, unterschätzt du meine Möglichkeiten. Blinder Ge-*

horsam, zu dem du sowieso kommen wirst, kann dir andere schwere Qualen ersparen.

Das Verhältnis ruft den Gedanken an Bernard Shaws »Pygmalion« wach, doch Sofie hatte nicht Elizas Fähigkeit, sich vom häßlichen Entlein zum Schwan zu wandeln. Alfred träumte von einer Frau, mit der er auf einer Grundlage von Ebenbürtigkeit Gedanken und Eindrücke austauschen konnte. Bertha von Suttner hätte diese Rolle mit Bravour ausgefüllt, doch dem Mädchen aus Wien fehlten die Voraussetzungen dazu. Alfred mußte das einfach akzeptieren. Sein Frauenideal war im zaristischen Rußland geprägt worden, und er hätte sehen wollen, wie seine Auserkorene sich mit Grandezza in raffinierten Milieus bewegte und ohne die geringste Schwierigkeit mit gebildeten Personen konversierte.

Dies führte unter anderem dazu, daß er sich in Paris nicht öffentlich mit Sofie zeigen wollte, eine Form von Heuchelei, die mit dem Lebensstil jener Zeit durchaus im Einklang war.

Bestimmte Formulierungen in Alfreds Briefen können darauf hindeuten, daß er sich aufgrund der Tatsache, daß das Verhältnis zu Sofie immer unbefriedigender wurde, auf dem Gebiet der Liebe behindert fühlte. Wie die Beziehung auf der erotischen Ebene zu bewerten ist, erfahren wir nie. Alfreds überraschende Behauptung, daß er nie in einem intimen Verhältnis zu Sofie gestanden habe, ist wahrscheinlich eine Notlüge in einer Verlegenheit.

Der Bruder Ludvig, der einer der wenigen aus Alfreds Umkreis war, der Sofie begegnete, scheint sich gefragt zu haben, ob Alfred seine Bekanntschaften auf der Straße machte. Er sah in ihr eine Abenteurerin, die das Ziel verfolgte, Alfred zu umgarnen, um geheiratet zu werden. Ludvig war der Überzeugung, daß sie Alfreds Leben zerstören würde. In einem Brief vom 8. November 1878 gibt er die Motive an, warum er bei einer bestimmten Gelegenheit Sofie nicht habe treffen wollen:

»...Behaglichkeit dürfte dagegen für Dich nicht zu finden sein, wo Du sie zur Zeit suchst. Wirkliche Behaglichkeit gibt es nur unter achtbaren Frauen aus guten Familien. Das Unglück berechtigt wohl zu Mitleid, aber nur die weibliche Tugend und Würde geben uns die Achtung ein, die wir der Frau so gern entgegenbringen. Verzeih mir, bester Alfred, daß ich ein Thema angeschnitten habe, in dem Du selbst mich nicht um Rat gefragt hast, aber da ich Deine Freundin nicht besucht habe, und Du das sonderbar finden dürftest, da ich sie doch kenne, so will ich Dir sagen, daß ich so gehandelt habe, um ihren Hoffnungen und Bestrebungen, Dich fürs Leben zu binden, keine Nahrung zu geben.«

Man fragt sich, warum Alfred sich dafür entschied, Sofie nicht zu heiraten. Ein Grund kann sein, daß er bei seinem schwermütigen Wesen nicht das Recht zu haben glaubte, eine junge, lebensbejahende Frau an sich zu binden. Ein weiterer: Schwere wirtschaftliche Mißerfolge in gewissen Perioden bewirkten, daß er glaubte, in materieller Hinsicht nicht genügend bieten zu können. Der entscheidende Grund für die unterbliebene Heirat war jedoch der Bildungsunterschied. Wenn Alfred von Sofies Unfähigkeit, sich zu entwickeln, spricht, werden seine Worte giftig – hier spricht ein Intelligenzaristokrat.

Obwohl ihr Verhältnis zwischen den Streitereien zuweilen richtig familiär sein konnte, bestätigen Alfreds Briefe doch seine Unfähigkeit, mit anderen als einer kleinen Anzahl von Menschen – wie den Mitarbeitern Alarik Liedbeck und Ragnar Sohlman, der Freundin Bertha von Suttner und Nathan Söderblom, dem jungen Pastor in Paris – einen inneren Kontakt zu etablieren. Alfred isolierte sich immer mehr und verschanzte sich immer tiefer in seiner vornehmen Villa in der Avenue Malakoff.

Wir wissen, daß der Beschützerinstinkt eines Neurotikers – und Alfred war ein solcher – oft Ausdruck eines aufgestauten Zärtlichkeitsbedürfnisses ist. Ein Neurotiker ist sich seiner Unfähigkeit, sich hingeben und lieben zu können, selten bewußt. Er ist überhaupt mißtrauisch gegen das, was man Liebe nennt. Wenn Alfred durch sein fleißiges Briefeschreiben den Kontakt mit Sofie aufrechtzuerhalten sucht, dann geschieht dies weniger, um seinen zärtlichen Gefühlen für sie Ausdruck zu geben, als um seine eigene Angst zu dämpfen.

Er wurde älter und seine Gesundheit schlechter, und zugleich war das Jahrzehnt zwischen 1883 und 1893 sein anstrengendstes. Aus den Briefen entnehmen wir, daß er oft am Rande der totalen Erschöpfung war nach allen Prozessen und Explosionsunglücken. Sofies Ausschweifungen stellten außerdem ein immer größeres Irritationsmoment dar. Als Ludwig 1888 starb, und die innig geliebte Mutter im Jahr danach, fühlte sich Alfred noch wurzelloser im Dasein als jemals zuvor. Wäre Sofie eine andere Frau gewesen, hätte sie in dieser Lage die Lebensgefährtin werden können, die ihm während seines ganzen Lebens gefehlt hatte. Statt dessen beginnt auch sie, sich in den Briefen zu beklagen – als ob beide keinen anderen Schmerz verstehen könnten als ihren eigenen. Es überrascht wenig, in der achten Szene des zweiten Aktes von »Nemesis« die folgenden Worte zu lesen:

MADONNA: *Heute kann ich nicht an die Trauer anderer denken, mein Kind. Meine eigene erfüllt mein Herz bis zur äußersten Grenze des Leidens.*

Als Alfred in Brief auf Brief tatsächliche und eingebildete Kränkungen wiederkäute, wurde Sofie es leid. Die Folge war, daß sie sich zu einer Person veränderte, die Alfred nicht zu kennen meinte. Sie hatte keine Lust mehr, Alfred in immer neuen Briefen zu versichern, daß er der einzige war, dem sie ihre Gunst schenkte. Zum Teil hatte Alfred sich dies selbst zuzuschreiben. Sie war es leid, per Korrespondenz hofiert zu werden. Er hatte ihr praktisch jeden privaten Umgang verweigert. Die einzigen Menschen, die sie treffen durfte, waren die Bediensteten und ihre Schwestern. Es ist kaum verwunderlich, daß sie unter solchen Umständen rastlos wurde.

Beider Tonfall läßt erkennen, daß sie einander fremd geworden waren. Er erklärt, nur ihr Bestes zu wollen – auf jeden Fall nichts Böses. Im übrigen beginnt er, die Briefe mit eingehenden Schilderungen seiner vielen laufenden Projekte, Experimente, Rechtsstreitigkeiten und Dynamitgesellschaften zu füllen. Sofie kommentiert nicht, sondern bittet statt dessen um mehr Geld. Er antwortet mit erneuter Kritik an ihrer Verschwendung, bezahlt aber weiterhin ihre Equipage, Juwelen und teuren Kleider.

Obwohl Alfred Sofie lange im Verdacht gehabt hatte, untreu zu sein, kam ihr Hilferuf, daß sie ein Kind von einem anderen erwartete, wie ein Schock. Er war tief gekränkt in seiner männlichen Würde. Nur mit Mühe gelang es ihm, seine Empörung zu beherrschen. In angestrengt freundlichen Wendungen versuchte er sogar, Sofie zu trösten. Die Folge war indessen, daß beschloß, sie nie wieder zu treffen. Ein einziges Mal wurde er diesem Vorsatz untreu. Als das Kind drei Jahre alt war, besuchte er Sofie in Wien.

31

In den folgenden Kapiteln sind Auszüge aus einem Teil der 218 nachträglich numerierten Briefe wiedergegeben, die Alfred zwischen 1878 und 1895 an Sofie Hess schrieb.

Betrachtet man die Briefe aus streng biographischer Sicht, sind sie von unschätzbarem Wert, aber sie stellen uns auch vor ein moralisches Problem: Hat man das Recht, Privatkorrespondenz, die offenbar nie für eine Veröffentlichung gedacht war, zu publizieren? Die Frage wird noch dadurch kompliziert, daß Alfred Sofie aufforderte, gewisse Briefe zu vernichten, sobald sie sie gelesen hatte – eine Bitte, der sie indessen nicht nachkam.

Wenn die Auszüge nun dennoch wiedergegeben werden, und

dies in einem bislang nicht vorliegenden Umfang, dann geschieht dies mit der Begründung, daß man den Lebenden jede Rücksicht schuldig ist, den schon lange Verstorbenen aber nur die Wahrheit. Die Briefstellen, die im bigotten 19. Jahrhundert Alfreds Namen und Ruf hätten schaden können, dürften dies heute kaum tun. Im Gegenteil, wir kommen ihm durch den vertraulichen Ton der Briefe so nahe, daß wir seine komplizierte Persönlichkeit leichter verstehen können.

Anfänglich mietete Alfred Sofie eine Villa in Bad Ischl im Salzkammergut. Der Ort war als Kurort bekannt. In den 1870er Jahren wurden hier kulturelle Stätten für Theater, Konzerte und literarische Zusammenkünfte errichtet.

Nach einiger Zeit kaufte Alfred Sofie eine andere Villa in Ischl, in der Brennerstr. 16. Vom 1. Juli 1880 bis 1886 mietete Alfred seiner Auserwählten außerdem eine Wohnung in der Avenue d'Eylau Nr. 10 in Paris, in bequemer Fußwegnähe seiner Residenz in der Avenue Malakoff. Wie in Wien und in Ischl war es auch in Paris unmöglich, offen zuzugeben, daß man mit seiner Geliebten unter einem Dach lebte. Deshalb ist es überraschend, daß Alfred Sofie nicht nur mit einigen Bekannten, sondern auch mit seinen Brüdern zusammenführte.

Für Sofies Bequemlichkeit und Wohlergehen war gut gesorgt. In ihrer Pariser Wohnung war sie umgeben von einem Hausmädchen, einer Köchin sowie einer französischen Gesellschaftsdame. Die letztgenannte hatte Alfred in der Hoffnung angestellt, daß sein Schützling lernen würde, die Sprache fließend zu sprechen. Das Haus, in dem Sofie wohnte, hatte eine Concierge, die einem unsignierten Protokoll im Nobelarchiv zufolge über Sofies Lebensgewohnheiten ausgefragt wurde – wahrscheinlich im Auftrag des eifersüchtigen Alfred.

Während der Sommermonate bezahlte er Sofies Aufenthalte in Kurorten wie Schwalbach in Deutschland und Trouville in Frankreich. Zu bestimmten Zeiten schrieb er ihr täglich aus Paris. Sofie nannte ihn »Der Brummbär«. Alfred selbst titulierte sie »Der Troll«.

Dieser Kosename findet sich auch in seinem privaten, eigenhändig und auf Schwedisch geführten Kassenbuch. Hier führte Alfred während seines ganzen Lebens kleine wie große Ausgaben auf.

Eine Seite aus diesem Kassenbuch konnte folgendermaßen aussehen:

Hüte für den Troll	Frs.	300.—
Handschuhe für mich	"	3,75
Das neue Pferd	"	8 000.—
Blumen für Madame R.	"	40.—
Mantel	"	0,25
Überweisung Ludvig	"	2 300 000
Auguste (Diener)	"	52.—
Wein Troll	"	600.—

In einem Brief überrascht Alfred Sofie mit dem Angebot, mit ihm nach Stockholm zu reisen, um die Mutter zu besuchen. Sofies Minderwertigkeitskomplex angesichts einer Begegnung mit Alfreds Familie gewann jedoch die Oberhand. Sie bekam plötzlich Magenbeschwerden. Alfred sah ein, daß es eine Ausrede war, und fand vielleicht bei genauerem Nachdenken, daß es so das beste war.

Sofie kehrte nach Wien zurück, da ihre Neigung, allzu leicht neue Bekanntschaften mit jungen Herren zu schließen, Alfred in immer stärkerem Maß irritierte. Er schlägt nach und nach schärfere Töne an und will wissen, ob aller Klatsch wirklich nur Klatsch sei. In »Nemesis« finden sich einige Zeilen, die in diesem Zusammenhang zitiert sein sollen:

CENCI: *Ich habe nicht seine Jugend, aber glaube deshalb nicht, daß das Frauenherz mir ein verschlossenes Buch ist… Wenn ein Mädchen, das nicht dumm ist, die Wahl zwischen einem Jüngling und einem reifen Mann hat, so zieht sie immer den älteren vor. Ihr Instinkt sagt ihr, daß die Erfahrung des Man-*

nes mit der Natur der Frau ein unschätzbarer Gewinn für sie ist. Junge Frauen gedeihen nicht in unerfahrenen Händen. Die Liebe des Jünglings ist plump... Verrücktes Mädchen! Du glaubst, du kannst mir trotzen. Ich habe wildere Naturen als deine gezähmt, aber heute will ich mild sein.

Sofie fuhr fort, durch die Entrées der grandiosen Badehotels ein und aus zu wandeln, und ihre Verschwendung begann solche Ausmaße anzunehmen, daß es Alfred empörte. Seine Stimmung, wie sie sich in den Briefen niederschlägt, wurde nicht besser dadurch, daß sie unter dem Namen »Frau Nobel« auftrat. Doch einen Grund dafür hatte er ursprünglich selbst geliefert – seine Briefe adressierte er oft an Frau Sophie Nobel oder Madame S. Nobel. Zu einem delikaten Vorfall kam es, als Alfred ein Glückwunschtelegramm von Bertha von Suttner erhielt. Die Baronesse hatte in einem Blumengeschäft in Wien gehört, daß von Monsieur Nobel in Paris Blumen an Madame Nobel in Nizza gesandt worden waren. Sie ging davon aus, daß Alfred geheiratet hatte, und wollte gratulieren. In seiner verschnörkelten Antwort nahm Alfred gegen seine Gewohnheit Zuflucht zu einer Notlüge:

Meine liebe Baronesse und Freundin!
Wie undankbar dieser Nobel doch ist! Doch nur zum Schein – denn die Freundschaft, die er für Sie empfindet, wird in der Tat immer wärmer. Je mehr er sich dem Grabe nähert, um so mehr liegt ihm an den wenigen Personen – Männer oder Frauen –, die ihm ein wenig wirkliches Interesse zeigen.

Wie konnten Sie im Ernst glauben, daß ich geheiratet hätte – und das ohne Sie davon in Kenntnis zu setzen? Das wäre ja doppelte Majestätsbeleidigung gewesen – gegen die Freundschaft und gegen die Höflichkeit. Soweit ist es mit dem alten Bär doch noch nicht gekommen.

Als die Dame in dem Blumengeschäft mich zum Ehemann machte, tat sie es mit Blumen. Was »Madame Nobel« in Nizza angeht, war dies zweifellos meine Schwägerin. Da haben Sie also die Erklärung für meine heimliche und mystische Heirat. Alles in dieser schnöden Welt findet am Schluß seine Erklärung, außer jenem Magnetismus des Herzens, dem diese Welt ihr Dasein und ihre weitere Existenz zu verdanken hat. Indessen scheine ich an gerade diesem Magnetismus Mangel zu leiden, da es keine Madame Alfred Nobel gibt und in meinem Fall Amors Pfeile unzureichend durch Kanonen ersetzt sind.

Sie sehen also, daß auch keine »jeune femme adorée« – ich zitierte Sie wörtlich – existiert und daß es nicht auf diesem Gebiet ist, wo ich ein Heilmittel, sei es gegen meine »nervosité anormale« – wieder zitiere ich –, sei es gegen meine düsteren Gedanken finden zu können glaube. Ein paar herrliche Tage in Harmannsdorf würden mich vielleicht von ihnen befreien. Wenn ich auf Ihre so außerordentlich liebenswürdige und freundliche Einladung noch nicht geantwortet habe, beruht dies auf tausend verschiedenen Ursachen, die ich mündlich erklären wollte. Wie auch immer, muß ich Sie absolut bald treffen, denn geschieht es nicht jetzt, weiß man nie, ob ich jemals das Vergnügen und den Trost bekomme, es zu tun. Das Schicksal will sich nun leider nicht in eine Versicherungsgesellschaft verwandeln lassen, obwohl man bereit wäre, verlockend hohe Prämien anzubieten.

Grüßen Sie herzlich Ihren Gatten! Was Sie selbst betrifft, brauche ich Ihnen nicht noch einmal zu sagen, daß ich verbleibe als Ihr ergebener und brüderlicher

Freund
A. Nobel

Paris, den 6. Nov. 1888

Sofies ökonomischer Leichtsinn hatte zur Folge, daß Alfred bei verschiedenen Gelegenheiten eingreifen mußte, um eine Pfändung zu verhindern. Aber er brach die Beziehung nicht ab. Er nannte sie in seinen Briefen weiterhin abwechselnd »liebes Sofferl« und »liebes, süßes Kindchen«.

Das auf Dauer unausweichliche Ende der Beziehung kam im Frühjahr 1891, als Sofie gestehen mußte, daß sie von einem jungen Kavallerie-Offizier ein Kind erwartete.

32

Der erste von Alfred Nobels Briefen an Sofie Hess ist aus Wien abgesandt, doch ohne Datum. Die Wahrscheinlichkeit spricht dafür, daß er Anfang 1878 geschrieben ist. Preßburg, wohin Alfred reisen will, war der deutsche Name von Bratislava – der heutigen Hauptstadt von Slowakien, die schon damals als wichtiger Binnenhafen und wegen ihrer chemischen Industrie bekannt war.

Brief 1
Mein liebes, süßes Kindchen.
Es ist über Mitternacht und erst jetzt haben die Directoren ihre dritte heutige Sitzung beendet. Was uns so in Anspruch nimmt, ist wieder die alte Dir bewußte Geschichte. Morgen geht es nach Pressburg, wo meine Anwesenheit noththut. Ich finde alles hier entsetzlich vernachlässigt, und hätte, wenn es mir nicht so zuwider wäre, hier länger bleiben müssen. Ich fühle mich aber in Gesellschaft dieser Herren sehr unbehaglich und sehne mich weg und zurück. Sobald irgend möglich telegrafiere oder schreibe ich Dir, wo und wann wir zusammentreffen können; unterdessen grüßt Dich tausend mal recht herzlich und wünscht Dir Alles Gute Dein ergebenster

Freund
Alfred

Brief 2

London, Westminster Palace Hotel 16/5/1878
Liebes Kind,
Es ist 1 1/2 Uhr nachts und in diesem Augenblick erst verlassen mich die Direktoren der Gesellschaft welche mich den ganzen Tag mit geschäftlichen Unterredungen geplagt haben. Und nie war mir Ruhe nothwendiger, und nie habe ich mich inniger danach gesehnt als heute. Schreibe mir ein kleines beruhigendes Wort über Deine Gesundheit, und bereite damit eine wahre und große Freude

Deinem herzlich ergebenen
Alfred

Ich sehe vor Kopfweh kaum mehr in der Lage zu schreiben. Hoffentlich werde ich morgen etwas arbeitsfähiger sein. Gute Nacht!

Brief 3

London, Westminster Palace Hotel
17/5 1878
Liebes Kind,
(…)
Ich finde hier nur mit Mühe einen Augenblick Zeit, um Dir einige Worte zu schreiben. Conferenzen mit Advokaten, Verhandlungen mit dem Minister des Inneren, wissenschaftliche Debatten, Anordnungen für den Umbau der Fabriken, nehmen den Tag so gänzlich in Anspruch, daß wir um 8 Uhr morgens anfangen und gegen 2 Uhr nachts zu Bett gehen.

Morgen Abend werden hier hoffentlich die Verhandlungen abgeschlossen, soweit es eben in so knappem Zeitraum geschehen kann. Leider ist heute früh die Unglückspost von einer Explosion in der Schottischen Fabrik eingetroffen, so daß ich gezwungen bin, dorthin abzureisen.

Ich finde die Zeit sehr lang, zumal mein Kopfweh sich unter der schlechten Nahrung und schlechten Luft immerfort ver-

schlimmert. Ich werde daher nicht wenig jubeln, wenn ich zurückkehren kann; wenn ich sage daher, so weißt Du wohl, daß ich darunter auch ganz andere Gründe verstehe.

Pflege Dich gut, liebes Kind, und mache Dir gar keine Sorgen.

Ein herzliches Lebewohl
Alfred

Brief 4

Ardeer 19/5 1878

Liebes Sophiechen,
Hier sitze ich nun in diesem kleinen Nest, wo der Wind nach allen Richtungen heult und gedenke der angenehmen Stunden, welche ich zuletzt in Paris verlebte. Wie geht es Dir mein liebes, gutes Kind in der Abwesenheit des alten Brumbärs? Spinnt Deine Fantasie goldene Fäden der Zukunft oder wandert die junge Seele durch das Schatzkämmerchen des Gedächtnisses? Oder sind es süße Bilder der Gegenwart, die Deine Stunden bezaubern. Vergebens sucht meine Wahrsagerei dieses Rätsel zu ergründen, aber ich flüstere Dir zu aus weiter Entfernung einen sehnlichen Wunsch, daß es Dir wohl gehe. Gute Nacht!

Alfred

Brief 5

Paris 24/8 1878

(…)
Hier liegt soviel unerledigtes vor, daß ich meine Gedanken noch gar nicht sammeln kann. Arbeit, Arbeit und wieder Arbeit ist daher das Losungswort.
(…)

Brief 6

Paris 25/8 1878

Es gehört nicht sehr viel Scharfsinn dazu um auszurechnen wer Deine an mich gerichtete Französische Depesche aufgesetzt hat. Er schreibt ganz gut, macht aber doch Fehler.

(…)

Ich sitze fast den ganzen Tag zu Hause und arbeite, die Zeit wird mir aber doch lang denn ich fühle mich sehr einsam. Ich habe ganz verlernt in Gesellschaft zu gehen, und werde mehr und mehr menschenscheu.

(…)

Du wirst es mir wohl nicht glauben, daß ich gestern den ganzen Abend am Arbeitstisch zubrachte und heute das gleiche thun werde. Vielleicht wenn Du meinen Worten nicht glaubst thut es Deinem eigenen Gewissen wohl. Ich habe mich ja nie als Herzerwerber aufgestellt und habe deshalb auch keine Verpflichtungen. Du dagegen machst so viele Betheuerungen daß man dieselben fast für wahr halten könnte, wenn nur keiner da wäre Deine Französischen Depeschen niederzuschreiben. (…)

Brief 7

Paris 26/8 1878

(…)

Kläre mir doch auf, wenn Du kannst, wer Dein Französisches Telegramm an mich richtete oder vielmehr für Dich niederschrieb. Es ist dies ein wunder Punkt zwischen uns welcher stark an mein Vertrauen gerüttelt hat. Aufrichtig, mein liebes Kind, solltest Du stets gegen mich sein, sogar wenn es Dir hart fällt es zu sein.

Nun will ich Dir aber nichts sagen was irgend wie Deine gute Laune verderben könnte, aber fröhliches kann ich auch nicht berichten denn ich fühle mich so einsam, und grüble entsetzlich. Sage mir, meine liebe Sofie, daß Du meiner noch in Freundschaft gedenkst, denn mir kommt vor als wären alle Deine Gedanken jetzt in Wiesbaden.

Dein erster Brief zu mir – nach Mitternacht geschrieben weil Du früher keine Zeit hattest – machte auf mich den Eindruck als sei er geschrieben unter dem Einfluß der Reue über ein Unrecht das Du mir angethan. Ich bin Dir aber doch gut trotzdem daß Du mich nicht mehr gerne hast, und wünsche Dir von ganzem Herzen eine baldige und vollständige Genesung, und Segen nach allen Richtungen. Vergesse nur nicht im Rausch der Fröhlichkeit den Anstand und die menschliche Würde ohne welchen kein Weib eine wahre Gattin oder eine wahre Mutter werden kann.

Aus Deinem zweiten Brief lese ich klar zwischen den Zeilen daß es Dir gut geht und daß meine Abwesenheit Dir eher Freude bereitet als Kummer. Für mich ist es umgekehrt. Das Leben hier erscheint mir sehr traurig und ich fühle mich mit jedem Tag einsamer und verlassener.

PS. Der Schwager und die Schwester meiner Schwägerin sind angekommen. Ich werde wohl gezwungen sein, mich der Tortur zu unterziehen, sie bei mir einzuquartieren. Es gibt auf der Erde nichts abstoßenderes als Zwangseinladungen.

Brief 8

Paris 28/8 1878

(…)

Es ist heute der dritte Tag seit ich ein Briefchen von Dir empfangen, und bin daher nicht ganz ohne Unruhe. Aber vielleicht amüsierst Du Dich gut und hast keine Zeit zum Schreiben, und hast nicht unrecht denn in der Jugend muß man sein Leben genießen. Später kommen Sorgen und Grübel welche unseren inneren Himmel bewölken.

Suche aber trotz der Vergnügungen auch Deine Gesundheit zu pflegen. Man hat nur eine, mein liebes Kind, und ist diese dahin so ist auch das Leben selbst nicht viel werth.

Liedbeck ist seit einigen Tagen hier, sitzt bei mir von Morgen bis Abend und zwingt mich in einem fort zu schreien daß mir die eigenen Ohren betäubt werden. Heute z. B. kam er um 8 1/2 Uhr

Morgens; und jetzt eben (9 Uhr Abends) wurde ich ihn los. Denke Dir wie ich müde sein muß. Und doch muß ich jetzt an die Arbeit denn es liegen wieder eine Masse Briefe vor, welche beantwortet werden müssen.

33

Nach mehrjähriger Suche hatte Alfred die seiner Meinung nach passende Person für die Einführung seines Nitroglyzerinsprengstoffs in Frankreich gefunden: Paul François Barbe. Barbe selbst hatte schon im Herbst 1867 in Hamburg den ersten Kontakt aufgenommen. In der französischen Sprengstoffgesellschaft, die daraufhin gebildet wurde, erhielt Alfred Gratisaktien für die Überlassung von Patenten, und in einer persönlichen Absprache zwischen den beiden wurde ihm die Hälfte der Unternehmensgewinne zugesichert.

Alfred lag sehr daran, seinem neuen Kompagnon deutlich zu machen, daß die Unglücksfälle, die geschehen waren und die Entwicklung gebremst hatten, häufig auf den menschlichen Faktor zurückzuführen waren. Auf diplomatische Weise ließ er durchblicken, daß Barbe vor jeder wichtigen Entscheidung Alfreds Zustimmung einholen müsse. Der Franzose hielt sich jedoch nicht immer an diesen Teil der Abmachung. Alfred konnte ihn in einem solchen Fall folgendermaßen charakterisieren: »Ein tüchtiger Kerl mit ausgezeichnetem Arbeitsvermögen, aber mit einem Gewissen, das dehnbarer ist als gummi elasticum. Das ist schade, denn einen solchen Verstand und eine solche Energie findet man selten vereint.«

Als der französisch-deutsche Krieg 1870 ausbrach, machte Barbe den Behörden in Paris klar, daß der neue Sprengstoff Dynamit von großem Nutzen sein könne. Daher müsse sein und Alfreds Gesuch, die Herstellung aufzunehmen, schnellstmöglich bewilligt werden. Barbe hatte gute Beziehungen zu einflußreichen Deputierten der Nationalversammlung und erreichte fast umgehend, was er wollte. Es gelang ihm sogar, ein Versprechen über einen Staatszuschuß von 60000 Francs für die Gründung einer Dynamitfabrik zu erwirken. Dies, obwohl der französische Staat das Monopol für die Herstellung und den Verkauf von Sprengstoffen innehatte.

Erik Bergengren hat eine bedeutungsvolle Beobachtung gemacht: Weder während des Krimkrieges noch während des französisch-deutschen Krieges deutet Alfred an irgendeiner Stelle in seinen Briefen an, was er eigentlich davon hielt, daß seine Erfindungen als Vernichtungswaffen im Krieg genutzt wurden. Vielleicht waren die Gedanken so entsetzlich, daß er sie verdrängte?

Unter Paul Barbes tatkräftiger Leitung kam die Fabrikation in Paulilles an der spanischen Grenze in Gang. Aus Sicherheitsgründen war die Fabrik an diesem einsamen Ort gebaut worden. Trotz Schwierigkeiten seitens der französischen Behörden gedieh das Unternehmen gut. Schon im Sommer 1872 konnte Alfred einen Gewinn von 189283 Francs kassieren. Und da waren die Anlagekosten schon mit 10% amortisiert und das eingesetzte Kapital mit 6% gutgeschrieben worden. Von seinem Gewinnanteil trat er 25000 Francs an Barbe ab. In einem Brief vom 10. August 1872 an Alarik Liedbeck schreibt er, er habe seine Anerkennung für »die unendliche Mühe, die Barbe gehabt hat, und die daraus entstandene Notwendigkeit, seine übrigen Geschäfte zu vernachlässigen« zeigen wollen. Alfred stellt im folgenden fest: »Der Verkauf hier geht gut. Wir hoffen für dieses Jahr auf noch größere Gewinne, wenn nicht etwas ganz und gar Unvorhergesehenes eintritt. Die Regierung macht Ärger, aber das hindert uns nicht. Sie müssen wohl klein beigeben«, heißt es selbstbewußt am Ende des Briefes.

Auch wenn Alfred zugeben mußte, daß es der von ihm verhaßte Krieg war, der den glücklichen Start in Frankreich möglich gemacht hatte, hoffte er darauf, daß das Dynamit sobald wie möglich für friedliche Zwecke benutzt werden würde. Ein Land nach dem anderen meldete immer größere Verkaufserfolge. Nicht zuletzt aus Schottland kam ein bedeutender Zuschuß zu Alfreds rasch wachsendem Vermögen. Dort hatte sich der Wert der Aktien in vier Jahren verzehnfacht.

Nachdem Barbe die französischen Behörden erfolgreich bearbeitet hatte, konnten Alfred und er die weitere Expansion nicht nur in Frankreich, sondern im gesamten übrigen Europa planen. Die Fabrik in Paulilles galt in den Augen der damaligen Fachwelt als Musterfabrik. Dort war außerdem eine Salpeter- und Schwefelfabrik gegründet worden, die 1880 mit einer Nitroglyzerinanlage komplettiert werden sollte. In sämtlichen Fällen waren den Installationen Beratungen zwischen Alfred und Alarik Liedbeck vorausgegangen. Um neue Explosionsunglücke zu verhindern, galt es, aus allen teuer erkauften Erfahrungen Nutzen zu ziehen. Alfred schätzte Liedbeck, weil er kein Ja-Sager war. Bereits 1875 verließ Liedbeck seinen Posten als Fabrikleiter in Vinterviken, um Alfreds Ruf nach Paris zu folgen, wo er in dem neugegründeten »Syndicat« eine zentrale Funktion übernahm.

Barbe sollte sich als ebenso fleißiger Briefschrieber erweisen wie Alfred, und deshalb können wir im Detail verfolgen, wie die Zusammenarbeit sich entwickelte. Ihre Korrespondenz beginnt im Mai 1869.

Sobald die Formalitäten geklärt waren, hatte Barbe sich mit beispielloser Energie daran gemacht, Alfreds Erfindungen in seinem Heimatland zu lancieren. Er war gut vorbereitet. In der Fachpresse hatte er von Alfreds aufsehenerregenden Demonstrationen in den deutschen Grubendistrikten gelesen. Sein Familienunternehmen bestand aus einer Maschinenfabrik, einer Gießerei, und nicht zuletzt Eisenerzgruben. Alfreds Sprengöl und Dynamit waren für den ehrgeizigen Ingenieur Barbe, der früher Offizier gewesen war und über umfassende Kenntnisse in bezug auf Kanonen, Haubitzen und Mörser verfügte, von allergrößtem Interesse.

Alfred kam ein geschickter Organisator mit administrativem Talent wie Barbe sehr gelegen. Als Alfred die Richtlinien für die Expansion in Frankreich aufstellte, war es weniger der bedeutende Markt, der ihn anzog, sondern der hohe Preis des Pulvers. Aufgrund des französischen Staatsmonopols für die Herstellung und den Verkauf von Sprengstoffen war das Pulver dreimal so teuer wie in Deutschland. Er schätzte daher die Voraussetzungen für das wesentlich billigere Dynamit als sehr günstig ein. Kaiser Napoléon III. hatte eine Kommission eingesetzt, die Vor- und Nachteile des neuen Sprengstoffs untersuchen sollte. Wie so oft zuvor konnte Alfred feststellen, daß nichts die Effektivität des Dynamits besser bewies als die Demonstration einer einzigen Sprengung.

Schon nach kurzer Zusammenarbeit entstand zwischen ihm und Barbe eine natürliche Arbeitsteilung: Alfred widmete sich der technischen Entwicklung, während Barbe sich der administrativen Leitung der Gesellschaft annahm und seine guten Kontakte auf Regierungsebene pflegte.

Der Erfolg der beiden Kompagnons war größer, als sie sich hatten träumen lassen. Sie erhielten nicht nur die Genehmigung zur Herstellung von Dynamit, sondern – trotz des Staatsmonopols – das Recht, es zu verkaufen. Alfred muß den Eindruck gehabt haben, daß die Geschichte sich wiederholte, nur diesmal in einer für ihn günstigen Weise. Wie Shaffner in den USA hatte Barbe gute Beziehungen zu den gesetzgebenden Institutionen. Es war Alfred vollkommen klar, daß er ohne Barbe die notwendigen Genehmigungen nie erhalten hätte.

Obwohl Alfred in Barbe einen kompetenten Geschäftspartner bekommen hatte, wurden die beiden nie enge Freunde. Es gab Seiten an seinem Kompagnon, mit denen sich Alfred nicht anfreunden konnte. Er war voller Respekt für Barbes berufliches Können und seinen Fleiß, doch seine Haltung blieb reserviert. Der Grund dafür ist in Alfreds eigener Charakteristik von Barbe angegeben:

Er hat einen scharfen technischen Überblick, ist ein ausgezeichneter Kaufmann, klarsichtiger Finanzmann, versteht die Leute zu benutzen und saugt alle selbständige Arbeit aus ihnen heraus, zu der sie imstande sind. Seine eigene Effizienz und Arbeitsleistung sind unglaublich. Dagegen ist er nicht zuverlässig, es sei denn, seine eigenen Interessen stimmen mit denen seines Widerparts überein. Dies ist ein häßlicher Fehler, aber desungeachtet kenne ich niemanden, den ich so gerne als Ko-Direktor zusammen mit Ludvig in unserer russischen Ölgesellschaft sähe. Sie würde in kurzer Zeit ohne finanzielle Schwierigkeiten eine ungeahnte Entwicklung nehmen. C'est un géant – sagte kürzlich einer der fähigsten Bankiers und Kaufleute von Paris über ihn. Und das stimmt.

Barbe wurde also als ein »géant« bezeichnet, und in gewisser Hinsicht war er auch ein Gigant. Seine Geschäftsmoral entsprach indessen nicht Alfreds strengem Maßstab. Daher gab es stets eine Vertrauenskluft zwischen ihnen. In seinen Briefen nennt Alfred seinen Kompagnon nie beim Vornamen. Er schreibt immer »Mon cher Barbe« oder »Cher Barbe«. Die Schlußwendungen sind die konventionell unpersönlichen.

Dennoch duldete Alfred Barbes Manipulationen. Der ehemalige Offizier erwies sich nämlich auch im zivilen Leben als eine Führernatur. Was Alfred Sorgen machte, war Barbes Geldgier. Dieses Streben nach Reichtum sollte ihm eines Tages zum Verhängnis werden.

Barbe war nicht der einzige, mit dem Alfred finanzielle Probleme zu diskutieren pflegte. Besonders schätzte er Dr. Gustaf Aufschläger, der sich sowohl in der europäischen Stammgesellschaft als auch in anderen Erdteilen große Verdienste erworben hatte. Eingeweihte lobten ihn vornehmlich wegen seiner Leistungen auf dem immer bedeutender werdenden südafrikanischen Markt.

Auch mit Julius Bandmann in Hamburg beriet sich Alfred gerne, bevor es zwischen ihnen zu einem Zerwürfnis kam. Der Grund für ihren Streit war Alfreds Entscheidung im Jahre 1873, sein Hauptkontor nach Paris zu verlegen. Bandmann hatte es sich in den Kopf gesetzt, die Fabrik in Krümmel zum Hauptlieferanten für die ganze Welt zu machen. Er beharrte mit einer Hartnäckigkeit, die Alfred wenig schätzte, darauf, daß der Sprengstoff inzwischen als so risikofrei anzusehen sei, daß er praktisch an jeden Ort in der Welt transportiert werden könne. Deshalb bekämpfte er Alfreds Ambitionen, die Herstellung in anderen Ländern in Gang zu bringen.

Eine weitere Person, mit der Alfred gern finanzielle Fragen besprach, war ein alter Freund seines Vaters, Nils Adolf von Rosen. Dieser verfügte im Gegensatz zu Bandmann über ebenso weitverzweigte wie wertvolle internationale Kontakte. In diesem Zusammenhang müssen auch die Gebrüder Winkler in Hamburg und Alfreds erster Finanzier Johan Wilhelm Smitt genannt werden, auch wenn Alfred sich mit diesen seltener beriet. Der einflußreichste Ratgeber war jedoch Alarik Liedbeck.

Nur Liedbeck und zwei weitere Personen ehrte Alfred in seinen Briefen mit der Bezeichnung »Freund«: den technischen Berater Isidor Trauzl sowie den Leiter der Fabrik in Ardeer, George McRoberts.

Alfred machte einen für ihn charakteristischen Unterschied: Techniker und Forscher waren seinesgleichen, während Finanzmatadoren und Börsenmagnaten nie die gleiche Dignität erreichten. Sie werden auch nicht »Freunde« genannt.

Nachdem der französische Kriegsminister Marschall Leboeuf für das Dynamit gewonnen war und die Genehmigung für den Bau der Fabrik in Paulilles erteilt hatte, wurde Barbe bei den Behörden zur Persona grata. Man war nach kurzer Zeit vollkommen überzeugt von den Vorzügen dieses Sprengstoffs gegenüber anderen, und die Bestellungen von der französischen Armee strömten herein.

Als zwischen den verschiedenen Nobelfabriken Konkurrenz aufkam, bedurfte es Alfreds ganzen diplomatischen Talents, um die gegenläufigen Interessen auszugleichen. Er und Barbe waren in den Jahren 1873 bis 1885 in der Praxis damit beschäftigt, den Grund für ein multinationales Imperium zu legen.

Da Barbe eine immer zentralere Rolle in der Planung zu spielen begann, bat Alfred ihn, nach Paris umzusiedeln. Auf diese Weise konnte er ihn auch unter kontinuierlicher Aufsicht behalten.

Der Unterschied zwischen den beiden trat nicht zuletzt bei der Behandlung der Angestellten zutage. Barbe war eingestellt auf das, was wir heute Gewinnmaximierung nennen, und die Beachtung der Wünsche der Angestellten kam für ihn erst in zweiter, um nicht zu sagen dritter Linie. Alfred machte nie einen Abstrich an der Rücksicht auf den einzelnen.

Aus Alfreds Briefen geht hervor, daß es ihm schwer fiel, Barbes schnellen Wechseln zwischen Wahrheiten, Halbwahrheiten und Unwahrheiten zu folgen. Es beunruhigte ihn auch, daß Barbe versicherte, es sei ihm gleichgültig, was die Leute von seinen Methoden hielten. Verachtung für andere, meinte Alfred, deute häufig auf Selbstverachtung hin.

Paul Barbe hatte ein fast viereckiges Gesicht mit herabhängendem Schnurrbart und trug stets ein Pincenez an einer schwarzen Schnur. Die dunklen Augenbrauen bildeten einen Kontrast zu den graumelierten Haaren. Er war korpulent und hatte eine charismatische Ausstrahlung.

Alfred reduzierte nach und nach seine persönlichen Kontakte mit Barbe auf das unumgänglich Notwendige. Gegenüber gewissenlosen Menschen empfand er eine Ohnmacht, die in einem von ihm geprägten Aphorismus zum Ausdruck kommt:

Der Wahrheitsliebende wird in der Regel von Lügnern besiegt.

Barbe war ein verschlagener Mann und konnte sein ganzes Leben hindurch vermeiden, auf frischer Tat ertappt zu werden. Ohne Alfred zu informieren, spekulierte er mit schwindelerregenden Summen, die nicht ihm selbst, sondern den Nobel-Unternehmen gehörten. Erst nach seinem Tod wurde geklärt, wie er vorgegangen war.

Es gibt viele Beispiele für Barbes Manipulationen mit der

Wirklichkeit. Alfred bekam 1881 das Angebot, ein kleineres Konkurrenzunternehmen zu erwerben – »Société Nationale de Poudres et Dynamite«. Der Besitzer Géo Vian bot Barbe eine großzügige Entschädigung an, falls das Geschäft zustande käme. Barbe spielte deshalb Theater, als die Frage im Vorstand der Nobel-Unternehmen behandelt wurde. Er argumentierte gegen einen Kauf, um den Leiter des betreffenden Unternehmens, Louis Roux, zum Verkauf anzustacheln. Aus verschiedenen Gründen kam es nie zu einem Abschluß, aber das Intrigenspiel wurde Alfred hinterbracht. Wieder einmal mußte er feststellen, daß Barbe versucht hatte, ihn zu hintergehen.

Einmal entdeckte Alfred, daß einigen Ingenieuren der von Barbe geleiteten italienisch-schweizerischen Dynamitgesellschaft erlaubt worden war, bei einer Konkurrenzfirma nebenher zu arbeiten. Dies war ein Verrat, den Alfred Barbe nie verzeihen konnte.

Paul Barbe muß ständig in dem Gefühl gelebt haben, daß die Katastrophe unmittelbar bevorstand. Einige Zeit vor Barbes Tod war die Kluft zwischen ihm und Alfred unüberbrückbar geworden. Alfred hatte bereits 1882 Barbes Doppelspiel durchschaut und schrieb am 15. April dieses Jahres: »Sie haben soeben ein System begründet, das zwangsläufig zur Verarmung fast aller, wenn nicht aller Dynamitgesellschaften führen wird… Da die Ehrlichkeit aufgehört hat, akzeptabel zu sein, wird es kein gutes Verhältnis mehr geben…, sondern statt dessen Kampf bis zum Äußersten.«

Durch seinen Tod entkam der bankrotte Barbe seinen Gläubigern. In der siebten Szene des dritten Aktes von »Nemesis« können wir lesen:

CENCI: *Nichts kann wahrer sein, als daß der Zweck die Mittel heiligt.*
BEATRICE: *Oder daß niedrige Taten den Mann entehren.*

34

Im März 1865 war Alfred nach Deutschland gegangen, wo er die Konjunktur für Sprengöl als besonders günstig beurteilte. Teils gab es einen umfassenden Bergbau, teils waren viele Eisenbahnbauten begonnen worden. In Hamburg bekam er Kontakt zu den schwedischstämmigen Brüdern Wilhelm und Theodor Winkler in dem Familienunternehmen »Winkler & Co.«. Es herrschten schlechte Zeiten, man befand sich in einem Konjunkturtief, das nicht weichen wollte. Da der Handel mit Schweden nicht mehr so lohnend war wie früher, suchten die Brüder nach einem anderen Produkt für andere Märkte. In Alfreds Sprengöl glaubten sie gefunden zu haben, was sie suchten, weshalb sie ihn mit einem Wirtschaftsjuristen, Dr. jur. Christian Eduard Bandmann, zusammenführten, der gute Beziehungen zur deutschen Grubenindustrie hatte. Alfred fand es lohnend, am 20. Juni 1865 die Firma »Alfred Nobel & Co.« im Hamburger Handelsregister eintragen zu lassen. Dies war seine erste ausländische Gesellschaft, und die Gebrüder Winkler wurden zusammen mit Bandmann seine Kompagnons. Bandmann brachte 25 000 Mark ein, während es keine Belege dafür gibt, daß die Brüder Winkler sich mit Risikokapital beteiligten.

Alfred fand selbst ein Fabrikgelände an einem abgelegenen Ort mit hohen Hügeln. Der Ort hieß »Auf dem Krümmel beim Gut Gülzow« und erinnerte an die Umgebung von Vinterviken. Der Boden in diesem zur Elbe führenden Tal bestand zum großen Teil aus unfruchtbarem Sand, der sich später, als Alfred dem Sprengöl eine feste Form zu geben suchte, als äußerst wertvolles Zusatzmittel erweisen sollte.

Es dauerte mehrere Monate, bis Alfred alle erforderlichen Genehmigungen bekam. Schließlich erhielt er am 8. November 1865 einen Beschluß mit den Bedingungen für die Herstellung der explosiven Produkte. Dort wurde unter anderem vorgeschrieben, daß sich die Räumlichkeiten für den Nitrierungsprozeß in sicherem Abstand von der Zündhütchenproduktion befinden müßten. Weiter hieß es in dem Beschluß, die Fabrikgebäude sollten von »natürlichen oder künstlichen Erdwällen umgeben sein, welche mindestens 15 Fuß hoch und an der Basis 20 Fuß breit sein müssen«. Falls die Bedingungen erfüllt wurden, konnte der »Fabrikant Alfred Bernhard Nobel in Hamburg« davon ausgehen, daß sein Antrag bewilligt war.

Ursprünglich war es Alfreds Vorsatz gewesen, nie eigenes Geld über die Patentrechte hinaus zu riskieren, aber er war gezwungen, seine Meinung zu ändern. Um die Produktion in Gang zu bringen, hatte er keine andere Wahl. Schon nach einem Monat in Deutschland verpfändete er bei J. W. Smitt in Stockholm seine Aktien in der schwedischen Nitroglyzerin-Aktiengesellschaft. Auf diese Weise bekam er 25 000 Mark, die in der ersten Zeit sein einziges Betriebskapital darstellten.

Gegen Miete überließen die Gebrüder Winkler ihm eins ihrer Lagerhäuser im Hamburger Hafen, und dort gelang es Alfred, ein primitives Laboratorium einzurichten. Er stellte eine kleinere Menge Sprengöl her und reiste damit in die Bergwerksgebiete, wo er Leitung und Personal von der Überlegenheit des neuen Sprengstoffs zu überzeugen versuchte. Seine Demonstrationen in Gruben in Dortmund, Clausthal und Königshütte fanden ein Echo in der örtlichen Presse.

Die für die Genehmigung zuständigen Behörden in Ratzeburg im Königlich Preußischen Herzogtum Lauenburg waren gut informiert über die Gefährlichkeit des Nitroglyzerins. Ein Grund für die Genehmigung war die isolierte Lage Krümmels. Die hohen Sandhügel zusammen mit den zur Auflage gemachten künstlichen Erdwällen wurden als ausreichender Schutz angesehen.

Die Lage Krümmels war auch aus einem anderen Grund günstig: Der Ort lag nur 30 Kilometer südlich von Hamburg, dem damals größten Import- und Exporthafen Europas.

In einem Brief vom 9. Januar 1866 schreibt Alfred an Smitt: »Ich komme heute nach Eisleben, wo ich zur gaffenden Verwunderung der Herren Deutschen, die zuerst steif und danach weich wie Wachs waren, größere Sprengversuche gemacht habe.« In einem anderen Brief an Smitt berichtet er, daß eine Person sich bereit erklärt habe, eine halbe Million Mark zu investieren, doch daß der Mann Bedingungen gestellt habe, die unakzeptabel gewesen seien. Alfred wollte um jeden Preis freie Hand haben. In Hamburg hatte er ein Büro eingerichtet, während er das Laboratorium nach Krümmel in die Nähe der Fabrikgebäude verlegt hatte. Seine Wohnung dort war ebenso spartanisch wie seine Lebensführung. Nach den schweren Explosionsunglücken 1866 und 1870 wurden die Fabriken mit umfangreichen Anbauten wieder aufgebaut.

Nachdem er auf das Dynamit das englische Patent erhalten hatte, bekam er es am 19. September 1867 auch in Schweden. Die seiner epochemachenden Erfindung in seinem Heimatland zugeteilte Patentnummer war 102. In Amerika wurde das Patent am 26. Mai 1868 bewilligt.

Alfreds Briefe aus dieser Zeit geben einem Optimismus Ausdruck, den man ansonsten kaum mit ihm verbindet. In dieser Zeit legte er auch die Richtlinien für das kommende Imperium von Dynamitfabriken in Europa und außerhalb Europas fest.

In unseren Tagen kann man konstatieren, daß nur wenige Erfindungen die gleiche praktische Bedeutung bekommen haben wie das Dynamit. Der Verkauf des ursprünglichen Dynamits – »Dynamit Nr. 1« – nahm rasch zu. Allein in den Jahren 1871-1874 stieg der Umsatz um mehr als das Vierfache. Alfred präsentierte in einem Vortrag vor der »Society of Arts« am 21. Mai 1875 selbst die exakten Zahlen:

1871	785	Tonnen
1872	1 350	”
1873	2 050	”
1874	3 120	”

Mit der Sorgfalt, die Alfred auszeichnete, hat er auch die folgende Aufstellung sämtlicher von ihm oder unter seiner Mitwirkung zwischen 1865 und 1873 gegründeten Fabriken ausgearbeitet:

Vinterviken	1865
Krümmel bei Hamburg	1865
Lysaker bei Oslo	1865
Little Ferry, USA, 1870 zerstört	1866
Zamky bei Prag	1868
Rock Canyon bei San Francisco	1868
Hangö, Finnland	1870
Ardeer bei Glasgow	1871
Paulilles bei Port-Vendres, Frankreich	1871
McCainsville – heute Kenvil –, USA	1871
Schleebusch bei Köln	1872
Galdacano, Spanien	1872
Giant Powder Works bei New York	1873
Isleten, Schweiz	1873
Avigliana bei Turin, Italien	1873
Trafaria bei Lissabon	1873
Pressburg, heute Bratislava	1873

Die Plazierung der verschiedenen Fabriken bekräftigt, welch ausgezeichneter Stratege Alfred war.

Das größte und lange Zeit gewinnbringendste Unternehmen seines Konzerns war die Fabrik in Krümmel. Als er 1875 eine Verkaufsprognose für 1877 erstellte, rechnete er damit, daß 1 200 Tonnen abgesetzt werden könnten, davon 400 Tonnen im Export. Zum Vergleich sei angeführt, daß der Export der englischen Gesellschaft für dieses Jahr nur auf 58 Tonnen berechnet wurde.

Aus Rücksicht auf den österreichisch-ungarischen Kundenkreis wurde die deutsche Gesellschaft Deutsch-Österreich-Ungarische Dynamit-Actien-Gesellschaft genannt. Bald wurden Österreich und Ungarn ausgelassen und der Firmenname festgelegt als Deutsche Dynamit-Actien-Gesellschaft, allgemein

DAG genannt. Alfreds Wunsch zufolge hatte Paul Barbe ein wachsames Auge auf das Unternehmen. Für einen Franzosen sprach Barbe Deutsch erstaunlich gut. Nach einiger Zeit konnte Barbe Alfred berichten, daß die Konkurrenzsituation sich verschärft habe, nachdem die eigenen Unternehmen begonnen hatten, miteinander zu konkurrieren. Dies verursachte einen Preisverfall, und am 14. November 1878 schrieb Barbe an Alfred: »Sie könnten die englische und die deutsche Gesellschaft fusionieren und die Dividende von 15 auf 20 Prozent erhöhen. Dadurch würden Sie eine versteckte Konkurrenz verhindern.«

Barbe wies auch darauf hin, daß es eine absurde Situation sei, wenn die DAG auf eine Anfrage aus England wegen einer Dynamitlieferung ohne jedes Zögern den Preis der Gesellschaft »frei Hamburg« mitgeteilt habe. Alfred hatte mit Nachdruck darauf bestanden, daß »Nobels explosive« das Alleinrecht für England hatte.

Wie schwankend die Ergebnisentwicklung in der DAG war, geht aus einer Tabelle in einer Doktorarbeit von Ragnhild Lundström hervor. Sie umfaßt die Zeitperiode 1878-1885 und gibt die Dividende, die Aktienkurse und die Sparquote der Gesellschaft in Prozenten wieder:

	Dividende	Aktienkurs	Sparquote	
			brutto	netto
1877/78	10	–	27	–12
1878/79	13,5	105	50	32
1879/80	12	106	1	– 4
1880/81	12	136	30	11
1881/82	10	100	30	–14
1882/83	14	128	65	52
1883/84	11	122,75	26	3
1884/85	6,5	118,45	8	–44

In bestimmten Jahren war die Liquidität der Gesellschaft anscheinend angespannt, besonders 1879/80 war dies der Fall. Im voraufgegangenen Jahr hatte man 462 000 Mark Dividende an die Aktionäre ausgeschüttet.

Alfreds Sorgen wurden nicht geringer dadurch, daß sich die Konkurrenzsituation Anfang der 1880er Jahre noch weiter verschärfte. Zu dieser Zeit wurden in Deutschland drei neue Dynamitfabriken gegründet: die Dresdner Dynamit-Fabrik, die Kölner Dynamit-Fabrik sowie die Deutsche Sprengstoff. Die Initiative zu dem letztgenannten Unternehmen ging von zwei Brüdern des früheren Chefs der DAG, Christian Ferdinand Carstens, aus.

1886 lieferte Alfred eine weitere Probe sowohl seiner finanziellen Begabung als auch seiner diplomatischen Geschicklichkeit. Es gelang ihm, die drei deutschen Konkurrenzunternehmen mit seiner deutschen und englischen Gesellschaft in einem Preiskartell zu vereinigen. Eine Aufteilung der Märkte war Bestandteil der Übereinkunft. Mit unvergleichlicher Geschicklichkeit führte Alfred die komplizierten Verhandlungen.

Zwanzig Jahre nach seiner Erfindung des Intitialzünders hatte Alfred den Grund zu »The Nobel-Dynamite Trust Company Ltd« gelegt, übrigens seine eigene Namensgebung. Die darin zusammengeschlossenen Dynamitgesellschaften sollten mit der Zeit überaus erfolgreich sein und nach und nach als wichtige Teile in Chemiekonglomeraten wie I.G. Farben in Deutschland, ICI in England und Du Pont in Amerika aufgehen.

Man kann sich fragen, wie Unternehmen, deren Aktivitäten hauptsächlich auf Erfindungen gegründet waren, bei Zusammenschlüssen realistisch bewertet werden konnten. Die verschiedenen Erfindungen wurden als Aktiva aufgenommen, aber was waren sie wert, bevor sie verwertet wurden? In einzelnen Fällen konnten sie zur Schaffung lohnender Kleinindustrien führen, doch in den meisten Fällen mußten sie als ökonomisch wertlos abgeschrieben werden. Es muß eine heikle

Aufgabe gewesen sein, für Alfreds Unternehmen Bilanzen zu erstellen.

Zwischenzeitlich hieß die deutsche Gesellschaft während einiger Jahre »Dynamit AG, vormals Alfred Nobel & Co.«. Das Aktienkapital konnte kontinuierlich von 3,5 Millionen auf 5 Millionen Mark im Jahre 1888 und auf 36 Millionen im Jahre 1918 erhöht werden. Als die Gesellschaft ihr sechzigjähriges Bestehen feierte, betrug das Aktienkapital, nachdem sich der Währungsmarkt nach der auf den ersten Weltkrieg folgenden Inflation einigermaßen stabilisiert hatte, 30 Millionen Reichsmark.

1926 vereinigte sich der deutsche Nobel-Konzern mit der englischen Gesellschaft und der I.G. Farben Industrie AG. Die Hauptgeschäftsstelle wurde damals von Hamburg nach Troisdorf bei Köln verlegt. Bei Kriegsausbruch 1939 beschäftigte der Konzern über 3000 Personen, und das Aktienkapital betrug 47 Millionen Reichsmark. Die Ertragslage war sehr gut.

In der Endphase des Zweiten Weltkriegs wurde die Fabrik in Krümmel bei einem Luftangriff dem Erdboden gleichgemacht, mit Bomben, die im Prinzip mit Alfreds Sprengstoffen gefüllt waren. Krümmel war zu diesem Zeitpunkt eine der größten deutschen Munitionsfabriken mit über 9000 Angestellten. Wie viele bei dem Bombardement umkamen, ist nicht bekannt. Das einzige, was nach dem Angriff übrigblieb, war das Verwaltungsgebäude und eine Bronzebüste Alfred Nobels, die auf einem Sockel stand.

Nach dem Krieg wurden Versuche unternommen, auf dem Ruinengelände eine Papierfabrik zu bauen, doch die Alliierte Militärregierung legte ihr Veto ein. Drei Jahrzehnte später sollte Krümmel indessen aus seinem langen Dornröschenschlaf erwachen, als man beschloß, am nahe gelegenen Strand der Elbe Deutschlands größtes Atomkraftwerk zu errichten. Die Gründe für die Wahl dieses Platzes dürften die gleichen gewesen sein, die Alfred einst bewogen hatten, hierhin zu gehen: die Abgeschiedenheit und die hohen Sandrücken...

35

Brief 9

Paris, 29/8 1878

(…)

Ich arbeite stramm an der Ausführung der Sachen wovon ich Dir vor meiner Abreise sprach, aber das Laufen der Menschen läßt mir so wenig Zeit, dass ich gar nicht mehr weiß wie ich damit auskommen soll. Jetzt muß ich gleich zur Stadt um einer Sitzung in der Französ. Gesellschaft beizuwohnen; Schreibe aber sofort nach meiner Rückkehr…

A propos! Monsieur schreibt sich mit n und nicht »Mosieur« wie Du schreibst.

Brief 10

Paris, 29/8 1878

(…)

Also das Fräulein war es welche Dir das Französische Telegram abgefasst hatte. O die Männer, Männer, Männer!

(…)

Ich bin mehr und mehr beschäftigt, werde aber hoffentlich bald die Sachen so ordnen können dass ich etwas mehr Freizeit bekomme.

(…)

Falls Du ein gutes Kind bist und recht bald gesund wirst werde ich versuchen so einzurichten dass Du die Reise nach Stockholm mitmachen kannst. Dazu gehört aber vor allem gute Gesundheit; die ich Dir auch vom ganzen Herzen wünsche. Also, liebes Sophiecherl, mach Dir keinen unnützen Kummer und bereite durch Deine baldige Genesung eine große Freude Deinem alten Brummbär

Brief 11

Paris, 30/8 1878

(…)

So wie meine Gedanken zu Dir herüberfliegen so möchte ich auch es selbst thun können. Wie viel angenehmer und erquickender ist doch die ländliche Ruhe als dieses Stadtleben wo man jeden Augenblick von Menschen belästigt und überlaufen wird für welche man gar keine Sympathie hegt und denen man doch aus Convenienzrücksichten schöne Verbeugungen machen muss. Das macht mich im höchsten Grade nervös und hindert mich ordentlich zu arbeiten. Ich gehe jetzt energisch an meine projectirten Neuerungen und hoffe das dieselben gut ausfallen werden. Aber Mühe macht jede Verbesserung genug, und man soll ja nicht glauben dass sie sich zusammenblasen lassen. – Du musst deshalb entschuldigen, mein kleines krankes Kind, wenn ich Dir in den nächsten Tagen nur ganz kurze Briefchen schreibe… Am Tage laufen die Menschen wie wenn mein Haus ein Hotel wäre und lassen mir gar keine Ruhe.

Brief 12

(…)

Ich kann Dir heute wieder nur einige Zeilen schreiben denn eben komme ich nach Hause (ich war heute auf's Land um einige Sprengversuche auszuführen) und muss gleich wieder mit den Verwandten meines Bruders ins Theater fahren.

(…)

Brief 13

Paris 1/9 1878

(…)

Wie schade dass Du gestern Abend nicht mit mir warst… So ein schönes Stück und meisterhaft gespielt.

(…)

Ich möchte gerne etwas darüber wissen wozu Du Dich entschließest denn es drängt sehr mit meiner Zeit da ich wie Dir bewusst gezwungen bin nach Stockholm abzureisen.

Mit meinen Arbeiten geht es gut vorwärts und ginge noch viel besser wenn ich nicht so viel Menschen zu empfangen hätte.

(…)

Eben kam ein Briefchen von meinem Bruder Robert an. Er ist in Petersburg und dürfte vielleicht hieher zu Besuch kommen. Er wird Dir gut gefallen denn wenn er zu jemand Zutrauen gefasst hat kann er sehr herzlich und liebenswürdig sein. Wahrscheinlich kommt er und Emanuel zusammen.

Brief 14

Paris 2/9 1878

Gestern kam kein Brief von Dir und es machte mich sehr unruhig da ich es Deinem Unwohlsein zuschrieb.

(…)

Was mich anbelangt so bereite ich mich jetzt auf meine Reise nach Stockholm vor. Während der Zeit wird man Dir wohl gründlich den Hof machen. Übrigens geschieht es wohl längst, aber darüber schweigst Du wie ein kluges Kind.

Brummen will ich aber nicht, möchte aber gerne wissen ob Du von einer Engländerin oder von einem Engländer, oder von einem Deutschen der Englisch spricht, die schönen Ausdrücke von »Darling« gelernt hast.

Gestern Sonntag war ich den ganzen Tag zu Hause bei der Arbeit, und heute habe ich schon einige Zeichnungen der neuen Apparate fertig. Doch das kann Dich gar nicht interessieren. Ich bin überzeugt dass mein Leben hier viel einförmiger [verläuft] als das Deinige. Die Verwandten meines Bruders sind eine wahre Plage und ich werde hochvergnügt sein wenn ich wieder zur Ruhe komme.

…hüte Dich vor Erkältungen… und gedenke wenigstens einmal des Tages Deines Dich liebevoll gedenkenden Brummbärs.

36

England war Alfred zufolge nicht nur »ein Juwel, das den Rest der Welt aufwiegt«, sondern auch das am weitesten industrialisierte Land seiner Zeit. Der potentielle Markt für kostensparende Sprengstoffe war außerordentlich groß. Obwohl Alfred sich während der zweiten Hälfte der 1860er Jahre ständig auf Reisen befand, um auf dem Kontinent neue Unternehmen zu gründen, besuchte er in regelmäßigen Abständen England. Über seine »Dynamitreisen« und die dabei durchgeführten Demonstrationen wurde in der Fachpresse ausführlich berichtet. Am 14. Juli 1867 führte er in Merstham, Surrey, eine ebenso spektakuläre Demonstration durch wie bei seinen »Vorstellungen« in New York: Er warf eine Kiste mit mehreren Pfund Dynamit von einem hohen Absatz in einen Steinbruch hinunter und ließ eine Kiste gleichen Inhalts auf ein offenes Feuer legen. Es kam zu keiner Explosion.

Am 7. Mai 1867 erhielt Alfred das englische Patent für das Dynamit. Der auf Patentfragen spezialisierte Jurist Robert Newton hatte vorzügliche Vorarbeit geleistet. Alfred war von Newtons Art, die Sache durch die britische Bürokratie zu treiben, dermaßen beeindruckt, daß er eine langjährige Zusammenarbeit begann.

Der Kontakt mit Newton war von dem Geschäftsjuristen Orlando Webb vermittelt worden, der Importagent und Vorstandsvorsitzender einer Gesellschaft war, die in Wales Steinbrüche besaß. Webb war von den kommerziellen Möglichkeiten der neuen Sprengstoffe überzeugt worden und hatte eine Importgesellschaft gegründet. Es dauerte nicht lange, bis Alfred ihn zu seinem Vertreter in London auserkor. Webb dankte für das erwiesene Vertrauen, indem er Alfred vorschlug, British Dynamite zu einer Gesellschaft mit begrenzter Haftung zu machen – »limited liability«. Die Haftung beschränkte sich auf das Aktienkapital, was ganz mit Alfreds Wünschen übereinstimmte.

Weihnachten 1867 schrieb Alfred in der Times einen vielbeachteten Artikel. Darin betonte er aufs neue, daß die wirkliche Ursache fast aller Sprengunglücke Unvorsichtigkeit und Unwissenheit waren. Nicht das Nitroglyzerin und Dynamit hatten Mängel, sondern die Information darüber war mangelhaft. Natürlich unterließ er es nicht, darauf hinzuweisen, daß seine neu erfundenen Sprengstoffe dem Schwarzpulver an Effektivität weit überlegen waren. Der kontroverseste Teil des Artikels waren die Andeutungen darüber, wer wirklich hinter der protektionistischen britischen Haltung steckte.

Der von Alfred indirekt verantwortlich Gemachte war kein Geringerer als Sir Frederic Abel (1827-1902), der Chefchemiker des Kriegsministeriums. Alfreds Artikel konnte als eine Insinuation verstanden werden, daß Abel, der zehn Jahre zuvor ein Patent für eine Herstellungsmethode von Schießbaumwolle erhalten hatte, nun im Dynamit eine drohende Konkurrenz sah.

Die der Urheberschaft Abels zu verdankende protektionistische Gesetzgebung verzögerte den Siegeszug des Dynamits in England und führte zu den kuriosesten Verhältnissen. Alfreds Vertreter Orlando Webb war gezwungen, das Sprengöl in Weinflaschen zu importieren, die in Holzkisten mit der eingebrannten Etikettierung »Wein aus dem Rheinland« verpackt waren. Um das Transportverbot zu umgehen, bat Webb Freunde und Bekannte, die nach Wales reisten, in ihrem Gepäck Dynamitpatronen mitzunehmen. Ähnlich machte es Alfred, wenn er verschiedene Grubenreviere besuchte. Die Folge solchen Schmuggels hätte spürbar sein können: bis zu zwei Jahre Gefängnis.

Am 11. August 1869 geschah etwas, das Alfred vorübergehend zwang, seine Expansionspläne auf Eis zu legen. Das englische Parlament nahm an diesem Tag das Nitroglyzeringesetz an, das »Herstellung, Import, Verkauf und Transport von Nitroglyzerin und allen Stoffen, gleich welcher Art, die dieses enthalten, in Großbritannien« verbot. Wenn dieses Gesetz buchstabengetreu befolgt wurde, würde es sinnlos sein, eine umfassendere Dynamitproduktion in England in Gang zu bringen, was Sir

Frederic Abel von Alfreds Seite mit vollem Recht befürchtet hatte. Ohne Zweifel hatte Abel mit wachsender Unruhe beobachtet, wie der Import ausländischer Sprengstoffe nicht nur über London, sondern auch über das schottische Glasgow zugenommen hatte.

Als das neue Gesetz angenommen wurde, befand sich Alfred in Glasgow, um unterderhand Kontakte mit Grubenbesitzern und potentiellen Finanziers aufzunehmen. Er hatte Schwierigkeiten, in London willige Investoren zu finden, und deshalb hatte er sich auf tatkräftige Industrielle in Glasgow konzentriert, darunter den erfolgreichen Schotten Charles Tennant, der später sein Kompagnon wurde.

Alfred empfand das Gesetz als Bann gegen seinen Sprengstoff, denn es umfaßte sämtliche Produkte, die Nitroglyzerin enthielten. Einer seiner Mitarbeiter, John Downie, fand rasch Abhilfe: In gewissen Fällen konnten, wenn man sich direkt an den Innenminister wandte, Ausnahmegenehmigungen erteilt werden. Zusammen mit dem erfahrenen Kollegen Webb in London verfaßte Downie eine gut untermauerte Eingabe an »The Home Secretary«. Rasch bekamen sie eine ebenso lakonische wie kuriose Antwort: Eventuell würden die Sprengstoffe zugelassen, wenn sie hergestellt wurden, wo sie verwendet werden sollten. Es war der Transport, der als riskant angesehen wurde.

Alfred erkundete, was sich hinter diesem einzigartigen Schachzug verbergen konnte. Wieder stieß er auf den Namen Frederic Abel, den Professor honoraris in Chemie an der »Royal Institution«. Alfred fand rasch heraus, daß Abel Aktien in einer Gesellschaft hatte, die nach einem Verfahren, das Abel selbst patentiert worden war, Sprengstoffe herstellte. Hier lag nach Alfreds Ansicht ein Interessenskonflikt vor. Er beschloß, Abel aufzusuchen, der offenbar hinter den Kulissen die Sprengstoffpolitik in England und Schottland dirigierte.

Wie diese Begegnung im Detail verlief, ist nicht bekannt, doch führte sie zu einer gewissen Zusammenarbeit, die erst ihr

Ende fand, als Abel Alfred in einer entscheidenden Patentangelegenheit erneut hinterging.

Man bemühte sich weiterhin um eine Ausnahmegenehmigung, und Alfred sah sich veranlaßt, den Ton zu verschärfen. Er apostrophierte Abel in ironischen Wendungen als Berater der Regierung, um dann grobes Geschütz aufzufahren:

Der führende Fürsprecher der Schießbaumwolle in England und maßgebliche Berater des House of Commons in Dynamitfragen scheint die Gefahren dieses Sprengstoffs übertrieben zu haben. Wäre dieser so unerhört gefährlich, wie er behauptet, dann muß es wohl als ein Wunder gelten können, daß sich bei derartigen Mengen, um die es sich handelt, kein Unglück ereignet hat. Und wenn Schießbaumwolle so ungefährlich ist, wie er meint, wie ist es dann zu erklären, daß die unbedeutenden Mengen, die zur Anwendung gekommen sind, so zahlreiche und schwere Unglücke (in Österreich und an anderen Orten) verursacht haben.

Am 20. Mai 1868 schrieb Alfred während eines seiner Besuche in englischen Grubenrevieren, daß er »mit ausreichendem Kapital im Rücken binnen zwei Jahren das Pulver vom britischen Markt vertreiben könnte«.

Nicht lange, nachdem Alfred seinen Brief an den Innenminister gerichtet hatte, wurde Sir Vivian Majendie zum »Inspector of Explosives« ernannt. Nach langwierigen Verhandlungen mit ihm erhielten Alfred und Downie die beantragte Ausnahmebewilligung unter der Voraussetzung, daß sie eine lange Reihe ebenso präziser wie rigoroser Sicherheitsbestimmungen einhielten.

Nach vier Jahren lag nun der Weg zum englischen Markt offen: die lange geplante »British Dynamite Company Ltd.« konnte 1870 mit John Downie als geschäftsführendem Direktor gegründet werden. Alfred verzichtete auf den Vorstandsvorsitz zugunsten des Schiffsbauers Charles Randolph, der Teilhaber des Unternehmens war, in dem Downie seine Laufbahn begonnen hatte.

Die der Bildung der Gesellschaft vorausgehenden Verhandlungen waren von kontroversen Schachzügen von Alfreds Seite geprägt. In zwei Briefen vom 17. und 20. Juni 1868 machte er Downie alternative Vorschläge. Der erste beinhaltete eine Jahresproduktion von 200 Tonnen und 15 000 Pfund Aktienkapital. Im zweiten Vorschlag erhöhte er die Jahresproduktion auf 500 Tonnen und das Aktienkapital auf 20 000 Pfund. Daß es nicht um eine Wohltätigkeit ging, wurde offenbar, als Alfred kurzerhand ein Ultimatum stellte. Entweder fand Downie zusätzliche Finanziers, die bereit waren, 20 000 Pfund zu investieren, oder er konnte nicht länger auf Alfreds Mitwirkung zählen.

Außerdem präzisierte er seine Bedingungen für die Durchführung der Gesellschaftsgründung, falls Downie erfolgreich war: 8 000 Pfund sollten für den Bau einer Fabrik veranschlagt werden, 5 000 für das Dynamitlager und 2 000 für das Rohstofflager. Die restlichen 5 000 Pfund sollten das Betriebskapital ausmachen. Seinerseits verlangte Alfred 11 000 Pfund für das Nutzungsrecht des Dynamitpatents. Wie gewöhnlich wünschte er, kein eigenes Geld riskieren zu müssen, verlangte aber dennoch, als Teilhaber mit 50% am Unternehmen beteiligt zu sein. Außerdem wollte er 1 000 Pfund als Aufwandsentschädigung für Kosten im Zusammenhang mit der Beantragung des englischen Patents. Alfred machte auch klar, daß sein Angebot nicht bindend war. Er behielt sich das juristische und moralische Recht vor, mit einem anderen finanzstarken und interessierten Partner zu einem Abschluß zu kommen, wenn sich das als nötig erweisen sollte.

Downie als geschäftsführendem Direktor winkten 10 Prozent Provision, die von Alfreds Anteil finanziert werden sollten. Bevor man zu weitgehende Schlußfolgerungen aus dem Feilschen mit Downie zieht, muß man sich in Erinnerung rufen, daß es für Alfred natürlich war, in allen Lagen zu versuchen, den Preis zu erreichen, den der Markt zu zahlen bereit war.

Nach der langen Verzögerung, die das Nitroglyzeringesetz verursacht hatte, konnte Alfred 1871 gemeinsam mit schottischen Interessenten die »British Dynamite C. Ltd.« mit 24 000 Pfund Aktienkapital bilden. Laut dem »Prospectus of Dynamite Manufacturing Company of Great Britain, Ltd.«, den John Downie herausgab, sollte das nominelle Aktienkapital in 900 A-Aktien und 1 500 B-Aktien, alle zu 10 Pfund, aufgeteilt werden. Die 900 A-Aktien sollte Alfred für die Patentrechte erhalten, die er der Gesellschaft zur Verfügung stellte. In dem ursprünglichen Vorschlag war ein Passus enthalten gewesen, gegen den Alfred empört protestierte: Die schottischen Finanziers wollten zukünftige Patente, die nichts mit Sprengstoffen zu tun hatten, mit einem Embargo belegen. Verärgert schreibt er an Downie: »Warum nicht auch für die Patente meiner Kinder? Selbstverständlich würde ich nicht im Traum an einen Abschluß zu solchen Bedingungen denken.«

Auf die A-Aktien sollten 6% Dividende entfallen, und von dem restlichen Gewinn wollte Alfred zunächst die Hälfte haben, akzeptierte aber schließlich 3/8, und die schottischen Kompagnons erhielten 5/8 unter der Voraussetzung, daß ihm das Recht zugesichert wurde, zu den gleichen Bedingungen wie die Finanziers Anteile zu zeichnen. In einem Brief an Downie schreibt Alfred: »Ihre Freunde irren sich sehr, wenn sie meinen, daß es ihr Kapital ist, das ich schätze. Ich brauche nur ein Wort zu sagen, und das Kapital wird in Deutschland zu meiner Verfügung gestellt. Was ich suche, ist gute und wirtschaftliche Fähigkeit, die Vorurteile zu überwinden, die bei unserem ersten Start als Stolperstein fungieren werden. Diesen wird meine Zustimmung gelten, nicht dem Kapital.«

Diese Freiheits- und Eigenständigkeitserklärung gegenüber dem Kapital zog sich wie ein roter Faden durch alles, was Alfred in finanzieller Hinsicht unternahm. Er wollte nie zu sehr in Abhängigkeit von dem Geld anderer geraten, und hier liegt die Erklärung dafür, daß er überall darauf achtete, daß seine finanziellen Verpflichtungen sich auf seinen Aktienanteil beschränkten. Die finanzielle Regelung von »British Dynamite« trägt Alfreds Handschrift, und es besteht Anlaß, sich dies einzuprägen. In keiner der Dynamitgesellschaften hatte Alfred die Aktienmajorität, und nach und nach verringerte sich sein Anteil an jeder einzelnen Gesellschaft auf drei bis zehn Prozent.

Nachdem die Formalitäten der Gesellschaftsgründung geklärt waren, galt es, einen geeigneten Platz für die Dynamitfabrik zu finden. Alfred und Downie fanden ihn in Ardeer am Firth of Clyde an der schottischen Westküste. Die Lage war ebenso abgeschieden wie Krümmel außerhalb Hamburgs und Vintervyken außerhalb Stockholms. Es war ein windiger und verregneter Ort, verborgen hinter hohen Sanddünen und mit einem Minimum an Vegetation. Alfred schrieb an Sofie:

Wenn ich hier keine Arbeit hätte, so wäre Ardeer ganz sicher der trostloseste Ort der Welt. Stell Dir unendliche unbebaute, öde Sandhügel vor. Nur die Kaninchen finden hier etwas Nahrung und fressen etwas, das man ganz unberechtigt Gras nennt und von dem man hier nur einige wenige Spuren sieht. Es ist eine wunderbare Sandwüste, wo der Wind immer braust und oft heult und die Ohren mit Sand verstopft, der außerdem wie ein feiner Regen im Zimmer umherfegt. Da liegt nun die Fabrik wie ein großes Dorf, und die meisten Gebäude haben sich hinter Sandhügeln versteckt.

37

Unter Alarik Liedbecks erfahrener Leitung wurde in Ardeer eine neue Musterfabrik gebaut, mit einem Maschinenpark, der zu einem nicht geringen Teil von Liedbeck selbst konstruiert worden war. Als diese Industrieanlage voll ausgebaut war, sollten hier 2,5 Millionen Kilogramm Sprengstoff pro Jahr hergestellt werden, davon 1 Million Kilogramm verschiedene Dynamitsorten und 1500 Tonnen Nitroglyzerin. Mehrere hundert Personen waren hier angestellt, und auf dem Fabrikgelände standen schließlich 45 Gebäude.

John Downie konnte mit berechtigtem Stolz konstatieren, daß die Bestellungen bald die kühnsten Erwartungen übertrafen. Auch Alfred gab seiner Zufriedenheit Ausdruck, als er sich in seiner wie gewöhnlich leicht sarkastischen Einweihungsrede an seine Vorstandskollegen wandte: »Well, meine Herren, ich habe Ihnen nun eine Gesellschaft gegeben, die alle Aussichten hat, erfolgreich zu sein, selbst bei schlimmster Mißwirtschaft seitens der Herren Vorstandsmitglieder...«

Zum Fabrikleiter wurde zunächst ein Schotte, McRoberts, ausersehen, dem am Ende der 1880er Jahre der Schwede C. O. Lundholm nachfolgte. Gut zwei Jahrzehnte lang füllte Lundholm diesen Posten mit solcher Tüchtigkeit aus, daß die Straße, die noch heute zu den Fabriken hinaufführt, nach ihm benannt wurde. Während seiner letzten Berufsjahre war Lundholm als technischer Berater bei der »Nobel Dynamite Trust Co.« tätig.

Die ersten Jahre nach der Bildung der Gesellschaft waren für Alfred problemerfüllter denn je. Die groß aufgemachten Zeitungsreportagen über neue Unglücke hatten zu einem ausnahmslosen Verbot des Transports von Nitroglyzerin auf englischen Eisenbahnen geführt. Es sollte zwei Jahrzehnte dauern, bis dieses Verbot aufgehoben wurde. Während dieser langen Zeit mußten die Transporte mit Pferdefuhrwerken auf Landstraßen erfolgen, »und der Mann mit einem mit Dynamit beladenen Karren war Ismael auf der königlichen Landstraße«, um mit Alfreds eigenen Worten zu sprechen.

Nicht nur die Behörden waren gegenüber seinen explosiven Produkten kritisch eingestellt, sondern auch die Kunden, die meinten, daß die Sprengwirkung des Dynamits zu schwach sei. Alfred mußte die Kritik ernst nehmen, denn er war sich dessen bewußt, daß sein Personal die Sprengwirkung absichtlich reduziert hatte, um höhere Sicherheit zu gewinnen. »Der unermüdliche Experimentator« schloß sich wochenlang im Forschungslaboratorium in Ardeer ein, das bis dahin hauptsächlich für die Kontrolle der Rohstoffe und Produkte benutzt worden war. Sigvard Strandh bringt ein bezeichnendes Beispiel. Als Alfred zu seinem Entsetzen erfuhr, daß Arbeiter in den Kohlebergwerken bei Kilwinning sein Sprengöl anstelle von gewöhnlichem Rüböl in ihren Lampen verwendeten, nahm er das Problem unmittelbar in Angriff. Bald hatte er in seinem Laboratorium eine Grubenlampe entwickelt, die mit risikofreiem Brennstoff brannte, aber dennoch ein starkes Licht gab. Dagegen konnte er denen, die das »blasting oil« benutzten, um die Achsen ihrer Kipploren zu schmieren, nur auf das allerbestimmteste abraten.

Trotz aller Störungen in der Produktion, die von dem strenge Aufsicht führenden Sprengstoffinspektor Majendie verursacht wurden, begann die Produktion in Schottland rasch, Gewinn abzuwerfen, und nach vier Jahren hatte sich der Wert der Aktien verzehnfacht.

Doch im Januar 1875 wurde Alfred durch ein neues Explosionsunglück von einem schweren persönlichen Verlust betroffen. Der geschäftsführende Direktor der »British Dynamite« kam unter so merkwürdigen Umständen ums Leben, daß Alfred beschloß, eine Untersuchung durchzuführen. Es zeigte sich, daß Downie eine Partie Dynamit als Reklamation zurückbekommen hatte. Er stellte fest, daß die Partie beim Transport einen Wasserschaden gehabt hatte, und beschloß, sie auf der Stelle zu vernichten. Er war dabei auf die gleiche Art und Weise vorgegangen, wie Alfred es zu tun pflegte. Er machte ein Feuer und warf eine Patrone nach der anderen in die Flammen. Als ihm dies zu lange dauerte, wurde er ungeduldig und warf ein großes Bündel ins Feuer. Das Resultat war eine ungeheure Explosion, und Downie wurde so schwer verletzt, daß er kurz danach starb.

Alfred zog den Schluß, daß das Dynamit beim Transport durch Regen beschädigt worden war. Die Patronen hatten daraufhin angefangen »zu bluten«, d.h. das Nitroglyzerin war herausgesickert und äußerst stoßempfindlich geworden. Alfred zog aus dem tragischen Ereignis die Lehre, daß er um jeden Preis einen Sprengstoff entwickeln mußte, der noch sicherer war als Dynamit.

Der juristisch ausgebildete Geschäftsmann Alexander A. Cuthbert wurde zu Downies Nachfolger bestimmt. In seinen Memoiren erfahren wir, wie er das Unternehmen beurteilte, das zu leiten er angestellt war: »Bevor ich in die Kompagnie eintrat, waren weder seitens der Direktoren noch seitens Mr. Downies ernsthafte Versuche unternommen worden, das Exportgeschäft zu entwickeln...« Bei Cuthberts Eintritt hatte die Gesellschaft lediglich zwei Agenturen außerhalb Großbritanniens – beide in Kanada. Der Markt dort sollte jedoch nie größere Bedeutung erlangen, und Cuthbert begann, erstklassige Vertreter in anderen wichtigen Abnehmerländern zu suchen. Das Resultat ließ nicht auf sich warten. Schon 1876 wurden in Australien und Neuseeland sieben Agenturen eröffnet und in Indien und der Kap-Kolonie jeweils zwei.

Das Jahr 1876 sollte auch in anderer Hinsicht ein entscheidendes Jahr für »British Dynamite« werden. Nach verschiedenen Überlegungen wurde die Gesellschaft aufgelöst und ging in der neugegründeten »Nobels Explosives« auf.

Das Aktienkapital betrug das Zehnfache des Kapitals des liquidierten Unternehmens, d.h. 240 000 Pfund. Den Aktionären der »British Dynamite« wurden für jede Aktie in der alten zehn Aktien in der neuen Gesellschaft angeboten, mit anderen Worten eine Gratisemission von zehn zu eins. Die Gewinnentwicklung der »British Dynamite« im Zeitraum von 1873 bis 1876 war spektakulär gewesen: von 6 739 Pfund im ersten Jahr zu 30 965 im letzten.

1875 entdeckte Alfred die Sprenggelatine und meinte, daß es ihm damit gelungen sei, die Risiken auf ein Minimum zu reduzieren. Ihm war daran gelegen, daß sie so bald wie möglich auf den Markt kommen sollte. Es war jedoch schwierig, die Geschäftsleitung in Schottland von den Vorteilen der Gelatine zu überzeugen, wie aus einem Brief hervorgeht, den er am 8. Dezember 1880 nach der Rückkehr aus Glasgow schrieb: »Es gibt vollauf zu tun, aber ich habe Schwierigkeiten, diese erzkonservativen Seelen dazu zu bringen, vom gewöhnlichen Dynamit abzugehen... Warum ändern, finden sie, wenn das alte so gut läuft.« Es sollte bis 1881 dauern, bevor der Sprengstoffinspektor die Genehmigung erteilte, in Ardeer Sprenggelatine herzustellen.

Für »Nobels Explosives« wurde die ausländische Konkurrenz immer spürbarer. 1882 hatten ausländische Firmen 36 Prozent des britischen Dynamitmarkts erobert. Alfred war mit Alexander Cuthbert als Chef nicht zufrieden.

1883 bekam »Nobels Explosives« derartige Liquiditätsprobleme, daß man gezwungen war, sowohl bei Banken als auch bei Privatpersonen Kredite aufzunehmen. Nur weil Alfred persönlich bürgte, wurden diese Kredite bewilligt. In einem Brief an Ludvig vom 3. Mai 1883 berichtet er, daß er seinen Aktienanteil an Ludvigs und Roberts Ölgesellschaft in Baku als Sicherheit für einen größeren Kredit in England zur Verfügung gestellt habe. Der Gewinn von »Nobels Explosives« betrug 1882 1155226 Pfund und sank im darauffolgenden Jahr auf 762752 Pfund. Trotz dieses Rückgangs konnte »Nobels Explosives« zwischen 1876 und 1886 12 bis 20 Prozent pro Jahr an die Aktionäre austeilen.

Das nominelle Aktienkapital des »Nobel-Dynamite-Trust« betrug 2000000 Pfund. Dem Konglomerat gehörten neben »Nobels Explosives« die deutsche »DAG«, die drei deutschen Dynamitgesellschaften »Deutsche Sprengstoff«, »Dresdner Fabrik« und »Opladen« sowie Dynamite Nobels Verkaufsgesellschaft in London und drei ähnliche Gesellschaften in lateinamerikanischen Ländern an.

Man kann sich fragen, was Alfred, der bis dahin gegen eine Trustbildung gewesen war, dazu brachte, seine Meinung zu ändern. Einen der Gründe führt er in einem Brief an den geschäftsführenden Direktor von »Nobels Explosives« im Sommer 1886 aus:

Ich mache mir nicht das Geringste daraus, ob ein Trust gebildet wird oder nicht, aber ich mache mir sehr viel aus meiner technischen Arbeit, und ich denke, es ist höchste Zeit, mich von der Sklaverei zu befreien, der ich mich seit Jahren gegen meinen Willen und zu keinerlei Gewinn für mich selbst oder andere unterworfen habe. Es gibt nicht den geringsten Grund, warum ich, der ich für das Kaufmännische nicht ausgebildet bin und es von Herzen hasse, damit fortfahren sollte.

Es ist nicht das erste Mal, daß Alfred in seinen Briefen den Wunsch äußert, sich aus den Geschäften zurückzuziehen. Er wollte mehr Zeit für die Forschung in seinen Laboratorien, aber offensichtlich war er es auch leid, als »Friedensmakler im Nest der Geier« zu agieren. Mit der Bildung des Trusts meinte er, nun mit gutem Gewissen anderen die Lösung der Detailprobleme überlassen zu können. Er hatte sein Werk als internationaler Unternehmer mit einem solide konstruierten Konglomerat von Dynamitgesellschaften gekrönt.

Er ging im übrigen nicht leer aus. Für seine Aktien vor allem in »Nobels Explosives« und anderen Unternehmen erhielt er 13328 Aktien in der »Nobel-Dynamite Trust Company Limited«, was seinen Aktienanteil allerdings auf acht Prozent beschränkte. Er begnügte sich auch mit dem Ehrenvorsitz, was seinen Einfluß in formaler Hinsicht begrenzte. Real sollte er ein Machtfaktor bleiben. Ein vergleichbares Beispiel aus unserer Zeit ist der alternde Marcus Wallenberg, der auch, nachdem er Ehrenvorsitzender der Skandinaviska Enskilda Banken geworden war, weiterhin wichtige Entscheidungen beeinflußte.

Während der Verhandlungen, die der Trustbildung vorausgingen, hatte Alfred gelitten. Er habe zuweilen innerlich gekocht, sagte er einmal. Nachdem der Trust Realität war, schrieb er folgenden aphoristischen Satz: »I trust that those who trust in the trust will not distrust.« Seine Lust, mit Worten zu spielen, verließ ihn nicht.

Der fünfte Kontinent – Australien – war seit dem Jahr nach

Alfreds Tod ebenfalls in dem Konglomerat repräsentiert, und zwar durch »The Australian Explosives« und »Chemical Company« in Melbourne. Ein Vierteljahrhundert funktionierte das unter Alfreds Führung aufgebaute Kartellnetz außerordentlich gut. Erst mit dem Ausbruch des Ersten Weltkriegs 1914 wurde der deutsch-englische Trust außer Kraft gesetzt, und die Geschäfte wurden auf nationaler Ebene geführt. Für ihre Aktien im Trust erhielten die englischen Aktionäre 1915 wieder Aktien von »Nobels Explosives«, die die Aktien der Tochtergesellschaften in England und den Kolonien behielt. Die Entwicklung während des Krieges war für die Nobelunternehmen von der Ironie des Schicksals geprägt. Alfreds Unternehmen in England, den USA und anderen Ländern mußten seine Unternehmen in Deutschland und anderen Ländern der Achsenmächte bekämpfen.

Nach dem Ersten Weltkrieg galt es, die Reihen wieder zu schließen. Bereits im November 1918 waren die Koordinationsbemühungen von Erfolg gekrönt. Um »Nobels Explosives Co.« schlossen sich nicht weniger als dreiundzwanzig eigene und konkurrierende englische Unternehmen zu einer neuen Trustgesellschaft, »Explosives Trade Ltd.«, zusammen. Zwei Jahre später sah man ein, daß es ein Fehler gewesen war, ohne den Namen Nobels zu arbeiten, und so änderte man den Namen in »Nobel Industries Ltd.« Das Aktienkapital wurde auf 18 Millionen Pfund festgesetzt. 1926 erzwang die internationale Industriekonkurrenz einen neuen Zusammenschluß. Gemeinsam mit »Brunner, Mond & Co.«, »British Dyestuffs Co.« und »United Alkali Co.« ging »Nobel Industries« in dem imposanten Konglomerat I.C.I. – »Imperial Chemical Industries« – auf. Eine positive Folge war die radikale Verbesserung der Konkurrenzsituation, eine andere, daß man nun eine Zusammenarbeit mit I.G. Farben in Deutschland einleiten konnte.

Während des Zweiten Weltkriegs mit seiner schnell wachsenden Rüstungsindustrie bewies »The Nobel Division« in der I.C.I., welch wertvolle Beiträge sie auch in Kriegszeiten in England zu leisten vermochte. 1955 gab der I.C.I.-Konzern eine Festschrift heraus, »History of Research«, die es wert ist, zitiert zu werden:

»The Nobel Division« ist sehr stolz auf ihren Namen, ihre Geschichte und ihren Gründer Alfred Nobel. Dieser Fürst der Erfinder war außergewöhnlich begabt, übte mit seinen Ideen großen Einfluß aus, hatte eine auffallende Begabung für Geschäfte und war gleichzeitig ein Idealist. Noch heute kann die Forschung in Ardeer sich weitgehend auf die Inspiration durch seine grundlegenden Ideen berufen. Wenn man die Entstehung und Entwicklung der Sprengstofforschung in ihrer Gesamtheit überblickt, dann findet man als die Urquelle die Experimente, die Nobel 1862 und später durchführte, um das Nitroglyzerin praktisch anwendbar zu machen.«

Danach folgt eine wichtige Feststellung:

»Mit einer Befriedigung, die ganz sicher von Nobel selbst geteilt worden wäre, kann man konstatieren, daß er es war, der den sicheren technischen Grund legte für die friedliche Nutzung der industriellen Sprengstoffe, während die Herstellung militärischer Sprengstoffe ganz anderen Linien folgte und ihm bedeutend weniger zu verdanken hatte.«

38

Brief 15

Paris 2/9 1878

(...)

Hier in meiner Einsamkeit – denn noch nie fühlte ich mich so einsam und verlassen wie seitdem ich deinetwegen meine gesellige Stellung verändert habe – gedenke ich oft Deiner. Was bist doch Du eigentlich für eine Närrin Dich selbst so ohne allen Grund zu plagen und martern wenn Du es doch so gut haben könntest.

Aber gegen Gefühle, wie toll sie auch seien, hilft wohl keine Lebensphilosophie. Man muss es also der kleinen Kröte verzeihen wenn ihr Verstand gegen ihre Gefühle den Kürzeren zieht.
(…)
Den Liedbeck bin ich endlich los, und es freut mich denn ewig mit dem Menschen zu schreien dass mir die Kehle austrocknete, das war natürlich kein Vergnügen. Der Mensch, welcher doch so herzensgut ist, scheint ganz unfähig zu begreifen dass seine Taubheit andere Menschen belästigt.
(…)
Du erschreckst mich mit der Erzählung von Deinem kranken Zahnfleisch. Es klingt fast wie wenn Du den Scorbut von mir geerbt hättest. Ich habe Dich ja so oft gewarnt Dich nicht meiner Zahnbürste zu bedienen, was überhaupt für alle Menschen Regel sein sollte. Einige Doctoren behaupten der Scorbut sei unter keinen Verhältnissen erblich, anderen dagegen hegen darüber Zweifel. Meerettig und Traubensaft sollen dagegen sehr wirksam sein. Ich mache von beiden hier sehr reichlichen Gebrauch und obwohl ich gewiss nicht grosse Wirkung davon verspüre, scheint mir doch das Zahnfleisch etwas weniger locker zu sein…Robert schreibt mir aus Vöslau dass nichts gegen Scorbut so wirksam ist als eine Traubenkur. Da er eine vorhat will er gerne dass wir dieselbe zusammen durchmachen sollen. Ich halte aber nicht daran und habe ihm deshalb geschrieben dass ich lieber Traubensaft zu Hause trinken werde statt meine Zeit noch weiter in einem Bade zu vergeuden.

Brief 16

Paris medio sept. 1878
(…)
Sowie ich nur hieher zurückkehre so komme ich gleich wieder in den Strudel von ewigen Geschäften, Besuchen und Belästigungen hinein. Heute war schon wieder ein Verwandter meines Bruders da welcher mir die Zeit von 9 Uhr an bis 2 Uhr nahm.

(…)

Willst Du meinen Rath befolgen so nehme fleissig die Pillen welche Dir der dortige Apotheker gab, und trinke dazu des Magens wegen kaltes Carlsbader oder Marienbader Wasser. Dies vorläufig bis es möglich sein wird die Franzensquelle zu haben. Dem Doctor Walter hatte ich noch keine Zeit zu schreiben – hier wird man ja so überlaufen – werde es aber Morgen thun.

(…)

Brief 17

Paris 16 Sept. 1878

(…)

Wenn ich Dir gestern nur ein Telegram zukommen ließ so liegt es daran dass ich Übermorgen früh schon abreisen muss und dass es fast unmöglich ist mit aller Arbeit fertig zu werden. Man hat mir wieder den Krebs'schen Process auf den Hals geschickt: es ist ein ganzes Buch durchzustöbern und zu beantworten, und ich arbeite schon zwei Nächte daran. Dazu kommt dass mir die Rheumatismen wieder umherfliegen und entsetzliche Kopfschmerzen verursachen: gestern war ich so schlecht daran dass ich mich um 8 Uhr Abends zu Bett legen musste. Auch Fehrenbach ist leider krank, und gerade zu einer Zeit wenn ich seiner Hülfe so gut bedarf.

(…)

Trotz der vielen Arbeit denke ich immer mit liebevollem Besorgnis an Dich und finde dass Du mir viel zu wenig über Deine Gesundheit berichtest. Ist die Köchin gar zu schlecht so könnt ihr sie ja gehn lassen indem Du ihr die 60 Franken zahlst und wieder im Hotel essen…Das ist hübsch von Dir dass Du gut lernst und mir Freude machen wills. Kaufe Dir z.B. einen Roman von Balzac genannt: »Deux jeunes Mariés«; derselbe ist in Form von Briefen geschrieben und die Sprache ist sehr leichtverständlich.

(…)

Brief 18

Paris 17/9 1878

Warum reibst Du Deine Gesundheit auf mit unnützem Kummer? Siehst Du denn nicht wie ich Dir wohl will und es Dir bei jeder Gelegenheit zeige? Eins ist aber sonderbar dass Du nie zu beachten verstehst – dass ich ja gar kein Frauenverehrer bin. Ich sehne mich nur nach Ruhe während dem Du Dir einbildest dass ich links und rechts den Hof mache. Kannst Du denn gar nicht diese albernen Grillen vertreiben und zum gesunden Menschenverstand einen Rückgang machen?

(…)

Für die Kinderei mit den Bisquiten, obwohl so herzlich gemeint, danke ich Dir nicht, denn meine Leute im Haus müssen sich ja darüber lustig machen dass man so etwas von Trouville nach Paris versendet. Heute erwarte ich H. Calonne zu Frühstück und H. Barbe zu Mittag. Damit wird ziemlich der ganze Tag vergeudet und es bleibt für die Arbeit nichts als die Nacht übrig.

Morgen früh, wenn ich mit den Briefen und dem Packen fertig werden kann, reise ich ab, schreibe Dir aber vordem noch einige Zeilen. Von Deiner unsinnigen Vermuthung dass ich in Gesellschaft reise lohnt sich gar nicht zu sprechen, und doch hast Du eigentlich recht denn ich reise in Begleitung starker und sehr unangenehmer Rheumatismen.

39

Das langwierige Geschehen in England machte Alfred ungeduldig, und er begann, sich nach anderen Märkten umzusehen. In Frankreich war er gezwungen, gegen seinen Willen eigenes Geld aufs Spiel zu setzen, um überhaupt ein Geschäft in Gang zu bringen. Die Unsicherheit mit Hinsicht auf die Gültigkeitsdauer des französischen Patents erschwerte die Suche nach risikowilligem Kapital. Ragnhild Lundström hat festgestellt, daß der Wert der Kapitalaktien in sämtlichen kontinentalen Dynamitunternehmen – mit Ausnahme des deutschen – nicht höher war als 750 000 Kronen, was dem eingebrachten Kapital in einer mittelgroßen schwedischen Maschinenfabrik jener Zeit entsprach. Auf einem so labilen wirtschaftlichen Grund wurde Alfreds Dynamitimperium errichtet. Gegen sein Prinzip hatten Alfred 100 000 und Barbe 170 000 Kronen eigenes Kapital zuschießen müssen.

Die Ausformung des persönlichen Vertrags zwischen Barbe und Alfred zog sich in die Länge. Alfred bestand auf seiner Forderung, Barbe solle für seinen Haftungsanteil eine Bankgarantie stellen. Der Kompagnon wies diesen Vorschlag entrüstet zurück und meinte, daß die Fabriken und Immobilien seiner Familie eine ausreichende Sicherheit darstellten. Er reagierte auch negativ auf die Forderung, eine Person anzustellen, die nicht nur für Alfred zeichnungsberechtigt sein, sondern auch am Ort seine Interessen vertreten sollte. Barbe schreibt: »Auf eine solche Regelung kann ich nicht eingehen. Was wäre dann noch übrig von unseren guten Beziehungen und dem gegenseitigen Vertrauen?« Aus dem Briefwechsel im November – Dezember 1869 geht hervor, daß Alfred schließlich von seinen Forderungen abging, weil ihm daran gelegen war, aus Barbes Fähigkeiten Nutzen zu ziehen.

Alfred hatte nichts dagegen, daß sein Kompagnon immer reicher wurde. Im Gegenteil war es seiner Meinung nach notwendig, daß ein Unternehmer mit »Gewinnbegier« ausgerüstet war, um Erfolg zu haben.

Da in Europa am Anfang der 1870er Jahre Hochkonjunktur herrschte, waren schnelle Entscheidungen und hohe Kompetenz erforderlich. Die Nobelunternehmen, die den höchsten Nutzen aus den guten Zeiten zu ziehen vermochten, waren die deutschen und die schwedischen. Auch in der französischen Gesellschaft stiegen die Gewinne. Von Juni 1875 an waren Alfred und Barbe Mitglieder des Vorstands, der für eine Sechsjahresperiode gewählt wurde. Zusammen verfügten sie über ein Drittel der Aktien, aber sie dominierten die Arbeit des

Vorstands vorwiegend kraft ihrer Persönlichkeiten und ihres Könnens.

Zum geschäftsführenden Direktor hatte der Vorstand den Pulverspezialisten Louis Roux gewählt. Er erwies sich als ebenso eigensinnig wie Barbe. Bei einer Kraftprobe auf der Hauptversammlung 1877 wurde Barbe zum Rückzug gezwungen. Er besaß eine Agenturfirma, die durch den Verkauf von Apparatur und Chemikalien an die Fabrik in Paulilles große Gewinne gemacht hatte. Der dortige Leiter Xavier Bender forderte nun, von dem Zwang, nur bei Barbes privater Firma einzukaufen, befreit zu werden. Roux machte sich auf der Hauptversammlung zu Benders Fürsprecher, und bei der folgenden Abstimmung stimmte Alfred gegen Barbe.

Die französische Muttergesellschaft hatte einen wohlklingenden Namen: »Société Générale pour la fabrication de la Dynamite et de Produits chimiques«. Das Aktienkapital betrug drei Millionen Francs, verteilt auf 6000 Aktien zu 500 Francs. 1884 wurde eine Fabrik in Ablon – Calvados – gekauft, wodurch sich das Aktienkapital auf vier Millionen Francs erhöhte. Die härter werdende Konkurrenz auf dem Sprengstoffmarkt erforderte maximalen Einsatz sowohl seitens des Antreibers Barbe als auch seitens des Problemlösers Alfred. Es wurde Barbe immer klarer – auch wenn Alfred lange Zeit zögerte –, daß irgendeine Form der geregelten Zusammenarbeit unter den Nobel-Unternehmen notwendig war. Die nach Barbes Ansicht perverse Konkurrenz konnte eines Tages tödlich werden.

Sowohl Alfred als auch Barbe wohnten seit 1873 in Paris und konnten trotz des zuweilen gespannten Verhältnisses beinah täglich miteinander beratschlagen. Ihre Überlegungen führten dazu, daß 1875 unter Liedbecks Führung ein Konzernstab gebildet wurde. Dieses für die Produktentwicklung zuständige Expertenzentrum erhielt den Namen »Syndicat des Fabriques de Dynamite« und hatte für die Nobel-Unternehmen beratende Funktion. Die hochgespannten Erwartungen wurden jedoch nicht eingelöst – dazu waren die Herren Nobel, Barbe und Liedbeck mit zu starkem Willen und zu unterschiedlichen Visionen ausgestattet.

Für den Erfinder Alfred war 1875 ein Jahr des Erfolgs. In diesem Jahr schuf er als »Forschungschef des Konzerns« die Sprenggelatine. Er, der nie große Worte machte, wenn es um eigene Leistungen ging, war der Meinung, daß das Gummidynamit sowohl als Produkt wie auch als Herstellungsprozeß patentgeschützt werden müsse, »so daß es jeder bekannten Konkurrenz widerstehen wird, denn ich sage nur, daß eine kleine Umwälzung in der Sprengtechnik bevorsteht«, schreibt er an einen Freund.

Wie gewöhnlich stieß seine Erfindung auf Kritik. Die Juristen der spanischen Gesellschaft machten geltend, daß die Sprenggelatine lediglich eine Verbesserung des Dynamits sei. Man behauptete, daß die Sprenggelatine Nitroglyzerin enthalte, weshalb es keinen Grund gebe, von einer neuen chemischen Verbindung zu sprechen.

Im Prinzip nahm Alfred neuen Etablierungsversuchen gegenüber eine abwartende Haltung ein. Er beantragte zwar Patente in verschiedenen exotischen Ländern, doch es dauerte, bis er der Herstellung zustimmte. Er meinte, das Explosionsrisiko sei in warmen Ländern höher.

Die Bemühungen um eine Aufteilung des Marktes und um Preisabsprachen zwischen Unternehmen innerhalb und außerhalb des Nobel-Konzerns begannen von Erfolg gekrönt zu werden. Aber noch blieb viel zu tun. 1882, nachdem das französische Dynamitpatent ausgelaufen war, gründete das schweizerisch-italienische Nobel-Unternehmen eine Handelsgesellschaft in England. Alfred war indessen weiter im Zweifel. In einem Brief an Barbe vom 5. Juli 1879 schreibt er: »Die Idee ist ausgezeichnet in der Theorie, aber in der Praxis...!«

Barbe legte schließlich seinen Vorschlag für einen Zusammenschluß aller Nobel-Unternehmen auf dem Kontinent mit »Nobels Explosives« in England vor. Er schreibt am 12. Juli 1879 an Alfred: »Ich glaube, man muß den von mir vorgeschlagenen Weg gehen oder die Aktien in anderen Ländern veräußern, denn die Konkurrenz beginnt ein unerhörtes Ausmaß anzunehmen, sowohl von Opladen und anderen Unternehmen wie auch zwischen den Nobel-Gesellschaften. Lassen Sie uns fusionieren oder uns darauf vorbereiten, unsere Geschäfte aufzugeben. Unsere Interessen und unser Name verlangen eine Fusion...«

Barbe meinte, daß man bedeutende Kosteneinsparungen erreichen könne, wenn man die kontinentalen Gesellschaften mit der englischen vereinigte. Man würde außerdem größere Möglichkeiten haben, die Preise auf den Exportmärkten hoch zu halten. Alfred überdachte den Vorschlag. Doch seinen kurzgefaßten Kommentaren nach zu urteilen, war er auch diesmal nicht für eine radikale Veränderung der Struktur seiner Gesellschaft.

Während er abwartete, daß Alfred in der Hauptfrage seine Meinung änderte, gelang es Barbe, seine Zustimmung zum Zusammenschluß der schweizerisch-italienischen Gesellschaften unter dem Namen »Dynamite Nobel« zu bekommen. Danach wollte er die deutsch-englischen Fabriken mit einigen lateinamerikanischen Gesellschaften fusionieren. Erst nach einer weiteren intensiven Überredungskampagne gab Alfred schließlich nach. Er akzeptierte sogar einen Vorstandssitz in der »Nobel Dynamite Trust Co.«.

Alfred war ansonsten mehr denn je daran gelegen, Zeit für Forschung und Produktentwicklung zu bekommen, da er ahnte, daß der Markt bald gesättigt sein würde. Neue Erfindungen waren nötig, wenn man die Wirtschaftlichkeit aufrechterhalten wollte. Die Aufteilung der Märkte und Preisabsprachen brachten seiner Meinung nach nur vorübergehende Lösungen. Wie schwierig seine Stellung als Vorstandsmitglied einerseits und Großaktionär andererseits war, zeigte sich bei einigen Hauptversammlungen. Man scheute sich nicht, ihm offen vorzuwerfen, in bestimmten Verhandlungssituationen die Unternehmensleitungen manipuliert zu haben.

Alfred blieb die Antwort nicht schuldig, doch einige Formulierungen deuten darauf hin, daß er ein gewisses Verständnis für die Kritik hatte. Alfred hatte in der Anfangsphase Exportverbotsklauseln in bezug auf Länder eingeführt, in denen er eine Herstellung plante – Vinterviken durfte beispielsweise nicht im Ausland verkaufen. Wenig konsequent hatte er hingegen den geschäftsführenden Direktor von »Nobels Explosives«, Cuthbert, dazu angehalten, die Sprenggelatine mit Hinsicht auf den attraktiven Exportmarkt zu produzieren. Er schrieb später an den Vorstand, mit einer Abschrift an Cuthbert: »It is this that the German Company is getting ahead of us in getting gelatine into the market.«

Es fällt auf, daß Alfred in diesem Brief das Wort »uns« gebraucht. Es war nicht das einzige Mal, daß er auf zwei Stühlen saß, ohne sich dessen bewußt zu sein.

Die moderne Fabrik in Paulilles war neben der in Ardeer Alfreds Stolz. In seinen Briefen lobte er ständig Liedbecks vorbildliche Planung. In Paulilles gab es von Anfang an die Möglichkeit, Salpeter und Schwefelsäure herzustellen. 1880 wurde eine weitere Nitroglyzerinfabrik gebaut und das Aktienkapital um 25 Prozent aufgestockt. Drei Jahre später wurde eine Eisfabrik errichtet, die die Produktion von Sprengstoffen auch während der heißen Jahreszeit ermöglichte.

Es war eine Enttäuschung für Alfred, daß die Nachfrage nach der Sprenggelatine nicht den Erwartungen entsprach. Er war gezwungen, weiterhin Dynamit herzustellen und zu verkaufen. Das Angebot wurde so groß, daß die Preise gesenkt werden mußten und die Gewinne folglich abnahmen. Der Kapitalertrag der französischen Gesellschaft spricht für sich:

1879/80 = 42 %
1882/83 = 23 %
1885/86 = 19 %

1885 war ein besonders schlechtes Jahr. »Ich verliere auf allen Seiten Geld und versuche vergebens, meine russischen Aktien zu welchem Preis auch immer zu verkaufen«, klagte Alfred. Im darauffolgenden Sommer berichtete er in einem Brief an Sofie Hess von noch größeren Schwierigkeiten: »Es wachsen mir in Russland und England solche Schwierigkeiten daran dass mein Einkommen bald ein sehr gerings werden wird«.

Die Beziehung zu Barbe kühlte immer mehr ab. In sachlichem Ton kritisierte Alfred, daß er die Liquidität in einem Teil der Unternehmen vernachlässige. Barbe hatte Alfred zufolge kurzfristige Kredite aufnehmen lassen, während sie gleichzeitig den Kunden langfristige Kredite einräumten. Barbe bedeuteten die Gewinnchancen mehr als eine gute Liquidität.

Alfred befürchtete – und wie sich zeigen sollte, mit gutem Grund –, daß seine Unternehmen sich in weitläufige Spekulationen verwickelten, die für ihn als verantwortliches Vorstandmitglied bedrohlich werden konnten.

40

Brief 19

Köln 19/9 1878

(…)

Da ich hier den Tag verweilen mußte um die neben Cöln befindliche D. Fabrik zu besichtigen so finde ich noch Gelegenheit Dir vor Abfahrt des Zuges einige Zeilen zu schreiben.

(…)

Mit meinem Magen steht es wieder so schlecht dass mir das Reisen äußerst peinlich wird. Man hatte mir Huhn und noch anderes eingepackt (diesmal ordnete ich selbst an was ich mitnehmen wollte) aber ich habe gar keinen Appetit und das Essen bekommt mir sehr schlecht. Nur Deine kleinen Biquits schmeckten mir gut, wahrscheinlich weil die Sendung so gut gemeint war.

(…)
Morgen früh (denn ich muss die Nacht durchreisen) treffe ich in Hamburg ein und morgen Abend geht es weiter nach Stockholm. Die Reise ist sehr unbequem und ermüdend denn meine Rheumatismen geben mir gar keine Ruhe.
(…)

Brief 21

Stockholm Sonntag [Ende Sept 1878]

(…)
Eine ganze Schiffsladung Verwandte sind hier versammelt und reissen sich um meine Zeit so dass es mir ganz unmöglich ist eine ledige Viertelstunde zu finden. Daher muss Du es entschuldigen wenn ich Dir nur einige kurze, herzliche Worte schreibe. In so großer Entfernung von Dir werde ich immer mehr besorgt wegen dem kleinen, lieben, kranken Kinde in der Ferne. Schreibe mir ja recht ausführlich wie es Dir geht.
(…)
Ich habe immerfort Kopfschmerz und Nasenbluten so dass mir die geringste Anstrengung schwer fällt. Hier fällt schon wieder ein Tropfen auf Dein Papier…

Brief 22

Stockholm d. 25/9 1878
[Hotel Rydberg]

(…)
Meiner alte Mutter hier machte es eine überaus große Freude uns alle hier vereinigt zu sehen. Und obwohl ich nie in meinem Leben eine große Freude (wohl aber tiefen Schmerz) empfunden habe, so kann ich mich leicht in dieser Beziehung in die Gefühle anderer Menschen hineindenken. Wenn das Leben an die Neige geht, und nur ein kurzer Schritt uns vom Grabe trennt so knüpft man keine neuen Bande und schließt sich umso enger an die

alten. Gerne möchte ich bei der Mutter wohnen, weil ihr das gewiss lieb wäre, aber wir sind zu zahlreich um alle dorthin ziehen zu können, und Ausnahmen darf man nicht machen; wir wohnen daher alle im Grand Hotel, wo die Möbel vergoldet und das Essen verfault ist.

(...)

Vor meinem Fenster fließt der Fluss und da fährt ein kleines Schifflein, und ich wünsche es könnte mich tragen nach Trouville. Da das aber nicht geht so müssen meine Gedanken allein die Reise machen, und werden bei Dir jetzt und ferner und immer treu verbleiben, und wünschen Dir recht herzlich alles Gute, und drücken Dir einen innigen Kuss auf den süßen Mund des kleinen blonden Köpfleins (...)

[PS] Hier ist kalt und rauh und mit meiner Gesundheit geht es schlecht.

Brief 23

Stockholm 26/9 1878
[Hotel Rydberg]

(...)

Die Poststunde naht ohne dass ich Zeit fand Dir einige Worte zu schreiben. Du kannst Dir gar nicht denken wie man hier überlaufen wird von Menschen welche Anliegen haben und Geschäfte proponiren wollen. Mein Bruder ist aber noch schlimmer daran: er hat kaum eine freie Stunde der Mutter zu widmen.

Wir sind hier sehr zahlreich: Zwei Schwägerinnen mit fünf ihrer Kinder. Ich weiß noch nicht wie viele von ihnen nach Paris mitreisen, aber einige kommen gewiss, wenigstens meine Brüder und zwei Neffen. Dass die Frauen reisen sehe ich weniger gerne weil ich dann nicht über meine Zeit werde verfügen können.

...Ich möchte über diesen Gegenstand noch viel verbreiten, kann aber heute nicht weil die Neffen in den Zimmern umherlaufen und auch mein Schreibtisch nicht verschont bleibt. Meine Ge-

danken bleiben aber bei Dir und versüßen die langweiligen Stunden mit angenehmer Erinnerung.

41

Alfred sollte mit der Erfindung plastischer Sprengstoffe nicht nur die Lebensumwelt seiner eigenen Zeit verändern, sondern auch die der Nachwelt.

Überall stößt man auf Spuren der Wirkung des Dynamits. Bereits 1866 wurde das Sprengmittel beim Bau des ersten – und lange Zeit längsten – Eisenbahntunnels in Amerika, des Hoosac-Tunnels verwendet. Ein berühmteres Beispiel ist der St.-Gotthard-Tunnel, der 1882 eingeweiht werden konnte, schneller und billiger vollendet durch die Verwendung von Alfreds Sprenggelatine anstelle des Schwarzpulvers. Der Tunnel ist 15 Kilometer lang und hat die Eisenbahnverbindung zwischen Basel und Mailand möglich gemacht.

Alfred warnte im Herbst 1880 vor der Konkurrenz, die den Nobel-Unternehmen erwachsen würde, wenn der deutsche Patentschutz endete. Er war sich im klaren darüber, daß der Herstellungsprozeß einfach zu kopieren war.

Da die Patentangelegenheiten von entscheidender Bedeutung für sein Unternehmen waren, erledigte Alfred sie lange Zeit selbst, ohne Schreibhilfe und ohne Anwalt. Bevor seine wirtschaftliche Lage sich konsolidiert hatte, machte er außerdem während der Expansionsphase vierteljährlich einen vorläufigen Abschluß, um genau zu wissen, wo er finanziell stand.

Im Gegensatz zu zeitgenössischen Kollegen, und später Ivar Kreuger, kalkulierte Alfred nie mit antizipierten Jahresgewinnen. Die Gewinne sollten eingenommen sein, bevor er sie in seinen Abschlüssen aufführte. Auch teilte er keine Dividende an die Aktionäre aus, wenn die Ertragsentwicklung dies nicht rechtfertigte. Um Betriebskapital anzuziehen, wurden in vielen anderen Gesellschaften die Abschlüsse auf nicht korrekte

Weise frisiert, doch Alfreds Geschäftsmoral ließ derartige Manöver nie zu.

Es dauerte viele Jahre, bis er zu der stoischen Auffassung gelangte, daß Mißerfolge unvermeidlich waren. Vorübergehenden Fortschritten auf einem Markt folgte fast unfehlbar ein Rückschlag auf einem anderen. Er mußte sich abhärten, damit die Enttäuschungen seine Handlungskraft nicht lähmten. Nicht zuletzt galt es, sich über die Verleumdungen hinwegzusetzen, die nach jedem Unglück auftauchten. Außerdem begann er, als Erfinder immer häufiger in Sackgassen steckenzubleiben, was mehr als alles andere zu seiner wachsenden Schwermut beitrug. Als die Quellen seiner Forschertätigkeit zu versiegen drohten, meinte er, vorzeitig zu altern.

Doch je besser die wirtschaftliche Lage der Nobel-Unternehmen wurde, um so seltener kamen Klagen von beunruhigten Aktionären. Nur vereinzelt mußte Alfred in die tägliche Routine eines Unternehmens eingreifen. Er tat dies nur, wenn es um Abrechnungen oder technische Angelegenheiten ging.

Wie alle Menschen, deren Reichtum und Ruhm wächst, wurde Alfred nach einiger Zeit weniger als Individuum denn als gesellschaftliche Institution betrachtet. Er kam zu der prinzipiellen Auffassung, daß er sich nur auf das Urteil einer einzigen Person zu verlassen wagte, und das war sein eigenes. Das Mißtrauen gegenüber anderen begann sein Handeln immer stärker zu prägen. Besonders aufmerksam beobachtete er Personen in Schlüsselstellungen, die Versuchungen ausgesetzt sein konnten. Nicht zuletzt bei Personen mit »fetten Bäuchen und noch fetteren Kalkulationen« wahrte er eine gesunde Distanz.

Wenngleich Alfred einsah, daß der Egoismus das Handeln der meisten Menschen lenkt, war er doch der Auffassung, daß die Geldgier sich in erträglichen Grenzen halten mußte. Er empfand Widerwillen gegen den Kapitalismus in extremis, der keine Regeln kannte und wo auf die empörendste Weise gegen geschriebene wie ungeschriebene Gesetze verstoßen wurde. Bezeichnenderweise wurde zu dieser Zeit ein neues Wort geprägt:

Humbug. Dieser Ausdruck für Bluff und Betrug kehrt häufig in Alfreds Briefen wieder. Er verwendet den Ausdruck »Humbugmacher« für jene, die gewissenlos seine Sprengstoffe kopierten und ihnen nach minimalen Veränderungen neue Namen wie »Nitroleum«, »Railroadpowder« und »Vigorite« gaben.

Wie gerissen die Humbugmacher auch sein mochten, suchten doch nur wenige, eine Form von Zusammenarbeit mit Alfred zu etablieren. Seine Fähigkeit, Menschen kritisch zu beurteilen, war nur zu gut bekannt.

Alfred war selbstverständlich bewußt, daß es sich lohnen konnte zu lügen und daß ein Teil seiner Geschäftsbekannten gerade deshalb wirtschaftlich überlebt hatten, weil sie die Lüge systematisch einsetzten. Er war selbst gezwungen, in gewissen Grenzen die Lüge als Geschäftsmethode zu tolerieren.

In ihrer Abhandlung weist Ragnhild Lundström auf einen moralischen Seitensprung im Geschäftsleben hin, dessen sich Alfred selbst möglicherweise schuldig gemacht haben könnte. Bei einer Gelegenheit habe er »sich nicht veranlaßt gesehen, seine deutschen Kompagnons von Barbes Plänen, eine Dynamitgesellschaft in Italien zu gründen, zu unterrichten«. Lundström fügt jedoch hinzu, daß die Vorstandskollegen Carstens und Bandmann ihrerseits Alfred nicht über die Aktionen in Italien informiert haben sollen.

Robert Musil hat konstatiert, daß bestimmte wohlhabende Menschen Reichtum als eine ihnen eigene Qualität erleben. Wenn Alfred etwas fremd war, dann dies. Er konnte nicht finden, daß eine neu erworbene Million auch nur ein Zoll zu seinem geistigen Wachstum beitrug.

Was er erreichen wollte, war mit Geld nicht zu erwerben. Seine Briefe aus den letzten sechzehn Lebensjahren sind von einem tief depressiven Menschen geschrieben. Man ahnt, daß er zuweilen in seiner Einsamkeit nachrechnete, wie viele wirkliche Freunde – nicht Bekannte – er hatte. Mit jedem Jahr wurden sie weniger. Er wußte, daß am Ende des Weges nichts anderes auf ihn wartete als die Einsamkeit.

42

Brief 24

Stockholm 27/9 1878

(...)

Du klagst mein liebes Kind darüber dass meine Briefe an Dich kurz und unter Zwang geschrieben sind, willst aber den Grund dafür nicht einsehen ohne dass ich denselben gegen meinen Willen ausspreche. Das kommt eben daher weil alle Menschen, besonders alle Frauenzimmer Egoisten sind und nur das eigene »ich« beachten. Ich habe aber von Anfang an gesehen und sehe es immer mehr ein, und bedauere es immer mehr dass Deine Stellung im Leben eine schiefe ist und deshalb zwinge ich mich oft gegen Dich kalt und zurückhaltend zu sein damit Deine Neigung keine tieferen Wurzeln fassen soll. Du glaubst vielleicht selbst dass Du mich gern hast: es ist aber nur Dankbarkeit und vielleicht Achtung und dieses Gefühl genügt nicht um das Anhänglichkeits- oder Liebesbedürfniss Deiner jungen Seele auszufüllen. Es wird, und vielleicht sehr bald, eine Zeit kommen, wenn Dein Herz einen Anderen lieb haben wird, und wie würdest Du Dich dann über mich wundern, wenn ich Dich mit den Banden der tiefen, innigen, unzertrennbaren Liebe in meinem Herzen geschlossen hätte. Das alles fühle und begreife ich recht gut, und deshalb zwingt meine Vernunft meine Gefühle in engere Kreise zurück. Glaube aber deshalb nicht an das steinerne Herz wovon Du immer schreibst. Ich wie andere, und vielleicht mehr als andere, fühle den schweren Druck der Verlassenheit, der öden Einsamkeit, und habe lange Jahre jemand gesucht an dessen Herz sich das meinige finden möchte. Das darf aber kein einundzwanzigjähriges Herz sein dessen Weltanschauung und Seelenleben mit dem Meinigen wenig oder gar keine Gemeinschaft hat. Dein Stern geht auf dem Schicksalshimmel auf, der Meinige herunter; bei Dir spielt die Jugend mit allen Hoffnungsfarben, bei mir sind die wenigen noch leuchtenden Strahlen diejenigen des schimmernden Abendroths. Zwei solche Wesen passen nicht zusam-

men als Liebende, können aber desshalb sehr gute Freunde sein und bleiben.

(…)

Ich weiß ja dass Du ein herzensgutes, liebes Kindchen bist, und obwohl Du mir soviel Kummer gemacht hast und noch immer verursachst, habe ich Dich recht herzlich gerne und denke mehr an Dein Glück als an das Meinige. Da muss ich lachen wenn ich von meinem Glück spreche wie wenn das überhaupt vereinbar wäre mit meiner zum Leiden geschaffenen Natur. Aber Dir, mein Kindchen, lächelt das Leben wie selten Jemand entgegen, und wenn eine kleine Krankheit dazwischengekommen ist so wird dieselbe nur von kurzer Dauer sein. Dann wirst Du wieder froh und lustig. Um aber vollends glücklich zu werden fehlt Dir die noch mangelnde Bildung, welche Deiner Lebensstellung zukommt, und darauf hin muss Du fleißig arbeiten. Du bist eben ein Kind und denkst an die Zukunft gar nicht, und da ist es gut wenn ein alter, bedachtsamer Onkel über Dich wacht.

(…)

Da kommt die Schwägerin mit ihren Kindern und ich muß schließen indem ich Dir einen liebevollen Kuss vom alten Grübler sende.

[PS] Ich bleibe hier bis 1 Okt. Abends. Telegrafirst Du so adressire: Grand Hotel Stockholm. Schreibe aber meinen Vornamen weil meine Brüder hier wohnen.
Wie steht es mit den Finanzen?

Brief 25

Stockholm 28/9 1878

(…)

Hier bekommt man sehr schlechtes Essen und da ich nie allein essen kann so bin ich auch immer magenleidend. Vorsicht hilft ja nicht denn obwohl ich gar nicht rauche und auch keinen Wein trinke bin ich doch so kopfleidend dass mir das ganze Leben wie lauter Galle erscheint. Hoffentlich geht es Dir besser: ich glaube aus Deinen Briefen herauszulesen dass Du mich schon ganz vergessen hast. Das ist aber nicht hübsch von Dir denn Du lebst in meinen Gedanken und in meinem Herzen wie immer…

43

Wenn die Korrespondenz zwischen Robert, Ludvig und Alfred ein korrektes Bild abgibt, berührten sie nie den Konkurs des Vaters in Rußland und seinen Fall aus einem Dasein im Überfluß in St. Petersburg zum Leben in dem verfallenen Landhaus auf Söder in Stockholm, wo er und seine Frau nur mit Alfreds Hilfe der Armut entgingen.

Als Immanuel seine Fabrik den Gläubigern überlassen hatte, taten diese einen Glücksgriff mit der Wahl Ludvigs zum neuen Chef von »Nobel & fils«. Ludvig akzeptierte nach einem gewissen Zögern. Robert war der älteste der Brüder, und Ludvig wollte ihn nicht verletzen.

Ludvig bewies im weiteren Verlauf seiner Tätigkeit in der Firma des Vaters in St. Petersburg großes Geschick nicht nur im Umgang mit Maschinen, sondern auch mit Menschen. Er konnte Menschen mit erstaunlicher Leichtigkeit nehmen, und dies war ein Aktivposten, der ihm in seiner weiteren Laufbahn noch große Freude bereiten sollte.

Nach zwei Jahren hatte das Unternehmen wieder Fuß gefaßt. Da teilten ihm die Gläubiger 1862 mit, daß sie die Maschinenfabrik an einen Russen verkauft hatten, der das Unternehmen unmittelbar in »Technologie Ingenieur Golubjevs Sampsonievskij Maschinenfabrik« umbenannte. Ludvig hatte jedoch von dem Lohn, den die Gläubiger ihm gezahlt hatten, 5000 Rubel sparen können, und am 13. Oktober 1862 konnte er eine eigene kleine Werkstatt auf der sogenannten Viborg-Seite der Neva pachten. Unter seiner Leitung wuchs das neue Unternehmen mit einzigartiger Schnelligkeit. Abgesehen von verschiedenen Artikeln für den militärischen Gebrauch wie Minen, Gewehren und Kanonen stellte er auch Dampfhämmer und hydraulische Pressen für den zivilen Sektor her.

Dabei hatte er in Robert eine große Hilfe, aber auch in Alfred, der eine kleinere Wohnung gemietet hatte, in deren Küche er ein Laboratorium für Experimente in kleinem Maßstab eingerichtet hatte. Ludvig pflegte seine guten Beziehungen zu den russischen Militärbehörden mit immer größerem Erfolg. Die Bestellungen nahmen zu, und er mußte mehr Arbeiter einstellen. Seine Fabrik lieferte nach und nach auch Lafetten, Roheisengranaten und Ziehbänke. Nach zwanzig Jahren hatte sich der Umsatz verachtfacht.

1858 hatte Ludvig seine Kusine mütterlicherseits, Mina Ahlsell (1832-1869), geheiratet, und am 22. Juni 1859 wurde ihr erstes Kind geboren und auf den Namen Emanuel getauft.

Der Bruder Robert war als junger Mann vor allem in seinen Liebesaffären erfolgreich. Das bevorzugte Objekt seines Werbens war Pauline Lenngren, die Tochter eines vermögenden finnischen Kaufmanns in Helsinki. Sie heirateten und ließen sich in St. Petersburg nieder, doch Pauline fühlte sich in der russischen Hauptstadt nicht wohl, und so zogen Robert und sie nach Helsinki. Dort startete er mit finanzieller Unterstützung des Schwiegervaters eine Ziegelei und das »Lampen- und Leuchtölgeschäft Aurora«. Nicht ohne Galgenhumor bezeichnete Robert das letztgenannte Unternehmen als ein »leuchtendes Geschäft« in jeder Hinsicht, außer ökonomisch.

War es seiner jungen Frau schwergefallen, sich in der russischen Hauptstadt zurechtzufinden, so galt das gleiche für Robert in der finnischen. Eine wesentliche Ursache dafür waren seine Schwächen als Unternehmer, im Grunde ein Minderwertigkeitskomplex gegenüber den jüngeren Brüdern, der sein ganzes Leben lang anhielt. Er wurde ein bitterer und sarkastischer Mann.

Als Alfred sich in Vinterviken etabliert hatte, bot er Robert an, in Finnland das Nitroglyzerin auf den Markt zu bringen. Robert akzeptierte das Angebot und löste sein Geschäft auf. Er gründete eine Sprengstoffabrik in einem Gebäudekomplex des Gutes Fredriksberg in der Nähe von Helsinki, aber er hatte sich gerade eingerichtet, da erreichte ihn die Mitteilung, daß der russische Zar jede Herstellung von explosiven Stoffen im Großfürstentum Finnland zu verbieten beabsichtigte. Robert sah keinen anderen Ausweg, als erneut sein Unternehmen zu liquidieren.

Die Mißerfolge schlugen sich auf Roberts Gemütsverfassung nieder, und er zeigte früh eine Neigung zur Hypochondrie. Ständig hatte er irgendwo Schmerzen. Als der Chefposten in Vinterviken frei wurde, bot Alfred ihm diesen an, und gut drei Jahre lang war Robert der geschäftsführende Direktor des Unternehmens. Es zeigte sich jedoch, daß er Schwierigkeiten hatte, mit anderen zusammenzuarbeiten. Er geriet bald auf Kollisionskurs mit so temperamentvollen Persönlichkeiten wie dem Multimillionär und Mitfinanzier Smitt und dem fachlich versierten Alarik Liedbeck.

1870 war Robert 41 Jahre alt und wußte nicht recht, was er tun sollte. Da schlug Ludvig ihm vor, nach St. Petersburg zurückzukehren und Kompagnon in seiner immer erfolgreicheren Maschinenfabrik zu werden. Im Jahr zuvor war Ludvigs Frau Minna nach kurzer Krankheit gestorben. Nun heiratete er wieder, die junge Edla Collin, und unternahm mit ihr eine ungewöhnlich lange Hochzeitsreise. Er war sieben Monate fort und übertrug Robert für die Dauer seiner Abwesenheit die Leitung seines Unternehmens.

1872 schloß Ludvig ein Abkommen mit dem Chef der Gewehrfabrik in dem fern gelegenen Issjevsk am Ural – Peter Bildermann –, auf einer 50-zu-50-Basis eine Berdanka-Produktion zu starten. Berdanka war der Name der russischen Variante eines amerikanischen Gewehrmodells mit Patronen aus Metall und einem neuen Hinterladermechanismus.

Robert zeigte sich anfänglich dem Projekt gegenüber verständnislos und nannte es leicht verächtlich »das Issjevsk-Abenteuer«. Er sollte seine Meinung ändern. Schon nach drei

Jahren konnte Ludvig in einem Brief triumphierend berichten, daß er an einem Sonntagsgottesdienst in Issjevsk teilgenommen habe, bei dem er feststellen konnte, daß die Arbeiter und ihre Familien bemerkenswert gut gekleidet waren: »Welcher Kontrast zu der früheren Armut in dieser Gegend. Dieser neue Anblick erfüllte mich mit Freude!«

Trotz seiner Skepsis bekam Robert von Ludvig einen wichtigen Auftrag, als das Projekt verwirklicht wurde, und sollte auf diese Weise eine entscheidende Rolle für die Entstehung des Nobelschen Ölimperiums in Baku im Kaukasus spielen. Ludvig wollte, daß Robert andere Gewehrfabriken auf dem europäischen Kontinent studieren und eine größere Partie erstklassiges Walnußholz für Gewehrkolben kaufen sollte. Robert betrachtete den Auftrag als guten Vorwand, St. Petersburg verlassen zu können.

Zuerst besuchte er auf der Jagd nach technischen Neuerungen Gewehrfabriken in der Schweiz und in Österreich. Anschließend reiste er nach Paris, um Alfred über Ludvigs Pläne zu informieren. Da Alfred zu Beginn des Jahres 1873 im Begriff stand, das Haus in der Avenue Malakoff zu kaufen, besichtigten sie gemeinsam sein zukünftiges Domizil. Zu diesem Zeitpunkt herrschte Alfred bereits über zwölf Dynamitfabriken. In Briefen an Ludvig berichtete Robert nicht nur über die verblüffenden Erfolge, die Alfred mit dem Dynamit hatte, sondern er gab auch seiner Begeisterung über Alfreds neues Zuhause in der französischen Hauptstadt Ausdruck. Während des Aufenthalts in Paris schrieben Robert und Alfred auch gemeinsam einen Brief an Ludvig, in dem sie die Produktionsmethoden und neuen Maschinen der ausländischen Gewehrfabriken kommentierten. Danach reiste Robert nach Baku, wo es den Sachkundigen zufolge Walnußholz von hervorragender Qualität gab.

44

Robert kam im März 1873 mit einem Flußdampfer in der Hafenstadt Astrachan an, von wo er mit einem kleineren Passagierschiff sein Ziel Baku erreichte – eine Drehscheibe zwischen Ost und West. Robert war unterwegs mit dem Kapitän ins Gespräch gekommen, der holländischer Herkunft war. Er hieß de Boer und erzählte, daß er zusammen mit seinem Bruder ein paar Ölquellen bei Baku besitze, wo sie auch eine kleine Raffinerie betrieben. Das Geschäft war Robert nicht fremd, weil er während seiner Zeit in Helsinki russisches Petroleum für sein Leuchtlampengeschäft importiert hatte. Nun sah er plötzlich eine Chance, aus seinen Erfahrungen Kapital zu schlagen.

Als er zwischen den Walnußbäumen im Kaukasus umherstreifte, war er bereits vom »Naphthafieber« angesteckt.

Robert kehrte unverrichteter Dinge, doch erfüllt von seiner neuen Idee, zur Gewehrfabrik Issjevsk zurück. Er berichtete Ludvig, daß er in der »Schwarzen Stadt« in der Nähe von Baku eine Petroleumfabrik gründen wolle. Ohne größere Erwartungen gab Ludvig seinem älteren Bruder ein Startkapital.

Bei der Rückkehr nach Baku fand Robert seinen ersten Eindruck bestätigt: Es gab Öl in unbegrenzten Mengen, doch es wurde auf primitive Weise und in geringem Umfang gefördert.

Tag auf Tag wanderte er über die Ölfelder und stellte Berechnungen an. Alles war altertümlich. Das geförderte Öl wurde in Ledersäcken auf zweirädrigen Karren von den Feldern zu den primitiven Raffinerien in und um Baku transportiert. Das Transportproblem stand zunächst im Mittelpunkt von Roberts Interesse. Er beriet sich brieflich mit Alfred und kam bald zu der Ansicht, daß das Öl durch Röhren von den Öldörfern zum Hafen von Baku befördert werden müsse. Die Kosten einer solchen Rohrleitung waren bedeutend, aber es handelte sich um eine einmalige Ausgabe. Perspektivisch sah Robert ein weiteres Problem voraus. In dieser Gegend, wo es noch keine Eisenbahn gab, war die Wolga ein vortrefflicher Wasserweg, bis auf die vier Monate im Jahr, in denen der Fluß zugefroren war.

Als frischgebackener Besitzer von de Boers Ölquellen und Raffinerie genoß Robert den süßlichen Geruch des Öls und war ohne Zweifel davon überzeugt, daß in dieser Erde unermeßliche Reichtümer verborgen lagen. In immer neuen Briefen appellierte er an Ludvig, nach Baku zu kommen. Ludvig schrieb am 31. Oktober 1875 an Alfred:

»Robert ist von seiner Reise an die Ostküste (des Kaspischen Meeres) nach Baku zurückgekehrt und hat auf der Insel Tcheleken in zehn Faden Tiefe ausgezeichnetes Naphtha gefunden. Er ist folglich jetzt mit Rohmaterial versehen. Bleibt nun zu sehen, wie er die Herstellung und den Verkauf im Großen zu betreiben versteht. Davon wird sein zukünftiger Erfolg und sein Glück abhängen. – Für mein Teil habe ich getan, was ich tun konnte, indem ich ihm mit Geld und technischem Rat beigesprungen bin. Robert sagt, er habe neue Erfindungen für das Destillieren und Reinigen des Öls gemacht. – Ich kann ihren Wert nicht beurteilen, da ich selbst in diesem Gewerbe nicht zu Hause bin. – Die Hauptsache ist und bleibt, daß er es versteht, die Sache im großen Maßstab auf eine vernünftige Weise zu betreiben. Ich denke immer daran, daß wir, d.h. Du und ich, zusammen dorthin reisen sollten, um zu sehen, ob wir ihm nicht auf irgendeine Weise helfen können. Uns ist es ja gelungen, wirtschaftlich unabhängig zu werden, und wir sollten deshalb versuchen, Robert dabei zu helfen, in die gleiche Lage zu kommen. Denk deshalb einmal an die Reise nach Baku.«

Die beiden Brüder scheuten sich, die weite Reise nach Baku zu unternehmen. Erst im April 1876 reiste Ludvig nach Baku, in Begleitung seines Sohnes Emanuel. Alfred dagegen war nie zu einem Besuch zu bewegen, obwohl sein finanzielles Engagement in dem Ölprojekt in Baku mit der Zeit ein bedeutendes Ausmaß annehmen sollte.

Während seines Aufenthalts bei Robert in Baku stattete Ludvig dem Bruder des Zaren, Großfürst Michael, der Gouverneur in der Provinzhauptstadt Tiflis war, einen Besuch ab. Ludvig wollte sich der Unterstützung des Großfürsten für Roberts großartige Pläne versichern.

Großfürst Michael war nicht schwer zu überzeugen, da ihm gut bekannt war, was Ludvig in St. Petersburg und bei der Gewehrfabrik in Issjevsk geleistet hatte.

Ludvig beschloß, umgehend die Idee einer dreizehn Kilometer langen Rohrleitung von den Ölbrunnen zu den Raffinerien zu verwirklichen. Das Vorbild waren die Pipelines der Amerikaner in Pennsylvania, die von einem Eisenwerk in Glasgow geliefert worden waren. An Alfred schrieb er:

»Die Fabrik in Baku ist fertig und hat die Arbeit aufgenommen; die Produktionskapazität ist groß und wird mit den vorhandenen Geräten auf eine halbe Million Pud (ein Pud ist gut 16 Kilo) jährlich veranschlagt. Mit einer Ausweitung der Apparatur, was nicht viel zu kosten braucht, da die Gebäude schon fertig sind, würde die Produktion verdoppelt, ja vervierfacht werden können. Wir würden deshalb fast augenblicklich die zweite Million Pud jährlich produzieren können, wenn die Transport- und Lagerungsfragen geklärt wären. Aber genau hier liegt das Problem. – Was die Qualität betrifft, hat Robert wirklich Resultate vorzuweisen, denn im Gegensatz zu der gewöhnlichen Baku-Herstellung, die nur 30% schwere und schlechte Ware ergibt, erhält er vom gleichen Naphtha 40% gutes und leichtes Petroleum, das sich ohne Schwierigkeit im Vergleich mit der besten amerikanischen Qualität behaupten kann. – Wir können deshalb schon von Anfang an mit einer Ware auf dem Markt auftreten, die der Firma einen »leuchtenden« Ruf einbringen wird.«

»Nobelevski« – die Nobel-Epoche – in der russischen Ölindustrie hatte begonnen.

Durch Ludvigs zahlreiche Briefe nach Paris wurde Alfred kontinuierlich über die Entwicklung unterrichtet. Die beiden Brüder hatten auch eine weitere Interessengemeinschaft über das Baku-Werk hinaus, nachdem Ludvig den Verkauf von Dynamit in Rußland übernommen hatte. Als Inhaber der Generalvertretungsfirma »Société Franco-Russie des Dynamites« setzte er sich energisch ein. Aber keiner von ihnen sollte zu Lebzeiten die Gründung einer Dynamitfabrik in Rußland erleben. Der Grund für die Verzögerung der Genehmigung war, daß man auf verantwortlicher russischer Seite neue Dynamitattentate auf den Zaren befürchtete. Im Februar 1880 war eine Dynamitladung unter dem Speisesaal des Zaren explodiert. Es lag indessen kein Importverbot für Sprengstoffe vor. Die Einfuhr von Dynamit kam von Alfreds verschiedenen europäischen Fabriken.

Er konnte Ludvig später mitteilen, daß der Dynamitpreis in Frankreich 7 Francs pro Kilo betrug, wovon 1,45 Francs Steuer abgeführt wurden. Die Gewinnspannen waren gut, und Alfreds Lizenzeinnahmen stiegen kräftig.

45

Brief 26

29/9 1878

(…)

Eben bekam ich von Dir so ein süßes, liebes, herziges Briefchen dass es mir mehr als leid thut denselben nicht gleich und auf der Stelle mit einem liebevollen Kuss beantworten zu können. Leider kann ich aber das nicht und nicht einmal mit der Feder kann ich Dir sagen was ich möchte, denn wir fahren gleich nach der Fabrik hinaus und werden dort den ganzen Tag zubringen. Es ist hier ein Treiben und Leben dass ich mich den ganzen Tag von Herzen sehne nach unserer süßen Ruhe in… Wiesbaden.

Brief 27

30/9 1878

(…)

Heute ist der Geburtstag meiner Mutter und da kannst Du Dir leicht denken warum ich keine Zeit finde Dir viele Worte zu schreiben. Morgen abend reise ich ab – es geht nämlich kein Morgenzug – und am 4ten Oct. habe ich in Hamburg Sitzung in der Gesellschaft. Am 6ten oder 7ten werde ich also in Paris eintreffen, eher am 7ten denn ich werde wohl gezwungen sein vor meiner Abreise die dortige Fabrik (in der Nähe von Hamburg) zu besuchen.

(…)

Brief 28

[The Midland Grand Hotel, London]
10/11 1878

(…)

Es steht mit meiner Gesundheit schlecht und dennoch sehe ich mich gezwungen in diesem traurigen Nest noch einige Zeit zu verweilen. Ich habe Conferenzen mit Advocaten von denen der eine noch nicht hier eingetroffen ist und lange auf sich warten läßt. Noch nie sehnte ich mich so wie diesmal nach Hause.

Brief 29

[The Grosvenor Hotel,
91, Buckingham Palace Road, London]
2/6 1879

(…)

Nach einer ziemlich unangenehmen Seereise – wenig Wind aber hohe Wellen – kam ich gegen 7 Uhr Abends in London an. Natürlich goß es wie aus einem Trichter oder aus Keller's Douche. Und selbstverständlich gießt es auch heute: der Himmel ist *wie aus Blei und der Boden ein Gemisch aus Wasser und Schlamm. Bei diesem Anblick versteht ein Jeder warum Mai und Juni von den Dichtern so herrlich besungen und gelobt wurden.*

(…)

Und wie ging deine Reise nach Paris? Erzähle mir einige Worte darüber und adressiere ohne Kritzeleien:

Alfred Nobel Esq.
Dynamite Works
Stevenston
Ayrshire
Scotland

Brief 30

[The Queen's Hotel, Glasgow]
den 3/6 1879

(…)

Vor Jahren schrieb Bürger: »Hopp, hopp! ging's fort in sausendem Galopp«. Das könnte man wohl von dem Eilzuge von London nach Glasgow sagen: in 10 Stunden über 700 Kilometer, und dennoch kamen wir eine halbe Minute vor der Zeit an… Meine Zeit verbrachte ich mit dem Lesen einer geschichtlichen Erzählung von Victor Hugo – den Staatsstreich Napoleons im Jahre 1852 behandelnd, und sehr gut geschrieben. So vergingen dann die Stunden ziemlich leicht obwohl ich nicht laufen konnte wie die Locomotive. Ein gutes Buch macht den Aufenthalt sogar in Schottland leidlich.

Fühlst Du einen Anflug von Bangigkeit oder sonstiger weiblicher Verrücktheit so hat das gar keinen anderen Grund als Mangel an Beschäftigung oder Mangel an Gesellschaft. Kaufe Dir daher unterhaltende Romane so wirst Du Deine Bangigkeit gewiss auf einen der darin vorkommenden Helden überführen, und dann geht alles wieder ins rechte Gleis.

(…)

...nichts in der Welt wird einem so lästig wie das endlose Weinen und die endlosen Vorwürfe und Verdächtigungen welche immer wieder unverändert wiederkommen wie ein ekelhaftes Gericht das man einem täglich vortischt. Lug und Trug ist fast erträglicher denn darin giebt es doch wenigstens einige Abwechslung.

Daher kommt es, mein liebes Kind, dass Du, trotz vieler guten und angenehmen Eigenschaften, einem Manne das Leben statt zu versüßen wie es eine Frau sollte, verbittern und verleiden kannst. Denke hierüber nach; es sind Worte der Wahrheit welche Du nur deshalb nicht verstehst weil Du gründlich unfähig bist Dich in fremde Lagen zu versetzen, und trotz Deiner Weichheit gar nicht verstehst die geringste Aufopferung zu machen.

Habe keine Zeit mehr zum Moralisiren – wäre auch bei Dir weggeworfene Mühe. Grüße Dich nur noch recht herzlich und wünsche Dir sehr frohe Tage bis wir uns hoffentlich bald wiedersehen.

Dein Alfred

46

Mit Hilfe des Startkapitals von Ludvig konnte Robert eine Raffinerie für Kerosin – die amerikanische Bezeichnung für Petroleum – in Anbindung an die Ölquellen bauen. Zu Anfang gab es acht Destillierpumpen mit einer Kapazität von 800 Kilo, und die Öfen waren rund um die Uhr in Betrieb. Heute würden wir sagen, daß Robert umweltbewußt war, denn eine seiner ersten Maßnahmen als Fabrikdirektor war die Einführung einer rauchfreien Verbrennung. Er wollte nicht dazu beitragen, daß die »Schwarze Stadt« noch rußiger wurde.

Robert hatte sich gegenüber seinen Konkurrenten eines Vorteils versichert, indem er spezielle Kühler für den Abfall verwendete. Während seine Konkurrenten sich mit einer Destillation am Tage begnügen mußten, kam er auf diese Weise auf das

Zehnfache. Es dauerte einige Jahre, bis eine automatische Kontrolle des Prozesses eingeführt werden konnte. Nun wurde die kontinuierliche Überwachung von dem schwedischen Chemiker Erland Théel übernommen.

Robert hatte noch einen weiteren Trumpf in der Hand: das von ihm raffinierte Leuchtöl hatte eine solche Qualität, daß es das einzige im Baku-Gebiet war, das erfolgreich mit dem aus Amerika importierten Öl konkurrieren konnte. Als im Oktober 1876 300 Barrel – ein englisches Barrel entspricht 159 Litern – aus Baku in Petersburg eintrafen, war dies ein historisches Ereignis für die russische Ölindustrie. Es sollte sich als der Anfang vom Ende der amerikanischen Ölhegemonie im Lande erweisen. Je stärker Roberts und Ludvigs Unternehmen expandierte, um so geringer wurde der Marktanteil der amerikanischen Vertreiber. Schließlich wurde er so klein, daß sie 1883 endgültig aufgeben mußten.

Als Ludvig, Robert und der noch immer skeptische Alfred 1876 diskutierten, wie sie das erstklassige Öl am leichtesten auf den Weltmarkt bringen konnten, waren viele Probleme zu lösen. Die Rohrleitungen hatten bereits den zeitaufwendigen und kostspieligen Transport des Öls mit Pferd und Wagen hinunter zur Fabrik oder zum Hafen in Baku übernommen, doch die wirkliche Herausforderung war eine andere.

Der Ölexperte im russischen Handels- und Industrieministerium, Stephan Golisjambarov, sollte dreißig Jahre später bei einem Besuch in Baku die von den Brüdern Nobel gefundene Lösung der Transportprobleme als »das wichtigste Ereignis in der Geschichte der russischen Ölindustrie« bezeichnen. Er war sogar der Meinung, daß die Innovation mit Alfreds Entdeckung des Dynamits vergleichbar sei.

Eine Zusammenfassung der Entwicklung in der russischen Ölindustrie ergibt folgendes Bild:

1870   betrug der Verbrauch von Leuchtöl weltweit ungefähr 5 Millionen Faß à 180 Liter.

1872 wurde das russische Staatsmonopol abgeschafft. Zu diesem Zeitpunkt gab es in Baku gut 400 Brunnen, die zusammen 22000 Tonnen Öl produzierten. Im darauffolgenden Jahr kam Robert nach Baku.

1875 führte Robert in Absprache mit Ludvig in St. Petersburg und Alfred in Paris den Ausbau ihres Ölunternehmens fort, der in Etappen vor sich gehen und überaus umfassend werden sollte.

1876 im April, begann Robert nach Öl zu bohren, nachdem er sich zunächst der Lösung von Problemen bei der Verfeinerung des Raffinierungsprozesses gewidmet hatte.

1877 gab es ungefähr 200 kleinere russische Ölunternehmen, die zusammen 75000 Tonnen gegenüber Roberts 2500 Tonnen produzierten.

1878 besuchte ein europäischer Ölexperte Baku und wiederholte, was man im Prinzip fünfzehn Jahre früher gesagt hatte: wenn man tiefer als 20 Meter gebohrt habe, sei das Vorkommen von Öl kaum denkbar. Die dampfgetriebenen Bohrer Nobels sollten daher keinen praktischen Wert haben, da man wieder dazu übergehen könne, Ölbrunnen mit der Hand zu graben.

Ludvig und Robert schenkten mit gutem Grund den Aussagen dieser »Experten« keine Beachtung. Es sollte nicht lange dauern, bis fast 300 dampfgetriebene Bohrer in Gebrauch waren. Ludvig und Robert waren auch die ersten, die bei Ölbohrungen Elektrizität zur Anwendung brachten.

1879 war die Ölleitung der Brüder, wie Ludvig vorhergesagt hatte, ein außergewöhnlich lohnendes Geschäft geworden. Die Transportkosten vom Bohrloch zur Raffinerie wurden von 10 Kopeken per Pud auf lediglich eine halbe Kopeke gesenkt. Nach ihrer Vollendung erstreckte sich die Rohrleitung über die lange Distanz zwischen Baku und Batum. Das Ziel war erreicht. Es war möglich geworden, das Öl ohne Unterbrechung zum Schwarzen

Meer zu transportieren, und damit war der Zugang zu den Weltmeeren offen. Um die Jahrhundertwende sollte es von Baku aus 140 Kilometer Ölleitungen geben, von denen achtzig Prozent im Besitz der Nobels waren; ein Teil wurde auf Submissionsbasis für die Rechnung von Konkurrenten betrieben.

1880 konnte Ludvig konstatieren, daß er zum Wohle aller das Problem gelöst hatte, das er scherzhaft als »Öl wie Getreide verfrachten« bezeichnete. Bereits 1876 hatte der Staatssekretär Golisjambarov im Ministerium für Handel und Industrie seine Idee, »das Petroleum und seine nahe verwandten chemischen Verbindungen lose zu verfrachten«, als genial bezeichnet.

1882 wurden gut 20 Millionen Faß Leuchtöl verbraucht, davon eine Million aus Baku. Man hatte inzwischen begonnen, Heizöle für verschiedene Zwecke herzustellen, die nach und nach bedeutend wichtiger wurden als Petroleum. 1881 – zwei Jahre, nachdem Robert Baku verlassen hatte – eröffnete Ludvig eine elektrifizierte Raffinerie, die erste in ihrer Art.

1884 besaßen die Nobels 40 Brunnen, von denen einer über 100000 Tonnen Rohöl im Monat förderte. Im gleichen Jahr weihten sie eine Raffinerie für Schmieröl mit einer Kapazität von 30000 Tonnen im Jahr ein – das neumodische Ding wurde im Volksmund »Ivan der Schreckliche« genannt.

1885 war Nobels Raffinerie die größte in der russischen Ölindustrie und destillierte das Vierfache der Produktion des größten Konkurrenten.

1890 konnte man konstatieren, daß das massive Engagement der Brüder Nobel in der Ölbranche zu einem absoluten Erfolg geführt hatte. Die treibende Kraft war Ludvig gewesen, die ursprüngliche Initiative war von Robert ausgegangen. Aber es ist hervorzuheben, daß Alfreds Engagement sich nicht auf die Kapitalbeschaffung beschränkte. Er war auch technischer Impulsgeber und übte einen dämpfenden Einfluß auf den zuweilen übertrieben expansiven Ludvig aus.

47

Brief 31

Ardeer d. 4/6 1879

(…)

Hier auf der Fabrik ist natürlich alles sehr einförmig und das Leben kein angenehmes; es müssen aber im Leben auch die bitteren Pillen geschluckt werden. Hier liegt so vieles vor das meiner Entscheidung harrt, und es scheint als wenn die Directoren ohne meine Gegenwart zu gar keinem Beschluss kommen könnten.

(…)

Hätte ich hier keine Arbeit so wäre es gewiss der trostloseste Ort von der Welt… Darin liegt nun die Anlage wie ein großes Dorf, und die meisten Gebäude verstecken sich hinter Sandhügel. Einige hundert Schritte weiter liegt der Ocean, und zwischen uns und Amerika ist nichts als Wasser dessen mächtige Wellen mitunter prachtvoll toben und wogen.

Nun hast Du eine Idee von dem Ort wo ich wohne. Wie gesagt ohne Arbeit wäre er unausstehbar; die Arbeit verschönert aber alles und die Gedanken schaffen ein neues Leben welches Luxus und Komfort entbehren kann, und nie den bleiernen Druck der Langeweile zuläßt.

(…)

Brief 33

Wien d. 8ten August 1879

(…) *Soeben trifft Dein kleines Briefchen ein welches mir viel Freude machte. Ich sehe daraus dass Du meine Abfahrt begreifst und die böse Laune bei Seite gelassen hast. Wenn Du ein Bischen nachrechnest so wirst Du finden dass ich nicht anders handeln konnte. Es wäre ja unwürdig meinerseits der alten kränklichen Mutter die Freude zu weigern an welche die Söhne sie alle gewöhnt haben, sie einmal im Jahr auf einige Tage bei sich zu sehen. Mir wäre es ja viel angenehmer mit Dir die Reise zu machen, Du könntest aber die Strapazen unmöglich aushalten. In einigen Tagen, wahrscheinlich schon Morgen oder Übermorgen wirst Du ja überhaupt nicht reisen können. Auch wäre für Dich der Aufenthalt in Stockholm schwerlich angenehm weil ich ja dort fast gar nicht zu Hause sein könnte. Den gemeinsamen Besuch müssen wir wohl desshalb auf nächstes Jahr verschieben.*

(…)

Es würde gar zu schlecht aussehen wenn ich jetzt von Eschenbacher mehr Geld aufnehmen würde. Desshalb sende ich Dir einen kleinen Cheque welchen Du durch Gottwald begeben kannst. Du hast nichts darauf zu schreiben denn der Cheque ist auf Inhaber ausgestellt. Du thust gut K. Gottwald den Cheque sofort zu geben denn nach dem Französischen Gesetz hat man nur fünf Tage ehe die Eincassirung geschehen muss.

(…)

Brief 34

[Streit's Hotel, Hamburg]
16/8 1879

(…)

Ich fühle mich hier unter so vielen rohen Menschen sehr verlassen und traurig und sehne mich entweder nach Paris wo ich arbeiten kann oder nach Ischl wo mich Freundschaft, Hingebung und Ruhe erwarten.

(…)

Brief 35

Paris d. 26/8 1879

Seit meiner Rückkehr hieher giebt es eine Hetzjagd von welcher Du Dir gar keinen Begriff machen kannst. Ich bin davon so nervös geworden dass ich kaum die Feder halten kann. Herr Roux ist aus der Französischen Gesellschaft so zu sagen ausgetreten und an dessen Stelle hat Barbe die Leitung des Geschäftes übernommen. Das wird nun mit einem solchen Hochdruck geführt dass wir alle Tage Sitzungen von 4 bis 5 Stunden haben. Die reine Quälerei und dennoch kann man sich nicht entziehen denn der Vorgänger des H. Barbe hatte alles in eine hübsche Unordnung gebracht. Dazu kommt nun noch dass sich ein Berg Correspondenz angesammelt hat, dass mir die Einigungsprojekte der Gesellschaften sehr viel zu schaffen geben und schließlich sehr interessante Arbeiten im Laboratorium ohne meine Leitung nicht vorwärts kommen. Das Alles macht mich krank von Nervosität.

(…)

In Stockholm traf ich die Mutter in besserem Zustand als ich es gehofft hatte. Wenn das so fortgeht wird die liebe, alte Frau noch zwanzig Jahre leben. Auch meinen Bruder Robert besuchte ich: er ist vielleicht etwas fröhlicher aber ist doch im Ganzen derselbe Hypochonder wie damals. Täglich und stündlich bildet er sich ein dass er neue Krankheiten hat. (…)

Deine Briefe machen mich besorgt wegen Deinem Befinden. Es ist aber auch zu unsinnig wenn man leidend ist sich so in der Welt herumzutreiben. (…) Ich glaube mitunter dass die Bella mit mehr Überlegung handelt als Du. Du kannst lebhaft, liebenswürdig und sogar schalkhaft sein, aber vernünftig nie. Und was Dir besonders abgeht – und das ist schade – ist das Verständnis für die Gefühle und Bestrebungen anderer Menschen. Darin liegt aber das ganze Secret um Herzen zu gewinnen. Selbstsüchtig sein das kann jede, aber herausfühlen wodurch man anderer Gefühle verwunden kann und es vermeiden das ist eine Eigenschaft des wahren Weibes. Dazu gehört aber angeborenes Zartgefühl welches Du theilweise besitzest und Bildung welche Dir gänzlich man-

gelt. Ich schreibe Dir dies damit Du darüber etwas nachdenken sollst und Dich in der Beziehung bessern.

Brief 36

[Westminster Palace Hotel, Victoria Street, London S.W.]
Dienstag [im Herbst 1879]
(...)
Meine Finger sind starr vor Frost und an Kopfweh leide ich so dass ich die Buchstaben kaum sehe. Für Menschen mit so schlechter Blutcirkulation wie ich sie habe ist England ein verwünschtes Land. Nach einigen Stunden geht es weiter nach Glasgow oder vielmehr nach der Fabrik, wo ich aber hoffentlich weniger Zeit als die Herren es veranschlagen verweilen werde.
(...)

48

Robert hatte wie Alfred eine Neigung, unsichtbare Mauern um sich her zu errichten und hinter ihnen das Leben zu beobachten, statt es zu leben. Er war ein Ölmagnat in Baku, doch er war nicht zufrieden und fand, daß er immer mehr in den Schatten seiner jüngeren, dynamischen Brüder geriet.

Alles hatte so vielversprechend angefangen. Seit dem Tag im Jahre 1873, als Robert ins südöstliche Rußland gereist war, um Walnußholz zu kaufen, aber statt dessen ein Ölvorkommen erworben hatte, war er erfolgreich gewesen. Er hatte den Grund gelegt für das Öl-Imperium, auch wenn Ludvigs und Alfreds Engagement mit der Zeit immer bedeutender geworden war.

Robert beklagt sich in jedem Brief, daß Alfred nicht kommen und die neuen Anlagen inspizieren will. Bei einer Gelegenheit kommentiert Alfred die wiederholte Einladung nach Baku:

... Was mich allein dorthin locken könnte, wäre die Gesellschaft – Deine und vielleicht Ludvigs –, aber die wasserlose, staubige, ölbesudelte Wüste an sich hat für mich nichts Verlockendes. Ich will zwischen Bäumen und Büschen leben – stummen Freunden, die meine Nervosität respektieren – und sowohl Weltstädte als auch Wüsten fliehen, wo ich kann...

... Du weist auf meine vielen Freunde hin. Wo sind sie? Auf dem trüben Boden verflüchtigter Illusionen oder an das Geklimper gescheffelter Münzen gefesselt. Glaub mir – viele Freunde bekommt man nur unter Hunden, die man mit dem Fleisch anderer füttert, und unter Würmern, die man mit seinem eigenen füttert. Dankbare Mägen und dankbare Herzen sind Zwillinge...

Gleichzeitig hält Ludvig ständigen Briefkontakt mit Alfred. Die beiden diskutieren – häufig über Roberts Kopf hinweg – technische Probleme der russischen Produktion. Ludvig fand Alfreds Ratschläge und Gesichtspunkte überaus nützlich. Auch er schlug seinem Bruder immer wieder vor, daß sie sich treffen sollten. Dazu kam es auch in einem deutschen Kurort oder in Wien. Bei der Rückkehr von solchen Treffen nach Petersburg hatte Ludvig stets eine Anzahl von Ideen für Verbesserungen im Gepäck.

Robert lebte gut fünf Jahre in Baku, um den technischen Ausbau an Ort und Stelle leiten zu können. Ludvig dirigierte die kommerzielle Seite des Betriebs von St. Petersburg aus. Mit seinen überlegenen Chefeigenschaften erwarb sich Ludvig mit der Zeit eine einzigartige Machtstellung. Er kontrollierte die Öltransporte sowohl über das Kaspische Meer als auch über die »Mutter der Flüsse«, »Matuschka Volga«. Gemeinsam mit von Rothschild dirigierten Unternehmen teilte er die Kontrolle über den transkaukasischen Transportweg zum Schwarzmeerhafen Batum.

Am Ende galt Ludvig als der ungekrönte König des russischen Öls. Er nahm die unterschiedlichsten Funktionen wahr.

Er war gleichzeitig Direktor und Vorstandsvorsitzender, Produktionschef und Chefingenieur, Verkaufschef, wirtschaftlicher Direktor und vor allem ein glänzender Unternehmer. In dieser letztgenannten Eigenschaft war ihm in Rußland kaum jemand ebenbürtig.

Nobels Petroleum, Schmieröle und Brennöle waren auch weiterhin in bezug auf Preis und Qualität den Produkten der amerikanischen Konkurrenz überlegen. Die russische Ölindustrie begann von dem Namen Nobel geprägt zu werden. Die hellgrauen Tankwagen mit dem in großen Buchstaben aufgemalten Namen Nobel rollten auf nahezu allen Eisenbahnlinien des gewaltigen russischen Reiches – auch in Sibirien.

Nach dem Bau des Rohrleitungssystems hatte Ludwig die Idee zu dem ersten Tankschiff der Welt mit eingebauten Tanks. Die russischen Werften zeigten wenig Interesse an seinen Plänen. Er beschloß daraufhin, Kontakt mit dem schwedischen Schiffbauer und Oberingenieur Sven Almquist aufzunehmen.

Nach einer Rekordbauzeit konnte der erste Öltanker der Welt auf der Motala-Werft vom Stapel gelassen werden. Er wurde auf den Namen »Zoroaster« getauft – die russische Form eines der vielen Namen Zarathustras – »Gott des Feuers – des Lichts«. Schon im Mai 1878 konnte er im Hafen von Baku einlaufen. Er faßte 15 000 Pud Öl, was 250 Tonnen entspricht.

Nur wenig später gab Ludwig zwei weitere Schiffe in Auftrag, »Buddha« und »Nordenskjöld«. Gemeinsames Konstruktionsmerkmal der Schiffe war, daß das gesamte Mittelschiff als Öltank eingerichtet war. Ludwig blieb den schwedischen Werften treu. Außer Motala erhielten Lindholmen, Bergsund, Lindberg und Kockums Aufträge für nicht weniger als 53 Öltankschiffe mit einer Kapazität von 38 000 Tonnen und im Auftragswert von 10 Millionen Kronen. Voller Stolz konnte Ludwig feststellen, daß er diesen schwedischen Werften sechs Jahre Beschäftigung gesichert hatte. Wie Alfred gab er gern schwedischen Fachleuten den Vorzug.

Dies war der Beginn einer spektakulären Entwicklung. 1907 gab es auf der Welt 276 Schiffe dieser Art, und allein in Rußland 136 mit einer Gesamtkapazität von 140 000 Tonnen.

Roberts Pioniertat wurde gewürdigt, als in den 1890er Jahren ein Tanker nach ihm benannt wurde. Die »Robert Nobel« verkehrte zwischen Baku und dem Wolga-Delta, eine Reise von vier Tagen hin und zurück. Das Schiff war 80 Meter lang und konnte 1319 Tonnen Öl an Bord nehmen.

Aber Alfred lehnte entschieden ab, als man ein Schiff auf seinen Namen taufen wollte:

Dagegen gibt es gravierende Einwände. Als erstes ist es eine sie, die wegen des leichtsinnigen Versuchs, ihr Geschlecht zu verbergen, getadelt werden könnte – und wenn Sie betonen, daß sie schön und gut getrimmt ist, dann wäre es ein schlechtes Omen, sie auf den Namen eines alten Wracks zu taufen.

49

Brief 37

Hamburg 22/6 1880

(…)

Keine Zeit Dir lange Briefe zu schreiben denn hier giebt's eine fürchterliche Hetzjagd. Wahrscheinlich ist es doch dass ich bei den Verhandlungen persönlich anwesend sein muss (…) Trauzl ist mit einer Regierungscommission beschäftigt und kann mich leider nur ab und zu vertreten.

Hieraus siehst Du … dass es Arbeit genug giebt. Aber traurig ist es mir doch in meiner Einsamkeit und ich sehne mich wieder zurück nach dem stillen Leben im Bade und nach Deiner Gesellschaft.

Schreibe mir recht oft und ausführlich wie es Dir geht und wie die Kur anschlägt und erzähle mir Alles was Dein Wohl und Weh angeht. Ersteres liegt sehr am Herzen Deinem liebenden

Alfred

Brief 38

Hamburg 23/6 1880

(...)

Wenn ich so einsam und verlassen hier sitze und so geplagt von unangenehmen Geschäften dass es meine ohnehin nicht starken Nerven gänzlich zerrüttet – da fühle ich doppelt wie Du mir so recht lieb bist. Für mich weniger als für irgend jemand passt das Getöse der Welt und ich wäre so glücklich mich in irgendeine Ecke zu Ruhe setzen zu können, um dort zu leben ohne große Pretensionen, aber auch ohne Kummer und Qual.

Haben sich einmal die Processgeschichten abgewickelt so bin ich fest entschlossen mich ganz aus dem Geschäftsleben zurückzuziehen. Es kann zwar nicht mit einem Mal geschehen aber den Anfang mache ich sobald als nur irgend thunlich.

(...)

[PS] Lege die Briefe stets so dass unberufene Augen nicht hineinschauen.

Brief 39

Hamburg 25/6 1880

(...)

Du sprichst von Liebe: Wie wäre dieses Gefühl wohl möglich in Verbindung mit ewigen Sorgen und Quälerei. Liebe und Sehnsucht habe ich nur zur ungestörten Ruhe wo keine Bösewichte einen erreichen können. Glaube mir: vergeude nicht Dein junges Leben wie Du es bisher gethan. Suche das helle Sonnenlicht und nicht den Schatten, die frohen Menschen, und nicht die finsteren, betrübten Geister.

Für mich – das weiß ich lange schon – giebt es keine Freude auf dieser Welt. Ich will Dir wohl, sehr wohl und mehr als wohl, mein süßes Kind: bediene Dich dessen um Dir einen sicheren Lebenshafen zu finden. (...) Kette nicht Dein junges Leben an einen betrübten.

Brief 40

[Hamburg] 5/7 80

(...)

Der alte Onkel hat schwere Zeiten. Die Leute haben einen ganzen Schwarm falscher Zeugen gefunden welche die frechsten Lügen aussagen. Es überkommt mich ein Schauder wenn ich denke wie leicht der Name eines rechtschaffenen Mannes gebrandmarkt werden kann, und wie leicht es ist ihn um sein Vermögen zu bringen. Zum Glück sind nicht alle die für mich zeugen können todt. Bisher haben gegen mich ausgesagt, D. selbst, seine Frau, seine Schwägerin, ihr Bruder, Schauspieler in Berlin; zwei Arbeiter Heuer, die Witwe von Schnell, zwei Arbeiter Luehr. Eine gewaltige Batterie, nicht wahr. Es kommen wahrscheinlich noch viele.

(...)

[PS] Verbrenne sofort diesen Brief wegen dem was oben geschrieben

[Am Rand] Nur nichts der Berzel wegen dem Process schreiben. Die Frau ist sehr klatschsüchtig – viel mehr als Du glaubst.

Brief 41

Hamburg 6/7 1880

(...)

Glücklich dass es Dir ein bischen besser geht. Ich möchte Dich so gern bei mir haben, und doch möchte ich Deine Kur wenn sie nützlich sein kann nicht unterbrechen. Ich selbst habe keine Zeit dorthin zu reisen. Die Sache liegt sehr bös und nichts anderes als mein altes Patent von 64 kann retten. Unehrliche Zeugen massenhaft. Du kannst Dir wohl denken wie alles das hier meinen Charakter noch nervös machen muss. Mein Magen ist ganz herunter und essen kann ich fast gar nicht mehr.

(...) *Alfred*

50

1879 war Ludvig zu einer zusammenfassenden Beurteilung des Unternehmens in Baku gelangt. Wollten er und Robert sich im Konkurrenzkampf behaupten können, mußten sie den Vertrieb von Ölprodukten in großem Stil betreiben. Dazu war viel Geld nötig. Er schätzte den Investitionsbedarf auf 2-3 Millionen Rubel. Setzte man das Aktienkapital auf 3 Millionen fest, würde man es auf 600 Anteile von je 5000 Rubel aufteilen können. Seine Vorstellung war, daß ein neuer Aktionär erst nach einem halben Jahr Stimmrecht auf der Hauptversammlung erhalten sollte. Damit sollte kurzfristige Spekulation verhindert werden. Acht Prozent des erwirtschafteten Gewinns sollten als Dividende abgeführt werden. Danach – und hier kam Ludvig mit einer für seine Zeit schockierend radikalen Neuerung – sollten 40% des Überschusses zwischen der Direktion und den Angestellten verteilt werden. Über die restlichen 52% sollten die Aktionäre disponieren.

Ludvig erläuterte in Briefen an Alfred seine Pläne und gab der Hoffnung Ausdruck, daß sie sich so schnell wie möglich treffen könnten. Dieses Treffen fand in Wien statt, und Alfred versprach nach einigem Zögern, »zumindest einen kleineren Betrag« zu zeichnen. Er machte jedoch zur Bedingung, daß das Unternehmen in der Form einer Aktiengesellschaft mit begrenzter persönlicher Haftung betrieben wurde. Ludvig lehnte sich dagegen auf, einen Vorstand über sich zu haben, da er fürchtete, daß dieser seine Handlungsfreiheit beschneiden könne. Dem schloß sich Robert an.

Alfred war jedoch davon überzeugt, daß der enorme Kapitalbedarf die Bildung einer Aktiengesellschaft erzwingen würde. Wie üblich bekam er recht: 1879 konnte die »Tovarishchesto Nephtanavo Proisvodtsva Bratiev Nobel« oder »Naphthaproduktionsaktiengesellschaft Gebrüder Nobel« gegründet werden, gewöhnlich abgekürzt »Branobel«.

Das Aktienkapital von 3 Millionen Rubel entsprach ungefähr 7,5 Millionen schwedischen Kronen und war folgendermaßen verteilt:

Ludvig	1 610 000 Rubel
Alfred	115 000 "
Robert	100 000 "
Peter Bilderling	930 000 "
Alexander Bilderling	50 000 "
I. J. Zabelskiv	135 000 "
Fritz Blomberg (wirtschaftlicher Direktor in Ludvigs Unternehmen in Petersburg)	25 000 "
Mikhail Beliamin (Chefingenieur in Petersburg)	25 000 "
Der Schwede A. S. Sundgren	5 000 "
Der Deutsche Bruno Wunderlich	5 000 "
	3 000 000 Rubel

Ludvig war also Hauptanteilseigner. Über den zweitgrößten Aktionär, Peter Bilderling, schreibt Alfred bei einer Gelegenheit: »Wenn es das Wort Gentleman nicht gegeben hätte, hätte man es erfinden müssen, um Bilderling und seinen Bruder Alexander zu beschreiben.« Seinerseits begrenzte Alfred seine erste Beteiligung an der Gesellschaft auf 115 000 Rubel, was 300 000 Francs entsprach. In den folgenden Jahren nahm er jedoch an sämtlichen Neuemissionen von Aktien und Obligationen teil. Wenn akuter Geldbedarf entstand, sprang er außerdem mit direkten Krediten ein.

1885 hatte sich das Aktienkapital von »Branobel« auf 15 Millionen Rubel verfünffacht. Durch Neuemissionen 1911 und 1916 wurde es noch zweimal aufgestockt, so daß das Aktienkapital beim Ausbruch der Revolution 25 Millionen Rubel betrug. Schon zu einem relativ frühen Zeitpunkt hatte Alfred darauf bestanden, daß der nominelle Wert der Aktien auf 250 Rubel gesenkt würde. Dadurch sollte das Interesse der kleinen Investoren stimuliert werden und die Gesellschaft einen besseren Zugang zu freiem Kapital bekommen.

Trotz ertragsschwächerer Perioden expandierte das Unternehmen, so daß um die Jahrhundertwende 30% des russischen Petroleum-Exports und nicht weniger als 60% des Verkaufs von Schmierölen ins Ausland von »Branobel« kamen. Da war es zwanzig Jahre her, daß der Gründer Robert das Unternehmen verlassen hatte und wieder nach Schweden zurückgekehrt war.

Einer der Gründe für Roberts Weggang aus Baku bestand darin, daß er sich nicht mit der Bildung der Gesellschaft abfinden konnte, die seiner Meinung nach hinter seinem Rücken ins Werk gesetzt worden war. Außerdem war er unzufrieden mit seinem Anteil von 100 000 Rubeln in Gratisaktien für seine Pionierleistung.

Eines Tages blieb er ohne Ankündigung seinem Arbeitsplatz fern. Gut vier Wochen später teilte er einem seiner Mitarbeiter mit, er befinde sich zur Erholung in einem Schweizer Kurort. Nach außen hin hieß es, er sei an Tuberkulose erkrankt, einer in jener Zeit in Baku häufigen Krankheit, doch das war nicht die ganze Wahrheit. Ludvig schrieb an Alfred, daß er »haßerfüllte« und »bittere« Briefe von Robert bekommen habe. Dieser habe den Betrieb in Baku so lange geführt, daß er sich unmöglich einem Vorstand unterordnen könne.

Vor die Wahl gestellt, ein unselbständiger Betriebsleiter zu sein oder in Ludvigs Fabrik nach Petersburg zurückzukehren, entschied sich Robert für einen dritten Weg und ging nach Schweden zurück. Er trat mit 52 Jahren vorzeitig in den Ruhestand. Zunächst wohnte er mit seiner Familie in einer größeren Wohnung in der Nybrogata 11 B in Stockholm. 1889 kaufte er einen Gutshof in Getå bei Bråviken in der Nähe von Norrköping, wo er es bis zu seinem Tode 1896 lebte.

Daß es wenig Raum für Sentimentalität zwischen den Brüdern gab, geht aus einem Kommentar Alfreds hervor, nachdem

Robert seine Arbeit aufgegeben hatte: »…jetzt kann er sich jedenfalls von morgens bis abends seinen Krämpfen widmen«. Die Äußerung ist angesichts Alfreds eigener Neigung zur Hypochondrie bemerkenswert.

Nach seinem Ausscheiden sollte Robert ein einziges Mal nach Baku zurückkehren. Der Betriebsleiter zu diesem Zeitpunkt war Gustav A. Törnudd, ein tüchtiger Fachmann, der offen war für neue Ideen in der Chemie und der Technologie. Robert wurde mit einem großen Abschiedsfest mit Feuerwerk geehrt.

Nachdem er einige Zeit in Schweden gewesen war, weit weg von den Härten in Baku, wurde sein Tonfall in den Briefen an die Brüder wieder versöhnlicher. Er hatte sein gutes Auskommen und war weder der erste noch der letzte gebeutelte Unternehmensleiter, der seine Zuflucht zu einem stillen Familienleben nahm.

51

Brief 42

Head Office Nobel's Explosives Co. Limited
149 West George Street Ardeer Factory
Glasgow Stevenston, den 28.11 1880
Sonntag

(…)

Von meiner glücklichen Ankunft zur Fabrik konnte ich Dich leider nicht auf telegrafischem Wege in Kenntnis setzen. Zwar traf ich hier gestern Abend ein, jedoch zu einer Stunde wenn die Telegraphen Bureaux in kleinen Ortschaften geschlossen sind, und heute Sonntag befördert man in diesem Lande gar keine Depeschen, nicht einmal für die Regierung.

Meine Hände sind von dem kalten Winde so erstarrt dass es wohl schwer sein wird die Schrift zu lesen. Es weht ein Orkan dass man draussen sich mit großer Mühe auf den Füssen hält. (…)

Morgen fahre ich nach der anderen Fabrik, übermorgen wie-

der hieher; Mittwoch ist Sitzung in Glasgow und da dürfte es heiß zugehen.

Brief 43

[St. Enoch Station Hotel]
Glasgow, d. 5 Dec 1880

(...)

Es war bestimmt dass ich gestern nach London abreisen sollte, doch der Zug welcher mich von der Fabrik hieher brachte verspätete sich so sehr dass ich den Anschluss verpasste; und da in diesem gottesfürchtigen und gottgefälligen Lande am Sonntag keine Züge gehen so sitze ich hier verlassen und gefangen in einem Hotel so groß dass es einem Stadttheil ähnelt.

Wenn ich gezwungen bin mit Menschen zu verkehren, kann ich mir leider nicht verhehlen dass der Mangel an Umgang in den letzten drei Jahren mir unendlich geschadet hat. Ich komme mir so dumm und unbeholfen vor dass ich jetzt gezwungen und nothgedrungen den entgegenkommenden Menschen aus dem Wege gehen muss. Das habe ich meiner elenden Gutmüthigkeit zu verdanken, und werde wahrscheinlich nie wieder in meinem Leben die verlorene Geistesfähigkeit ersetzen können. Ich zürne Dir nicht, mein liebes, gutes, süßes Kind, denn es ist im Grunde genommen meine eigene Schuld und Du kannst nichts dafür. Unsere Begriffe vom Leben, von den Bestrebungen desselben, von der Unentbehrlichkeit geistiger Nahrung, von unseren Pflichten als Menschen einer höheren Stufe und einer gebildeten Klasse, sind so himmelweit verschieden dass wir vergebens suchen würden uns darüber zu verständigen. Ich aber traure mit tiefem Schmerz über meinen herabgesunkenen Geistesadel und trete beschämt aus dem Kreise gebildeter Menschen zurück.

Doch wozu diese nutzlosen Worte. Du verstehst mich nicht: Du begreifst nur was Dir selber passt. Du bist nicht fähig einzusehen dass ich seit Jahren aus reinem Edelmuth mich, d.h. meine Zeit, meine Pflichten, mein geistiges Leben, mein Ansehen wel-

ches immer auf den Umgang mit Menschen beruht, meinen ganzen Verkehr mit der gebildeten Außenwelt, und schließlich auch meine Geschäfte, für ein unverständiges und muthwilliges Kind hinopfere, welches nicht einmal fähig ist darin eine Großmuth zu erblicken.

Wenn ich Dir heute dieses bittere Geständnis niederschreibe, so ist es weil mein Herz blutet unter der Schmach anderen Menschen so geistig untergeordnet geworden zu sein. Zürne mir nicht dass ich Dir meine bitteren Gefühle klage: Du wusstest ja nicht was Du thatest wenn Du, auf mein Mitleid und meine Großmuth bauend, Jahr nach Jahr meinen Geist untergrubst. Es ist leider immer so im Leben: wer sich von jedem gebildeten Verkehr zurückzieht und den Ideenaustausch mit denkenden Menschen vernachlässigt, der wird schließlich dazu unfähig, und verliert in seinen eigenen wie in anderer Menschen Augen die Achtung die er sich erworben hatte.

Ich schließe, meine liebe, gute, zarte Sofie, mit dem innigsten Wunsch dass es Deinem jungen Leben besser als dem Meinigen ergehen möge, und Du nie von dem Erniedrigungsgefühl welches meine Tage verbittert, belästigt werdest. Lebe herzlich wohl und glücklich und gedenke mitunter Deines elenden und trostlosen Freundes

Alfred

52

Nachdem Robert Baku verlassen hatte, war Ludvig allein verantwortlich für »Branobel«. Unter kontinuierlichem Kontakt mit Alfred führte er den Betrieb mit fester Hand.

Wie gewöhnlich hatte Ludvig viele – manchmal vielleicht sogar zu viele – Eisen im Feuer. Seine drei wichtigsten Verantwortungsbereiche waren:

1) Die Naphthaproduktion in Baku.
2) »Ludvig Nobels Maschinenfabrik« in St. Petersburg, so-

wie, zusammen mit Peter Bilderling, die Gewehrfabrik in Issjevsk.

3) Der Vorstand der »Gesellschaft Gebrüder Nobel« mit Sitz in der russischen Hauptstadt.

Zuweilen griffen die Aktivitäten ineinander, z.B. wenn die Maschinenfabrik Dampfmaschinen und Dampfkessel, Ventile und sogenannte »farsunki« – Naphthapulverisatoren – für die Ölgewinnung in Baku herstellte. Die normale Produktion der Maschinenfabrik umfaßte ansonsten verschiedenes Kriegsmaterial sowie Wagenräder und Wagenachsen.

Im Sommer 1882 schrieb Ludvig an einen Freund: »Was ich in Baku sehe, erfüllt meine Seele mit Freude über die großen Fortschritte, die das Unternehmen gemacht hat…« Mit Befriedigung konnte er feststellen, daß seine neue Destillationsmethode es möglich gemacht hatte, 35% Petroleum aus dem Rohöl zu gewinnen, gegenüber knappen 20% bei seinen Konkurrenten. Sein Einsatz war von entscheidender Bedeutung für »Branobels« Erfolg.

Der englische Ölexperte M. Charles Marvin schreibt in dem 1884 erschienenen »The Region of Eternal Fire«, daß die Produktion von raffiniertem Öl in Ludvigs Rohrleitungen von 100000 Tonnen 1878 auf über 200000 Tonnen 1883 stieg, und daß er »die russische Ölindustrie revolutioniert« habe. Das Rohrleitungssystem hatte eine Transportkapazität von 4 Millionen Barrel pro Jahr. Weiter besaß »Branobel« 40 Brunnen auf den Ölfeldern von Balakhani, wo die Raffinerien ein Gebiet von einer englischen Quadratmeile bedeckten. Außer einigen kleineren Schiffen hatte das Unternehmen 20 Tankschiffe auf dem Kaspischen Meer und 12, die die Wolga befuhren, außerdem 1500 Tankwagen für den Eisenbahntransport. »Branobel« beschäftigte 5000 bis 10000 Personen je nach Jahreszeit und Konjunktur. Auf den Bohrfeldern und in den Destillationsfabriken in Baku wurde ganzjährig gearbeitet, doch die Verschiffung vom Hafen der »Schwarzen Stadt« war während des Winterhalbjahres nicht möglich.

Als Unternehmensleiter setzte Ludvig seine Ehre darein, seinen Angestellten so gute Arbeitsbedingungen wie möglich zu bieten. Als erster Arbeitgeber in Rußland lud er sein Personal zur Diskussion über etwas so Radikales wie Gewinnbeteiligung ein. Dies geschah unter lautstarken Protesten des russischen Industrie-Etablissements, doch Ludvig blieb standhaft. Er garantierte seinen Angestellten Löhne, die weit über den üblichen lagen, und sorgte auch dafür, daß sie pünktlich ausgezahlt wurden, was ungewöhnlich war. Ludvig ließ neue Wohnungen für seine Arbeiter bauen und finanzierte ebenfalls die Errichtung von Schulen und Bibliotheken, Krankenhäusern und Freizeitanlagen. Bereits 1880 war in Baku der erste Telefonapparat installiert – ein Bell – und ermöglichte den direkten Kontakt zwischen dem Hafen und den Ölfeldern. In der »Villa Petrolea«, dem legendären Wohnviertel der Angestellten des Unternehmens, hatten bald sämtliche Haushalte Zugang zu dieser neumodischen Einrichtung.

Ludvig festigte so seinen Ruf als vorbildlicher Arbeitgeber. Ehemalige Leibeigene bemühten sich um einen Arbeitsplatz bei den Nobel-Unternehmen. Ludvig weigerte sich, Minderjährige in der Produktion auszunützen, und beschäftigte definitiv keine Kinder unter zwölf Jahren. Die Arbeitszeit in seinen Unternehmen in Petersburg, Baku und Issjevsk wurde von 12-14 auf 10,5 Stunden gesenkt. Dies war eine kontroverse Entscheidung, was aus der Tatsache hervorgeht, daß Rußlands Finanzminister entlassen wurde, als er später ein Gesetz über Arbeitszeitverkürzung einzubringen versuchte.

Viele Angestellte erklärten, sie seien stolz, »Nobeliter« zu sein, und dieser Begriff wurde weithin bekannt. Ragnar Sohlman hat über einen Besuch in der »Villa Petrolea« berichtet:

»Nachdem ich mich einige Zeit in Baku aufgehalten hatte, unternahm ich auf eigene Faust eine Reise und recht umfassende Wanderungen im Kaukasus. Um nicht unnötige Aufmerksamkeit zu wecken, hatte ich mich in georgische Tracht gekleidet, mit ›kinschal‹ und Büchse. Auf die häufig gestellte Frage, wo ich zu Hause sei, fiel es mir stets schwer zu antworten, da der Begriff ›schwedisch‹ der Landbevölkerung unbekannt war. Ich versuchte, meine Nationalität dadurch klar zu machen, daß ich erklärte, aus dem gleichen Land zu kommen wie Nobel, und erhielt stets zur Antwort: oh, aha, du bist Nobelskij. Der Einfachheit halber adoptierte ich dies und antwortete auf solche Fragen immer: ›ja nobelskij‹.«

Die konkurrierenden Ölproduzenten sahen mit scheelen Blicken zu, wie Ludvig sein Maßnahmenprogramm realisierte. Charles Marvin konstatierte auch: »Daß er nie den Mut sinken ließ ob des Widerstands, der ihm bei jedem seiner Schritte begegnete, ist ein einzigartiger Beweis für die unerschütterliche Standhaftigkeit, die Ludvig Nobel kennzeichnete.«

Ludvig verspürte nahezu Befriedigung, wenn sich die Schwierigkeiten häuften. Im Gegensatz zu Alfred zog er es vor, ständig von Mitarbeitern umgeben zu sein. Er ließ sich stets auf Diskussionen über aktuelle Probleme mit Ingenieuren, Vorarbeitern und Arbeitern ein. Er war bemerkenswert tolerant in seiner Haltung anderen Menschen gegenüber und suchte auch seine vielen Kinder in diesem Geist zu erziehen.

Im Jahre 1884 äußerte er einige Worte, die ihn selbst charakterisieren: »Ich bin aus meiner Kindheit nicht durch schnellen Erfolg verwöhnt. Dagegen weiß ich, daß mit Rechtschaffenheit und Beharrlichkeit am Ende der Sieg kommt.«

In Baku hieß es während der 1880er Jahre, daß es unter den 200 »Ölfürsten« höchstens zehn gebe, die ehrlich seien: »Ludvig Nobel, ein Armenier und acht Mohammedaner.« Ludvig sagte selbst: »Wenn Sie einen einzigen Mann in Baku finden, der nachweisen kann, daß wir unehrlich gehandelt oder zu pfuschen versucht haben, sind wir bereit, uns einem Verhör in Ihrem Beisein zu stellen und für den Fall, daß wir für schuldig befunden werden, einen spürbaren Betrag als Buße zu bezahlen.«

Der technische Direktor und spätere Betriebsleiter in Baku, Karl Hagelin, schrieb: »Bei uns waren Männer verschiedener Nationalität beschäftigt, aber welcher Nation sie auch angehörten, waren sie zuallererst Nobeliter. Die Gesellschaft war unsere Gesellschaft, ihr Gedeihen war unseres, und alle Mißerfolge empfanden wir, als ginge es um uns persönlich...«

53

Brief 44

Stockholm 9/6 1881

(...)

Dank einem Werke über Philosophie, welches ich mitgenommen hatte, verstrich meine Reisezeit ziemlich gut.

Du könntest wohl nie erraten wen ich in Cöln traf? Zur selben Zeit, doch von entgegengesetzter Richtung, war dort ein anderer Herr eingetroffen und auch in Hôtel du Nord abgestiegen. Am folgenden Morgen erst kam ich diesen Herrn vom Rücken her zu sehen; doch erkannte ich ihn sofort – es war mein Bruder Ludvig. Der Mensch denkt und der Zufall lenkt. Er sagte mir er wolle an Dich einige Worte richten, Dich um einen kleinen Ankauf in Paris bittend. Selbstverständlich wirst Du es bestens besorgen.

Brief 45

Stockholm 10/6 1881

(...)

Meine Mutter hat natürlicher Weise von meinem Hiersein eine unendlich große Freude und schaut um 10 Jahre verjüngert aus. Auch der Ludvig wird heute Abend erwartet so dass sie noch eine freudige Überraschung erwartet. Mir ist der Ludvig auch lieber als die »Schwiegermama«; letztere ließe sich vielleicht auch zähmen.

(...)

Hier ist abscheulich kalt und das Klima für mich höchst ungünstig. Freue Dich, mein Herzenskindchen, dass Du es in Paris warm hast und keine Frostbeulen kriegen kannst, denn dem ist man hier ausgesetzt. Vorläufig kein Schnee, aber wer weiß ob Morgen keine Schlittenbahn sein wird. Dem Buberl ist indessen kalt, sehr kalt, und er wird froh sein dem Norden den Rücken drehen zu können.

Gestern war ich fast den ganzen Tag auf der Fabrik und nachher den ganzen Abend bei Nordenskiöld bis spät in die Nacht. Palander dagegen ist mit dem Könige im Auslande.

Nun weißt Du ungefähr was hier vorgeht. Vom Fenster sehe ich den Dampfer Gauthiod welcher eben einläuft mit meinem Bruder an Bord. Ich gehe ihm mit meinen Neffen entgegen…

Brief 46

[Paris] ca. 17 aug. 1881

(…)

Seit meiner Ankunft hier ist es wieder mit den ewigen Geschäften losgegangen, und bald werde ich meine Thühre verbarricadiren müssen. Heute um 8 1/2 Uhr ging es an in einem fort bis 1 Uhr, so dass ich oft vier Personen auf einmal bei mir hatte… Morgen Abend muss ich bei den Bilderlings speisen. Gestern war ich in Sevran und muss heute wieder hin. Wir machen dort für die Spanische Gesellschaft einige nothwendige Versuche. Wie Du siehst ist die Zeit in Anspruch genommen.

Das neue Laboratorium ist bei Weitem nicht fertig, wird aber sehr hübsch und zweckmäßig.

Ich fühle mich übrigens sehr einsam zumal ich jetzt das Laboratorium weder in Sevran noch hier benutzen kann, und mir ist – wie nennst Du das – bang.

Brief 47

Paris 19.8.1881

(…)

Ich schreibe diese Zeilen im Hamam wo der Araber Ali mich eben geduscht und massiert hat. Man fühlt sich nach solcher Behandlung doch für den Augenblick um Vieles erleichtert.

Meine meiste Zeit habe ich bisher in Sevran zugebracht wo sehr Vieles noch ungeordnet ist und meiner Anwesenheit dringend bedarf. Dennoch finde ich wie Du siehst ein kleines, freies Stündchen um Dir zu schreiben, wogegen Du, undankbares Kind, mich bisher gänzlich ohne Nachricht gelassen.

(…)

Brief 48

[Paris] 21/8 1881

(…)

Lasse mir rechtzeitig wissen wann ich Dir mehr Geld schicken muss.

(…)

Wie kommt es dass in diesem Jahre so wenig feine und angenehme Gesellschaft Franzensbad besucht? Sollten alle feine Damen plötzlich gesund geworden sein und keine Bäder mehr bedürfen. Oder sollten sie nach vielem Baden dahintergekommen sein dass dieselben nicht viel nützen.

Mit Ausnahme des Diner's bei Bilderling habe ich niemand besucht und wurde nirgends geladen. Die Leute wissen gar nicht dass ich hier bin: sehen thut man mich nicht da ich ja meine meiste Zeit in Sevran zubringe.

Brief 49

[Paris] 22/8 81

(...)

Zu später Abendstunde schreibe ich Dir noch einige Worte.

Hier ist es sehr leer und öde, und ich wünsche dass die Einrichtung in Sevran einmal vollendet wäre damit ich ernsthaft an die Arbeit gehen könnte.

(...)

Pflege nur gut Deine Gesundheit und sehe zu dass Du wie eine kleine blühende Rose zurückkehrst; denn alles im Leben ist doch nichts werth wenn man kränkelt und sogar die Armuth ist rosig wenn die Gesundheit sie begleitet. Bedenke das, mein liebes Kind, und lasse Dich nicht durch dummen Trübsinn irreleiten. Das wünscht Dir vom ganzen Herzen Dein liebevoll ergebener

Alfred

54

Es war vor allem Ludvigs reelle Behandlung der Arbeiter, die ihn zu dem erfolgreichen Industriellen gemacht hatte, der er war, bevor die Rückschläge einsetzten.

Im nachhinein konnte Alfred konstatieren, daß er die Bedeutung der Ölprodukte stark unterschätzt hatte. Obwohl ihm bewußt war, daß Petroleumlampen immer gebräuchlichere Lichtquellen in privaten Haushalten wurden, hatte er sich im Gegensatz zu den Brüdern Ludvig und Robert den Erfolg, den die »Naphthagesellschaft Gebrüder Nobel« mit dem Verkauf von Petroleum in Rußland und anderen Ländern haben sollte, nie vorstellen können. Er hatte aus Solidarität mit den Brüdern investiert. Nun war er von dem wirtschaftlichen Ertrag ebenso überrascht wie beeindruckt. Am Anfang der 1880er Jahre schienen die Baku-Werke ein Füllhorn zu sein, aus dem sich Reichtum ergoß. Und dennoch begann Alfred zu dieser Zeit zu ahnen, daß irgend etwas mit Ludvigs Finanzen nicht so war, wie es sein sollte. Es bestand ein offensichtliches Risiko von Überkapazitäten, und die Ölpreise fluktuierten so stark, daß es unmöglich war, realistische Kalkulationen aufzustellen. In seinem eigenen Tätigkeitsbereich konnte Alfred die Dynamitpreise dem Bedarf des Marktes anpassen. Er selbst bestimmte im großen und ganzen die Preise.

Alfred bewegte sich nun in den einflußreichsten Kreisen des internationalen Finanzlebens und konnte in Gesprächen von wenigen Minuten hohe Millionenkredite bewerkstelligen und Obligationsanleihen auflegen, während er gleichzeitig an der Pariser Börse Wertpapiere kaufte und verkaufte. Er stellte Ludvig nicht nur sein finanzielles Können zur Verfügung, sondern auch seine nahezu einzigartige Kreditwürdigkeit.

Doch der rasch zunehmende Kapitalbedarf des Bruders begann Alfred in seiner eigenen ökonomischen Planung Probleme zu bereiten. Er warnte Ludvig in immer schärferen Worten. Es müsse stärker auf die Liquidität geachtet werden, sonst könne Ludvig jederzeit in eine ernste ökonomische Krise geraten. Schließlich warf er Ludvig verfehlte Planung vor: »Das Bedenkliche ist, daß Du zuerst baust und Dich dann nach den erforderlichen Mitteln umzusehen beginnst.«

1881 bekam Alfred erneut Anlaß zu Bedenken. Er hatte Ludvig gerade 656 000 Rubel für eine Vorauszahlung an die Maschinenfabrik Motala geliehen, wo Ludvig ein neues Tankschiff in Auftrag gegeben hatte. Kaum hatte Alfred die Auszahlung des Betrags veranlaßt, als er die Nachricht erhielt, daß die »Nordenskjöld« explodiert und die »Buddha« bei einem Sturm im Kaspischen Meer schwer beschädigt worden sei.

Nach dem Untergang der »Nordenskjöld« fragte sich Alfred, ob es wirklich vertretbar sei, feuergefährliches Petroleum in Tankschiffen zu transportieren. Kurz danach erreichten ihn auch Berichte, daß in Ludvigs Maschinenfabrik in Petersburg ein verheerender Brand ausgebrochen war. Aufgrund eines Mißverständnisses glaubte die internationale Presse, daß es die Nobel-Raffinerien in Baku seien, die in Flammen ständen. Die schwarzen Schlagzeilen der Zeitungen schufen ernste Unruhe in der Finanzwelt, bevor Ludvig die Möglichkeit zu einem Dementi bekam. Alfred begann nun ernstlich zu befürchten, daß in den Nobelschen Ölanlagen in Baku ein verheerender Brand ausbrechen könnte.

Die Rückschläge bewirkten die Liquiditätskrise, die Alfred lange befürchtet hatte, doch es gelang Ludvig, die Krise durchzustehen. Sein Ansehen als redlicher Unternehmer war ihm wieder einmal eine Hilfe gegen das hinter den Kulissen stattfindende Intrigenspiel. Eine Woge von Fremdenfeindlichkeit überschwemmte Rußland, und neidische Konkurrenten appellierten an diejenigen, die erwogen, Ludvig Kredit zu bewilligen, nicht einem Ausländer zu helfen, »der sich erlaubt, eine allzu bedeutende Rolle zu spielen«.

Und in Paris saß Alfred und »brummte« weiter. Sowohl Ludvig als auch der Vorstand von »Branobel« bekamen zu hören, daß sie mit unzureichender finanzieller Kompetenz gehandelt hätten.

Ludvigs Fabriken hatten sich durch viele Jahre hindurch einen guten Ruf für pünktliche und erstklassige Lieferungen an den russischen Staat erworben. Bereits 1875 wurde Ludvig der St.-Anne-Orden zweiter Klasse verliehen. Einige Jahre später erhielt er, wie sein Vater, den kaiserlichen Goldadler und schließlich – was einzigartig war für einen Ausländer – wurde er im Zusammenhang mit der russischen Ausstellung 1882 zum zweiten Mal mit der kaiserlichen Goldmedaille ausgezeichnet. In der offiziellen Begründung hieß es unter anderem, daß er »eine erstklassige Fabrikation von Achsen und Räderpaaren aus russischem Eisen [erreicht habe], die den weiteren Import aus dem Ausland überflüssig gemacht hat«. Das Kaiserliche Technologische Institut in St. Petersburg verlieh ihm die Würde eines Ehreningenieurs der Technologie.

Der Volkswirtschaftsprofessor Eli Heckscher hat die Auffassung vertreten, daß »Ludvig, was die Breite seiner Interessen, Führereigenschaften und allgemeine Charaktereigenschaften anbelangt, vielleicht der Hervorragendste in dieser reich begabten Familie war«.

Alfred kritisierte den Bruder weiter wegen seiner Art und Weise, die Finanzen von »Branobel« zu handhaben. Er versicherte, daß es ihm keine Freude bereite, als Kassandra aufzutreten und kommendes Unheil vorherzusagen, daß die Warnungen jedoch berechtigt seien.

Ludwig war indessen mit Tagesproblemen beschäftigt und achtete nicht darauf, was der Bruder ihm hatte sagen wollen. Er hatte die ersten dieselgetriebenen Schlepper zu Wasser gelassen und war in einen Mehrfrontenkrieg mit Giganten wie Standard Oil und Royal Dutch Shell verstrickt. Es ging um nichts Geringeres als die Kontrolle über die Ölmärkte der Welt. Gleichzeitig führte er äußerst schwierige Verhandlungen mit Rothschilds, die ihre Fühler tief nach Baku hinein ausgestreckt hatten. Als plötzliche Preisstürze eintrafen, war Ludwig gezwungen, weiter Öl zu verkaufen, und verlor dabei ansehnliche Summen, bis die Preise wieder zu steigen begannen. Die gewaltigen Schwankungen waren oft künstlich hervorgerufen von den Konkurrenten in jenem Petroleumkrieg, der sich so lange hinziehen sollte, daß er als der zweite Dreißigjährige Krieg Europas in die Geschichte eingegangen ist.

Mit wachsender Unruhe stellte Alfred von seinem Aussichtsplatz in Paris fest, daß eine neue Zeit anbrach und daß Ludwig sich nicht darüber im klaren zu sein schien, wie schnell seine Schuldenlast wuchs. Würde er sich jemals davon befreien können? Alfred war klar, daß die Stunde der Entscheidung näherrückte.

Brief 50

[Paris] 26/8 1881

(…)

Dank für den kleinen Artikel über die projectirte Panama-Bahn: ich hatte schon davon gehört. Die Sache ist sehr großartig und ganz von Amerikanischer Kühnheit. Mit dem Kanalbau von Lesseps soll es viel Schwierigkeiten geben. Die Arbeiter sterben wie Fliegen und böse Fieber sollen furchtbar walten.

In Sevran geht es gut vorwärts und die Anlage wird außerordentlich zweckmäßig. Nur muss ich fast meine ganze Zeit dort zubringen und kann mich nicht so pflegen wie ich sollte.

Die Methode meines neuen Arztes scheint soweit gut anzuschlagen. Das Zahnfleisch ist etwas weniger wund und auch die Mundwunde verschlimmert sich nicht. Bestimmtes läßt sich jedoch nicht sagen denn vielleicht liegt es an der Witterung dass ich mich nicht erkältet habe und daher einige Besserung verspüre. Mit den Augen ist es aber nicht besser und das Lesen sowie Schreiben wird mir sehr schwer. (…)

Ich erzähle Dir so vieles von mir weil ich weiß dass Du über das Befinden des alten Brummbärs… gerne unterrichtet bist. Im großen Ganzen ist die Sache jedoch nicht sehr intressant. Ob der Alte sieht oder nicht sieht, lebt oder nicht lebt, rheumatisiert oder nicht, darum kräht kein Hahn, und keiner würde ihn missen wenn er eine Wohnung unter statt über der Erde beziehen würde.

(…) Einliegend findest Du etwas Cassaverstärkung. Wiener Cours etwas 214 – 1000 Fr. also etwa Gulden 467.

(…)

Heute war ich den ganzen Tag in der Französischen Gesellschaft: es ging heiß zu denn man hatte sehr Wichtiges zu entscheiden.

Brief 51

[Paris] 1/9 1881

(...)

Du beklagst Dich, meine liebe Sofie, daß ich Dir nicht wärmer schreibe. Ich wiederhole Dir ja seit Jahren bei jeder Gelegenheit dass Gefühle sich nicht bezwingen lassen. Du bist herzensgut, und lieb, und brav, aber Du bist ein Genierer und es liegt in meiner freiheitliebenden Natur dass ich mit solchen Menschen kein wahrhaft fröhliches Zusammenleben führen könnte. Zumal wenn sie misstrauisch, eifersüchtig und kindisch sind. Ich gebe zu dass die Verhältnisse wenigstens anscheinend doch etwas gebessert haben; aber auch so wie sie jetzt sind ist dennoch die Einsamkeit vorzuziehen.

Auch ich bin ja ein Fremdling in der Gesellschaft geworden und habe fast gar keinen Verkehr. Desshalb ist auch mir das intime Leben mit jemand welcher oder welche mich versteht, sehnlichst erwünscht. Aber Du verstehst mich eben nicht: Du begreifst nicht dass der freie Geist keine Fesseln, keine Bande fühlen will: er kann sie tragen, ja, aber nur unter der Bedingung dass er sie nicht fühlt.

Mir thut es weh, sehr weh um Dich, und mehr so je mehr ich Dich kennenlerne. Mich hättest Du vielleicht fesseln können wenn Du mir anfänglich das Leben angenehm statt unangenehm gemacht hättest. Du hast ja aber damals alles, alles aufgeboten um auch den besten Menschen von Dir zu entfernen. Jetzt dürstet Deine junge, sanfte, gute Seele nach einer Gegenliebe die Du mit vollem Recht viel zu flau findest.

Aus ist's mit der Predigt. (...)

[PS] Hast Du noch Tokayer? Sonst könntest Du vielleicht noch einige Flaschen von… beziehen.

Brief 52

[Paris] Sonntag 4/9 1881

(…)

Seit meiner Rückkehr habe ich gar keine Besuche gemacht, nicht einmal bei Hugo… Heute ist Sonntag und ich fühlte mich so alleinig dass ich beschloss nach St. Germain zu fahren und dort zu frühstücken. Es ist da ganz schön, aber bei der herrschenden Kälte hat man von einer Ausfahrt doch keine Freude.

(…)

Brief 53

[Paris] 8/9 1881

(…)

[PS] Grüsse Olga von ihrem alten Freund Herr Doktor Brummbär.

56

Mit jedem neuen Jahresbericht, den Alfred aus St. Petersburg erhielt, nahm seine Besorgnis zu. »Branobel« hatte zunehmende Schwierigkeiten, ihre Kredite verlängert zu bekommen, und selbst Ludwig sah den Ernst der Lage ein. Er bemühte sich nun, die Briefe des Bruders ausführlich zu beantworten.

Zwischen seinen kritischen Äußerungen legte Alfred stets Wert darauf, Ludwig und seinem Mitarbeiterstab seinen Respekt für ihr technisches Können zu bezeugen. Das Problem war jedoch, daß die Finanzabteilung nicht mit ebenso kompetenten Mitarbeitern besetzt war. Schließlich faßte Alfred seine Gesichtspunkte in einem 28 Seiten langen Promemoria zusammen, das erhalten ist. Er analysierte die Probleme, die die aktuelle Krise verursacht hatten, deutete aber auch an, wie sie gelöst werden könnten. Er erklärte, daß es ratsam sei, daß er selbst den Entscheidungsträgern beigeordnet würde. Seine

Schlußfolgerung war, daß trotz an und für sich guter Einkünfte die Gesellschaft durch den Mangel an Betriebskapital gehemmt wurde. Darin waren sich Alfred und Ludvig ausnahmsweise einmal einig.

Die Bakuwerke waren 1883 eines der größten Ölunternehmen der Welt geworden, und ein neuer Leiter sollte gewählt werden. Bei dieser Gelegenheit erklärte Alfred, daß er nur eine Person mit ausreichender Kapazität für die Führung eines solch gigantischen Unternehmens kenne, und das sei sein eigener Kompagnon Paul Barbe.

Zu dieser Zeit wurden alarmierende Gerüchte über die Finanzlage von »Branobel« nach der schnellen Expansion verbreitet. Wer hinter der Verleumdungskampagne stand, wurde nie geklärt. Es kann ein Zufall gewesen sein, daß gerade zu diesem Zeitpunkt »Standard Oil« drastisch die Preise senkte. Durch diese Gesellschaft kontrollierte die Finanzfamilie Rockefeller neun Zehntel des amerikanischen Ölexports und hatte eine führende Stellung in allen Ländern, außer eben Rußland. Die Exporterfolge von »Branobel«, die sich in wachsenden Marktanteilen in verschiedenen Ländern niedergeschlagen hatten, waren der Führung von »Standard Oil« ein Dorn im Auge. Die Gegenmaßnahme war eine abrupte Preissenkung und mit gewisser Wahrscheinlichkeit die organisierte Ausstreuung von Gerüchten.

Für »Branobel« war die Wirkung existenzbedrohend. Für Ludvig standen nun so ungeheure Beträge auf dem Spiel, daß man sich den Finanzfürsten der Renaissance oder den Dollarmillionären in den USA zuwenden muß, um vergleichbare Zahlen zu finden.

Bis zum März 1883 hatte Alfred bei keiner Gelegenheit die ständig erneuerten Einladungen Roberts und Ludvigs zu einem Besuch in Baku und Petersburg annehmen wollen. Nun jedoch beurteilte Alfred die Krise, die »Branobel« bedrohte, als so ernst, daß er keine Wahl hatte. Obwohl er der Jüngste im Trio der Brüder war, erschien es natürlich, daß er als das Oberhaupt der Familie agierte. Mit seiner Erfahrung war er am besten dazu geeignet, die Situation zu bereinigen.

Obwohl Alfreds Gesundheit schlechter war als gewöhnlich und seine Dynamitgesellschaft sich noch immer in einem komplizierten Umstellungsprozeß befand, reiste er nach St. Petersburg, um sein Können und seine finanziellen Mittel zur Verfügung zu stellen. Als er am Ort die Lageberichte erhalten hatte, blieb nicht viel übrig, was vor seinen Blicken Gnade fand. Eigentlich war es nur der Betriebszweig, an den er am wenigsten geglaubt hatte – die Ölgewinnung in Baku –, den er positiv bewertete.

In Briefen hatte Alfred zwar geschrieben, daß er »voller Bewunderung die außerordentliche persönliche Leistung des Bruders, in kurzer Zeit eine so großartige Organisation geschaffen zu haben« betrachtete, aber das hinderte ihn nicht daran, dem zwei Jahre älteren, jetzt zweiundfünfzigjährigen Ludwig unverblümte Wahrheiten ins Gesicht zu sagen. Wieder bekam Ludwig zu hören, daß »niemand ein Tausendkünstler« sei. Immer wieder hatte Alfred in Briefen erklärt, daß dem Bruder die Entwicklung aus den Händen geglitten sei, weil er nicht seinen Rat befolgt habe, »nie selbst etwas zu tun, das andere besser oder ebensogut tun können«. Alfred war davon überzeugt, daß jeder, der versucht, alles selbst zu machen, eines Tages »körperlich und seelisch ausgelaugt und wahrscheinlich auch ruiniert« sein würde.

Er sollte insoweit recht bekommen, als Ludwig bei seinem Tod fünf Jahre später wirklich körperlich und seelisch ausgelaugt war. Dagegen war er nicht ruiniert, sondern hinterließ ein großes Vermögen.

Während der Beratungen in dieser Märzwoche 1883 brandmarkte Alfred unter anderem das unprofessionelle Auftreten eines der Direktoren von »Branobel«. Dieser war »wie falsch Geld in Europa umhergeirrt« und hatte mit seinen ungeschickten Kreditsondierungen den Kredit bei den großen Finanzhäusern in Paris und London verspielt. In der Korrespondenz charakterisiert Alfred den armen Mann als »ein wirkliches Rindvieh«.

Nicht einmal die profitable Ölgewinnung in Baku blieb von Alfreds Kritik verschont: »ein Geschäft, das sieben Monate im Jahr nur Kosten verursacht und nichts einbringt«. Sollte man wirklich weiter darauf setzen? Er war auch überzeugt davon, daß das ihm aufgezwungene Engagement in diesem abenteuerlichen Unternehmen der Familie eines schönen Tages schwere Verluste verursachen würde.

Die Wirklichkeit sollte anders aussehen. Von den 31,6 Millionen Kronen Nettoaktivposten in Alfreds Hinterlassenschaft kamen 7 Millionen aus seinem Engagement in den Ölquellen Bakus.

Sein Aufenthalt im Hause Ludvigs in Petersburg dauerte nur eine Woche, aber bereits nach ein paar Tagen hatte er ein Maßnahmenprogramm ausgearbeitet, das seine Handschrift trug:

1) Er bewilligte »Branobel« einen Reverskredit von 4 Millionen Francs zu niedrigen Zinsen.

2) Er sagte zu, sich mit erheblichen Beträgen an zukünftigen Neuemissionen von Aktien und Obligationen zu beteiligen.

3) Er schlug vor, die Dividende von 20 und 15% auf lediglich 2% zu senken.

4) Er erklärte sich bereit, eigene russische Staatsobligationen als Sicherheit für den Nachweis von Akzisemitteln zur Verfügung zu stellen.

5) Schließlich versprach er, wie Ludvig seinen gesamten Aktienanteil an der Gesellschaft als Hypothek für »Branobels« Wechselkredit über eine Million russische Rubel bei der russischen Staatsbank zur Verfügung zu stellen.

Trotz dieser Maßnahmen fürchtete Alfred, daß »Branobel« Schwierigkeiten haben würde, ökonomisch wieder zu gesunden, solange es so mächtige Konkurrenten wie Rockefellers »Standard Oil« und die Rothschild-finanzierte »Bnito« gab.

Aber Ludwig war überzeugt, daß die Gesellschaft mit Alfreds Hilfe nicht nur die aktuelle Krise durchstehen, sondern gestärkt aus ihr hervorgehen würde.

Nach Alfreds Besuch schrieb Ludvig:

»Dein kurzer Aufenthalt hier hat bei Groß und Klein so viele und liebe Erinnerungen hinterlassen, daß sie noch immer unser ständiges Gesprächsthema ausmachen. Deine kritischen Anmerkungen geben mir nicht weniger zu denken. Deine reiche und vieljährige Erfahrung in bezug auf die Verwaltung von Aktiengesellschaften ist für mich von unschätzbarem Wert. Bisher, solange wir fast das ganze Unternehmen selbst besaßen, konnte es als ein privates Geschäft gelten. Aber wo nunmehr Aktien an Fremde verkauft worden sind – wie wenige es auch sein mögen –, müssen wir anfangen, Formalitäten zu beachten, deren Wichtigkeit ich nicht bestreiten will. – Ich werde deshalb versuchen, mich nach Deinen Ratschlägen und Hinweisen zu richten, soweit es sich mit der häufig unorthodoxen Handlungsweise unserer hiesigen hohen Autoritäten vereinbaren läßt.«

Man meint zwischen den Zeilen lesen zu können, daß Ludvig zwar erleichtert ist, nachdem ihm ein Teil der akuten Schuldenlast abgenommen ist, daß er sich aber bereits fragt, ob er nicht nur eine Fristverlängerung erreicht hat. Er hätte gerne gesehen, wenn Alfred auch Baku besucht hätte, doch der Bruder lehnte entschieden ab. »Die wasserlose, staubige, ölbesudelte Wildnis« zog ihn nicht an. Dabei sollte es bleiben. Es war nicht Alfreds Gewohnheit, seinen Standpunkt zu ändern.

Auf der Hauptversammlung ein paar Wochen nach Alfreds Abreise von Petersburg wurde er seinem Wunsch entsprechend sowohl in die Direktion als auch in den Vorstand von »Branobel« gewählt. In einem Brief vom 3. April 1883 bringt Ludvig seine aufrichtige Dankbarkeit zum Ausdruck:

»Die Hilfe, die Du uns jetzt gibst, ist wirklich von großem Wert und ich hoffe, daß wenn ich Deine Wahl zum Direktor offiziell bekanntgegeben habe, die Menschen aufhören, wie es jetzt noch geschieht, zu behaupten, die Gesellschaft Gebrüder Nobel sei Ludvig Nobel.«

57

Brief 54

[London, Februar 1882]

(…)

Hier waren die Sachen bei weitem nicht so vorbereitet wie ich es gehofft hatte und wie die Herren mir hatten erwarten lassen. Allgemein ist man aber der Ansicht dass wenn das Geschäft überhaupt zu machen ist so ist es nur in Glasgow und durch den Einfluß meiner Freunde durchzusetzen. Dabei käme besonders zu Nutzen dass mein Name als Geschäftsmann in Schottland so allgemein bekannt ist. Mir ist die ganze Sache außerordentlich widerlich und wäre ich nicht so sehr darin schon verwickelt so würde ich mich davon gänzlich fern halten. Ich meine damit gewiss nicht dass ich nicht Alles thun möchte um meinem Bruder und seinem Unternehmen in jeder Beziehung nützlich zu sein, aber unsere Anschauungen gehen in so mancher Richtung auseinander dass wir eigentlich nie in demselben Geschäft zusammen arbeiten sollten. Auch denke ich ihn nur in Glasgow mit den Herren bekannt zu machen um ihm alsdann das weitere zu überlassen, oder vielleicht höchstens die Richtung anzugeben ehe ich mich zurückziehe.

Es thut mir herzlich leid Dich jetzt so allein zu lassen, wenn Du aber wüßtest wie viel für mich an der Sache hängst würdest Du es mehr als begreiflich finden. Es ist wahrhaft erstaunlich wie die Menschen welche das große Riesengeschäft leiten in finanzieller Beziehung mit Blindheit geschlagen sind. Soviel ich von dem Sekretair erfahren konnte wird diese meine Ansicht noch zum Glück von dem Petersburger Geschäftsleiter getheilt.

Brief 55

Glasgow 28/2 82

(…)

Von London bis hieher hatte ich in einem großen Salonwagen keinen Reisegefährten wenn ich einen Schotten ausnehme welcher kurz vor Glasgow einstieg. Du siehst daraus daß ich reichlich Zeit zum Grübeln erübrigen konnte.

Den »Sohn des Flüchtlings« versuchte ich zu lesen, aber wie gewöhnlich bei Romanen welche durch Deine Hand gegangen sind, fehlten eine Unmasse Blätter und zwar von Seite 32 bis 97. Du solltest wirklich nur gebundene Bücher kaufen.

(…) Meine Zeit ist dort so in Anspruch genommen dass es zu Schreiberei gar nicht kommen kann, und außerdem ist man hier nie allein. Die Leute wollen einen unterhalten und verstehen nicht dass sie damit nur geniren.

Brief 56

Stevenston, den 4/3 1882

(…)

Hier gibt es vollauf Arbeit: die Gesellschaft befindet sich in Folge meines langen Ausbleibens in sehr schwierige Lage und ich muss dieselbe aus großer Verlegenheit retten. Die Fabrik kann nicht einmal die Hälfte der Bestellungen liefern, ein hübsches Resultat davon daß ein unzurechnungsfähiges Kind mich seit Jahren plagt und verfolgt. Ich will aber keine Vorwürfe machen welche ja doch das Vergangene nicht gut machen können. Die große geistige Arbeit hier macht mich sehr nervös – Du siehst es wohl an meiner Schreibart – und der Schlaf ist mir gänzlich vergangen. Dennoch fühle ich mich viel zufriedener weil ich doch wenigstens die Zeit nicht vertrödle und etwas leisten kann.

(…)

Brief 57

London 8/7 1882

(…)

Kaum hier angekommen warteten schon im Hotel zwei der Herren auf mich um mich zu einem Diner in einem Club (in hiesigen Clubs werden keine Damen zugelassen) einzuladen. Von da kamen… und ich erst gegen 1 1/2 Uhr früh nach Hause. Einschlafen konnte ich nicht so dass es meine zweite schlaflose Nacht wurde. Ein grauenhaftes Leben und mein Magen ist wieder ganz aus Rand und Band. Heute speisen wir alle in Doctor Dewar's Club, Morgen Sonntag habe ich versprechen müssen zu Herrn Webb auf's Land zu kommen und dort den Tag zubringen. Für Montag hat Professor Abel auf mich Beschlag gelegt um in seinem Club zu dinieren, und so weiter würde es bis zum letzten Gericht fortdauern wenn ich's nicht mit Gewalt abbrechen würde.

Mit dem Geschäft geht es so ziemlich vorwärts, und wenn man darüber 15 Stunden per Tag verhandelt so läßt sich auch etwas verlangen.

(…)

Brief 58

Paris 16/7 82

(…)

Vorgestern und gestern war ich in Sevran, hatte aber eine Unmasse Briefe nach England zu beantworten und konnte daher mit meinen chemischen Arbeiten nicht weit kommen. Heute sitze ich seit 8 Uhr früh am Schreibtisch und habe meine Pantoffeln nicht ausgezogen. À propos von Schuhzeug wäre es mir sehr angenehm wenn Du meine mit blau gefütterten leichten Buttinen, welche im Kaiserhaus zurückblieben wiederfinden könntest. Es sind sehr bequeme und passende Soiré oder Theater-Schuhe die ich nicht leicht ersetzen könnte.

(…)

Es ist sehr gut von Ludvig dass er Dich aufgefordert hat ihm zu schreiben, aber vergiss ja nicht dass Dein Styl viel zu wünschen übrig lässt und bemühe Dich recht kurz zu schreiben, und doch etwas Denkendes hineinzuflechten.

(...)

Ich finde dass der Sommer furchtbar rasch vergeht ohne dass etwas ausgerichtet wird, und mein Gewissen plagt mich fast so viel wie meine Neuralgien.

Und wie geht es dem kleinen klebrigen [?] aber doch liebenswürdigen Kinde?

(...) Ich arbeite hier um meinem Bruder eine Anleihe zu verschaffen, aber alle diese Nebenarbeiten nehmen mir die Zeit weg die ich in Sevran nützlich verwenden könnte.

Wie Du wohl aus meiner Schreibart siehst bin ich wieder nervös. Es häufen sich die Arbeiten und die Zeit wird immer knapper.

58

Alfreds »Rechenschaftsbuch 1880-1890« bekräftigt, daß er »Branobel« im März 1883 einen Reverskredit über 4 Millionen Francs bewilligte, der vor Jahresende zurückgezahlt werden sollte. Um die Jahresmitte ein Jahr später hatte er der gleichen Quelle zufolge insgesamt 9,5 Millionen Francs in die Gesellschaft investiert. Zum Vergleich sei erwähnt, daß Ragnhild Lundström unter der Überschrift »Alfred Nobels Vermögen« dokumentiert hat, daß Alfreds Dynamit-Aktien zu diesem Zeitpunkt mit gut 4 Millionen Francs aufgeführt waren und seine übrigen Vermögenswerte mit 5 Millionen.

Von Alfreds Engagement in »Branobel« abgesehen waren sowohl er als auch Ludvig darum bemüht, ihre Geschäfte auseinanderzuhalten. Ein bezeichnendes Miniaturbeispiel findet sich in Form zweier Restaurantrechnungen von einem Familienessen auf Hasselbacken in Stockholm. Die Rechnungsbeträge sind relativ bescheiden: 455 respektive 106 Kronen. Nichtsdestoweniger nehmen sich die extrem beschäftigten Brüder die Zeit, in ihrer Korrespondenz zu diskutieren, wie sie diese Beträge untereinander verteilen sollen.

Aus Alfreds Briefen aus dem Herbst 1883 geht hervor, daß er kaum größere Hoffnung hegte, daß man sich in St. Petersburg seine ernsten Worte zu Herzen nehmen und vorsichtiger werden würde. Er geht selten auf die russischen Ölgeschäfte ein, und wenn er es tut, geschieht es nie mit positivem Vorzeichen.

Alfred war mit Arbeit überhäuft, und seine Gesundheit bereitete ihm immer größere Sorgen. Er behauptete in Briefen, daß er an der Mangelkrankheit Skorbut leide. Er meinte die wichtigsten Symptome zu haben: eine immer blassere Gesichtsfarbe und lähmende Gefühle von Müdigkeit. Gegen stattliche Arzthonorare wurde ihm verschrieben, in Kurorten wie Vöslau, wo er auch Robert treffen konnte, der häufig dorthin reiste, Rettich zu essen und Traubensaft zu trinken. Alfred hielt es jedoch nicht aus, viele Tage untätig zu sein, und blieb selten die gesamte geplante Zeit. In der Aufbauphase seines Dynamitimperiums hatte er sich selbst zu einem derartigen Tempo getrieben, daß er nach 1883 häufig davon sprach, sich von der »Sklaverei, der ich jahrelang ausgesetzt gewesen bin« zu befreien. Auch sein Mangel an formeller ökonomischer Ausbildung quälte ihn. Es ist ja richtig, daß er nie ein Examen in Finanzwesen und Volkswirtschaft abgelegt hatte, aber seine Universität war das internationale Finanzleben gewesen. Die praktischen Studien, die er dort betrieben hatte, hatten ihm ein Wissen vermittelt, das dem der meisten Professoren überlegen war.

Ludvig machte im alten Stil weiter und schien weiterhin alles selbst entscheiden zu wollen, als habe er nichts gelernt. Alfred lehnte daraufhin die weitere Mitarbeit im Vorstand ab.

In einem Brief an Robert vom 7. Juli 1883 gab er einer resignierten Besorgnis Ausdruck: »Ludvig ist nicht gewillt, das Geringste von seiner Autorität aufzugeben und wird an diesem System festhalten, das seine Gesundheit belastet und seine Kräfte aushöhlt. Keiner von uns hat eigentlich die Gesundheit, einen gigantischen Mechanismus wie Baku zu leiten. Wir müssen uns mit der Denkarbeit begnügen und alles Mechanische anderen überlassen.«

Am Jahresende 1883 konnte Ludvig konstatieren, daß die Ölförderung in Baku erfolgreicher als je zuvor gewesen war, doch als die Liquidität der Gesellschaft wiederum in eine kritische Phase geriet, verschärften sich die Gegensätze zwischen den Brüdern erneut. Die Situation erhellt aus einem Antwortbrief Ludvigs an Robert, nachdem dieser mitgeteilt hatte, daß er umgehend seine in dem Unternehmen steckenden Anteile zuzüglich Zinsen ausgezahlt haben möchte:

Bester Bruder Robert,

In einem Brief an die Gesellschaft Gebrüder Nobel bittest Du darum, daß Dein Guthaben nebst aufgelaufenen Zinsen, welches 68 000 Rubel entsprechen dürfte, Dir zum Jahresende ausgezahlt wird, und Du setzt voraus, daß die Kursdifferenz Dir gutgeschrieben wird.

Der Zeitpunkt, diese Forderung zu stellen, ist nicht gut gewählt!

Um die Ausgaben zu decken, die aufgrund dringender, unabweislicher Forderungen in den Jahren 1882 und 83 angefallen sind, ist eine neue Emission von Aktien für 5 Millionen Rubel und eine Emission von 6% Obligationen (die frühere Emission von 2 Millionen Rubel 5% Obligationen ist eingezogen) beschlossen worden, von der Regierung autorisiert, und die Papiere liegen deshalb fertig da.

Ich bin gerade aus dem Ausland zurückgekehrt, wo ich während zweier Monate an der Vorbereitung des Marktes für unsere Obligationen gearbeitet habe, welche im Februar in London emittiert werden. Die Aktien sollen zum allergrößten Teil unter den alten Aktionären plaziert werden, welche an stelle ihrer Gewinnanteile Aktien nehmen; der Rest soll mit einer Prämie von 20% den Käufern unserer Obligationen in England angeboten werden.

Auf diese Weise hoffen wir, daß wenn dies rechtzeitig geregelt ist und die Einkünfte aus dem verkauften Petroleum rechtzeitig eingehen, unsere Gesellschaft schuldenfrei (die Obligationen nicht gerechnet) und mit ausreichendem Betriebskapital versehen sein wird, um nicht Kredite in Anspruch nehmen zu müssen.

Doch bis dahin, meine ich, sollte keiner von uns drei Brüdern seine Mittel aus dem Unternehmen ziehen und auch nicht von Kursdifferenzen sprechen. Wenn Du anfängst, das zu tun, warum sollte ich es nicht tun! Wenn die Gesellschaft Dir 68 000 schuldig ist, ist sie mir 2,5 Millionen schuldig.

Willst Du bezüglich der Kursfrage auf Deinem Standpunkt beharren, so muß ich das auf mein persönliches Konto nehmen, denn dies nun auf der Hauptversammlung aufzugreifen, wäre nicht passend. Hier geht es um eine große Prinzipfrage, die nicht aufgebracht werden darf, da alle übrigen Kreditoren der Gesellschaft mit dem gleichen Recht denselben Anspruch erheben könnten.

Wenn Du diese Frage gründlich bedenkst, so hoffe ich, daß Du es als vollkommen mit unserer Würde in Übereinstimmung finden wirst, Dein Guthaben zumindest zum größeren Teil stehen zu lassen, bis die Gesellschaft die oben angedeuteten Operationen abgeschlossen haben kann.

Ich werde auf der bevorstehenden Hauptversammlung versuchen, die Ursachen klar darzulegen, warum die Gesellschaft gehandelt hat, wie sie es getan hat, und wie sich hoffentlich die Zukunft gestalten wird.

Für das neue Jahr, das bei Euch schon begonnen hat, wünscht Dir und Deiner Familie alles irdische Glück und Gedeihen

Dein ergebener Freund und Bruder

Ludvig

59

Brief 60

Paris 23/7 1882

(…)

Auf meine telegrafische Anfrage wohin die Schildpattkämme gesandt werden sollen hast Du mir keine Antwort gegeben. Dieselben an Ludvig zu senden wäre wohl zu spät da er nur bis zum 26ten d. Mts in Marienbad bleibt. Er schreibt dass er Dich vor seiner Abreise besuchen will.

(…)

Ich war heute früh im Begriff Dir zu schreiben als man den Besuch des H. Barbe meldete. Du glaubst nicht wie der Mensch sich geändert hat, und es hat keinen anderen Grund als den Tod seiner Mutter erst und letztens seines Vaters. Der alte Herr war durchaus kein sehr sympathischer Mensch aber es war doch ein Nahestehender mit dem er sich berathen und aussprechen konnte. Jetzt hat es wie er sich selbst ausdrückt den »Spleen« bekommen. Ich erzähle Dir das Alles als Beweis dass die wenigsten Menschen allein sein können und dass das Buberl in der Beziehung ziemlich vereinzelt dasteht denn ihm ist das Alleinsein immer willkommen und giebt ihm eine Ruhe nach der er sich immer sehnt.

Wenig Neues hier. Vorgestern mußte ich eine Mittagseinladung bei Hugo annehmen denn es war des alten Herrn Namensfest. Lauter Stammgäste mit Ausnahme eines Captain welcher neulich das kühne Project ein Meer im innern von Afrika zu schaffen, hervorbrachte, und von de Lesseps für sein Vorschlag Unterstützung fand. Ein sehr angenehmer und anscheinend sehr bescheidener Herr.

(…)

Brief 61

Hamburg Aug. 1882

(…)

Ich kam in Hamburg sehr abgemattet an. Die Herren merkten mir so deutlich die Erschöpfung an dass die Sitzung einstimmig auf den Nachmittag verschoben wurde. Jetzt geht es besser, aber ich merke deutlich dass Nachtreisen für mich gar nicht taugen.

(…)

Meine Reise nach Stockholm wird eine Tortur werden, denn Liedbeck ist hier und will absolut mitreisen. Denke Dir dieses dreitägige Schreien und beklage mich!

Brief 63

[Stockholm] 29/8 1882

Hier bin ich nun endlich, und finde meine Mutter, welche in einigen Wochen 79 Jahre alt wird, so wohl wie man es unter solchen Umständen nur sein kann. Die alte Frau wurde ja so froh mich zu sehen dass ihre Augen förmlich leuchteten.

(…)

Brief 64

[Stockholm, August/September 1882]

(…)

Seit meiner Ankunft hier bin ich leider wieder von Correspondenz überhäuft, und muss so manche Stunde mit Schreibereien zubringen welche ich der alten Frau schenken möchte. Sie ist wie Du: wenn sie fröhlich und vergnügt ist verträgt sie alles, und sonst schadet ihr das geringste.

(…)

Das Wetter ist hoffentlich dort besser als hier. Wind und Regen, Regen und Wind – das ist die ganze Abwechslung. Warm ist hier auch nicht und den Winterüberzieher habe ich gar nicht verlassen.

Nordenskjöld und Palander habe ich noch gar nicht aufsuchen können. Ich hatte gar keine Zeit, zumal die Mutter nicht in der Stadt sondern auf dem Lande wohnt.

Brief 65

Brüssel d. 11/9 82

(…)

Ich will dort Metzger wegen meiner ewigen Migräne consultiren: Vielleicht lässt sich etwas thun.

Wie Du wohl errathen hast wollte ich in Aachen die Bäder gebrauchen. Ich hatte mir die Sache etwa so zusammengereimt: das Aachener Wasser ist wie das von Aix-les-Bains ein Schwefelwasser, und zwar ein viel stärkeres; ich könnte also mir einen großen Umzug ersparen wenn ich meine Kur in Aachen complettiren würde. Die Berechnung war aber nicht stichhaltig. Ich nahm in Aachen nur drei Douchen und bekam davon eine so heftige Migräne, welche noch gar nicht nachläßt…

(…)

Brief 66

Aix-les-Bains 21/9 1882

(…)

Du fragst warum ich nicht wünsche dass Du hieher kommen sollst. Der Grund ist sehr einfach. Herr Shaw und andere Glasgow Herren sind hier, und wie Du weißt sind alle Schotten Puritaner. Ich habe nicht vergessen welche Gemeinheiten über den armen Downie wegen einem ähnlichen und sehr unverzeihlichen Falle nachgesagt wurden, und ich will mich nicht zur Zielscheibe für derartiges Gerede machen. Der Mensch hat viele Goldstükken oder kann viele erwerben: er hat aber nur einen Namen und den hat jeder die Pflicht möglichst makellos zu bewahren.

(…)

Deine Assuranz Premie zahlte ich in Paris ein: dieselbe war schon verfallen am 2 Juli.

(...)
Nach Amsterdam fuhr ich nur um den berühmten Masseur Dr. Metzger zu consultiren. Weißt Du was er mir sagte? »Sie haben chronische Muskelinflammation, aber nicht lokal denn bei Ihnen sind fast alle Muskel angegriffen. Dieses Leiden ist gerade meine Specialität aber Ihnen kann ich gar nicht helfen denn bei Ihnen ist es eine angeborene Krankheit bei welcher meine Kunst ganz nutzlos wäre. (...)« Was sagst Du dazu?

60

Nachdem die Liquiditätskrise des Jahres 1883 überstanden war, sah Ludvig sich erneut gezwungen zu expandieren. Alfred warnte vor neuen Krediten, doch Ludvig weigerte sich, seine Meinung zu ändern. Alfred war nicht gewillt, ein passiver Zuschauer zu bleiben, als das Unternehmen wieder zu kollabieren drohte. Er wiederholte, daß er selbst im Dynamitbereich mindestens ebenso expansiv sein könne wie Ludvig, doch der große Unterschied zwischen ihnen sei, daß er stets darauf achte, Mittel zur Disposition zu haben, bevor er handele.

Alfred hatte zwar den Vorstand von »Branobel« verlassen, doch um der Gesellschaft nicht zu schaden, hatte er Zeitmangel vorgeschoben. Auch in anderer Hinsicht war er loyal. Er verkaufte seine Aktienanteile nicht und fuhr fort, die Gesellschaft finanziell zu unterstützen. Gegenüber Ludvig war er um eine versöhnliche Haltung bemüht:

Dein herzlich freundlicher Brief aus Wien erfreute mich mehr, als Du glauben kannst. Wir stehen beide auf der abschüssigen Seite des Lebens, und keinesfalls kann sich die Neigung zu Kleinlichkeiten, welche fast immer allem, was Zwist heißt, zugrunde liegt, einstellen, wenn ihr Abend schon ihre Nacht vorspiegelt. Du denkst und fühlst zu groß, um dazu Lust zu verspüren, und was mich betrifft, lebe ich eigentlich in Frieden mit allem und allen außer mit meinem Inneren und seinen Geistern aus Nifelheim. Am allerwenigsten wünsche ich Streit mit Dir, und wenn ein Schatten zwischen uns gelegen hat, dann ist er längst dem Licht des Herzens gewichen.

Die Kreditgeber begannen Ludvig, der seine Tankerflotte weiter ausbaute und seinen Tankwagenvorrat erweiterte, wieder Daumenschrauben anzusetzen. Die Tankschiffe waren in dem mit Rothschilds und »Standard Oil« zu dieser Zeit ausgetragenen Ölkrieg sein Trumpf.

Der sanguinische Ludvig wischte die immer größer werdende Besorgnis des »Branobel«-Vorstands vom Tisch. Um die Interessen der Gesellschaft in der verschärften Konkurrenz behaupten zu können, müsse man neue Lagerungsmöglichkeiten haben, neue Tankanlagen und Verladehäfen sowie eine vermehrte Anzahl von Depots in dem gewaltigen russischen Reich, aber auch auf dem europäischen Kontinent und in England.

Zu »Branobels« angestrengter Finanzlage kam noch hinzu, daß Rothschilds mit ihren anscheinend unerschöpflichen Reserven Ludvigs heimischen russischen Markt weiter infiltrierten. Rothschild finanzierte die Eisenbahnstrecke Baku-Batum, und als sie fertiggestellt war, ließ die französische Bankierfirma die »Société Commercial et Industrielle de Naphte Caspienne et de la Mer Noire« gründen – bald darauf nach den russischen Initialen »Bnito« genannt. Angesichts dieses wirtschaftlichen Riesen und im Bewußtsein, daß »Standard Oil« zollfrei Öl nach Rußland einführen konnte, streckte Ludvig mit großem strategischem Geschick einen Fühler zu Rothschilds Hauptquartier in Paris bezüglich einer Zusammenarbeit aus.

Später konnte Alfred aus San Remo über die russischen Ölgeschäfte an Robert schreiben:

Die Amerikaner beginnen nun selber zu sehen, daß es notwendig ist, die mörderische Exportkonkurrenz einzustellen... Sie sind bereits genötigt von bevorstehenden Verhandlungen mit Baku zu sprechen – ein Zeichen, die Friedensflagge zu hissen. Ich wollte nicht versäumen, Dir diese etwas beruhigende und erfreuliche Aussicht mitzuteilen.

61

Brief 67

London, Army & Navy Hotel. 22/5 83

(…)

Hier gab es eine fürchterliche Mühe Wohnung zu bekommen. London ist nämlich wegen der großen Rennen überfüllt. Ich fuhr nach 23 Hotels vergebens und konnte mich schließlich nur in ein gestern erst eröffnetes Hotel einquartieren.

Brief 68

Marienbad 18/8 1883

(…)

Es passt wohl auch nicht gut für die Kur so absolut allein zu leben wie ich es thue. Seit meiner Ankunft hier habe ich mit keinem einzigen Menschen ein Wort gesprochen, und daher gewöhne ich mir das Grübeln immer schlimmer an. Übrigens bin ich hier von Arbeit überhäuft denn die Briefe häufen sich entsetzlich. Heute habe ich deren 18 expedirt: der deinige ist der neunzehnte. Alles das passt nicht zur Kur. Was ist aber dabei zu thun: man kann doch nicht Briefe unbeantwortet lassen, und ein Secretär für meine Correspondenz ist eben nicht leicht zu finden. In 5 Sprachen technische und andere Briefe fehlerfrei zu schreiben, das ist eine schwere Aufgabe.

(…)

Brief 69

Dresden 4/9 1883

(...)

Während der Reise hatte ich Gelegenheit zu beobachten wie das Aussehen täuscht. Du hattest wohl ebenso wie ich bemerkt welche commune Gesichter die Mitreisenden in meinem Coupé hatten. Mir gefielen sie so schlecht dass ich mehrere Stunden lang kein Wort mit ihnen sprach. Indessen bemerkte ich doch bei dem jüngeren Herrn eine Art feines Lächeln welches auf Bildung deutete. Da fing ich an mich mit ihm zu unterhalten, und bald waren wir tief in wissenschaftliche Gespräche verwickelt. Es war ein Doctor Thomsen aus London welcher die meisten meiner dortigen Bekannten kennt, und selbst ist er eine ganz interessante Persönlichkeit. Die Zeit verging dabei so gut dass ich ganz erstaunt über die Verspätung in Dresden ankam. Dort traf mich bereits Dein liebes kleines Telegrammerl und eins von Ludvig worin er mir sein Eintreffen hier heute Abend ankündigt.

(...)

Diese plötzliche Kapitalforderung in Schottland kommt mir um so mehr ungelegen da nach den jetzigen Aussichten in Russland ich wahrscheinlich jede Veranlassung haben werde dort die Zahlung in Actien statt Geld zu nehmen.

Brief 70

Dresden 7/9 1883

(...) Ludvig sieht viel wohler aus als wenn ich ihn zuletzt sah. Er hat eben weniger Sorgen und ist weniger von Arbeit überhäuft. Auch Crusell ist hier, und ein Oberst Soletika den mein Bruder nach Baku dirigiert. Eine kleine unansehnliche Reise von 8 Tagen (und Nächten) ohne Aufschub.

(...)

Ludvig fragte nach Deiner Adresse: er wollte Dir, glaube ich, etwas schicken. (...)

Brief 71

Ostende d. 9/9 1883

(…)

Hier ist ein prachtvolles Ufer und ich wette dass der Sommer hier zugebracht Dir viel nützlicher gewesen wäre als Ischl und Carlsbad zusammen. Das Kind hat aber ihren eigenen Willen…

Ich weiß wohl dass nervöse Leute anfänglich von der Seeluft Neuralgien bekommen aber nach kurzer Zeit schwinden dieselben. Das Baden in offener See vertragen viele nicht, und ist das auch zur Stärkung durchaus nicht nothwendig.

(…)

Brief 72

[Paris] 21/9 83

(…)

Ich habe Dir schon vor Jahren angedeutet dass es für Dich absolut nothwendig ist eine Gesellschafterin zu haben. Und fast Alles was Du gelitten und ich Unerträgliches ausgestanden habe ist durch Dein Nichtgehorsam in dieser Beziehung entstanden. Kannst Du denn nicht einsehen welche entsetzliche Last es für einen so beschäftigten Menschen, wie ich es bin, sein muss, eine Gefährtin um sich zu haben, welche absolut Niemand kennt, und mir daher jede freie Bewegung sperrt. Es ist eine furchtbare Lage welche mich in einigen Jahren um 20 Jahre gealtert hat.

(…)

Findest Du es nicht überhaupt drollig dass Du hier eine Wohnung hast. Den ganzen Sommer bist Du weg und nun willst Du auch den Winter nicht hieherkommen. Meiner Ansicht nach ist das ganz richtig. Du passt nicht für Paris, und Paris nicht für Dich. Aber warum denn nicht einen Wohnort wählen wo Du Dich wirklich niederlassen willst. Montreux oder welchen Du magst. Aber so herumkutchiren wie jetzt…

In Petersburg passiren unerhörte, haarsträubende Unordnungen. Man hat hier zwei Wechsel der Geb. No protestirt nicht etwa weil das Geld gemangelt hätte, sondern weil man das Geld gesandt hatte an ganz andere Bankhäuser als man sollte. Was sagst Du dazu? Spreche aber mit niemand davon und verbrenne sofort diesen Brief.

Ludvigs Adresse ist einfach H. Ludvig Nobel. St. Petersburg. Schreibe unten am Rand des Couverts: »eigenhändig« weil man sonst im Kontor den Brief öffnet.

Brief 73

1883

(…)

Es ist fünf Uhr Morgens dass ich diese Zeilen schreibe, denn späterhin kann ich nicht einmal ohne Zeugen athmen. (…)

Es gibt neues in Glasgow. Die Directoren dort haben auf meine Veranlassung dem Cuthbert die Zügel anlegen wollen und da hat er seinen Abschiedsgesuch eingereicht. Die Kündigungsfrist ist 6 Monate wonach er weggeht.

62

Sven Hedin erzählt in seinen Memoiren, daß er als Abiturient an der Beskowschen Schule im Frühjahr 1885 von seinem Rektor gefragt wurde:

»Hedin, wollen Sie nach Baku ans Kaspische Meer reisen?«
»Ja, gerne.«
»In der zweiten Klasse haben wir einen Jungen, mit Namen Erhard Sandgren, dessen Vater Ingenieur ist und als Chef der Bohrmeister bei Nobels Ölbrunnen in Balakhani bei Baku arbeitet. Er will nun seinen Jungen den Herbst über und bis zum nächsten Frühjahr bei sich haben, und damit der Junge das Schuljahr nicht verliert, muß ein Hauslehrer mitreisen. Wollen Sie diese Aufgabe übernehmen?«
»Ja, Herr Rektor!«

Der zwanzigjährige Hedin brauchte nicht eine Sekunde Bedenkzeit, um sich auf die lange Reise in das ungastliche Baku zu begeben, das zu besuchen Alfred sich sein ganzes dreiundsechzigjähriges Leben lang nicht überwinden konnte.

Ludvigs Sondierung bei Rothschilds in Paris wegen einer Zusammenarbeit wurde positiv aufgenommen. Ludvig selbst war weit über die Grenzen des russischen Reiches hinaus als der »Ölkönig von Baku« bekannt, aber es war der Ruhm des Bruders als Finanzmann und Erfinder, der den Nobel'schen Namen zu einem Machtfaktor machte.

Alfred hatte Ludvig dringend abgeraten, auf Kollisionskurs mit den Rothschilds zu gehen. Er registrierte deshalb mit Genugtuung, daß Ludvig im Mai 1884 zwei Repräsentanten – Mikhail Beliamin und den Finanzdirektor Ivar Lagerwall – in die Rue Lafitte zu Verhandlungen mit Rothschilds entsandte.

Dieser erste Kontakt sollte sich als der Auftakt einer langen Reihe von Verhandlungen erweisen, die das Ziel hatten, »den gesamten Weltmarkt für raffinierte Öle« nicht nur unter »Branobel« und Rothschilds, sondern auch zwischen »Branobel« und »Standard Oil« sowie dem starken John-D.-Rockefeller-Trust und Rothschilds aufzuteilen. Die Finanzdynastie Rothschild stammte aus Frankfurt am Main und war für ihren starken Zusammenhalt bekannt. Die Familie hatte als Vermittler von Staatsanleihen große politische Bedeutung erlangt; bezeichnend für ihre Aktivitäten im 18. und 19. Jahrhundert war eine enge Beziehung zur Staatsmacht in verschiedenen Ländern. Die Rothschilds wurden häufig beschuldigt, reaktionäre Regime finanziell zu unterstützen, aber es waren nicht politische Rücksichten, die das Handeln der Dynastie lenkten, sondern Gewinninteressen.

Als Ludvig Kontakt mit der Pariser Filiale der Rothschilds aufnahm, wurde diese von Alphonse Rothschild geleitet, dem das größte Verdienst daran zugeschrieben wurde, daß Frankreich nach dem Krieg von 1870-71 die Reparationsleistungen von 5 Milliarden Francs so schnell bezahlen konnte. An den

Verhandlungen mit »Branobel« nahm Alphonse nicht selbst teil, sondern ließ sich von dem Rußlandexperten Jules Aron vertreten, der Beliamin und Lagerwall unter dem Siegel der Verschwiegenheit darüber informierte, daß Rothschild hinsichtlich Rußlands eine prinzipielle Entscheidung getroffen hatte. Trotz ihrer wirtschaftlichen Möglichkeiten beabsichtigten sie nicht, weiter in Konkurrenz mit Nobel zu expandieren, auch nicht in Absprache mit »Branobels« Konkurrenten. Aron konnte »Branobel« eine Zusammenarbeit oder sogar eine Form von Zusammenschluß anbieten.

Ludvig beriet sich mit Alfred und beauftragte Beliamin und Lagerwall, Rothschilds ein Viertel von »Branobel« anzubieten, doch erst, nachdem das Aktienkapital von 15 auf 20 Millionen Rubel erhöht worden sei. Ludvig schlug vor, den Aktienwert von unparteiischen Wirtschaftsprüfern festsetzen zu lassen. Den Investitionsbedarf während der nächsten Jahre schätzte er auf zirka 5 Millionen Rubel, vor allem für Verbesserungen der Anlagen in Baku. Ludvig selbst fand, daß sein und Alfreds Vorschlag reell war und für Rothschilds interessant sein mußte, da sie für einen relativ begrenzten Betrag den unbegrenzten Zutritt zum russischen Ölmarkt erhalten würden.

Nach drei Wochen kehrten Ludvigs Repräsentanten nach Paris zurück, wurden aber mit der nichts Gutes verheißenden Mitteilung empfangen, daß sie Jules Aron nicht treffen würden, der angeblich einen Krankheitsfall in der Familie hatte. Die statt seiner erschienenen Vertreter wiesen Ludvigs Angebot kurzerhand zurück. Der Grund war, daß Rothschilds nie in ein Unternehmen investierten, wenn sie nicht die Mehrheitskontrolle darüber erhielten. Der Erklärung schloß sich eine Warnung an. Man wolle freundlich aber entschieden an die sehr starke finanzielle Macht Rothschilds erinnern. Ludvigs Repräsentanten antworteten ebenso kurz und bündig, es könne keine Rede davon sein, daß man die Kontrolle über »Branobel« aus den Hände gebe und daß man mit einer durchschnittlichen Tagesproduktion von 32 Tonnen Öl nichts zu fürchten habe.

Beliamin und Lagerwall kehrten unverrichteter Dinge nach Petersburg zurück, und Ludvig beschloß, die erforderlichen Betriebsmittel durch einen Kredit bei der Berliner Disconto Bank zu beschaffen. Jules Aron schlug in einem Telegramm ein neues Treffen im September vor. Unterderhand kam es zu neuen Kontakten, aber sie führten zu keiner Einigung. Ein Zeichen dafür, daß Rothschilds trotz allem ernsthaft an einer Zusammenarbeit mit Ludvig interessiert waren, war eine beiläufige Bemerkung von Aron, derzufolge »Baron Alphonse selbst« die Unterlagen dieses Vorgangs gelesen habe. Man lud Ludvig nach Paris ein, aber nun gab er Krankheitsgründe dafür an, daß er nicht an den Verhandlungstisch kommen konnte.

63

Brief 74

Aix-les Bains 17/6 1884

(…)

Seit meiner Ankunft hier bin ich wie belagert von Arbeit. Die Glasgower lassen mir gar keine Ruhe und bei den endlosen Schreibereien ist es unmöglich dass irgend eine Kur anschlagen könnte. Heute habe ich nach Glasgow einen Brief von 17 Seiten schreiben müssen und bin ganz kopfwirr davon. Die Leute befinden sich aber auch in solche Schwierigkeiten dass bald weder ich noch sie selbst helfen können.

(…)

Den größten Teil meiner Reise verbrachte ich mit Lesen des mitgenommenen Romans von Turgenieff, welcher sehr hübsch natürlich und rührend ist. Ich werde Dir denselben schicken und glaube dass er Dir einige Mussestunden, falls Du solche hast, verkürzen wird.

Brief 75

Aix-les-Bains 19 juni 1884

(...)

Wenn es heißt ich wohne hier im Hotel so ist das ein Irrtum. Ich wohne im Spital, und zwar in einem wo der oder die am wenigsten Kranke mindestens drei Schlaganfälle gehabt haben muss. Wenn einer mehr als einen Schritt in der Minute macht so ist das ein verhältnissmäßig sehr gesunder Mensch. Das ist aber nicht das schlimmste: die fürchterlichen Flechten, Wimmerls, Karbunkel und sonstige Ausschläge im Gesicht bringen eine Art Anflug von Seekrankheit hervor welchen nur sehr dunkle Brillen beschwichtigen können. Mit kommt immer ins Gedächtnis der Vers von Schiller: »die Erde ist ein Jammerthal«. Um mich nun von all diesem Elend zu erholen kam mir der Einfall das Theater zu besuchen. Man spielte »la Baule« ein nettes Lachstück. Als aber die Schauspieler und Schauspielerinnen lachten so zeigten sie Zähne dermaßen morsch dass dieselben im Saal einen wahren Leichengeruch verbreiteten. Auch die Gesichter erinnerten stark an ein anatomisches Museum und ich fand nach meiner Rückkehr fast einen Genuß die noch weniger vermoderten Halbleichen im Hotel anzuschauen. So eine fünfzigjährige, paralysierte, bucklige, zahnlose, wimmerlvolle, kupfernasige, schnurrbärtige, pockennarbige, fußschweissige, nagelkothige, stotternde, einmal monatlich gewaschene, schlampige, sauerriechende, rothäugige, plattfüßige, deutschgekleidete, russisch schmierige, Tabak kauende Schöne hätte glauben können ich sei in ihre allerliebste Reize allermächtigst verliebt. So trügerisch ist der Schein: es lag nur an dem Contrast weil die Schauspielerinnen noch um 6%, wie Du sagst, unappetitlicher waren.

(...)

Mich drückt so eine Last von Briefe und Beschwerden, meist aus England, dass ich scherzen muss damit die Augen nicht Material für Soolbäder liefern sollen.

Sage was man will, die Gegend hier ist sehr hübsch, das Essen vorzüglich und nicht theuer, was für einen Menschen der monat-

lich eine Million Franken verliert, nicht zu verachten, sondern sehr zu beachten ist.

(…)

Wollte Dich zum Lachen bringen – weiß nicht ob es mir gelungen ist. Siegle hier meinen Spaß mit herzlichem Kuss von

Alfred

Brief 76

Hamburg 11/7 84

(…)

Meiner Ansicht nach ist für Dich wahre Ruhe und Pflege die beste Kur. Du bestehst aber darauf dieselben in entfernte Länder zu suchen wohin ich Dir weder folgen kann noch will. Und so geht es nun fast volle sieben Jahre in der sinnlosesten Weise ohne Nutzen für Dich und mit Aufopferungen meinerseits welche mir das ganze Leben verbittert und verwüstet haben. Ich wünsche meinem Beruf, der Wissenschaft, meine ganze Zeit zu widmen und betrachte die Weiber, insgesammt, jung und alt, als lästige Eindringlinge welche mir meine Zeit rauben. Das singe ich nun seit sieben Jahren auf alle Töne ohne dass Du mich verstehen willst oder kannst. Und statt meine laboratorische Arbeiten zu verfolgen bin ich Bonne für ein erwachsenes Kind welches glaubt dass sie sich mir gegenüber alle möglichen Mucken, Capricen und Grillen erlauben kann. Wärest Du dagegen zufrieden gewesen mit einer sehr angenehmen und gesunden Landwohnung in dem Lande welches ich bewohne so hättest Du selbst fröhliche Tage verlebt und mich nicht in solcher bodenlosen Weise belästigt und mich nebenbei nicht zum Spottziel für alle meine Bekannte gemacht. Zwischen uns liegt leider eine Vergangenheit voll von Bitterkeit für mich: das würde ich aber vergessen, doch die verlorene Zeit läßt sich nicht wiederbringen und der Gedanke daran lässt mir Tag und Nacht keine Ruhe.

Doch lassen wir das Vergangene. Ich predige ja nur um Dir doch einmal die Augen etwas öffnen zu können. Was ist jetzt für die Zukunft zu thun? Du willst eine Villa in Ischl haben. Also gut: wir kaufen dieselbe und was dann! Ich werde in Zukunft ebenso wenig freiwillig nach Ischl wie nach der Hölle wallfahrten.

(…)

Brief 77

Paris 19/7 1884

(…)

Ohne besonderer Geistesspannung glaube ich Dir sagen zu können dass die vermeintliche Excellenz ein dummer Courmacher ist. Lass ihn laufen denn Leute die es in der Weise anpacken sind nicht werth dass man sich mit ihnen abgiebt.

(…)

von einer wirklichen Excellenz erhielt ich aber gestern ein äußerst liebenswürdiges Schreiben. Vorkommender kann man unmöglich sein. Der Finanzminister sandte mir nämlich das während meiner Abwesenheit in London vom Presidenten unterzeichnete Dekret wegen meiner Ernennung zu einem höheren Grad der Ehrenlegion. Auf die Ernennung an und für sich lege ich wenig Werth aber die Art und Weise wie dieselbe mir mitgetheilt wurde hat mich gerührt. Ich fange an zu merken dass die Franzosen wirklich liebenswürdig sein können.

Deine Miethe bezahlte ich und füge die Quittung hier bei. Verliere dieselbe nicht. (…)

Warum ich noch in Paris sitze muss ich Dir erklären. Wir haben nämlich wiederum zwei Unglücksfälle gehabt – einen in Paulilles und einen in Portugal – welche viel zu schaffen geben; man will die Fabrik sperren und wir müssen selbstverständlich dagegen ankämpfen. Freitag haben wir dafür Sitzung und ich habe meine Anwesenheit ankündigen müssen.

(…)

Brief 78

Wien d. 9ten Aug. 6 Uhr früh 1884
(...)
Ich bewundere all den Unsinn welchen so ein kleines Frauenzimmer in ihrem Köpflein ausbrüten kann! Keine Idee ist verrückt genug um darin nicht zu gedeihen. Da solltest Du von Ischl nach Wien und zurück kutschiren um mit dem alten ekelhaften Brummbär einige Stunden zuzubringen. Außerdem wäre die Reise äußerst riskirt indem Du gewiss schon während der Reise unwohl geworden wärest.

64

Nach dem Zusammenbruch der Verhandlungen mit Jules Aron in Paris 1885 war Ludvig gezwungen einzusehen, daß er seine Investitionen reduzieren mußte. »Branobel« schüttete in diesem Jahr nur 3% an die Aktionäre aus, und weil man 1886 plante, keine Dividende zu zahlen, wurde in den Korridoren der europäischen Finanzhäuser wieder getuschelt.

Der Kapitalbedarf war nun so groß, daß Alfred zu zweifeln begann, ob er sein Engagement noch weiter treiben konnte. Gleichzeitig war ihm bewußt, daß ein Verkauf von »Branobel« kaum eine realistische Alternative war, da die russische Regierung aller Wahrscheinlichkeit nach ihre Zustimmung verweigern würde. »Standard Oil« hatte dies eingesehen und damit begonnen, »Branobel«-Aktien auf dem freien Markt zu kaufen, um auf diese Weise die Kontrolle über das Unternehmen zu gewinnen.

Ludvig hatte die letzten zwei Jahre unter einem solchen Druck gestanden, daß seine Gesundheit ernstlich angegriffen war. Alfred erlebte seinen Bruder zum ersten Mal zerrissen und mutlos.

Er war jedoch selbst der Überanstrengung nahe. Das einzige, was ihn noch mit Enthusiasmus erfüllen konnte, war die Forschungsarbeit in den Laboratorien. Er schrieb 1885 an einen Mitarbeiter:

Wenn die Verbesserungen, mit denen ich jetzt beschäftigt bin, durchgeführt sind, beabsichtige ich mich aus dem ganzen Geschäftsleben zurückzuziehen und wie alte Fräulein von Obligationszinsen zu leben. Ich verkaufe daher so nach und nach meine verschiedenen Aktien in Dynamit- und anderen Unternehmen. Wenn ich sage, daß ich wie alte Fräulein von Zinsen leben will, dann muß ich allerdings hinzufügen, daß ich nicht vorhabe, mich auf die faule Haut zu legen, sondern nur ein mehr wissenschaftliches als industrielles Gebiet wähle.

Möglicherweise war es Alfreds aufrichtiger Wunsch, sich von den Geschäften zurückzuziehen, als er den Brief schrieb, doch er fuhr fort, seine Gesellschaften zu überwachen. Der Betrieb in Baku war ihm nicht länger fremd, auch wenn er davon überzeugt war, daß er am Ende bedeutende Summen verlieren würde. Er sprach inzwischen ganz selbstverständlich mit Ludvig über Ölleitungen, Bohrtürme und Raffinierkapazitäten.

Alfreds verlängerter Arm bei »Branobel« war der Betriebswirt Ivar Lagerwall. Durch Lagerwall wurde Alfred auch bestätigt, was er geahnt hatte: Die Ausschüttungen an die Aktionäre waren in bestimmten Jahren zu hoch gewesen, die Abweichungen vom Budget zu groß, und nicht zuletzt hatte man zuviel Öl produziert, was einen Preisverfall zur Folge gehabt hatte. Alfred teilte die Meinung Lagerwalls, daß die wirtschaftliche Politik des Unternehmens radikal geändert werden müsse, um einen Konkurs zu vermeiden.

Doch erreichten Alfred auch andere Neuigkeiten aus Rußland. Von Ludvigs Generalagentur erhielt er 1885 38 000 deutsche Mark aus dem Verkauf von Dynamit. Die Krümmelfabrik hatte Sprengstoffe nach Petersburg exportiert. Alfreds gesamte Dynamiteinkünfte aus dem gewaltigen russischen Reich beliefen sich im Zeitraum von 1880 bis 1885 auf lediglich 750 000

Mark, was nur einem kleinen Teil der Einnahmen aus England und Frankreich entsprach. In mehreren Briefen an Ludvig gibt er auch seiner Unzufriedenheit Ausdruck.

Während Ludvigs gesundheitliche Probleme – der Herzfehler und der chronische Luftröhrenkatarrh – sich verschlimmerten, wurde »Branobel« Gegenstand eines immer intensiveren Interesses von Seiten Rothschilds und Rockefellers. Jules Aron zögerte nicht, im Juni 1886 die lange Reise von Paris nach Baku zu unternehmen, wo er die Nobelschen Anlagen inspizierte und auch Anweisungen für die Modernisierung einer von »Bnito« gekauften Raffinerie gab. Im September war »Standard Oil« an der Reihe. Sie sandten den mit weitgehenden Vollmachten ausgestatteten William Herbert Libby zu Ludvig nach Petersburg. Die Gespräche zwischen den beiden führten indessen zu keinem Ergebnis, wenngleich die Aufwartung dem »Ölkönig von Baku« schmeichelte. Libbys Interesse kühlte rasch ab, nachdem ihm klar geworden war, daß »Branobel« nicht die Totalkontrolle über den russischen Ölexport besaß. Libby hatte eine Aufteilung des Exportmarktes mit der Möglichkeit einer Stabilisierung des Ölpreises vorgeschwebt. Zum zweiten Mal bekam Rockefellers Hauptquartier bestätigt, daß man auf absehbare Zeit das Nobel'sche Öl auf dem Weltmarkt nicht zu fürchten brauchte.

1886 entstanden für »Branobel« und Ludvig neue Schwierigkeiten. Die Überproduktion stieg, und gleichzeitig fiel der Wert des russischen Rubels. Es wurde immer schwieriger, notwendige Kredite zu bekommen.

Nun begannen auch die geduldigsten unter den Aktionären, ihre Aktien zu verkaufen. Der Kurs war bald weit unter pari gesunken. Ludvig versuchte, den Mut nicht zu verlieren, und schrieb 1886 an Alfred: »Es lohnt nicht, den Kopf hängen zu lassen, weil man Rückschläge hinnehmen muß. Sie dauern nicht ewig.« Nachdem es sich als unmöglich erwiesen hat, Kredite zu akzeptablen Bedingungen zu bekommen, notiert er: »Wenn auch die Allgemeinheit – gedankenlos, wie sie immer ist – mir

Kredit verweigert, so antworte ich: ICH SCHAFFE ES TROTZDEM, wenn auch mit geringerem Gewinn, aber ICH SCHAFFE ES!«

Anfang 1887 zeigte es sich jedoch, daß Ludvigs Luftröhrenbeschwerden auf eine Tuberkulose zurückzuführen waren. Die Krankheit verlief langsam, aber Ludvig beschloß, sich zurückzuziehen. Dies geschah genau acht Jahre, nachdem Robert bei den Baku-Werken in den vorzeitigen Ruhestand gegangen war. Mit sofortiger Wirkung übertrug Ludvig seinem 29jährigen Sohn Emanuel die Leitung von »Branobel«.

Ludvig war zwei Monate in Petersburg bettlägerig und reiste danach mit seiner Frau und einigen der Kinder nach Cannes. Aber es war zu spät. Die französischen Ärzte konstatierten, daß er auch an weit fortgeschrittener Angina pectoris mit Arterienverkalkung litt. Nach langem Leiden schloß er am 12. April 1888 im Alter von 57 Jahren für immer die Augen. Dem Totenschein zufolge war er einem Herzschlag erlegen.

Ludvig wurde nicht in Cannes begraben, sondern seine Asche nach St. Petersburg überführt. Auf der Heimreise legten Edla Nobel und ihre mitreisenden Kinder einen Aufenthalt in Paris ein und wohnten bei Alfred. Dieser hatte seinen Bruder kurz vor dessen Tod besucht und erkannt, daß das Ende kurz bevorstand.

Der Verfasser des Nachrufes in einer französischen Zeitung glaubte, daß Alfred gestorben sei. Er wußte offenbar, daß der Erfinder des Dynamits sich auch mit Waffenkonstruktionen befaßt und ein neues Kanonenpulver erfunden hatte, und Alfred wurde daher als »Kaufmann des Todes« bezeichnet, der ein Vermögen damit verdient habe, neue Methoden »des Verstümmelns und Tötens« zu erfinden. Alfred befand sich in seinem Laboratorium in Sevran, als er den fatalen Nachruf zu Gesicht bekam. Er wurde davon so unangenehm berührt, daß er ihn nie vergaß. Es war auch die Sorge um seinen Nachruhm, die ihn nun dazu veranlaßte, sein Testament umzuschreiben und praktisch sein gesamtes Vermögen für Zwecke zu spenden, die kein zukünftiger Nachrufschreiber würde verdächtig machen können.

Ludvigs Begräbnis fand am 28. April 1888 in der schwedischen St.-Katharina-Kirche statt. Sowohl Robert als auch Alfred war aus gesundheitlichen Gründen von der langen Reise nach St. Petersburg abgeraten worden. Die deutschsprachige »St. Petersburg Zeitung« schrieb, daß der Begräbnisakt »unter grosser Beteiligung der ganzen Residenzbevölkerung« vor sich gegangen sei. Der Zeitung zufolge nahmen über 2 000 Personen an dem Trauerzug von der schwedischen Kirche zum evangelisch-lutherischen Friedhof Smolenskij in Vasiljevskij Ostrov teil. »Berittene Polizei, sogenannte Gendarme, war abkommandiert worden, um die Ordnung aufrecht zu erhalten.«

Nicht lange vor seinem Tod schrieb Ludvig einige Zeilen, die seine Gesinnung bezeugen: »Ich meine nicht, daß ich das Recht habe, das Unternehmen, das ich geschaffen habe, aufzugeben, bevor alle, die mit mir zusammen darin tätig waren und meinem Vater und mir gedient haben, wirtschaftlich für den Rest ihres Lebens versorgt sind, so wie es auch mir für mein Teil gelungen ist.«

An Ludvigs Grab sagte einer seiner persönlichen Freunde: »Mit einem offenen Ohr für die Sorgen anderer war er die Hilfsbereitschaft in Person, aber stets ruhig und still und rein väterlich war sein Verhältnis zu den Arbeitern, seine Einstellung zu den weniger glücklich Gestellten und seine unermüdliche Fürsorge für ihr Wohl.«

Heute, wo Tanker mit mehr Öl als je zuvor die Weltmeere befahren, ist es angebracht, einige andere Worte in Erinnerung zu rufen, die ein Historiker um die Jahrhundertwende schrieb: »Die fruchtbare Saat, die Ludvig Nobels Genie einst in russische Erde sähte, hat nun eine überwältigende Ernte in beiden Erdhälften erbracht.«

Brief 79

Paris 29/8 1884

(…)

Hier ist seit einigen Tagen kühl und herbstartig. Wahrscheinlich ist in Wien auch eine Abkühlung eingetreten so dass Du keine Veranlassung findest auf dem Semmering Abkühlung zu suchen. Nimm Dich vielmehr vor Erkältung sehr in Acht und trage wollene Unterkleider.

(…)

Schreibe mir fleißig wie es Dir geht, schone Deine Gesundheit, verwöhne nicht den Kutscher 665 der ohnedem schon von mir zu sehr verwöhnt wurde mit Trinkgeldern, weine nicht bei Gewitter, zittere nicht vor dem Teufel, ehre den Kaiser, bewundere die Kaiserin, bete für das Wohl beider, grüße die kleine Olga obwohl weniger Ehrlaucht von Geburt, werfe Steinchen der Bella und sei herzlich umarmt und geherzt von Deinem

Alfred

Brief 80

[unleserlich]

(…)

Obwohl Du mir große Betheuerungen machst, namentlich auf der ersten Seite deines eben empfangenen Briefes, oder vielmehr weil Du sie machst, sehe ich dass Du Dich sehr gut ohne mich unterhältst und meine Abwesenheit trefflich entbehren kannst. Im vorigen Brief schriebst Du mir sogar dass ich mich mit überflüssigem Reisen nicht abplagen müsste woraus ich schließe daß Du jetzt lieber ungeniert sein willst. Sei ruhig, ich geniere gewiss niemand. Auch solltest Du nicht so lange Briefe schreiben denn man sieht aus der Schreibart dass Du Dir nur aus Rücksichten die Mühe giebst das viele Papier anzuschwärzen. Aber junge Damen wenn sie von alten Herren Geld brauchen halten sich immer für verpflichtet mit der Feder lange Complimente und Bücklinge zu machen, denken dabei aber die ganze Zeit an Andere, und halten einen doch für so dumm dass man es nicht durchschaut. Alles das wäre sehr schön wenn Du Dich nicht überall von meinem Namen bedientest damit die Leute mich nachher hinter jeder Strassenecke auslachen sollen.

(…)

Hier wohne ich fast gänzlich in Sevran und habe in einer Woche mehr Arbeit verrichten können im Laboratorium als in drei Monate wenn Du hier bist.

Noch nie habe ich Paris so menschenleer gesehen. Alles was nur wegreisen konnte ist abwesend, und Fremde sind gar nicht da. Die Furcht vor der Cholera hat das alles mit sich gebracht. Alle Restaurationen und Hotels sind absolut leer. Ich speiste vorgestern im Grand Hôtel – da waren acht Personen!!! wo gewöhnlich doch mehrere Hunderte zu dieser Jahreszeit essen. –

(…)

Mein Kutscher hat gekündigt. Ihm gefiel es nicht dass ich seine halbstündige Verspätungen beim Anspannen (zu bestimmter Stunde beordert) beanstandete. Nun habe ich also die Scherei einen neuen Kutscher zu suchen und könnte mich auch vor Anstellung desselben nicht von hier entfernen.

Es freut mich herzlich dass sich Deine Gesundheit bessert und dass Du vergnügte Tage verlebst. Billig ist der Spaß nicht aber darauf kommt es Dir ja nicht an, am theuersten dürfte es jedoch dadurch werden dass mein ehrlicher Name verschrien wird. Du hast ja weder das nöthige Zartgefühl noch den Verstand welche den Ruf anderer Menschen schützen sollen. Und dennoch bin ich Dir ganz gut und werde Dich noch viel lieber haben wenn Du einen guten, jungen ehrlichen Menschen zu heirathen suchst um eine brave Frau zu werden und Deinen Lebenszweck zu erfüllen. Mit dem vielen Herumbummeln mit Verehrern kommst Du nur auf schiefe Wege und dafür bist Du doch von Natur aus zu rechtschaffen, gut und zart.

Brief 81

[Paris] 20/9 1884

(...)

Deine Aufträge habe ich so weit es möglich gewesen ausgeführt. Aus Deiner Kritzelei war natürlich fast unmöglich darüber klar zu werden was Du überhaupt haben wolltest. »Pieds« bedeutet z. B. nichts als »Füße« und da im Louvre keine Füße verkauft werden so war es nicht möglich Dir solche zu expediren. Abgeschnittene Menschenfüße figuriren überhaupt nicht in zivilisierten Ländern unter Handelswaaren oder Modewaaren Artikel. Bei Moret ist ein Kleid bestellt – etwas heller als Marineblau. (...) Im Louvre kaufte ich Handschuhe, Rüschen, Schleier und Cravatten in Überschuss, welche ich nach Meisel's Hotel, Wien adressiren ließ. Bei Reboux habe ich keine Hüte nehmen können da ich ja gar nicht weiß wohin dieselben gesandt werden sollen. (...) Das alles macht deshalb große Schwierigkeit weil ich ja verreisen muss und meine Abfahrt doch nicht wegen der lumpigen Kleider verzögern kann.

Hier lebe ich in der großen Weltstadt so allein und von allen Menschen getrennt, daß mir das Leben oft ganz öde und traurig vorkommt. In meinen Jahren macht sich jedem das Bedürfnis fühlbar jemand um sich zu haben für den man lebt und den man lieb gewinnen kann. Es hätte nur an Dir gelegen diese Person zu sein aber deinerseits hast Du alles nur denkbare gethan um ein solches Verhältnis unmöglich zu machen. Ich sagte Dir vom ersten Tage an »Schaffe Dir die nöthige Bildung denn es ist unmöglich jemand so recht von Herzen gerne zu haben durch dessen Mangel an Tact und Bildung man täglich und stündlich beschämt wird. Du fühltest ja selbst nicht diesen Mangel sonst hättest Du längst etwas gethan um wenigstens theilweise den Übelstand abzuhelfen. Man könnte bis über die Ohren verliebt sein so würde doch ein Brief wie Du ihn schreibst wie eine kalte Herzdouche wirken. Man denkt dabei unwillkürlich an die Schmach dass eine Person welche so schreibt, ich meine so kritzelt, sich eines anderen Namens bedient unter welchem sie ihre gruselige Epistel in die Welt hinausschickt.

Glaube mir mein liebes, gutes Kindchen, dass wenn man kein Verständnis für Bildung hat so ist man überhaupt nur für eine untergeordnete Lebensstellung geschaffen und kann sich auch nur in einer solchen glücklich oder zufrieden fühlen. Du glaubst immer ich könnte niemand gerne haben: das ist ganz Irrthum und ich könnte auch Dich gerne haben wenn Deine Unbildung mir nicht immerwährend Kränkungen zufügte.
(…)
Aber wozu diesen Erklärungen: Du verstehst ja überhaupt nicht wie ein Mensch Ehrgefühl haben kann, sonst wären wir längst über den Punkt im Klaren.

Brief 83

[Paris] 11/10 84
(…)
Übrigens kommt mir, nach der Art und Weise zu urtheilen wie Du von mir Abschied namst, vor als wenn Du dächtest ich müsse sehr glücklich sein Dein Kassirer und gehorsamer Diener zu sein mit welchem man sich wenig zu geniren braucht.

Brief 84

[Paris] 15/10 84
(…)
Es ist ein eigen Ding sich so in eine Familie vorzustellen unter einem geborgten Namen, und wenn Du das nicht verstehst so hängt es eben mit Deinem Verstand nicht ganz recht zusammen. Mit Deiner Gesundheit scheint es aber umso besser zu gehen…
(…)
Mein Neffe ist hier und wohnt bei Mir. Außerdem habe ich so viel Arbeit in Händen, hauptsächlich wegen Conferenzen… (…)
In früherer Zeit als ich abreiste folgtest Du noch zur Bahn, schriebst mir dann täglich – jetzt ist das anders geworden; ich beklage mich nicht darüber, sondern constatire nur dass dem so ist

und dass mein verändertes Benehmen wohl nur seinen Grund in der Veränderung des Deinigen hat. Es scheint als wolltest Du dich immer mehr von mir entfremden und gleichzeitig mich immer mehr in Anspruch nehmen und Dich immer mehr meines Namens bedienen. Versuche es, mein liebes Kind, Dich etwas in meine Lage zu versetzen und Du wirst wahrscheinlich einsehen wie unrecht Du mir thust.

Brief 85

[Paris] 26/10 84

(...)

Ich bin todmüde und abgeplagt von den hiesigen Conferenzen welche täglich von 9 Uhr früh bis tief in die Nacht hinein dauern. Auch heute Sonntag geht es in derselben Weise fort und ich muss mich die Paar Minuten herausschleichen um Dir diese wenigen Worte zu schreiben. Es ist ein furchtbares Leben und ich sehe noch kaum ein Ende daran. Allerdings wird wohl diesmal etwas erreicht werden sodass man nicht die ganze Mühe umsonst hat.

(...)

66

Nach Ludvigs Tod lastete eine schwere Verantwortung auf seinem 29jährigen Sohn Emanuel. Er trat nicht nur als Chef der Naphthagesellschaft an die Stelle des Vaters, sondern wurde auch der Vormund seiner sieben jüngeren Geschwister. Der Bruder Carl, der beim Tod des Vaters 26 Jahre alt war, wurde Chef der Maschinenfabrik in St. Petersburg.

Für Alfred war Ludvigs Tod ein zwar erwartetes, aber nichtsdestoweniger schmerzliches Erlebnis. Sie waren unterschiedlicher Auffassung über das Investitionsprogramm von »Branobel« gewesen, doch das hatte einem von brüderlicher Anhänglichkeit geprägten Verhältnis zwischen ihnen nicht im

Weg gestanden. Dazu kam, daß Alfred, wenn auch widerstrebend, mehr als ein Viertel seines Vermögens in »Branobel« investiert hatte.

Schon früh hatte Emanuel eine gewisse Neigung zu Geschäften gezeigt, was Alfred freute. Er begann deshalb, seinen Neffen systematisch in die Gepflogenheiten des internationalen Finanzspiels einzuweihen. Als Emanuel 1881 22 Jahre alt war, hatte Ludwig ihn zum wirtschaftlichen Direktor von »Branobel« ernannt – möglicherweise auf Druck Alfreds, der ständig wegen schlecht geführter Rechenschaftsberichte Kritik an der Wirtschaftsabteilung geübt hatte.

Als Emanuel die Verantwortung für die »Gesellschaft Gebrüder Nobel« übernahm, befand diese sich in einer tiefen Ertragskrise, und es sollte nicht viel Zeit nach dem Tod des Vaters vergehen, bis Emanuel seine Feuertaufe erlebte. Für das Überleben des Unternehmens war ein Bankkredit von 4 Millionen Rubel notwendig, und mit diskreter Hilfe von Alfred gelang es ihm, den Kredit zu erwirken. Als Sicherheit stellte er zukünftige Petroleumlieferungen, was die Kreditgeber akzeptierten. Alfred berührt das Geschäft in einem Brief an Robert:

Semmering 30/6 1889

Liebster Bruder Robert,
Meine Briefversäumnisse lasten auf meinem Gewissen, doch wenn Du wüßtest, in welchem Grad ich mit Arbeit überlastet gewesen bin, würdest Du es ganz natürlich finden, daß Briefe, die nicht unmittelbar beantwortet werden können, täglich mit dem Vermerk XX (d.h.: darf nicht aufgeschoben werden) auf meiner Liste stehen und trotzdem monatelang aufgeschoben werden.

Ich bin zu sehr Philosoph, um irgendetwas als wirklich dringend anzusehen, aber man kommt in einen gewissen Wirkungsbereich, und wenn man dann eine Spur der verschrobenen Eigenschaft Pflichtgefühl hat, schuftet man, bis man zusammenbricht.

Danke für Hjalmars Fotografie. Die Sonne hat ihm nicht ge-

schmeichelt. Sein eigenes Aussehen ist, soweit ich es noch erinnere, ein paar Grade schöner und angenehmer. Er ist außerdem, glaube ich, der einzig wirklich fröhliche unter den Nobels, und das ist in meinen Augen die höchste der Tugenden, obwohl sie häufig zur Untugend führt, doch diese ist auch eine Tugend und trägt ja außerdem – in Samenform – den Keim zu allen Tugenden in sich. Dein Telegramm betreffend war ich unsicher, wie ich die Antwort adressieren sollte.

Åby als Telegrafenstation ist nicht verzeichnet, auch konnte ich keinen Boten aus Norrköping vorherbestellen, denn niemand hier kannte Getå. Hoffe, es kam trotzdem an.

Du fragst, ob ich nach Petersburg reise. Das hätte ich aus mehreren triftigen Gründen eigentlich gerne getan, aber ich bin in letzter Zeit unendlich müde und mitnichten bei zufriedenstellender Gesundheit. Ich habe sogar angefangen, Medizin zu nehmen, was ich verabscheue und nicht ohne mehr als zwingenden Grund tue. Fühlte ich mich gesund genug dafür, hätte ich mich sicher auf den Weg gemacht.

Meine Anwesenheit wäre vonnöten, um die Baku-Aktien gangbar zu machen, was wirklich keine übermenschliche Kunst sein dürfte.

Unterhandle darüber für Emanuel schon seit längerem mit Disconto Ges in Berlin, aber sie sind übervorsichtig, und ich muß annehmen, daß man sich von ihnen unabhängig machen könnte. Der größte Markt für diese Aktien wird sicherlich Rußland, aber die Kapitalisierung wird schwerlich 8% Dividende übersteigen.

(…)

Mit Alfred im Hintergrund gelang es Emanuel somit, seine erste große eigene Transaktion zu tätigen. Aber drei Jahre später war Alfred ernstlich besorgt über Emanuels engste Mitarbeiter. In einem Brief an Robert äußert er offen seine Besorgnis:

San Remo, den 13/9 1892

(...)

Ich vermute und bin der Meinung schon lange, daß »etwas faul ist im Staate Dänemark«, wie Hamlet sagt. Statt Dänemark lies Branobel oder Gebr. Nobel. Aber das Heilmittel, das Du vorschlägst, erweist sich häufig als gefährlicher als die eigentliche Sache. Man darf auch einen Nichtsnutz nicht entlassen, ohne sich darüber klar zu sein, wer seine Arbeit übernehmen soll. Beliamin ist kein Nichtsnutz, wenngleich ihm so gut wie alle Chefeigenschaften fehlen... Um ihn zu entlassen, bedarf es eines Mannes, der sich in kurzer Zeit einen klaren Überblick verschaffen kann, und der über Chefeigenschaften verfügt.

Sitzt ein solcher Mann in der Geschäftsleitung, fällt Beliamin. Eines schönen Tages findet er sich zur Bedeutungslosigkeit reduziert und ist froh, eine untergeordnete Stellung einzunehmen. Vielleicht können wir die richtige Person finden.

Man muß sie am besten unter Finnen oder Ausländern suchen. Schotten, die Russisch können und irgendein großes Werk oder ein größeres Geschäft geführt und dabei bedeutende administrative Fähigkeiten an den Tag gelegt haben. Es ist nicht nötig, daß sie ohne Anstellung sind, denn man kann ihnen solche Vorteile bieten, daß sie bereit sein würden, ihr Stellung zu verlassen.

Emanuel behauptet, daß eine solche Person in Rußland nicht zu bekommen ist. Das beweist nur Emanuels Unvermögen, ihn zu finden.

Man kann geeignete Persönlichkeiten auf zwei Weisen finden. Die eine ist, sich bei Bekannten umzuhören, wer passen könnte, und seine Tauglichkeit und Rechtschaffenheit genau zu erforschen. Die andere ist durch Annoncieren. Aber die Annonce muß sehr klug und klar formuliert sein, so daß man nur eine begrenzte Anzahl Antworten bekommt und nicht die ewige Nachforschungsmühe hat. Ich bin mit Annoncen immer gut gefahren. Hat man eine Person gefunden, die volles Vertrauen eingibt, so muß man ihn in die Direktion berufen und ihn selbst eine weitere ihm bekannte und sehr fähige Person empfehlen lassen. Hier an-

gestellte sollen nicht in Frage kommen. Ist die Direktion auf diese Weise zusammengesetzt, wird Beliamins Fähigkeit, weiteres Unheil anzurichten, augenblicklich paralysiert. Sobald der neue Mann sich in die Verhältnisse eingearbeitet hat – dazu bedarf es der Kenntnis aller Verträge und Abrechnungen – und teilweise der Korrespondenz, kann B. beiseite geschoben werden. Bevor dies so gelaufen ist, wäre es schädlich.

Dies wäre mein Programm...

Emanuels Verhalten am Verhandlungstisch glich zeitgenössischen Aussagen zufolge dem Alfreds. Er war ebenso verbindlich und flexibel. Dies trug dazu bei, daß »Onkel Alfred« seinem Neffen bei den Verhandlungsrunden mit Rothschilds und Rockefellers gerne assistierte. Emanuel strebte mit Alfreds Zustimmung eine Zusammenarbeit oder eine vernünftige Aufteilung des Marktes an. Er war ein glänzender Verhandlungsführer, aber als Unternehmensleiter fehlte es ihm an Alfreds Fähigkeit, sich mit kompetenten Mitarbeitern zu umgeben. Alfred kommt in seinem Briefwechsel mit Robert auf dieses Problem zu sprechen:

Paris d 23/9 1892
(...) Deine freundliche Einladung würde ich herzlich gerne annehmen, wenn ich nur halbwegs aus dem gleichen Holz geschnitzt wäre wie die meisten mehr oder weniger normalen Menschen. Aber ich bin Zeit meines Lebens ein verfrorenes Häufchen Elend gewesen, das weder einen Windstoß noch Regen verträgt, und am Abend, wenn der Nordpol begann, Getå kleine Grüße zu schicken, spürte ich förmlich Rauhreif in meinen Adern.

Es ist ein Elend, so beschaffen zu sein, und ein noch größeres Elend, daß solche Mißgeburten ausgebrütet werden dürfen und nicht sofort in Lethes tiefer und geräumiger Flut ertränkt werden. Es ist meine Verfrorenheit und nichts anderes, die mich an die Ufer des Mittelmeers getrieben hat, wo die Leute bei weitem nicht so gebildet und zuverlässig sind wie im Norden, und wo das Meer selbst die einzige Wäscherin zu sein scheint, denn die Brandung spült viel Unrat vom Strand fort.

Aber im Sommer ist es so warm, daß sogar meine Flossen auftauen, ja die dicht gesäten Mückenstiche zeigen, daß diese kleinen niedlichen, aber blutdürstigen Tiere es nicht verschmähen, mich als Opfer auszuersehen.

Ich habe Emanuel geschrieben, wie wichtig es ist, ein oder zwei energische und fähige Mitdirektoren anzustellen, die selbständiger sind als die gegenwärtigen und sich Beliamins bedienen können, ohne seine Untergebenen zu sein, was mit den gegenwärtigen der Fall ist.

Es war ein ungeheurer Fehler, die Amerikaner vom europäischen Markt verdrängen zu wollen, statt den Absatz in Indien und Australien zu sichern. Rothschilds sind in dieser Hinsicht viel klüger gewesen.

Der Absatz nach Indien beläuft sich, wenn ich mich recht erinnere, auf 220 000 Tonnen und cirka 14 000 000 Pfund, wovon ein großer Teil durch Rothschilds geht, und die erzielten Preise sind bedeutend höher als in Europa.

Ich habe Emanuel geschrieben, daß die Einbringung frischer fähiger Kräfte und Direktoren von größerem Gewicht sei, als er vielleicht glaubt, weil sonst die großen Aktionäre, die sich in weiter Entfernung befinden und keine Möglichkeit haben, den Gang der Geschäfte näher in Augenschein zu nehmen, wahrscheinlich zu einer pessimistischen Auffassung kommen, die sie leicht veranlassen könnte, ihre Aktien abzustoßen, d.h. sie à tout prix zu veräußern.

Das wäre äußerst schädlich für den Kredit der Gesellschaft und für die Stellung Emanuels wie der Gesellschaft.«

(...)

67

Neben dem von Alfred so bespöttelten Beliamin war Karl Vasiljevitj – so wurde er genannt – Hagelin (1860-1954) der herausragende Mann in Emanuels Führungsgruppe, der zuerst für Ludvig und danach für Emanuel die gleiche Rolle spielte wie Alarik Liedbeck für Alfred. Nicht weniger als zweihundert schwedische Ingenieure und verschiedene Spezialisten suchten eine Stellung in dem entlegenen Baku. Der wichtigste Mitarbeiter für Emanuel war und verblieb jedoch Hagelin. Sein Vater – Wilhelm Hagelin – war als Maschinist in Ludvigs Fabrik in St. Petersburg angestellt gewesen. In seinen Memoiren liefert Hagelin der Jüngere folgenden Vorschlag für eine Selbstcharakteristik: »Ich bin fleißig, weil ich eigentlich faul bin. Ich will die Arbeit hinter mich bringen, damit ich nachher faul sein kann, aber die Arbeit ist immer schneller gewachsen, als ich arbeiten konnte.«

Der »faule« Hagelin sah schon in seiner Jugend ein, daß »Branobel« ihm einen Platz an der Sonne schenken könnte, wenn er sich die erforderlichen Kenntnisse aneignete. Er sparte deshalb mehrere Jahre lang und drückte als externer Schüler von 1883 bis 1885 die Schulbank auf der Technischen Hochschule in Stockholm. Hagelin bekam ein Vorzugsangebot als Anerkennung für seinen Studienfleiß: nach Ludvigs persönlichen Anweisungen sollte er im Laboratorium in Petersburg Experimente durchführen. Sigvard Strandh ist es gelungen herauszufinden, daß die Experimente darauf hinausliefen, eine Methode zur Gewinnung von mehr Petroleum aus dem Öl zu entwickeln, um die Erträge des Unternehmens in Baku zu verbessern. Es drehte sich laut Strandh darum, »an die leichteren Kohlenwasserstoffe heranzukommen, indem bei relativ hoher Temperatur die internen Kohleverbindungen aufgebrochen wurden«.

Dies war eine Herausforderung für den jungen Hagelin. Nach einjährigem Experimentieren konnte er einen Prozeß präsentieren, der die Ausbeute an Leuchtpetroleum verbesserte. Auf Anregungen von Ludvig und Alfred fand Hagelin eine Vorgehensweise, die späterhin entscheidende Bedeutung für die Automobilindustrie der Welt bekommen sollte, als es darum ging, schwerere Kohlenwasserstoffe im Öl in leichtere umzuwandeln. Dies ebnete den Weg für amerikanische Forscher, die zwei Jahrzehnte später aus dem Öl Benzin gewannen; die Vorgehensweise war im Prinzip die gleiche.

In anspruchslosen Wendungen, die für Hagelin charakteristisch sind, spricht er davon, daß »mindestens fünfzehn Jahre, nachdem Ludvig Nobel die Frage aufgeworfen und ich sie nach und nach auf unsere Weise gelöst hatte, eine Art und Weise, die die Amerikaner nicht angewandt hatten, die Amerikaner die Sache in Angriff nahmen.... Ludvig hatte auch in diesem Experiment auf dem Gebiet der Naphthaindustrie die große Voraussicht und den Weitblick an den Tag gelegt, die er besaß. Und ich erhielt das Privileg, mit ihm zusammenzuarbeiten und vielleicht auch zu zeigen, daß ich zu etwas taugte.«

Hagelin hatte seine Sporen verdient. Er wurde nach Baku versetzt, wo er »Branobels« technischer Leiter wurde.

Knut Hamsun hat in seinem Kaukasusbericht »Im Abenteuerland« 1903 auf unvergleichliche Weise das Milieu in Baku geschildert: »Der Lärm ist ohrenbetäubend. Dunkle Tataren und gelbe Perser stehen an ihren Maschinen... ein Werkzeug geht hinab in die Erde und kommt nach 50 Sekunden mit 1 200 Pfund – gut 500 Kilo – Öl wieder herauf, geht wieder hinunter, ist 50 Sekunden weg und kehrt mit 1 200 Pfund Öl zurück. Rund um die Uhr, die ganze Zeit... Das Bohrloch kostet Geld, es ist 500 Meter tief, es zu bohren dauerte ein Jahr und kostete 60 000 Rubel.«

Alfred schreibt an Robert:

San Remo, 16/9 1893

(...)

Doch nun einige Worte über Baku. Daß Emanuel sehr unentschlossen ist, weiß ich wohl, aber das sind alle Nobels, Du am we-

nigsten, aber auch Du hast etwas davon geerbt. Das wäre an sich nicht so gefährlich, wenn er nur verstände, die richtigen Leute auszuwählen. Ludwig XIII., dieser Schlappschwanz, war der unentschlossenste Mensch, aber er hatte einen Richelieu an seiner Seite, der wie selten einer verstand, eine riesige Administration zu leiten.

Wüßte ich nur irgendeine wirklich passende Person, ich würde sie der Gesellschaft als geschäftsführenden Direktor aufzwingen. Emanuel kann regieren – pro forma präsidieren – aber die Zügel gehören in die Hände einer Person, die Chefeigenschaften besitzt. Solange dies nicht der Fall ist, betrachte ich die Bakuaktien als etwas unsichere Papiere.

Was Standard betrifft, teile ich Deine Auffassung voll und ganz. Sie können die eine oder andere russische Firma ruinieren, vielleicht eine Menge von ihnen. Aber sie können nicht Rußland als Konkurrent auf dem Weltmarkt ausschalten. Dies wird ihnen sehr bald klar werden, und dann werden sie eine vernünftige Übereinkunft treffen.

Ein halbes Jahr später schreibt Alfred wieder an Robert:

Mailand, 14/3 1884

(...)

Ich traf in Berlin mit Emanuel zusammen. Obwohl er lediglich Andeutungen macht, glaubte ich seinen Worten entnehmen zu können, daß die Lage in Rußland sehr ernst ist. Und wie könnte es anders sein. Beliamin ist alt und verschlissen und soll oft wochenlang außerstande sein, sich mit den Geschäften zu befassen. Emanuel hat absolut keine Chefeigenschaften, jedenfalls ist das die allgemeine Meinung über ihn in Petersburg. Alles geht drunter und drüber. Nun ist ein Syndikat zustande gekommen, das Emanuell ellenlange Flöhe ins Ohr zu setzen scheint.

(...)

Ich halte es für höchst notwendig, daß die Gesellschaft einen Chef bekommt – aber ich habe nie etwas in Rußland zu tun ge-

habt und bin deshalb nicht kompetent zu beurteilen, welche Persönlichkeit in der Gesellschaft dazu geeignet sein könnte. Ich bin jedoch der Meinung, daß wenn kein tauglicher Chef bestellt wird, die Gesellschaft einem baldigen Ruin entgegengeht. Vielleicht ist es übertriebene Schwarzmalerei, doch wie Du Dich wohl erinnerst, hat Lagerwall schon lange etwas Derartiges vorausgesagt, und wiewohl sein Pessimismus ihn irreführt, war er doch nicht völlig unbegründet.
(...)

68

Emanuels jüngerer Bruder Carl starb plötzlich 1893 im Bellevue Hotel in Zürich infolge einer schweren Zuckerkrankheit. Als Chef der Maschinenfabrik in St. Petersburg wurde er nie ersetzt. Emanuel übernahm auch diese Verantwortung. Obwohl Alfred in bezug auf seine Chefeigenschaften skeptisch war, bewies Emanuel früh sowohl Geistesgegenwart als auch Handlungskraft, als er nicht länger gezwungen war, im Schatten seines dominierenden Vaters zu agieren. Er war fleißig, ausdauernd und unverbraucht. In seinem dichten braunen Haar und seinem wohlgepflegten Bart gab es noch keine weiße Strähne.

Im Gegensatz zu seinem Vater und Großvater fühlte sich Emanuel kaum zum Schwedischen hingezogen. Er war und blieb ein russischer Herr mit nahezu fürstlichen Gewohnheiten. Bei seinen Gastmahlen kam es vor, daß jede Dame einen Diamantschmuck unter ihrer kunstvoll gefalteten Serviette fand. Die Krankenschwester Maja Huss gibt folgende Situationsbeschreibung: »Man bekam gestern viele Blumen und Geschenke, ganz wie am Heiligabend, und der älteste Herr Nobel schenkte mir soviel, daß Frau Nobel richtig verärgert ist und eben zu mir gesagt hat, daß er alle Menschen, die sich im Hause befinden, verwöhnt, und ich selbst fühle mich ganz unglücklich – eine entzückende Goldkette mit einem Ei aus einem sibirischen Stein sowie eine Diamantbrosche. Er ist so schrecklich nett und kann es sich ja auch leisten.«

Als Chef eines der größten Industrieunternehmen Rußlands wurde Emanuel während Alfreds letzten Lebensjahren zum Objekt offizieller Würdigung. Zum einen erhielt er wie sein Großvater und Vater die höchste kaiserliche Auszeichnung, zum anderen stattete Zar Alexander III. den Nobels in Baku einen Besuch ab.

Der Zar hielt sich so lange bei Emanuel auf, daß die Zeit nicht mehr für einen Besuch bei den Unternehmen der Konkurrenz reichte, was der Gastgeber kaum bedauerte. Auf direkte Aufforderung des Zaren war Emanuel auch der erste und einzige Nobel, der die russische Staatsbürgerschaft beantragte und erhielt.

Knapp sechs Monate nach dem vielbeachteten Besuch des Zaren sollte Emanuels »Branobel« erneut in eine Krise geraten, die nicht nur den guten Namen der Familie, sondern auch die Existenz des Unternehmens bedrohte. Alfred war am 10. Dezember 1896 in San Remo gestorben, was einen dramatischen Kurssturz der Aktien der Gesellschaft ausgelöst hatte. Die in Europa kursierenden Gerüchte wollten wissen, daß Alfreds Testament so formuliert war, daß große Aktienmengen der Nobelunternehmen verkauft werden müßten, um die Gründung einer Stiftung zu finanzieren. In Panik appellierten Freunde und Berater an Emanuel, die Rechtsgültigkeit des Testaments anzufechten.

69

Anderthalb Jahre vor seinem Tod unterstützte Alfred Emanuel auf diskrete, aber effektive Weise, als dieser eine Übereinkunft zu erreichen suchte, die den dreißigjährigen Ölkrieg beenden sollte:

Am 14. März 1895 wurde zwischen Emanuel, Jules Aron (Rothschild) und William H. Libby (Standard Oil) eine vorläufige Vereinbarung über Rohöl und raffinierte Produkte getroffen. Standard Oil erhielt dadurch 75% des Weltmarkts und Emanuel, Rothschilds und die Russen 25%. Damit war ein langjähriger Ölkrieg zu Ende gegangen, und drei Männer – Emanuel, Aron und Libby – hatten die Welt unter sich aufgeteilt.

1899 wurde Karl Hagelin von Baku nach Petersburg zurückgerufen, wo er auf Vorschlag Emanuels zum Nachfolger des in Pension gegangenen Beliamin gewählt worden war. Hagelin war nun nicht nur Emanuels engster technischer Ratgeber, sondern auch einer der fünf Direktoren, die unter seiner Führung »Branobel« dirigierten. Als die »Naphtha-Gesellschaft Gebrüder Nobel« ihr 25jähriges Jubiläum feierte, konnten folgende Zahlen vorgelegt werden:

12 000	Angestellte
13 000 000	Kronen Lohnkosten jährlich
5	Raffinerien
7	Fabriken für Reserveausrüstung und Reparaturen
150	Depots
1 500	Tankwagen
40	Naphthabrunnen in Balakhani
12	größere Tankschiffe u. eine riesige Anzahl von Lastkähnen
30 000 000	Kronen Transportkosten jährlich

1902 überstieg die Nobelsche Ölproduktion in Baku die amerikanische und war damit die zweitgrößte der Welt. Aus 140 Fontänen sprudelten jährlich 15 Millionen Tonnen Öl, was dazu führte, daß Rußland nun mehr als die Hälfte der Weltproduktion förderte. Hätte Alfred diese

Entwicklung erleben können, würde er sicher nicht gezögert haben einzugestehen, daß er die fabelhafte Gewinnträchtigkeit des Öls falsch beurteilt und auch Emanuel als Chef von »Branobel« seine Befürchtungen Lügen gestraft hatte.

1904 brach der erste große Streik in der Geschichte Rußlands aus. Am Jahresende kam es auch unter den Ölarbeitern zum allgemeinen Streik. Die Unruhen in Baku sollten von Lenin als »die große Probe« bezeichnet werden. Bereits 1901 hatte die Polizei auf eine Volksmenge in Tiflis geschossen, und Lenin hatte den Zwischenfall als den »Beginn einer offenen revolutionären Bewegung im Kaukasus« bezeichnet.

Nobels Konkurrenten waren neureiche Profiteure, denen Ludvigs und Emanuels Verantwortungsgefühl ihren Angestellten gegenüber fehlte, und dies bewirkte, daß Revolutionäre wie Stalin gerade in Baku einen fruchtbaren Boden vorfanden. Stalin sollte später erklären, daß er in der Ölstadt Baku seine »Feuertaufe im revolutionären Kampf« erhalten und gelernt habe, »was es bedeutete, große Arbeitermassen in den Sturm tiefster Konflikte zwischen Arbeitern und Arbeitgebern zu führen«.

1905 gelang es Emanuel, einen zwanzigjährigen Kredit über 34,4 Millionen Kronen bei der Berliner Disconto Gesellschaft mit 5% Zinsen zu erwirken. Die Kreditgeber beurteilten offenbar die Unruhe auf dem russischen Arbeitsmarkt als ein vorübergehendes Phänomen.

Als eine Folge der vorausschauenden Personalpolitik der Nobel-Unternehmen begnügten sich die Angestellten dort mit der Etablierung permanenter Komitees zur Vermeidung von »Mißverständnissen zwischen der Führung und den Arbeitern«. Emanuel war bereit, viele der Forderungen der Arbeiter zu akzeptieren, widersetzte sich aber einem Mitbestimmungsrecht über die Produktion. Nun war es ein Vorteil, daß Emanuel russischer

Staatsbürger geworden war – seine schwedische Staatsbürgerschaft sollte er erst 1923 wiedererlangen.

1906 wurden Forderungen laut, das Land von »Kapitalisten und Juden« zu befreien und den Besitz aller Ausländer zu konfiszieren.

1908 wurde ein Geschäft zum Abschluß gebracht, das Emanuels verstorbener Bruder Carl nach Kontakten mit seinem Landsmann Carl de Laval, dem Erfinder des Milchseparators, initiiert hatte. In diesem Jahr wurde die »Aktiengesellschaft Alfa-Nobel« gegründet. Neben der schwedischen Separatorgesellschaft waren Emanuel und sein zweitjüngster Bruder Emil Teilhaber.

1911 konnte der höchste Jahresgewinn in »Branobels« fast 40jähriger Geschichte verzeichnet werden. Emanuel ließ ein so imponierendes neues Verwaltungsgebäude errichten, daß es fast einem Palast glich. Es lag in der Nähe des Jekaterinenskijkanals.

1912 wandelten die Eigner »Ludvig Nobels Maschinenfabrik« um in eine Aktiengesellschaft mit 4 Millionen Rubel Aktienkapital.

1914 wurden im ersten Weltkriegsjahr 25% Dividende auf die »Branobel«-Aktien ausgeschüttet.

1915 zahlte die Gesellschaft bereits 30% Dividende auf die »Branobel«-Aktien.

1916 konnten sogar 40% Dividende vergütet werden – und das im dritten Weltkriegsjahr. In diesem Jahr kontrollierte »Branobel« direkt oder indirekt Unternehmen, die insgesamt über 50 000 Arbeiter beschäftigten. In Baku produzierten die »Nobeliter« ein Drittel des gesamten russischen Öls, 40% des gesamten Brennöls sowie über 50% des Schmieröls. Auch unter Berücksichtigung der verheerenden Kriegsinflation überstieg der Verdienst dieses Jahres 75 Millionen Rubel. Während sich die von Alfred hinterlassenen Mittel auf gut 33 Millionen Kronen beliefen, gibt es keine exakte Berechnung von Emanuels Vermögen zu dieser Zeit. Es wird jedoch auf ein Vielfaches des Vermögens von Alfred geschätzt.

1917 begann die Unzufriedenheit unter der hungernden Bevölkerung von St. Petersburg, das nun in Petrograd umbenannt worden war, gewaltsame Formen anzunehmen. Hagelin schrieb in sein Tagebuch: »Donnerstag, der 8. März. Die Straßenbahnen auf dem Nevskij stehen still. Streiks in mehreren Fabriken. Die Polizei säubert die Straßen von Menschen, die »Brot!« rufen.«

Unter der Führung von Lenin, Trotzki, Sinevjev und anderen wurde im Oktober die bewaffnete Revolution durchgeführt, und die Bolschewiken ergriffen die Regierungsmacht. Im Jahr darauf sollte sich die bolschewistische Partei in kommunistische Partei umbenennen.

Das Eigentum der Nobel-Unternehmen wurde beschlagnahmt und die Unternehmensgruppe verstaatlicht.

Am 19. Dezember flohen die Brüder Emil und Gösta Nobel nach Schweden. Zwei Familienmitglieder wurden ins Gefängnis geworfen.

Alfred hatte ein Vierteljahrhundert früher geschrieben: »Ein neues Terrorregime, das aus der Tiefe der Gesellschaft kommt, arbeitet sich frenetisch aus dem Dunkel nach oben, und man glaubt schon in weiter Entfernung ihr hohles Grollen zu vernehmen.«

1918 suchte Emanuel mit seiner Familie Zuflucht in dem Badeort Jessentuki im Kaukasus. Dort beschloß er, als Bauer verkleidet und mit falschem Paß seine Familie aus Rußland herauszuführen. Im Dezember gelangte die Familie nach Stockholm. Emanuel war zu diesem Zeitpunkt so schwer mitgenommen, daß er auf einer Bahre getragen werden mußte.

1919 herrschten in großen Teilen Rußlands ökonomisches Chaos und Hungersnot. Die Ölindustrie in Baku, die dem neuen Regime Exporteinkünfte hätte bringen können, war lahmgelegt. Karl Hagelin sollte später eine Anfrage erhalten, ob er als »technischer Ratgeber« eine Rekonstruktion der russischen Ölindustrie leiten wolle, doch er zog es vor, als schwedischer Generalkonsul nach Petrograd zu gehen.

1920 Am 30. Juli unterzeichnete Gösta Nobel in Paris ein Abkommen mit »Standard Oil«, das den Mitgliedern der Familie ökonomische Sicherheit garantierte. Durch die Schweizer Holdinggesellschaft von »Standard Oil« sollten 6 560 000 Dollar für 13 000 »Branobel«-Aktien bezahlt werden sowie weitere 4 932 000 Dollar gegen 5000 Aktien, wenn die Nobels ihr Eigentum zurückbekämen. Wie Tolf betont, waren die Amerikaner nicht die einzigen, die »nicht existente« russische Unternehmen erwarben. In Paris waren die Cafés zu dieser Zeit die reinsten Maklerbüros, wo Aktien, Schmuck, Gemälde, Ikonen und andere Wertsachen von desperaten Flüchtlingen, sogenannten Weißrussen, die fast ihren gesamten Besitz verloren hatten, zu Schleuderpreisen verkauft wurden.

1921 Bevor der Gründer der Sowjetunion, Lenin, einen Schlaganfall erlitt, führte er die »Neue ökonomische Politik« ein. Aufgrund des wirtschaftlichen Chaos und des Widerstands der Bauern gegen die Kollektivierung wurde ein gewisses privates Unternehmertum zugelassen. Lenin wollte ausländisches Risikokapital und Unternehmer anlocken. Nach einem längeren Aufenthalt im Hotel Meurice in Paris siedelte Emanuel in diesem Jahr endgültig nach Schweden um. Die »Gesellschaft Gebrüder Nobel« bekam einen legalen schwedischen Sitz, von wo der außerhalb Rußlands gelegene Besitz der Familie Nobel verwaltet werden konnte, für die neuen russischen Machthaber unerreichbar. Das kleine Büro, das die einst so mächtige »Branobel« beherbergte, lag bei Skeppsbron.

1923 erlangte Emanuel seine schwedische Staatsbürgerschaft zurück. Er wohnte zusammen mit seiner Schwester

Marta und ihrer Familie im vierten Stockwerk des Gebäudes Södra Blasieholmshamnen 4A. Er ertrug alle Rückschläge mit stoischer Fassung. Das Bitterste, was man ihn je äußern hörte, war: »Nationalisierung ist ein schönes Wort für eine sehr häßliche Sache«.

1931 Am 6. März erlitt Emanuel einen Schlaganfall.

1932 Am 31. Mai verstarb Emanuel.

1964 wurde »Branobel« im fünfundachtzigsten Jahr ihres Bestehens aufgelöst.

1971 besuchte Ingrid Agrell, die Tochter der Krankenschwester Maja Huss, Leningrad, das von 1703 bis 1914 St. Petersburg und von 1914 bis 1924 Petrograd hieß. Sie suchte den Ort auf, wo »die Familie Nobel ihren fürstlichen Palast gehabt hatte«. Das Haus stand noch und seine Fassade war übersät mit Plakaten. Ankündigungen der Veranstaltungen, die in dem Haus abgehalten wurden: Studienzirkel, Theater, Konzerte, Kurse verschiedener Art.

1984 war Ingrid Agrell zufolge »der ehemalige Nobelsche Palast verrammelt«. Die Fenster waren vernagelt und alle Aktivitäten eingestellt. Eine ältere weibliche Wachperson verweigerte der Schwedin den Zutritt.

1991 hat sich die Lage total verändert. Die neuen Machthaber in Leningrad – jetzt wieder St. Petersburg [A.d.Ü.] – haben beschlossen, ein Nobel-Museum zu eröffnen. Zu Ehren von Alfred Nobel soll ein Monument errichtet werden. Das Monument kann sowohl als eine Huldigung an den Donator von Weltruhm angesehen werden, der seine gesamte Jugend in St. Petersburg zubrachte, als auch als Zeichen der Wertschätzung, die die neuen Machthaber Kapitalisten erweisen, die wie die Familie Nobel eine entscheidende Rolle bei der Geburt Rußlands als Industrienation gespielt haben.

70

Mitunter waren Alfreds Kopfschmerzen so stark, daß er zu mehrtägiger Bettruhe gezwungen war. Nach einer solchen Prüfung besuchte er zuweilen Kurorte wie Trouville-sur-Mer in der Normandie, das für seine stärkenden Meerbäder bekannt war. Während eines kurzen Aufenthalts dort im September 1878 schrieb er einige Zeilen an Sofie, die angesichts der Tatsache, daß er zu diesem Zeitpunkt noch keine fünfundvierzig Jahre alt war, bemerkenswert sind:

Hier liegt ein aschgrauer Schleier über Himmel und Erde, und es gehen hohe Wellen aber es sind dies die Wogen der menschlichen Fluth oder Sündfluth. Solches Geräusch nach der feierlichen Ruhe in dem schönen Trouville! Wie sich der Mensch doch verändern kann: vor Jahren sehnte ich mich nach der Weltstadt um das Treiben der Menschen anzuschauen und mitzumachen; heutzutage sehne ich mich immer weiter weg davon um die süße irdische Ruhe als Vorläufer der ewigen Ruhe zu genießen.

Abgesehen von der Erfüllung seiner Repräsentationspflichten isolierte Alfred sich mehr denn je zuvor. Eines Freitagabends gelang es indessen seinem Kompagnon Paul Barbe, ihn in den Salon der patriotisch gesinnten Madame Juliette Adam in der Rue Poissonière im Zentrum von Paris mitzunehmen. Diese Dame war bekannt für ihre Fähigkeit, hervorragende Personen aus Kunst, Literatur, Wissenschaft und nicht zuletzt Politik um sich zu sammeln. Sie war langjährige Redakteurin der bekannten Zeitschrift »La Revue nouvelle« gewesen und war eine ergebene Bewunderin des erfolgreichen Politikers Léon Gambetta, der mit nahezu diktatorischer Macht die Verteidigung gegen die deutsche Invasion 1870 organisiert hatte. Madame Adam war nach dem Friedensschluß von Revanchegelüsten erfüllt und hatte sich Gambettas Worte »Nie davon sprechen, immer daran denken!« zu eigen gemacht.

Als Alfred mit dieser zielbewußten Dame in Kontakt kam, nahm er zunächst eine abwartende Haltung ein. Ihren leidenschaftlichen Revanchegelüsten stand er distanziert gegenüber. Aber auch er war beunruhigt über Bismarcks Wunsch, unter Preußens Führung die nationale Einigung Deutschlands zu vollenden.

Obgleich Alfred nicht viel für Madame Adams politische Ansichten übrig hatte, besuchte er zwölf Jahre lang sporadisch ihren Salon. Als neutraler Ausländer war er kein Deutschlandhasser, aber auch kein unkritischer Bewunderer des Landes. Dagegen war er ein ausgeprägter Frankreichfreund – noch.

Da Madame Adams Salon eine nicht unwesentliche Rolle für Alfreds Leben in Paris spielen sollte, seien hier ihre Lebensumstände skizziert. Nachdem sie im Mai 1867 Witwe geworden war – sie war mit dem Advokaten Le Messine verheiratet gewesen –, heiratete sie 41jährig den vermögenden Gründer der Bank »Comptoir d'Escompte«, Edmond Adam. Bis zu seinem Tod unterhielten sie zwei Salons – einen während des Winters in der Rue Poissonière und einen während des Sommers auf ihrem Landsitz. Nach Adams Tod wurde Gambetta zu einem immer häufigeren Gast in Juliettes Haus, und bei gewissen Empfängen diente er als Gastgeber. In Juliette Adams Augen war er ein Staatsmann von unvergleichlicher Begabung, und sie versicherte ihren Freunden: »Er ist ein Löwe!«

Durch Bertha von Suttners Memoiren können wir uns ein Bild von Madame Adam machen:

»Sie trug ein dunkelrotes Samtkleid mit langer Schleppe, Diamanten am Ausschnittrand und Diamanten im hochfrisierten weißen Haar. Unter diesem Haar sah das Gesicht... noch jugendlich aus.«

Bertha von Suttner beschreibt, wie Madame Adam sie und ihren Mann empfing: »›Ach, lieber Baron‹ sagte sie zu meinem Mann, ›Sie sind mir so sympathisch, weil das Land, das Sie in Ihren Büchern so vortrefflich schildern, der halbwilde Kaukasus, mir so anziehend ist‹«. Bertha von Suttner fährt fort:

»Nun ja, wie sehr alles Russische Madame Adam… anzog, das wußte man ja. ›Wie kann sich eine Frau überhaupt so viel mit Politik beschäftigen‹, dachte ich damals. ›Wie viele Unannehmlichkeiten und mitunter – Lächerlichkeiten zieht sie sich dadurch zu‹.«

Während dieser Zusammenkünfte zog sich Alfred häufig in den Hintergrund zurück. Die Ursache war nicht, daß er sich gelangweilt fühlte, sondern er wollte vermeiden, daß fremde Menschen sich ihm aufdrängten. Er hatte genug von Verleumdungen wie von Lobeshymnen, die ihn gleichermaßen unangenehm berührten.

Alfred beobachtete mit Befriedigung, daß die Diskussionen in Madame Adams Salon sich nach und nach vom politischen auf das literarische Feld verlagerten, denn er verabscheute politisches Gezänk von ganzem Herzen. Für ihn wurde Madame Adams Salon ein Beobachtungsplatz, wo er eine Weile mit dem Gründer des Suezkanals, Ferdinand de Lesseps, oder mit literarischen Größen wie George Sand, Gustave Flaubert und nicht zuletzt Victor Hugo plaudern konnte. Es dauerte nicht lange, bis Alfred ein gern gesehener Gast im Haus des berühmten Schriftstellers wurde.

71

Brief 107

Berlin 5/1 1887
Mein liebes, kleines Sofferl,
Ich reise schon heute Abend ab nach Paris und kann da mir Berger & Hoffer keine Ruhe lassen Dir nur wenige Worte schreiben.

…das ganze Leben ist ein langer Kampf um's Erringen, und gäbe nicht jeder dazu seinen Beitrag den er thun kann so wäre ja überhaupt nichts errungen und die Menschen würden noch wie wilde Thiere in den Wäldern hausen. In Deiner Familie trägt man

zwar zum Schaffen gar nichts bei oder sehr wenig, dagegen zum Verschwenden sehr viel. Thäten alle so wie übel wären wir alle dran. –

Brief 109

[undatiert; ca. Anfang 1887]

(…)

Dir bangt, mein liebes, schwaches Kind, wegen der Einsamkeit; Du merkst aber gar nicht dass der Grund warum ich es bei Dir nicht aushalten kann gerade darin liegt dass es mir an Beschäftigung mangelt. Entweder muss man wahren Umgang haben, d.h. solchen welcher einem geistige Nahrung gewährt oder man muss geistige Arbeit haben. Das hat mir stets bei Dir gefehlt und daher glaubst Du ich sei so ein unsteter Mensch der es nirgendwo und mit niemand aushalten kann. Das ist ein ganz verkehrter Begriff und kein Mensch ist anspruchsloser und so wenig veränderlich als ich. Aber verkommen will ich nicht und auch nicht mit jemand verkehren welcher gar nicht begreifen kann dass man gewisse sociale Pflichten zu erfüllen hat und erfüllen muss. Ich brauche mich nicht in alle gesellschaftliche Bräuche zu fügen aber ich muss es so weit thun dass ich andere nicht verletze oder mich selbst lächerlich mache.

Aber das ist alles für Dich Griechisch das Du gar nicht begreifen kannst. Und das ist jammerschade…

Brief 111

[Paris, Oktober 1884]

(…)

Seit neun Tagen bin ich krank und muss das Zimmer hüten, habe niemanden um mich als einen besoldeten Diener, niemand der nach mich fragt, und alles das nur weil mich alle Bekannte meiden in Folge des niederträchtigen Geredes zu welchem Dein Gebahren in Wien unter meinem Namen, zu welchem Du kein

Recht hast, Veranlassung giebt. Dass Du dabei mit ruhigem Gewissen noch von mir Geld erbitten kannst ist großartig.
(...)
Mir scheint ich bin diesmal viel kränker als... glaubt, denn das Übel ist so hartnäckig – es will gar nicht weichen. Und dabei ist das Herz so schwer, so bleiern geworden.

Brief 112

[Paris] 31/10 1887
(...)
Ich danke vielmals für Dein freundliches Anerbieten hieher zu kommen, weiß aber ganz gut was das bedeutet. Es hieße mir zumuthen mit meiner kranken Lunge herumzulaufen um Dir Wohnung zu suchen, dann ewige Klagelieder anzuhören dass dieselbe nicht gut genug ist, dann beschimpfende Ausgüsse über meine Verwandten und ganz ungerechtfertigte Beschuldigungen und Verleumdungen derselben, dann ewige unangenehme Scenen, grenzenlose Pretensionen u.s.w.
(...)
Bei alledem kann ich nicht ganz vergessen dass Du mir einst zugethan warst. Davon existirt allerdings seit Jahren nicht einmal ein Schatten mehr und sogar die bei Frauen so übliche Höflichkeit eines Glückwunsches ist in diesem Jahre ausgeblieben.
(...)

Brief 114

[Paris] 13/11 1887
(...)
Von Stufe zu Stufe geht es abwärts und bald, recht bald wenn ich im Grabe ruhen werde wer wird dann noch ein gutes Wort für Dich finden oder etwas wohlwollendes für Dich thun. Entfremdest ja so alle Welt und bist doch eigentlich im Grunde genommen eher gutherzig als anders. Aber Gehässigkeit ohne Urtheil

macht jedem böses Blut und Du machst damit eine wahre Einöde um Dich her.

(…)

Brief 115

[undatiert]

(…)

Mein Haar ist sehr grau geworden, aber bei weitem nicht so grau als mein Gemüth. Es ist ein eigen Ding wenn man in meinen Jahren, mit dem Grabe als nächster Nachbar, so allein in der Welt dasteht dass außer einem alten Diener der mich »auszieht« niemand sich um mich kümmert. Dazu fünfzehn Stunden am Tag schwerer, anstrengender Arbeit und nebenbei Kummer und Schwierigkeiten aller Art und eine nunmehr ganz zerrüttete Gesundheit.

(…)

Wenn ich nur einen Menschen um mich hätte der mich verstehen könnte und nicht nur darauf bedacht wäre mir Ehrenkränkungen zuzufügen. Finden ließe sich schon zumal mir Alter und Geschlecht egal sind, aber Zeit muss man dazu haben und davon habe ich noch weniger als je.

(…)

Wir können uns eben nicht verstehen, denn wie der Blinde von Farben nichts versteht so verstehst Du von Rücksichten und Ehr- und Zartgefühl absolut nichts.

Brief 116

[Paris] 1/12 1887

(…)

Auch ich bin sehr krank, nicht gerade bettliegend, aber schlimmer denn Gehirn, und Gemüth sind sehr krank und mit meiner Verdauung war es nie schlechter bestellt. Lange Zeit läuft die alte Maschine nicht mehr und da ich das ganz gut weiß und fühle so arbeite ich wie ein Pferd um meine viele Arbeiten vorwärts zu treiben. Es geht aber nicht so rasch wie man es möchte und wenn man kopfleidend bis zur Tortur ist so geht es auch mit dem Denken weniger gut.

Brief 117

[Paris] 24/12 1887
(...)
Ich wäre ja sehr gerne zu Weihnachten nach Wien gekommen wenn zwei wichtige Gründe mich nicht davon abgehalten hätten: erstens dass ich nicht bei Meisel hätte wohnen können und Dir durch Beziehen eines anderen Hotels keinen Kummer bereiten wollte; zweitens dass ich es nicht hätte vermeiden können bei Deinen Verwandten den Weihnachtsabend zuzubringen, was für mich bei dem jetzigen Zustand zu aufregend und anstrengend gewesen wäre. Dazu kommt noch dass ich jetzt keine weitere Strekken ohne auszuruhen reisen kann. Ich fühle mich sehr, sehr gealtert und gehe wohl einer nahen bedenklichen Zukunft entgegen.
(...)

Alfred

72

Die Verteidigungsstäbe in den europäischen Ländern waren der Ansicht, daß der Bedarf an verbesserten militärischen Sprengstoffen größer sei denn je. Alfred seinerseits wollte eine effektive Alternative zum Schwarzpulver in der Waffenmunition schaffen. Eine Kanone konnte zwar nicht mit Dynamit geladen werden, aber wenn es möglich gewesen wäre, hätten Reichweite und Sprengkraft erheblich zugenommen.

In einem Vortrag in London sprach er über das Schwarzpulver: »Dieses alte Mittel besitzt wirklich eine wunderbare Elastizität, die es ermöglicht, es für die verschiedensten Zwecke zu verwenden. So soll es in Bergwerken sprengen, ohne zu treiben, und in einem Gewehr treiben, ohne zu sprengen. In einer Granate dient es beiden Zwecken gleichzeitig. In einer Zündschnur brennt es wie ein Feuerwerk, langsam, ohne zu explodieren.« Er konstatierte, daß die moderne Wissenschaft mit ihren besseren Hilfsmitteln einen Bereich nach dem anderen erobere. Wenn er vor einem Auditorium von Militärs stand, war der Friedensfreund Alfred der Techniker, der ohne Gefühlsengagement diskutierte, wie man am besten eine erhöhte Zerstörung erreicht.

In einem Brief an Robert erzählt Alfred, wie er mit einem Lunchpaket versehen den Morgenzug hinaus zu seinem Laboratorium in Sevran-Livey nimmt. Oft war der Tag, wie er sich ausdrückte, »weit fortgeschritten«, bevor er meinte, nach Paris zurückkehren zu können. Nicht selten übernachtete er im Laboratorium.

Alfred sah ein, daß er, um die Effektivität von Waffenmunition zu verbessern, eine »Phlegmatisierung«, das heißt eine langsamere Verbrennung des Schwarzpulvers erreichen mußte. Die sorgfältig geführten Laborjournale berichten von acht Jahre dauernden Experimenten, um ein kräftigeres und rauchschwacheres Sprengladungsmittel hervorzubringen. Alfred und sein Assistent Georges Fehrenbach erkundeten neue Wege, die noch keiner betreten hatte, und lange Zeit führten sie auch nicht weiter. Die Anstrengungen, hochbrisante Sprengstoffe in ein kraftvolleres, rauchschwaches Pulver umzuwandeln, wurden schließlich 1884 von Erfolg gekrönt. Aus verschiedenen Gründen wartete Alfred drei Jahre, bevor er das französische Patent beantragte. Es war ihm gelungen, ein Pulver zu schaffen, das bei der Verbrennung lediglich Wasserdampf zurückließ und folglich im großen und ganzen rauchfrei war. Wie beim Dynamit suchte und fand Alfred auch diesmal einen ausdrucksstarken Namen: »Ballistit«. In der schwedischen Umgangssprache wurde es Nobelpulver genannt und unter Fachleuten »C. 89«. Das langsam brennende Ballistit besteht aus einer Verbindung von Nitroglyzerin und Nitrozellulose plus 10 Prozent Kampfer.

Das Ballistit revolutionierte die Sprengstofftechnik nicht zuletzt mit Hinsicht auf Artilleriegeschütze und Torpedos. Die Erfindung ist von Experten als Alfreds überraschendste bezeichnet worden. Er selbst war sich ihrer zerstörerischen Wirkung bewußt, und als Friedensfreund hoffte er, daß der Abschreckungseffekt kommende Kriege verhindern werde.

Alfred hatte während der Experimente die Übungsschießplätze der Franzosen benutzen dürfen, und nun bot er zuerst dem französischen Staat an, seine Rechte aus dem Primärpatent Nummer 181179 vom 28. November 1887 zu erwerben. Die Franzosen lehnten indessen unter Hinweis auf ein eigenes Fabrikat von fast der gleichen Art ab. Dem Chemieprofessor P.M.E. Vieille war es gelungen, ein rauchschwaches Pulver herzustellen, dem er den Namen »Sarrau-Vieille, Poudre B« gab. Er verfügte über Beziehungen zu einflußreichen Politikern, und das französische Militär hatte bereits begonnen, das Pulver zu benutzen. Alfreds Kommentar ist es wert, vor dem Vergessen bewahrt zu werden: »…für alle Regierungen ist offenbar ein schwaches Pulver mit starkem Druck besser als ein starkes Pulver ohne diese notwendige Ergänzung«.

Am 1. August 1889 schloß er statt dessen einen Vertrag mit der italienischen Regierung über die Lieferung von 300 Tonnen Ballistit, und eine große Fabrik in Avigliana wurde für die Herstellung ausgerüstet. Alfred erhielt seine Bezahlung in Form von Lizenzabgaben. Gegen eine Lizenzgebühr von 1,45 Francs pro Kilo überließ Alfred am 16. September 1889 sein italienisches Patent.

Nun entstanden schwerwiegende Probleme in Frankreich. Das französische Pulvermonopol – »L'Administration des Poudres et Salpêtres« – machte geltend, Alfred habe auf ungebührliche Weise die Einblickmöglichkeiten ausgenutzt, die er aufgrund der Großzügigkeit, ihm französische Übungsschießplätze zu überlassen, gehabt habe. Die patriotische Presse zögerte nicht, nachzustoßen, und beschuldigte Alfred der Spionage.

Die gut inszenierte Verleumdungskampagne hatte zur Folge,

daß die Übungsschießplätze für Alfred gesperrt wurden. Darüber hinaus wurde sein Laboratorium von der Polizei durchsucht und seiner Fabrik in Honfleur die weitere Herstellung von Ballistit untersagt. Das bereits fertiggestellte Probenlager wurde beschlagnahmt.

73

Sollte Alfreds Lebenswerk als eine Folge all dieser Angriffe in Verruch geraten? Er wußte dennoch, daß er seinen drei Kardinaltugenden unverbrüchlich die Treue gehalten hatte: Ehrlichkeit, Rücksicht und Fleiß.

In »Nemesis« findet sich eine Zeile, die mit dem Gedanken an den Druck geschrieben sein kann, dem Alfred zu dieser Zeit in Paris ausgesetzt war. In der ersten Szene des dritten Akts sagt

LUCRETIA: *Deine verletzte Ehre läßt Dein Blut fiebern.*

Nichts war schwerwiegender für ihn, als seine Ehrenhaftigkeit in Zweifel gezogen zu sehen. Als die französischen Behörden ihm auf verschiedene Weise zu verstehen gegeben hatten, daß er keine Persona grata mehr sei, sah Alfred ein, wie schutzlos ein Mensch gegen Böswilligkeit und Verleumdung ist. Das für ihn ungünstige Klima der öffentlichen Meinung wurde auch von seinen Konkurrenten ausgenutzt – ohne daß Alfred etwas dagegen tun konnte.

Paul Barbe, der auch politische Karriere gemacht hatte und eine Zeitlang Landwirtschaftsminister war, wandte sich an verschiedene maßgebliche Stellen, doch auch ihm blieben die Türen verschlossen. Obgleich viele Eingeweihte und Einflußreiche wußten, welch große Dienste Alfred Frankreich geleistet hatte, ließen sie es geschehen, daß er in seiner Ehre angegriffen wurde, ohne einen Finger zu seiner Verteidigung zu erheben. Der Kriegsminister ließ ein inoffizielles Ersuchen seitens der norwegisch-schwedischen Gesandtschaft, in die Auseinandersetzung einzugreifen, unbeachtet.

Alfred litt doppelt darunter, daß das Land, das er so hoch geschätzt hatte und das ihm solche Gastfreundschaft erwiesen hatte, ihn plötzlich als Verräter darstellte. Als die französische Polizei in sein Laboratorium eindrang, erlitt er einen Schock. Der Übergriff traf ihn an empfindlicher Stelle. Selbst die Möglichkeit, in bedrängten Situationen in seiner Experimentierwerkstatt Zuflucht zu suchen, war ihm nun genommen.

Als er zu verstehen glaubte, daß die Pressekampagne gegen ihn von höchster Stelle sanktioniert war (er mußte außerdem mit einer Anklage wegen Spionage rechnen), beschloß er, das Land zu verlassen.

San Remo wurde der Zufluchtsort für den freiwillig Landesflüchtigen. Das Winterklima am Mittelmeer war besser für seine Gesundheit. Außerdem wurde es notwendig, ein neues Laboratorium außerhalb Frankreichs einzurichten. Nach der mit der Regierung getroffenen Vereinbarung über das Ballistit mußte er in Italien willkommen sein.

Wieder können wir seine Situation vor der Abreise aus Paris durch eine Stelle aus »Nemesis« nachvollziehen:

BEATRICE: *Vielleicht ginge es leichter, wenn wir weit fort wären, wo nichts mich an mein vergangenes Märtyrerleben erinnert. Alles, was mich hier umgibt, erweckt nur traurige, herzzerreißende Erinnerungen. (III. AKT, Szene 8)*

Als Alfred von seiner Bibliothek, dem Wintergarten und dem Stall mit den russischen Pferden in der Avenue Malakoff aufbrach, reiste er zunächst zu seinem Bruder Robert nach Getå und danach zu den Fabriken nach Krümmel, Ardeer und schließlich Avigliana, um verschiedene Zukunftsprojekte zu diskutieren. Trotz der Belastungen blieb er der tatkräftige Imperiumsführer.

In San Remo konnte er schnell ein neues Laboratorium installieren, da die französischen Behörden seine Ausrüstung in Sevran nicht beschlagnahmt hatten. Die Palmen und Blumenbeete vor der italienischen Villa veranlaßten ihn, zunächst den Namen, den der frühere Besitzer dem Haus gegeben hatte, beizubehalten: »Mio Nido« – mein Nest. Doch als der Chef des Hamburger Unternehmens, Gustaf Aufschläger, scherzhaft bemerkte, daß ein Nest wohl zwei Vögel haben solle, ließ der überempfindliche Alfred schon am folgenden Tag den Namen in »Villa Nobel« ändern.

74

Im Oktober 1887 hatten Alfreds Herzbeschwerden sich dermaßen verschlimmert, daß er zu Bett liegen mußte. Mehrere Freunde, unter ihnen Victor Hugo, waren gestorben, und das trug dazu bei, daß er von düsteren Ahnungen befallen wurde. Nicht den Tod an sich fürchtete er, sondern ein Ende in totaler Einsamkeit. An Sofie schrieb er im Oktober 1887: »Wenn man bei 54 Jahren so ganz allein dasteht in der Welt und ein besoldeter Diener einem noch das meiste Wohlwollen zeigt, dann kommen trübe Gedanken, trüber als die meisten glauben. Ich lese es in den Augen meines Dieners wie er mich bedauert, kann es ihm aber natürlich nicht merken lassen.«

In Brief auf Brief bringt Alfred seine Angst angesichts der Tatsache zum Ausdruck, daß sein Leben sich abwärts neige. Wie bei den meisten, die in das letzte Lebensdrittel eingetreten sind, kreisten seine Gedanken immer häufiger um den Tod und die Vergänglichkeit aller Dinge. Bekannten zufolge hatte er schon den Blick eines alten Mannes bekommen, und seine Augen waren oft gerötet von Schlaflosigkeit.

In Briefen an Robert erklärte Alfred, er wolle nicht »nach der sakramentalen sogenannten christlichen Manier [begraben werden], die wir von den Juden geerbt haben. Auch Verbrennung erscheint mir zu langsam.«

Er scheute sich nicht, drastische Detailanweisungen über die chemische Vernichtung des Körpers zu geben: »Ich will in heiße Schwefelsäure getaucht werden. Dann ist das Ganze in einer Minute überstanden, und für den Ackerbau geht nichts verloren, denn man neutralisiert die Säure mit Kalk, und schwefelsaurer Kalk ist ja auch ein gutes Düngemittel. Mich dünkt, daß ich soviel gestrebt habe, daß man mir die nötige Quantität Schwefelsäure zugestehen sollte, ca. 30 Kilo – wenn sie stark und heiß ist – sonst 50 Kilo.«

Wenn Alfred und Robert in ihren Briefen aneinander nicht über Tod und Vergängnis schrieben, war die Gesundheit das Problem, das sie beschäftigte. Nicht zuletzt Roberts Briefe können den Gedanken an ein Krankenjournal wecken. Nachdem er Baku verlassen hatte, war er ein Mensch geworden, der lange Zeit nur das Negative im Leben sah. Wenn er sich nicht über erlittenes Unrecht beklagte, machte er sich Sorgen über seine eigene Gesundheit und die seiner Kinder. Nicht zuletzt die Tochter Ingeborg bedürfe der Pflege und eines Milieuwechsels.

Alfred verstand den Wink mit dem Zaunpfahl und schlug vor, daß die Kinder ihn in San Remo besuchen sollten. Sie kamen im Frühjahr 1891 an, und Alfred zog sogleich einige hervorragende Ärzte zu Rate, die sich der kränklichen Ingeborg annahmen. Nach einiger Zeit konnte er Robert berichten:

... Es war mit großen Schwierigkeiten verbunden. Selbst für eine Familie ist es nicht ganz leicht, eine Person von Ingeborgs Kränklichkeit zu pflegen und zu umsorgen, aber für einen Junggesellen wie mich war es eine Riesenaufgabe. (...) Ob Deine kleine Tochter vollständig gesunden kann, will ich dahingestellt sein lassen, denn selbst für einen Arzt wäre die Frage schwer zu beantworten. Aber auf jeden Fall ist sie unvergleichlich viel frischer als da sie aus Schweden kam. Von den dunklen Ringen um die Augen ist so gut wie nichts mehr zu sehen, und von den düsteren Gedanken, die ihr wie Geister aus Nifelheim überall folgten, sind mindestens 90% verschwunden.

75

Drei Jahre bevor Alfred nach San Remo umzog, schrieb er:

Brief 118

[Paris] 18/1 1888

Liebe Sofie und große Banknotenfresserin,
Ich füge hier neues solches Futter bei aber mit der ausdrücklichen Betonung dass es nicht Heu ist und dass diese unansehnlichen Papierstücke nicht wie Gras wachsen sondern sehr schwer zu erwerben sind. Vielleicht kommt noch die Zeit wenn der liebe Gott solches Futter statt des ehemaligen Manna vom Himmel herunterregnen läßt aber zu unserer Zeit dürfte das wohl kaum geschehen.

Die Nachtreise im Orientzug hat mir den Schlaf wieder gänzlich geraubt, und seitdem ich von Dir schied in Wien habe ich noch kein Auge zugemacht. Vielleicht trägt dazu auch mehr oder weniger die Unannehmlichkeit im Hause bei. Bei meiner Ankunft gab ich ihm nur eine halbe Stunde um mein Haus zu verlassen und da half kein Maulspitzen, da musste gepfiffen werden. Die arme Frau ist wirklich zu beklagen denn wie wird sie nunmehr eine gute Anstellung finden können.
(…)

Brief 119

[Paris] 18/1 1888

(…)
Um offen zu sein muss ich Dir gestehen dass Du mir in Brünn hundert mal besser gefielst als in Wien. Das macht vielleicht die Luft der Großstadt oder sonstige Einflüsse? In Brünn warst Du ganze zwei Tage recht lieb und ich fing schon an zu glauben dass es Frauenzimmer giebt mit denen man verkehren kann ohne sich zu ärgern. Das Unglaubliche sollte aber nicht zu

Wahrheit werden und in Wien änderte sich nicht nur Dein Wesen sondern auch die Gesichtszüge welche viel härter und unschöner wurden. Ich bin kein Menschen-Analytiker und suche nicht die Menschen zu ergründen: ich constatire nur das Factum. Und damit basta!

Brief 121

[undatiert; ca. Anfang 1888]
(…)
Ich stehe so freundlos und isoliert da in der Abenddämmerung meines Lebens dass mir die Gesellschaft eines sympathisirenden Menschen herzlich willkommen wäre und dass ich mich recht innig danach sehne. Du aber kannst diesen Platz nicht ausfüllen und zwar aus so mancherlei Gründen. (…) Statt dessen hast Du jahrelang in Deiner kleinlichen Weise Comödie gespielt, mir alles mögliche verheimlicht; hast Dich volle drei Jahre mit Deinem niedrig gesinnten Verehrer auf meine Kosten herumgetrieben und mich dadurch der Lächerlichkeit preisgegeben. Obwohl Du ganz gut wusstest dass ich in den letzten Jahren riesige Summen verloren habe und keine große Einkünfte habe, hast Du mit Deiner wahnwitzigen Verschwendung nicht aufgehört und scheinst zu glauben dass Du meine Nachsicht noch immer in derselben Weise ausbeuten kannst.
(…)
Du scheinst aber zu wünschen dass ich Dir auch trauen soll, vergisst aber dass das durch jahrelanges Hintergehen und namenlose Rücksichtslosigkeiten unmöglich geworden ist. Du sagtest einmal ich sei ein bißchen roh. Wer denn von uns beiden hat mit Roheit gehandelt? Ich überlasse die Entscheidung Deinem Gewissen und sende Dir die herzlichsten Grüße von dem alten, mehr als verstimmten, mehr als vergrämten

Alfred.

[PS] Alles im Leben ist mir untreu geworden… desshalb muss

ich... niemand mehr trauen als mir der natürliche Verstand sagt dass er's verdient.

Brief 122

9/4 1888

(…)

Ich treffe soeben aus Cannes ein und so ermüdet dass ich die Feder kaum halten kann. (…)

Mein Bruder Ludvig liegt an einem sehr schweren Herzleiden darnieder und wird sich wohl nie erholen. Den Ärzten ist es fast ein Räthsel wie er noch lebt. Wie es scheint bin auch ich von diesem Übel durchaus nicht frei und werde keine alten Knochen haben. Das Übel ist nicht groß – niemand wird um mich trauern, am wenigsten diejenigen welche ich geholfen habe.

Brief 123

Paris 13/4 1888

(…)

Mein armer Bruder ist gestern nach so langem und schwerem Leiden sanft und anscheinend schmerzlos entschlafen. Da die Beerdigung in Petersburg geschehen wird so bin ich nicht nach Cannes zurückgefahren. Dagegen wird die Familie hier auf der Durchreise einige Tage ausruhen und wohl bei mir wohnen.

(…)

Brief 124

18/4 1888

(…)

Seit einiger Zeit bin ich so abendmüde, namentlich wenn ich von Sevran zurückkehre dass ich mich schon um 9 oder 9 1/2 niederlegen muss. Dadurch häuft sich die Arbeit noch mehr und oft werde ich davon so nervös dass ich dadurch schon nicht arbeiten kann.

Brief 126

1888

(…)

Zwischen uns liegt nicht eine Kluft sondern tausend Klüfte. Du schreibst meine Wandlung anderen Menschen zu, das ist aber absoluter Irrthum: ich verkehre mit Niemand und bin so einsam geworden dass ich nie mehr außer dem Hause speise. (…)

Für Menschen welche schlechtes Blut haben interessire ich mich überhaupt nicht. Ich weiß eigentlich nicht warum – habe aber eine instinctive Abneigung. Das alles hättest Du längst eingesehen wenn Du nur begreifen könntest dass man ohne Eigennutz oder Hintergedanken einen anderen Menschen helfen kann. Unter den Israeliten ist so etwas nur einem einzigen, dem Christus, eingefallen, und von wegen der Seltenheit hat man ihm ein Götterdiplom ausgestellt.

(…)

Was sollst Du eigentlich in Paris thun – das ist mir gar nicht erklärlich; wahrscheinlich findest Du darin eine gute Gelegenheit mehr Geld auszugeben, aber damit wird es auch seine Grenzen haben. Jedenfalls wirst Du mich nicht hier finden denn ich wohne nun mehr in Sevran und außerdem gehe ich baldigst auf weite, weite Reisen.

Brief 127

Wien Juli 1888

(…)

Mir zeigte das wie beklagenswert es ist Niemand in seiner Nähe zu haben dessen freundliche Hand einem eines Tages die Augen zudrückt und einem einige aufrichtig tröstende Worte zuflüstert. Einen solchen Menschen muss ich mir aussuchen und wenn nicht anders siedele ich nach Stockholm zu meiner Mutter über. Dort ist wenigstens eine Person welche mich nicht nur auszubeuten sucht und welche auch keine Capricen und böse Launen mit ins Krankenzimmer herüberträgt.

Und nun das erwähnte Ereigniss. Gegen zwei Uhr früh wurde ich plötzlich so krank dass mir die Kraft fehlte um zu klingeln und um die Thüre aufzuschließen. So musste ich mehrere Stunden zubringen ganz, ganz allein und ohne zu wissen ob es nicht meine letzte war. Herzkrampf, wie es scheint, woran ich schon früher laboriert habe, aber nicht im chemischen Laboratorium. Seither ist mir recht schwer zu Muthe und das Herz ist umrandet wie dieses Papier.

Ich möchte Dir jetzt in vollem Ernst und von Herzen den guthen Rath ertheilen Dir doch endlich eine Wohnung einzurichten. Die abscheuliche Herumschlepperei ist gegen Deine Natur, gegen Dein Interesse und compromittirt mich entsetzlich. Auch kann ich nicht begreifen wie Du denn nicht endlich einsiehst dass Du meinen Namen nicht unerlaubterweise tragen darfst.... Entweder bin ich verheirathet und dann habe ich keinen Grund meinen Namen zu verweigern, oder ich bin es nicht und dann ist es eine Schmach wenn ein Weib sich unter meinem Namen vorführt.

76

Bei anderer Gelegenheit schrieb Alfred an Sofie: »Seit einiger Zeit spekuliere ich an der Börse, um meine trüben Gedanken zu vertreiben, und ich habe enorme Verluste erlitten.«

Als er während einer der schwersten Liquiditätskrisen von »Branobel« in Rußland Ludvig vorschlug, den Versuch zu machen, seine wirtschaftliche Stellung durch Börsentransaktionen zu verbessern, erwiderte dieser:

»Ich verstehe nichts von Börsenspekulationen und setze mein Vertrauen ausschließlich auf die Arbeit, und darin sehe ich die einzige Möglichkeit, das Unternehmen auf die Füße zu stellen.«

Die Einstellung der Brüder zu dieser Geschäftsform hätte nicht unterschiedlicher sein können. Nicht einmal 1886, als der russischen Gesellschaft überall Kredite zu annehmbaren Bedingungen verweigert wurden, waren Börsenspekulationen für Alfreds Bruder eine denkbare Alternative. In dieser Hinsicht war Ludvig puritanisch. Jede Form von Hasardspiel stellte für ihn eine Herausforderung gegenüber ehrlich arbeitenden Menschen dar. Er gab Alfred den Rat, »von Börsenspekulationen Abstand zu nehmen, da dies eine schlechte Beschäftigung ist, die man solchen Menschen überlassen sollte, die zu nützlicher Arbeit nicht taugen«.

Doch Alfred investierte weiter in Aktien, obwohl seine Einsätze im Verhältnis zu seinem Vermögen begrenzt waren. Wie so oft war sein Verhalten widersprüchlich. Er verabscheute es, Geld zu verlieren, zögerte jedoch nicht, die mit Börsengeschäften verbundenen Risiken in Kauf zu nehmen.

Für Alfred war eine gut funktionierende Aktienbörse ein nützliches gesellschaftliches Instrument, das Betriebskapital für unternehmerische Aktivitäten bereitstellte. Der große Geldkreislauf konnte mit einer Pumpe verglichen werden, durch welche das Sparkapital der Allgemeinheit in Unternehmen geschleust wurde, die erweiterte Möglichkeiten bekamen zu expandieren, Menschen zu beschäftigen und die Arbeitslosigkeit zu verringern.

Wenn man Alfreds Nachlaßverzeichnis studiert, zeigt sich, daß nur ein geringer Anteil in spekulativen Industrieaktien angelegt war. Fast sein gesamtes hinterlassenes Vermögen bestand aus Anteilen der Nobel'schen Sprengstoffgesellschaften und »Branobel«, sowie zinsbringenden Staatsobligationen. Dem Nachlaßverzeichnis von 1896/97 zufolge besaß er Aktienposten vor allem in folgenden Unternehmen:

Depot	Name	Wert in Kronen (heutiger Wert ca. × 40)
Stockholms Enskilda Bank	Elektroniska Aktiebolaget	420 000,00
Disconto Gesellschaft, Berlin	Charlottenburger Wasserwerke	343 833,60
Credit Lyonnais, Paris	Banque Ottomanie	108 000,00
Credit Lyonnais, Paris	Banque Varsovie	112 812,50
Credit Lyonnais, Paris	Robinson GMC	126 000,00
Credit Lyonnais, Paris	Farreia	171 000,00
Messein, Paris	Randfontein	36 000,00
Messein,, Paris,	Rio Tinto	190 800,00
Union Bank of Scotland, Glasgow	Tharsis Sulphur Copper Co. Ltd.,	99 933,75
Union Bank of Scotland, London	Nundydroog GM Co.	87 750,00
Union Bank of Scotland, London	Glencairn Main Reef GM Co.,	98 550,00
Union Bank of Scotland	Robinson GN Co.,	72 000,00
Banca Commerciale Italiana, San Remo,	Chemin de Fer Meridianaux	90 848,00

Alfreds Stärke als Anleger war seine Fähigkeit, Schwächen und positive Faktoren in den Abschlüssen der Unternehmen erkennen zu können. Er scheint besonders geschickt darin gewesen zu sein zu entdecken, ob die Vermögenswerte einer Gesellschaft willkürlich angesetzt waren oder ob sie aus realen Werten bestanden.

Er verfügte außerdem über einen Vorteil, den viele Börsenhabitués nicht hatten: Er mußte nie mit geliehenem Geld Aktien kaufen. Schon nach zwei Jahren warf »Nobels Explosives« gut 2 Millionen Jahresgewinn ab, und von den anderen Dynamitgesellschaften kamen bedeutende Einkünfte. Darüber hinaus hatte er Lizenzeinnahmen, wo er seine Patentrechte nicht im Austausch gegen Aktien abgegeben hatte.

Am Ende der 1880er Jahre standen denjenigen, die an der Pariser Börse agierten, zwei Märkte zur Verfügung. Die Kassengeschäfte wurden in »Le Parquet« getätigt und die Termingeschäfte, die zumeist in Spekulationsabsicht betrieben wurden, in »La Coulisse«. Zola hat in seinem 1891 erschienenen Roman »Geld« ein realistisches Bild dieser Welt, die Alfred anzog, gezeichnet. Er schreibt, daß unter den Bäumen in der Rue de la Banque »die kleine Börse« lag. Dort wurden Abschlüsse in Wertpapieren getätigt, deren Kurse keiner offiziellen Notierung mehr für wert erachtet wurden und die verächtlich »die nassen Füße« genannt wurden.

Wir wissen nicht, ob Alfred die Pariser Börse besuchte oder ob er sich damit begnügte, durch einen Mittelsmann zu kaufen und zu verkaufen. Seine Korrespondenz bezeugt jedoch, daß er mit dem Milieu wohlvertraut war.

Als scharfer Beobachter bemerkte er, wie lose der Firnis von Kultur auf vielen Verlierern saß. Er fragte sich, ob es jemals eine Zeit gegeben habe, die von einem vergleichbaren Geldhunger geprägt war. Die Neureichen ohne Bildung und Wertnormen waren ihm zuwider.

Bildteil II

19. Alfred Nobel mit 40 Jahren.

20. Das anspruchslose Haus in Ardeer, in dem Alfred Nobel arbeitete und wohnte.

21. Emanuel Nobel.

22. Blick über Skeppsbron von Södermalm in Stockholm (Foto: Stockholms Stadsmuseum).

23. Ludvig Nobels palastähnliches Domizil in St. Petersburg, in dessen erstem Stockwerk das Büro von »Branobel« untergebracht war. Die Illustration entstammt einer Reklamebroschüre der Gesellschaft.

24. »Mio Nido« in San Remo wurde von Alfred Nobel in »Villa Nobel« umgetauft.

25. Der Park der »Villa Nobel« war durch ein Eisenbahngleis vom Meer getrennt. Rechts eine Abschußrampe.

26. Eine Rekonstruktion von Alfred Nobels Laboratorium in San Remo (Foto: K.W. Gullers).

27. Ragnar Sohlman, als junger Mann.

28. Ragnar Sohlman, ohne dessen Einsatz der Nobelpreis nie zu dem geworden wäre, was er heute ist.

29. Luftaufnahme mit Nobels »Raketenkamera«

30. Während seiner Zusammenarbeit mit Wilhelm Unge an dessen »fliegendem Torpedo« kam Alfred Nobel die Idee, mit einer vermittels einer Rakete in die Höhe beförderten Kamera Luftaufnahmen zu machen.

31. Alfred Nobel.

32. Die letzte Fotografie von Alfred Nobel.

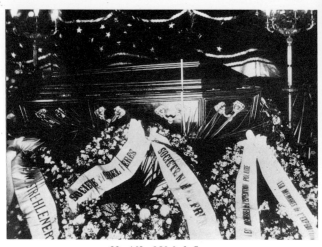

33. Alfred Nobels Sarg.

Testament

Jag undertecknad Alfred Bernhard Nobel förklarar härmed efter moget betänkande min yttersta vilja i afseende i den egendom jag vid min död kan efterlemna vara följande:

Öfver hela min återstående realiserbara förmögenhet förfoges på följande sätt: Kapitalet, af utredningsmännen realiseradt till säkra värdepapper, skall utgöra en fond, hvars ränta årligen utdelas som prisbelöning åt dem som under det förlupne året hafva gjort menskligheten den största nytta. Räntan delas i fem lika delar, som tillfalla: en del den som inom fysikens område har gjort den vigtigaste upptäckt eller uppfinning; en del den som har gjort den vigtigaste kemiska upptäckt eller förbättring; en del den som har gjort den vigtigaste upptäckt inom fysiologiens eller medicinens domän; en del den som inom literaturen har producerat det utmärktaste i idealisk rigtning; och en del åt den som har verkat mest eller bäst för folkens förbrödrande och afskaffande eller minskning af stående armeer samt bildande och spridande af fredskongresser. Prisen för fysik och kemi utdelas af Svenska Vetenskapsakademien; för fysiologiska eller medicinska arbeten af Carolinska Institutet i Stockholm; för literatur af Akademien i Stockholm samt för fredsförfäktare af ett utskott af fem personer som väljas af Norska Stortinget. Det är min uttryckliga vilja att vid prisutdelningarne intet afseende fästes vid någon slags nationalitetstillhörighet sålunda att den värdigaste erhåller priset antingen han är Skandinav eller ej.

Detta testamente är hittills det enda giltiga och upphäfver alla mina föregående testamentariska bestämmelser om sådane skulle förefinnas efter min död.

Slutligen anordnar jag såsom uttrycklig önskan och vilja att efter min död pulsådrorna uppskäras och att sedan detta skett och tydliga dödstecken af kompetente läkare intygats liket förbrännes i såkalladt crematorium ugn.

Paris den 27 November
1895
Alfred Bernhard Nobel

34. Alfred Nobels Testament.

35. Die erste Nobelpreisverleihung fand 1901 in der Musikakademie in Stockholm statt. Professor Röntgen nimmt den Preis entgegen, eine Wahl ganz im Geiste Alfred Nobels.

77

Brief 129

[Berlin Anfang August 1888?]

(...)

Soeben treffe ich hier sehr, sehr ermüdet ein. Und nun liegen Telegramme von Robert und vom Neffen vor worin dieselben mich förmlich bestürmen ich solle nach Petersburg kommen und meine Anwesenheit sei dort absolut unentbehrlich. Ich selbst habe das Gefühl dass ich vielleicht dort eine bodenlose Dummheit verhüten könnte. Aber ich bin so abgespannt dass ich höchst ungerne die lange quälende Reise antreten würde.

(...)

Brief 130

Berlin Aug. 1888

Mein liebes Kröterl,
Es scheint mir gelungen zu sein auf drathlichem und schriftlichem Wege den Robert etwas zur Besinnung zu bringen so dass er seine Idee die ganze Direction abzusetzen und seine Leute hineinzuwählen vorläufig aufgegeben hat.

(...)

Hast Du wirklich angenehmeres Leben wenn ich dort bin so werde ich mein möglichstes thun um bald hinzukommen. Aber einrichten muss ich nothwendig dass ich nach Stockholm vor dem Spätherbst herüberkomme. Meine Mutter ist schon in den Jahren wo man eine ihr zu bereitende Freude nicht verschieben darf. Und wer weiß wie bald ich ihr noch die größte Sorge bereite. Ich habe in letzter Zeit oft zur Nacht ein so eigenthümliches Gefühl im Herzen dass ich trotz aller ärztlichen Versprechungen von einem Herzfehler überzeugt bin. Viel ist auch nicht daran gelegen – um den alten Herrn werden wenige trauern.

Brief 131

[Paris] 8/8 1888

(...)

Deine kleine Brieferl welche ich hier antraf haben mir Freude gemacht. Schriftstellerisch sind dieselben nicht mit denen unserer größten Dichter zu messen aber Gemüth und Fröhlichkeit sind darin allerliebst verbunden. Was sagst Du zu solchem Federlob?...

(...) Allein zu reisen ist mir daher sehr verleidet worden und deshalb suchte ich in jeder möglichen Weise die Sachen in Petersburg ohne meine Anwesenheit zu ordnen. Das gelang denn auch schließlich einigermaßen und sogar Robert telegraphirt er wolle mich nicht weiter überreden auf so kurze Zeit hinzureisen.

(...)

Bei mir fängt der Bau an: meine Leute scheinen recht zuverlässig und alles das dürfte gut ablaufen, mit Sevran und Barbe ist es schwieriger...

Brief 135

[Paris, 15/10 1888]

(...)

Du hast eine kleine und doch große Feindin namens Sofie die Dir mehr schadet als Du glaubst. Statt mir ordentliche Abrechnungen zu geben um das schwer zerrüttete Vertrauen einigermaßen wieder zu befestigen willst Du mir auseinandersetzen dass so ein kleines, alleinstehendes Frauenzimmerchen welche 100 Fl. per Tag und darüber ausgiebt Hunger leiden muss dass man förmlich bis hieher hört wie die Knochen klappern. Hast doch selber zu einer Zeit wenn das Magerl noch hungriger war mit 1 Fl. per Tag gelebt und gut gelebt denn Du warst damals recht rosig und schautest nicht wie eine Hungerleiderin aus. Also siehst Du, liebes Kind, dass die Löcher worin Du Geld stopfst unnatürlich groß sind und dass ich gar nicht gesonnen bin den Ocean mit meinen Ersparnissen auszufüllen. (...)

Brief 136

[Paris] 25/10 1888

(...)

Du kannst Dir gar keinen Begriff davon machen welche Hetzjagd hier ist. Es ist wohl eigentlich nur davon dass meine Gesundheit so herunter ist. Seit mehr als vier Wochen steht auf meiner Liste zum Zahnarzt zu fahren was mir außerordentlich noth thut, und es ist absolut unmöglich dafür eine freie Stunde zu finden. Paris ist für mich nunmehr die reine Hölle denn von allen Kanten laufen die Leute zusammen und da dieselben meist ihre Ankunft schriftlich anzeigen so ist es unmöglich zu entgehen. Dazu nun die großen technischen Arbeiten, die vielen Briefe, Buchführung, Bauten: es ist rein zum toll werden. Sei froh dass Du ein kleines Kröterl bist und alle die Sorgen entbehrst...

Brief 141

[Paris, Nov. 1888]

(...)

Der Alte ist seit einiger Zeit sehr leidend und sehr heruntergekommen. Es geht ihm so jedesmal dass er sich den Kopf überanstrengt; aber was soll ich thun: die Sachen müssen ja ausgeführt werden; Haufen von Briefen muss ich beantworten, Menschen empfangen, meine Bücher in Ordnung halten und jeden Tag von Morgen bis Abend in Sevran sein. Wie das alles zu vereinen ist frage ich mich oft. Wenn ich aber einen Secretär engagire so wird es vielleicht nach einem halben Jahr besser aber bis dahin giebt er mir eher mehr als weniger Arbeit. Denke Dir neulich recommandirte man mir einen Privatsecretär welcher lange Jahre außerordentlicher Gesandter und Botschafter war. Es mangelt nur noch einen Vollblutprinzen für denselben Zweck.

(...)

Brief 142

[Paris] 23/11 1888

(...)

Ich weiß nicht mehr wann diese Plagezeit für mich ein Ende nehmen wird. Alle Tage wird es schlimmer so dass ich anfange das hiesige Leben rein zu verwünschen.

(...)

Brief 146

[undatiert, 1888/89]

(...)

Mir kommt es fast vor wie wenn ihr glaubtet meine Güte und Nachsicht beruhe auf Dummheit, da irrt ihr euch aber gewaltig. Diese Anschauung wäre übrigens ganz natürlich denn meiner Erfahrung nach thut ein Israelit nie etwas aus Güte, sondern nur aus Eigennutz oder Prahlsucht, und wie soll er dann bei anderen eine Eigenschaft begreifen, welche er selbst absolut nicht besitzt.... Bei denen heißt es selbst und Familie – alle übrigen sind ihm nur zur Ausbeutung da. Vielleicht haben sie nicht unrecht nur müssen sie sich dann nicht darüber wundern wenn sie selbst behandelt werden wie sie andere behandeln...

Gesetzt den Fall ich wäre arm und die Deinigen reich: glaubst Du etwa die würden mir auch nur einen Kreuzer ohne Zinsen und Zinseszinsen borgen? Wenn Du das glaubst so kennst Du die »Pappenheimer« nicht wie ich sie kenne.

(...)

Brief 148

[Paris] 9/3 1889

(...)

Ich bin grenzenlos beschäftigt, belästigt und tracassirt und habe keine Zeit auf Dein letztes Schreiben zu antworten. Es läuft jetzt hier so viel unangenehmes und sorgenerregendes zusammen dass ich gar nicht weiß wo mir der Kopf steht. Und dann ist meine Gesundheit äußerst schlecht: Herzkrampf stellt sich fast jeden zweiten Tag und macht mir das Leben schwer.

Brief 150

[Paris] 14/5 1889

(…)

Jetzt belagern die Leute mich schon wieder mit telegrafischen Berufungen nach London, nach Schottland, Hamburg, Italien u.s.w. – Welches Leben! Hier ist jetzt ganz grün und sehr schön, aber ich habe für gar nichts Zeit und für gar nichts Sinn.

Brief 151

[Paris, undat. 1889]

(…)

Wie reimst Du Dir denn diese Hausankäufe zusammen oder glaubst Du etwa die Besitzer seien glücklich ihr Eigenthum zu verschenken. Nicht einmal der Rothschild kann alles kaufen was er sieht, und nach dem Kupferkrach muss auch der den Werth des Geldes kennen.

(…)

Schau, liebes Kindchen, wenn Du nun wirklich so ein Palais haben könntest, so müßte auch alles übrige verhältnismäßig gerichtet sein und da würde sich durch die unbemittelte Stellung Deiner Verwandten und durch andere Umstände über welche ich schweigend hinweggehe, manches Unbehagen ergeben. Glaube mir wenn Du nicht in einfacher Weise glücklich sein kannst durch prahlerische Wohnungen gelingt es Dir nicht.

Brief 153

Schweiz, Engadin, Hôtel du Lac 1/9 1889

(...)

  Du telegrafirtest dass Du nach Zürich kommen wolltest. Aufrichtig gestanden habe ich Kränkungen zu Genüge ausgekostet und will nunmehr das Bischen Leben das mir noch übrig bleibt möglichst ruhig verleben. Übrigens möchte Dir's auch gar nicht passen hieher zu kommen denn hier liegen in einem einzigen Hotel acht Personen an ansteckenden Seuchen lebensgefährlich darnieder. Das wusste ich aber fuhr doch hieher da ich nicht sehr viel auf meine alte Knochen gebe...

Brief 154

St. Moritz 4/9 1889

(...)

  Dass Du Kummer hast glaube ich wohl aber es ist nur Kummer um Dich nicht um das was Du anderen angethan hast.

  Dass Du es immer gesucht hast mich mit denjenigen Menschen zusammenzuführen mit welchen Du Verhältnisse anknüpfst deutet auf eine so niedere Gesinnung dass es mir mitunter weh thut um was ich für Dich gethan. Und das ist derselbe Mensch welcher mir eines Tages vorwarf ich sei etwas roh. Schau in Deinen Spiegel und Du wirst staunen über alle Deine Rohheiten gegen mich. Meine Roheit scheint darin zu bestehen dass ich Menschen helfe welche es gar nicht verdienen.

  (...)

Brief 155

Luzern d. 20/9 89

(...)

  Ich bin bei sehr gebrochener Gesundheit unterwegs von Turin nach Stockholm – diesmal muss ich um so mehr hin da es das letzte Mal ist dass ich die Reise mache.

(…)
Ich habe in den letzten Tagen wiederum sehr große Verluste erlitten und wer weiß wie sich die Zukunft gestaltet. Übrigens ist mir alles nunmehr ziemlich gleichgültig: was kann mir denn schlimmeres noch zustoßen als was mir bereits geschehen ist.

Brief 156

[undatiert, 1889]

(…)
Und doch kann ich nicht umhin Dich beklagenswerth zu finden. …Und dann stehst Du so isolirt und freundelos da ohne wahres Familienband und bald auch ohne Jugend die manchen Schatten verdeckt und verschönert. Warum hast Du auch zu der hässlichen alles verderbenden Lüge gegriffen statt mir dem gegen alle Wohlwollenden offen alles zu sagen.
(…)

Brief 158

[November 1889?]

(…)
Es ist absolut haarsträubend: seit 1. Juni also in weniger als 6 Monaten hast Du Fr. 48267 vergeudet. Welcher Blödsinn und welche Sünde!!

78

Solange die Mutter lebte, widmete Alfred ihr eine mannigfaltige Fürsorge. Er überhäufte sie und ihre Verwandten und Freunde mit Weihnachts- und Geburtstagsgeschenken. Er schenkte Aktien, Obligationen, Bargeld und Ziergegenstände – unter anderem ein großes Porzellanstück mit dem Monogramm A.N. Andriette hatte sich außerdem seiner Gewohnheit erfreuen können, ihr jedesmal, wenn er einen günstigen Abschluß getätigt oder seine Lizenzgebühren erhalten hatte, eine Summe Geld zu schicken. Ihr Bankkonto wuchs und wuchs.

Ihre Dankbarkeit kannte keine Grenzen. Im Februar 1888 schrieb sie: »Durch Öberg habe ich von meinem lieben Jungen wieder 3000 Kronen entgegennehmen dürfen. Danke, danke mein geliebter Alfred, für all die großen Geschenke! Durch Deine Güte kann ich auch ein Scherflein an die austeilen, die nichts haben und sich nicht selbst versorgen können. Daher habe ich das letzte nicht zur Bank gebracht.«

Um Weihnachten im selben Jahr: »Worte sind überflüssig, um die Freude zu beschreiben, die ich beim Empfang zuerst des Telegramms und dann des lieben, so ersehnten Briefes erfuhr. Denn er kam von meinem geliebten Sohn, der mit seiner unermüdlichen Güte nie einen Feiertag vergißt, um die Freude von Jungen und Alten zu vermehren... Alles habe ich durch das strebsame Wirken meines Alfred bekommen, ich besitze soviel und kann mir alle Wünsche erfüllen – außer zweien, die für Geld nicht zu haben sind: richtig gute Gesundheit und meinen Parisliebling sehen zu können, sooft ich will. Doch wenn das sein könnte, fürchte ich, daß Du der greisen Alten überdrüssig würdest, wenngleich ich Dein ältester Freund bin.«

In einem späteren Brief schrieb sie, daß »es nur einen Alfred Nobel gibt, der so vielen Menschen so großartig viel Gutes tut. Und es ist der Stolz seiner Mutter, einen solchen Sohn zu haben«.

Die Söhne hatten die Mutter überreden können, aus dem Haus in der Götgatan mit den vielen ermüdenden Treppen in das Eckhaus an der Kreuzung von Regeringsgatan und Hamngatan umzuziehen. Die Umgebung hatte einen hohen Status, der in scharfem Kontrast stand zum Hinterhaus in der Norrlandsgatan, wo sie Robert, Ludvig und Alfred großgezogen hatte.

Alfred war sich dessen bewußt, wie einsam sie als Witwe war. Bei einer Gelegenheit äußerte er sich dazu mit den folgenden

Worten: »Mamachen bereitet mein Hiersein so große Freude, daß es einem das Herz zerreißt, die alte Frau fast das ganze Jahr so alleinzulassen. Als neulich mein Bruder Ludvig abreisen mußte, nahm die Nachricht sie so mit, daß sie krank wurde und sich erst nach und nach wieder erholte. Mit 79 ist man nicht mehr aus Eisen und es bedarf nicht viel, um den Körper zu brechen. Wenn sie froh und zufrieden ist, verträgt sie alles, im entgegengesetzten Fall schadet ihr das Geringste. Gestern fuhren wir nach Djurgården und speisten zu Abend. Mir bekam das Essen schlecht – die ganze Nacht war mir schlecht davon –, meine Mama dagegen fühlte sich ausgezeichnet.«

In Briefen an andere konnte Alfred einer wachsenden Menschenverachtung Ausdruck verleihen, aber diese wirkte sich nie auf sein Verhältnis zur Mutter aus. Es blieb innig wie eh und je bis zu ihrem Tod. Es schmerzte ihn tief, daß er nicht rechtzeitig eintraf, bevor sie 1889 – 84 Jahre alt – für immer die Augen schloß.

Alfred, der sein ganzes Leben lang kein Interesse an den Banden des Blutes gehabt hatte, sah nun ein, welche starken Kräfte ihn an die Mutter gebunden hatten. Der Verlust war so schwer, daß er Herzkrämpfe bekam und sehr mitgenommen wieder in Paris ankam. Von dort schrieb er später an den Nachlaßverwalter: »Wie ich schon in Stockholm sagte, will ich für mein Teil nur das Portrait meiner Mutter und einige Kleinigkeiten behalten, die ihr lieb waren und die am beredtesten an sie erinnern. Dagegen behalte ich mir jedoch das Recht vor, über das Drittel, das meinen Anteil ausmachen sollte, zu disponieren. Eine gewisse Summe möchte ich für einen schönen, aber nicht prätentiösen oder protzigen Grabstein beiseitelegen. Einen anderen Teil will ich einem Wohltätigkeitsfond zuführen, der ihren Namen tragen soll; ich meine, daß 100 000 Kronen dafür ein angemessener Betrag ist. Ich habe nichts dagegen, auch im voraus einen bedeutenden Teil dieser Summe auszubezahlen, gegen entsprechenden Abzug, wenn das Geld eingeht.«

Anders Zorns Portrait von Alfreds Mutter ist meisterlich. Als sie dem Künstler zu diesem Bild saß, war sie dreiundachtzig Jahre alt. Studiert man das Kunstwerk mit dem Vergrößerungsglas, so ergibt es wahrscheinlich ein exaktes Bild von Andriette, wie sie sich ihrem Sohn in ihren letzten Lebensjahren darstellte. Trotz der scharfen, tiefen Furchen in dem blassen Gesicht vermittelte sie einen Eindruck von Stärke und Würde. Mit dem um die Schultern drapierten Schal und einem kleinen Spitzenhäubchen auf dem in der Mitte gescheitelten Haar sah sie ganz reizend aus.

Ihre Wohnung war ebenso einfach wie zu Lebzeiten Immanuels, obwohl sie inzwischen eine reiche Frau war. Das von ihr hinterlassene Vermögen belief sich auf gut 840 000 Kronen. Alfred verfügte, daß ein bedeutender Teil des ihm als Erbe zufallenden Drittels dem Karolinska Institutet zur Bildung des Caroline-Andriette-Nobel Fonds für experimentelle medizinische Forschung »in allen Zweigen der medizinischen Wissenschaft und für die Nutzbarmachung dieser Forschung für den Unterricht wie für die Literatur« zukommen sollte. Man ahnt hier die erste Skizze von Alfreds eigenem Testament.

Im Namen seiner Mutter spendete er auch Geld für das Neue Kinderkrankenhaus, das Gymnastische Zentralkrankenhaus und veranschlagte 17 000 Kronen für wohltätige Zwecke in der schwedischen Kolonie in Paris. Danach waren noch 24 000 Kronen zur Verteilung übrig. Er schreibt: »Aber es sieht aus, als wollte ganz Schweden mich in Anspruch nehmen, denn jeder Tag bringt mir einen ganzen Packen Briefe aus dem Vaterland mit den verrücktesten Donationsvorschlägen. Gestern schrieb einer, daß er nur 30 000 Kronen brauche, um einen Steinbruch zu kaufen, auf den er schon lange ein Auge geworfen habe, und fand, ich solle ihm diese kleine Summe schenken.«

In bezug auf den Grabstein der Mutter schrieb er drei Briefe an Robert:

Paris, den 6. Februar 1890

Liebster Bruder Robert

Ich denke an ein kleines Grabmonument und finde, daß es für unsere Eltern gemeinsam gemacht werden sollte.

Was hältst Du von einem größeren Granitblock mit einem Marmor-Basrelief von beiden Eltern? Ich würde es im übrigen sehr einfach machen, aber doch von einem schönen Gitter umgeben.

Diktiere ein paar Zeilen über die Angelegenheit und sende mir zugleich damit erfreuliche Mitteilungen über Dich und die Deinen.

Paris, den 12. Februar 1890

Ein Brief von Adolf informiert mich darüber, daß es ein Familiengrab ist.

Ich hatte keine Ahnung davon, wie ich auch nicht wußte, daß weder für unseren Vater noch für Emil ein passender Gedenkstein aufgestellt wurde.

Dies erklärt sich dadurch, daß ich damals nicht nur sehr krank war, sondern auch mit fast hoffnungslosen wirtschaftlichen Sorgen zu kämpfen hatte.

Nun habe ich vorgeschlagen und an Adolf geschrieben, daß ein Kopfrelief unserer Eltern und Emils in Marmor an einem passenden schönen, aber nicht protzigen Grabstein angebracht werden soll, vielleicht aus poliertem Granit, und daß auch ein Platz an der Seite für den nächsten Gast reserviert wird, will sagen mich.

Einen dritten Brief an Robert sandte Alfred am 3.8.1890 aus Paris:

Auch meine Augen beginnen, sehr schlecht zu werden, aber obwohl ich fast jede Stunde schufte, um mich von drückenden Tätigkeiten zu befreien, die weder meiner Gesundheit noch meiner Gemütsverfassung zuträglich sind, hat es nicht den Anschein, daß es mir im Handumdrehen gelingen will. Jemand, der diese

Umstände oberflächlich betrachtet, glaubt, wenn man genug Geld für sein Auskommen habe, könne man sich jederzeit frei machen.

Daß dies nicht der Fall ist, sehe ich leider nur allzu deutlich, denn selbst wenn ich krank zu Bett liege, sehe ich mich gezwungen zu arbeiten, um bestimmte vertraglich bindende Termine einzuhalten.

Das ist Sauerteig aus alten Zeiten, als ich gezwungen war, mir alle möglichen Verpflichtungen aufzuhalsen, um Teilhaber zu finden, die Geld in mein Geschäft investierten.

Es wäre mir angenehm, die Medaillons für den Grabstein bei Adlersparre bestellen zu können, aber es wäre doch wünschenswert, daß sie den Personen, die sie darstellen sollen, gleichen, und wenn Adlersparre damit Schwierigkeiten hat, wäre es vielleicht besser, einen anderen zu beauftragen.

Dein innig ergebener
Alfred

79

Brief 162

27/2 1890

Liebe Sofie,
Ich kann noch immer nicht abkommen. Diese vermaledeiten neuen Sachen kleben wie Leim und jeder neue Tag bringt etwas Unangenehmes zu erledigen. Hätte ich gewußt, welche Plage mir daraus erwachsen würde so hätte ich es gewiss nicht angefangen.
(…)

Brief 163

[Paris, März/April 1890]

(...)

Wenn ich nach Wien komme ist es unbedingt nothwendig dass ich in einem Hotel einen Salon habe wo ich Geschäftsleute empfangen kann und wohin meine Briefe adressiert werden. Das ist nur Formsache aber unumgänglich nothwendig denn es suchen mich jetzt viel mehr Menschen als früher, und Du wirst ja ganz gut einsehen, daß ich mir keine Blöße geben kann.

Brief 164

Paris, April 1890

Liebes Sofferl,
Ich muss Dir ganz aufrichtig gestehen dass ich kaum hier angekommen mich wieder hinwegsehne. Ich sitze aber schon wieder bis über die Ohren in Arbeit und die Hülfe die man mir leistet ist gar zu mager sonst würde es rascher vorwärts gehen.
(...)
Im Orientzuge fand sich niemand mit dem ich zwei Worte wechseln konnte. Überhaupt scheinen Reisende heutzutage sich gegenseitig als wilde Thiere anzusehen mit denen es gefährlich wäre sich in Verbindung zu setzen. Zum Glück hatte ich Bücher mit: »die Waffen nieder« und »Salumbäs« halfen mir die Zeit zu vertreiben.

Brief 165

[Paris, Mai 1890]

(...)

[Die Zeitungen gießen Gemeinheiten über mich aus... Du kannst Dir nicht vorstellen welchen Tracasserien man mich aussetzt... Ich hoffe bald abreisen zu können und dieses Mal kehre ich Paris mit Freude den Rücken.]

Brief 168

Berlin 20/6 90

(…)

Da habe ich aber bei den Verwandten angefragt ob dieselben nicht gesonnen wären nach Hamburg zu kommen um mich dort zu begegnen. Ich bin so reisemüde und namentlich greift mich das Alleinreisen außerordentlich an, möchte die jungen Leutchen mit mir haben wenn ich die Fabriken bereise.

(…)

Vielleicht fahre ich übermorgen früh mit den Herren zurück nach Hamburg. Ich weiß übrigens nicht genau was dieselben wollen: sie telegrafiren und telephoniren dass es sich um wichtige Angelegenheiten handelt.

Brief 169

[Ende Juni 1890]

(…)

Ich armer Mensch habe wahrlich keine Chance. Als ich heute früh bereits meine Hotelrechnung bezahlt hatte und nach Stockholm abreisen sollte überbrachte man mir ein recommendiertes Schreiben aus London welches mich zwingt dorthin sofort abzureisen. Es handelt sich um eine Schurkerei von ganz unglaublicher Frechheit und welche mir vieles Unheil anstiftet. Ruhe bekomme ich erst im Grabe und auch das wohl nicht, denn ich habe so das Vorgefühl dass man mich lebendig begraben wird.

Brief 170

7/7 1890

(…)

Die lange Reise nach England und alle neue Schwierigkeiten und Processe welche auftauchen haben mich sehr mitgenommen.

(…)

Da war ich ja gerade unterwegs nach Stockholm wo ich mit

Liedbeck Wichtiges zu arbeiten habe. Kaum in Berlin angekommen ging das Spectakel von Hamburg aus los und man telegrafirte mir ja nicht abzureisen ohne Ankunft der Herren wegen wichtiger Angelegenheiten abzuwarten. Als dies erledigt war und ich schon meine Fahrkarte lösen sollte erhielt ich aus London eine Depesche welche meine Reise nach Schweden unmöglich machte und mich zwang nach London abzureisen und zwar über Paris um dort wichtige Papiere abzuholen. Das ist nur der Anfang von einem niederträchtigen Process welcher mir endlose Kosten und Schererei verursachen wird.

Nicht numerierter Brief

Hamburg 7/8 1890

(…)

Der Sterbefall in Paris hat aber alle meine Pläne umgestossen und ich bin dadurch in grosse Verlegenheit geraten. Wäre dem nicht so, so würde ich den weiten Weg nach Paris nicht wieder einschlagen aber es sind durch Bs Tod so manche grosse Schwierigkeiten entstanden, welche meine Gegenwart dringend benötigen. (…) ich war tagelang ganz zum Hinfallen, das sind so, liebes Sofferl, die Vorboten des Kommenden und da möchte ich doch etwas Ruhe geniessen und das innere Gemüt statt elende Geschäfte pflegen. Aber nein, das Schicksal ist härter als unser Wille und so geht es weiter und weiter bis eines Tages das geschäftliche von selbst wie bei B aufhört.

Nicht numerierter Brief

Paris August 1890

(…)

Man fängt an mich hier wegen dem Erfolg in Italien zu verfolgen und es bleibt kein Zweifel mehr übrig, dass ich in kurzer Zeit mein Laboratorium nach einem anderen Lande verlegen muss. Sonderbare Neuigkeit, nicht wahr. Man hatte es mir längst gesagt,

aber die Sache kam mir ziemlich unwahrscheinlich vor. Nun ist es doch so gekommen: es liegen die sonderbarsten Drohungen vor.
(...)
Ich bin auch meiner Freiheit nicht mehr sicher; aber bitte nicht zu schwatzen auch den Deinigen gegenüber nicht.

Brief 171

[Paris, August 1890]

(...)
In diesem Jahr habe ich nichts als Pech. (...)
Der Tod Barbes wird mir sehr viel Schwierigkeiten bereiten und mir riesige Arbeit auferlegen. Und wer weiß noch welche Complicationen da noch entstehen werden.

Brief 172

[Paris, August 1890]

(...)
...mit dem Tode Barbes sind entsetzliche Schwierigkeiten entstanden und es handelt sich für mich fast um sein oder nicht sein.

Brief 175

[Paris] 21/10 1890

(...)
Es ist heute mein Geburtstag aber kein froher. Ich bin so überlaufen von Geschäftsleuten dass ich nicht einen Augenblick für mich habe und weder beim Frühstück noch beim Mittagessen zur Ruhe komme. Es ist eben schlimmer und schlimmer geworden und seit dem Tode Barbes nun vollends tolle Wirthschaft. Ich erwarte immer dass es damit zu Ende gehen soll aber vergebens bis ich eines Tages einen großen Entschluß fasse und spurlos und adresslos durchgehe.

80

Die Attacken des französischen Pulvermonopols und der Pariser Presse empörten Alfred. Sein Zorn kommt in einem Brief an den Neffen Emanuel vom April 1890 zum Ausdruck:

… Die Folge ist, daß mir die Regierung aufgrund ihres Monopols verboten hat, auch nur die geringste Menge Sprengstoff für meine Schießproben zuzubereiten. Reine Schikane! Aber da sie mit Haft gedroht haben, was die Unannehmlichkeit mit sich bringen würde, eine schon jetzt gestörte Verdauung noch weiter zu stören, kann ich mich nicht wehren oder dem Verbot trotzen. Das Schöne an der Sache ist, daß der Kriegsminister einige Tage, bevor er die Zubereitung explosiver Stoffe bei mir verbot, selbst um die Anfertigung von Proben angesucht hatte. Das Verbot, in Sevran zu arbeiten, bereitet mir schweres Kopfzerbrechen. Ich war gerade mit interessanten Dingen beschäftigt, die nun eingestellt werden müssen. Das Laboratorium ins Ausland zu verlegen, ist alles andere als eine leichte Sache, von den Kosten dafür gar nicht zu reden.

Alfred hatte begonnen, seinen Rückzug aus dem Geschäftsleben zu planen, doch das Schicksal wollte es anders. Am 21. April 1889 schrieb die »New York Times«: »… It is now positively certain that Panama Canal will never be completed by M. de Lesseps and the French Company.«

Das war nur der Anfang des sogenannten Panamaskandals. Paul Barbe, der im Jahr zuvor der französischen Regierung angehört hatte, hatte sich in mehrfacher Hinsicht für das Panamaprojekt interessiert, was von einigen erfahrenen Finanzmännern als die sicherste Art sich zu ruinieren bezeichnet worden war. Bei einem Routinebesuch in Hamburg erhielt Alfred die Nachricht, daß Barbe sich überraschend das Leben genommen hatte. Was steckte dahinter? Es zeigte sich bald, daß er einen schwer überschaubaren Finanzwirrwarr hinterlassen hatte.

Alfreds erste Reaktion war spontane Trauer über den Tod des Kompagnons. Um Barbes Hinterbliebenen materielle Erleichterung zu schaffen, erwarb er zu einem Überpreis Barbes Aktienposten in den Nobelunternehmen. Als die Wahrheit über seine Beteiligung am Panamaschwindel ans Licht kam, brach Alfred jedoch seine Hilfsaktion ab.

Er hatte immer die Arbeitskapazität seines Kompagnons geschätzt, aber auch früh eingesehen, daß »sein Gewissen dehnbarer als gummi elasticum« war. Dennoch hatte er sich nicht einen Moment auch nur vorstellen können, daß Barbe im Begriff war, buchstäblich sein Leben zu verspielen.

Als die Konturen des Panamaskandals sichtbar geworden waren, sollte sich zeigen, daß Barbe und einige von ihm angestellte Direktoren in den französischen Gesellschaften »La Société Générale pur la Fabrication de la Dynamite« und »La Société Centrale de Dynamite« sich mit eindeutig ungesetzlichen Spekulationsgeschäften befaßt hatten.

Es kam auch an den Tag, daß Barbe in eine Bestechungsaffäre verwickelt gewesen war. Als Mitglied des Komitees der Abgeordnetenkammer für die Bewilligung von Lotterieanleihen hatte er kräftig dagegen argumentiert, daß ein Kreditgesuch über 600 Millionen Francs für de Lesseps Panamagesellschaft bewilligt wurde. Die Ursache war, daß die Kanalgesellschaft sich geweigert hatte, das von Barbe offerierte Dynamit zu kaufen, sondern statt dessen Sprengstoff aus den USA importiert hatte. Nachdem ein Arrangement zu Barbes Vorteil getroffen worden war und er außerdem einen persönlichen Kredit von de Lesseps Kompagnon Baron Reichnach über 550 000 Francs erhalten hatte, wovon lediglich 220 000 Francs zurückgezahlt worden waren, hatte er durch Bestechung den 600-Millionenkredit für den Kanalbau bewerkstelligt. Als die formelle Bestätigung der Bewilligung durch das Parlament erfolgte, wurden Korruptionsgerüchte laut. 1892 wurde Anklage gegen Ferdinand de Lesseps und Jaques de Reichnach erhoben, der jedoch kurz vor seiner bevorstehenden Verhaftung starb.

Barbes Bestechungsgeschäfte kamen Alfred erst während des Panamaprozesses 1892-1893 zur Kenntnis. Alfred erhielt bei dieser Gelegenheit auch detaillierte Information über Barbes Vorgehensweise. Auf Barbes Initiative war das Syndikat für die technische Zusammenarbeit zwischen den Nobelunternehmen einst gebildet worden. Es sollte den gemeinsamen Einkauf von Rohstoffen für die Dynamitfabriken regeln. Als das Syndikat einschlief, hatte Barbe, ohne Alfred zu informieren, immer riskantere Spekulationsgeschäfte in Glyzerin weiterbetrieben.

In den ersten Tagen nach der Nachricht von Barbes Selbstmord war Alfred mutlos und apathisch. Er bat sogar den Direktor seiner deutschen Gesellschaft, ihm eine Stelle als untergeordneter Chemiker freizuhalten. Dieser muß geglaubt haben, Zeuge des beginnenden psychischen Zusammenbruchs seines Chefs zu sein.

Als Alfred von Hamburg nach Paris zurückkehrte, sah alles düster aus. Böse Zungen in Finanzkreisen wollten wissen, daß seine wirtschaftlichen Ressourcen im Begriff seien in kurzer Zeit zu versiegen und daß es nur eine Frage der Zeit sei, wann seine Unternehmerlaufbahn beendet sein würde.

Schritt für Schritt gewann er jedoch wieder festen Boden unter den Füßen und war überzeugt, daß die Lage zwar ernst, aber nicht verzweifelt war. Sein gesammeltes Vermögen war im Lauf der Jahre enorm gewachsen. Müdigkeit, Kopfschmerzen und Melancholie waren wie weggeblasen, als er sich resolut wieder auf dem Platz des Vorstandsvorsitzenden der Nobelunternehmen niederließ. Er ging sogleich in die Offensive und konnte binnen kurzer Zeit die Geschäfte sanieren. Die Verluste durch die katastrophalen Glyzerinspekulationen wurden durch einen größeren Obligationskredit gedeckt, von dem er, um das Vertrauen wiederherzustellen, einen bedeutenden Posten selbst übernahm. Der gesamte Vorstand mußte gehen, und ein neuer geschäftsführender Direktor wurde ausersehen, der qualifizierte und angesehene Paul Du Buit. Alfred schrieb am 10. Oktober 1892 aus Paris an den Neffen Emanuel in Petersburg:

... Meine Stellung hier ist nicht mehr, wie sie einmal war. Ich stehe mit allen Direktoren, die ich hinauswerfen mußte, auf Kriegsfuß. Eine Folge dessen ist, daß ich mir ein Majoritätsinteresse beschaffen und behalten muß, das bedeutet 20 000 Aktien à 450 bis 500 Francs das Stück. Auch wenn einige Freunde mich unterstützen werden, ist es doch ein ungeheures Paket, und ich muß damit rechnen, es zu behalten und nicht zu veräußern. Wenn ich mir nicht die Aktienmehrheit sichere, kommen sowohl ich als auch meine Mitdirektoren in eine furchtbare Klemme, denn wir haben es mit einem Haufen Blutsauger von Advokaten zu tun. Es gibt auf der Welt nichts Gefährlicheres, als dem Vorstand einer französischen Gesellschaft anzugehören.

Bald wurden auch in der »Société Générale« kriminelle Transaktionen aufgedeckt. Verantwortlich für die Unregelmäßigkeiten waren der frühere Senator Le Guay und Barbes engster Vertrauter Arton, die später wegen Fälschung und anderer Vergehen verurteilt wurden. Am 1. November schrieb Alfred an einen englischen Geschäftsfreund:

Vor ein paar Tagen wurde ich unter Hinweis auf meine angebliche Verantwortung für die Arton-Le Guay'schen Veruntreuungen mit einer Forderung über die nette kleine Summe von 4 600 000 Francs konfrontiert. Das französische Gesetz ist höchst sonderbar: Vorstandsmitglieder, die guten Glaubens gehandelt haben, können verantwortlich gemacht werden, wenn man meint, daß ein Mangel an Kontrolle vorgelegen hat. Die Vorstandsmitglieder und deren Anwälte meinen zwar, daß ein solcher Mangel nicht vorgelegen hat, aber wenn es um einen Prozeß geht, ist sogar die Weisheit blind. Die Verstopfung eines Richters oder deren Gegenteil können oft seine Auffassung von Recht oder Unrecht beeinflussen...

Alfred hatte schließlich genug von Streit und Auseinandersetzungen. In einem anderen Brief aus jenen Tagen klagte er:

Der Handel mit den Sprengstoffen hat mich ganz krank gemacht, weil man ununterbrochen über Unglücksfälle, einengende Vorschriften, Bürokratie, Pedanterie, Schurkenstreiche und anderes Lästige stolpert. Ich sehne mich nach Ruhe und möchte meine Zeit meinen wissenschaftlichen Forschungen widmen, was mir unmöglich ist, wenn mir jeder Tag neuen Ärger bringt... Ich möchte mich aus dem Geschäftsleben völlig zurückziehen – und jeder Art von Geschäften...

Er legte auch sämtliche Vorstandsmitgliedschaften in den Dynamitgesellschaften nieder, um mehr Zeit in seiner Villa in San Remo und dem Laboratorium dort verbringen zu können. Er stellte sich Tage fern von den Sorgen der Finanzwelt vor. Seine Hoffnungen sollten sich nicht erfüllen. Als Großaktionär konnte er die Nobelunternehmen nicht einfach sich selbst überlassen. Er drückte ihnen weiterhin seinen Stempel auf – bis an sein Lebensende.

81

Brief 177

1890

Liebe Sofie,
(...)
Begreife mich recht: für mich giebt es kein Unterschied zwischen verheiratheten und nicht verheiratheten Frauen sobald wirklich beiderseits eine Einigung besteht und von beiden Parteien eingegangen wurde. Hier ist das aber durchaus nicht der Fall: ich habe Dich nie als Geliebte gesucht...
(...)
Mir geht's heute nach langer schwerer Krankheit etwas besser. Es war Inflammation der Kopf- und Halsnerven und [?] Nächte kein Schlaf sogar nicht mit Morphin.

Brief 180

25/11 1890

(…)
Verheirathet sein ist gut, nicht verheirathet sein ist auch gut aber die Zwittergeschichte die Du und die deinigen in Wien eingebroekelt habt kann keinem anständigen Menschen conveniren, am wenigsten jemand mit so empfindlichem Ehrgefühl und Sittlichkeitsgefühl wie ich es habe.

Brief 183

[Paris] 13/12 1890

(…) *Ich wäre sehr gerne zu Weihnachten nach Wien gekommen, denn alles sagt mir dort zu und heimelt mir an. Hier weiß ich kaum mehr wo die Theater stecken und in Wien macht es mir Freude die Burg zu besuchen. Aber ihr habt mir Wien als Aufenthalt unmöglich gemacht und scheint nicht einmal zu begreifen warum, schwachköpfiger kann man schon nicht sein.*

Brief 188

[Ende 1890]

(…)
Dein eben empfangener Brief ist allerdings ganz reuig und in sehr verändertem Ton gegen frühere halb insolente Schreiben die Du mir von Ischl und anderswoaus sandtest; die Hauptsache fehlt aber darin und das ist die directe Antwort auf meine wie ich glaubte klar gestellte Frage. In Wien und sogar im Kreise Deiner intimen Bekannten behauptet man dass Du in anderen Umständen seist und da ich die Pünkte auf die »i« setzen muss so thue ich es mit aller Klarheit und bitte Dich nochmals zu besinnen welche nachtheiligen Folgen für Dich ein albernes Verschweigen haben könnte und sicherlich auch haben würde. In meinen Augen giebt es keine größere Sünde als die Lüge und ein Verschweigen wäre bei solcher Gelegenheit offenbar die schlimmste aller Lügen.

Brief 189

1890

(…)

Ich stecke hier bis über die Ohren in Processe und Unannehmlichkeiten aller Art und weiß nicht wie und wo das endigen wird. Es ist eine wahre Räuberhöhle worin man nicht nur das ganze Vermögen sondern nebenher die Haut läßt.

82

BEATRICE: *Vergrabt ihn in der Erde, bevor er den Geist aufgegeben hat: begrabt ihn lebend, das wird ihm gut tun. Ich will zusehen!*

(Aus »Nemesis«, vierter Akt, Szene VII.)

Schlimmer als der Tod war für Alfred die Möglichkeit, lebendig begraben zu werden. Diese Angst hatte er von seinem Vater geerbt, und obwohl er in den meisten anderen Fällen rational dachte, erlebte er den Scheintod als eine reale Bedrohung. Vor diesem Hintergrund wird sein im Testament ausgedrückter Wunsch, kremiert zu werden und nach Eintreten des Todes die Pulsadern durchschnitten zu bekommen, verständlich. Die Furcht vor dem Scheintod war im übrigen während des 19. Jahrhunderts sehr verbreitet. Alfreds Fall wurde noch komplizierter durch die Tatsache, daß er an Klaustrophobie litt. Am 4. Januar 1881 überreichte er der »Société pour la propagation de la Crémation« in Paris eigenhändig 100 Francs.

Alfred mischt in seinen Briefen seriöse Überlegungen mit zynischem Jargon. Eine Erklärung dafür könnte sein, daß die Schwermut so an seinem Lebenswillen zehrte, daß der scherzhafte Ton seine einzige Möglichkeit war, dies zu verbergen. Schon vor seinen mittleren Jahren hatte er ernsthaft begonnen, der Frage nach dem Ende des Lebens ein intensives Interesse zu widmen. Das Neurotische seines Charakters kam unter anderem in seiner Forderung nach Perfektionismus zum Ausdruck. Es konnte um ein Detail in den Abrechnungen der Nobelunternehmen gehen oder um eine ausführliche Anweisung, wie sein toter Körper behandelt werden sollte.

Wenn Alfred in guter Sinnesverfassung war, deutete er an, daß bewußte Todesgedanken befreiend wirken konnten. Hatte man einmal den Gedanken akzeptiert, daß der Verlust des Lebens nicht nur ein Übel sein mußte, war man besser gerüstet, den Belastungen der noch ausstehenden Lebensjahre standzuhalten.

83

Im Januar 1891 schrieb Alfred an Sofie:

(…)

Es freut mich herzlich dass Du schließlich ein nettes Heim hast und ich wünsche dass es Dir darin recht gut ergehen soll und dass Du darin Zufriedenheit – das einzig wahre Vermögen – finden wirst. Ich würde Dich gerne dort besuchen, fand aber während unserem Aufenthalt auf dem Semmering dass unsere Ansichten über Schicklichkeit und Anstand weiter als je auseinandergehen, und da ich durchaus nicht gesonnen bin mich auf die Länge wie ein dummer Junge behandeln zu lassen so ist unser Verkehr miteinander wohl abgeschlossen. (…)

Vielen, vielen Dank für die schönen Knöpfe welche sehr fein und nett sind. Ich hatte im vorigen Jahr zu viel Kummer um mich mit Weihnachtsgeschenken abgeben zu können; auch erlaubte meine zerrüttete Gesundheit mir nicht mich mit Ankäufen abzuplagen; habe daher gar keine Geschenke gesandt und denke die Leute werden mich aufgrund meiner Trauer entschuldigen.

Alfred

Aus einem undatierten, vermutlich Anfang 1891 geschriebenen Brief geht hervor, daß Sofie eingesehen hat, daß sie endgültig die Gunst ihres Beschützers verloren hat:

Mein theurer Alfred, wenn ich Dich noch so nennen darf, denn aus meinem Herzen bist Du trotz der unendlich großen Qualen die ich erdulden muß, noch immer nicht gestrichen. Ich weiß es erst jetzt daß die Anklage gegen mich gar nicht egsistirt – u nur ein Complott sich gegen mich verschworen hat, u daß jene Schuld die man mir aufwälzt, von Dir gerne bestäthigt wurde, um mich mit immer mehr dem Unglücke Preis zu geben. Ich hätte nie u nimmer geglaubt, daß Du gerade gegen mich, die Dich so liebt u hochachtet so verfahren wirst, ich verdiene es bei Gott nicht, eine solche derartige Mißhandlung.

Du warst mein Alles auf dieser Welt, u auch noch Dich hat man mir entrissen u so für nichts ohne allen Grund. Du weißt es ja am besten, wie ich Dir ergeben war, wie ich Dich geachtet, Dir gefolgt, u Deine Wünsche waren mir immer Befehl. Ich habe so einfach still u rechtschaffen gelebt, nur für Dich den ich so abgöttisch liebe u solche Schmach mußte ich dafür erdulden. Ach mein Gott, ich kann ohne Dich nicht länger leben, ich bin so schwach, daß Du mich fast gewiss nicht mehr erkennen würdest. Ich bin halb wahnsinnig. Ach was soll ich thun...

Ich werde dann in ein Haus gehen, als was immer, u mir mein Brod verdienen, jedoch die schlechte Meinung die Du äußerst... wird nie bei mir in Erfüllung gehen.... Wenn Du mich auch für alles mögliche hältst, so kann ich Dir mein heiligstes Wort geben, daß ich von sehr guter Familie bin, u deshalb desto unglücklicher mich fühle.

Wenn Du mich auch hier läßt, so bist Du jeder Verpflichtung enthoben. Ich nehme mir ein kleines Zimmer u werde arbeiten... Ich habe Dich zu viel geplagt u deshalb muß ich jetzt büßen, u so elend werden. Wenn ich von Dir scheide so beanspruche ich nichts, als Deine Zahlung die Du mir bis jetzt gezahlt. – Von Pension ist bei mir keine Rede ich benöthige keine *solche Allmosen* denn ich habe es nicht aus Combination gemacht, daß weiß Gott. Deine Geschenke werde ich retourniren so wie alles andere, daß mich jetzt so elend läßt. (…)

Was soll ich thun. Komm nur auf einen Augenblick, nur sehr will ich Dich und Deine Hand an meine Lippen drücken. Ich möchte Dir so vieles sagen, vielleicht wirst Du dann an meine Unschuld glauben.

Erhöre mich und komme   Sofie

Samstag 7/2 [1891?]

Mein liebes Bubi!

(…)

…ich verspreche Dir aber heilig das ich keinen Kreuzer auf borg nehmen werde denn dadurch werde ich auch nicht so unruhig leben u die Ruhe ist ja das einzige was man hat.

Ich bin überhaupt jetzt fortwährend in Aufregung mein Zustand bringt das wahrscheinlich mit sich, u mein sehnlichster Wunsch ein Kind zu haben ist mir durch so viele Vorwürfe und Kränkungen ganz verleidet worden das wird auch statt einem Kind ein krankes Vieh werden…

Ich habe keine Freude mehr am Leben lieber Alfred u deine Härte dazu, das macht mich ganz krank.

Sofie

Alfred antwortete ihr diesmal umgehend:

10/2 1891

(…)

Ich möchte wissen was alles da noch angestellt worden ist um meinen ehrlichen Namen zu schänden. Es muss etwas grässliches sein denn meine Bekannte haben diesmal meine Neujahrskarten nicht erwiedert (…)

Dein ergebener

Alfred

Die einliegenden Zettel sind Italiener.

Sofie beeilte sich zu antworten:

Vielgeliebter Alfred!
Dein Brieferl von gestern verstimmte mich sehr u obzwar Deine Vorwürfe alle ganz gerecht sind so kränkt es mich furchtbar das Du so hart bist gegen mich. Ich verdiene es ja nicht u würdest Du einen Einblick in meine jetzige Lebensweise thun so möchtest Du überhaupt anders urtheilen u milder gegen mich verfahren.

Ich selbst liebes Bubi mache mir die bittersten Vorwürfe u bereue alles was Du mir vorwirfst, jedoch zu spät wie Du selbst sagst.

(…)

Vielen Dank für die 4 Stück Italiener u heute für die 4 Stück ungarische Actien ich bekam 4000 fl u sage Dir tausend Dank lieber Alfred.

(…)

Du bist ja öfters so skrupulös und glaubst gleich das Schlechte, kannst ganz beruhigt sein es geschieht nichts das Dir schaden könnte lieber Alfred. Und nun frag ich noch wie es Dir geht was Du machst. Ach wenn ich nicht so wäre würde ich sofort von hier wegreisen denn ich fühle mich so einsam u unglücklichwie noch nie. Das wird ein flaues Kind werden bei diesen Kummer u Verstimmtheit die ganze Zeit.

Viele tausend Küsse u Grüße u nochmals besten Dank
Deine Sofie

Diesmal erhielt Sofie keine unmittelbare Reaktion von Alfred, woraufhin sie aufs neue zur Feder griff:

Mein lieber Alfred!
Bis heute bekam ich noch immer keine Antwort auf meine beiden Briefe, erwarte selbe mit der größten Sehnsucht da ich nicht weiß was ich thun soll, Deine Rathschläge werde ich befolgen und bedaure nur das ich sie nicht schon früher befolgt habe,

würde gewiß jetzt ganz anders stehn u viel weniger Kummer auszustehn haben, denn unter solchen Umständen ein Kind zu bekommen ist hart u bitter, das kann ich am besten sagen u würde es meiner Tod-feindin nicht wünschen denn was ich ausstehe ist schrecklich möchtest es überhaupt nicht glauben lieber Alfred, denn alle Männer sind nicht so zartfühlend u gut wie Du lieber Alfred.
(…)

Schließlich erhielt Sofie einige Zeilen von Alfred:

Liebe Sofie,
Wie es aus Deinen Briefen nachklingt hast Du, armes Geschöpferl, sehr schweres erlitten, und wurdest dadurch für so manches frühere Vergehen schwer bestraft.
 (…)
 Nur eines verzeihe ich nie – wenn jemand sucht mich lächerlich zu machen.
 (…)

Alfred

Sofie antwortete umgehend:

Lieber Alfred!
(…)
 Ja gegen Dummheit kämpfen Götter vergebens das ist ein wahres Wort. Leider habe ich viel zu spät alles eingesehen u muß nun büßen, nur wer weiß wie lange noch So etwas ist ja immer halb im [?] ins besondere wenn man niemand hat so wie ich. Die Mutter ist doch die Hauptsache u die habe ich nicht, ferner giebt es Nebenumstände welche viel dazu beitragen sich nicht glücklich zu fühlen weder verheirathet noch eine andere Position Kurz alles dies grämt mich u mein Zustand leidet sehr darunter.
 Der einzige der gut und Gefühl hat bist Du, bist aber auch seit

kurzer Zeit ganz anders geworden u kümmerst Dich nicht um mich ich gehöre nun niemand an u stehe so allein (…)
Deine Sofie

Als Sofie von Alfred einen kurzgefaßten Brief mit ersehntem Inhalt erhalten hatte, schrieb sie um den Monatswechsel Juni/Juli 1891:

Vielgeliebter Alfred!
Vielen Dank für Deine Zeilen u Inhalt von 2000 Fr. welche ich gestern erhielt. War schon vor einigen Tagen ganz blank u hatte keinen Kreuzer Geld es giebt wohl wenig Frauen welche so dastehn wie ich ohne Heller weder in Papir noch erspartes Geld noch etwas in Händen. Wenn ich so über meine Zukunft nachdenke wird's mir ganz greusslich zu Muthe was aus mir werden wird.
(…)
Des Nachts kann ich vor Nachdenken gar nicht schlafen u weine oft stundenlang das Kind wird schön galle zur Welt kommen, man sagt die Kinder bei denen man viel Sorgen hat werden meistens mager und sehr häßlich.

Wie geht es Dir lieber Alfred, wie lange bleibst Du noch in Paris u wohin fährst Du?

Ich muß in dieser Hitze hierbleiben u am liebsten schon erlöst sein
Mit vielen Küssen
Deine Sofie

Diesem Brief folgte ein weiterer, datiert Mitdorf 8/7 1891:

Mein lieber Alfred!
Ohne erst eine Antwort auf mein letztes Schreiben abzuwarten, richte ich diese Zeilen an Dich, denn es kann jede Minute los gehen u dann wer weiß wann ich wieder gesund werde, Ich bin

ganz herunter gekommen u das macht mich noch mehr ängstlich, denn dazu braucht man Kräfte u gerade ich habe alles was ich besaß verloren. ob ich auch je wieder in meinem ganzen Leben so aussehen werde, das Kind wird jeden falls viel zu wünschen übrig lassen, denn ich hatte die ganze Zeit Kummer u Sorgen. Vieleicht machte ich mir viele selbst, denn die kleine Kröte hatte Gewissensbisse u die sind furchtbarer als alles andere.

Ach wenn ich bei Dir wäre lieber Alfred so gienge es mir gewiß besser, Du bist zwar sehr streng, aber in vielem sehr milde und gut alle anderen sind aufrichtig gesagt *gemein* u egoistisch dabei.

Ich habe jetzt erst die Menschen kennengelernt und werde selbe schwer vergessen, vielleicht besser das es so gekommen sonst wäre ich ein Trottel mein Lebtag geblieben.

Deine Sofie

Alfred befand sich auf Reisen, als er diesen Brief erhielt. In seiner Antwort heißt es:

Brief 196

17/7 1891

(...)

Es wäre nicht unmöglich dass ich auf einige Tage nach Gmunden käme; nur muss ich vordem eine lange, ermüdende Geschäftsreise durchmachen. Und solche sind für mich nunmehr kein Spaß denn von der geringsten Reise fühle ich mich wie von einer Krankheit mitgenommen.

(...)

Sofie hatte ihr Kind noch nicht bekommen, als sie den folgenden Brief schrieb:

Mein lieber Alfred!
Wenn ich Dir erst heute danke für Dein Schreiben samt Inhalt

von 2000 fr so geschah es nur aus dem einfachen Grund das ich bis heute noch immer keine Wohnung habe u nicht einmal Zeit finde zu schreiben Ich bin ganz außer Rand und Band, derart nervös u krank das ich es nicht lange mehr aushalten werde, ein unglücklichs Geschöpf die von niemand Rath noch Schutz hat! Du bist so gut gegen mich liebes Bubi u dennoch fühle ich nur zu sehr das Du gar kein Antheil an mein Geschick nimmst, selbstverständlich bin ich Schuld daran denn warum bin ich so albern gewesen u habe mich nach Wien gesehnt, jetzt sitze ich in der Patsche weiß nicht wohin noch aus (…) ich fuhr wieder nach Wien u suche nun schon 2 Monate vergebens, die Wohnungen sind so theuer müßen fast alle hergerichtet werden u ich habe gar kein Geld dazu. Unter 2000 fl ist nicht zu denken u alle diese im 3ten Stock, für mich zu hoch da ich den Bauch habe u nicht viel steigen darf.

(…)

Viele Küsse u Grüße von Deiner Sofie

84

Alfred war nicht der Ansicht, daß Bertha von Suttners Friedensbewegung ein realisierbares Handlungsprogramm hatte, aber er besuchte dennoch, wenn auch inkognito, ihren Friedenskongreß in Bern 1892. Bei einem Diner für die Eheleute von Suttner überreichte er ihr 2000 Francs für die Friedensbewegung.

Aus Berthas Memoiren wissen wir, daß Alfred sie während seines Aufenthalts in der Stadt nach Zürich und zu einer Bootsfahrt auf dem Züricher See einlud. Alfred besaß ein 12 Meter langes, silberglänzendes Aluminiumboot – das erste in seiner Art und Alfreds Stolz. Er hatte es auf den Namen »Mignon« getauft, und es war so geräumig, daß es bis zu dreißig Passagieren Platz bot. Ein entspannter Alfred saß selbst am Ruder und führte dem Motor mit einem kleinen Handhebel Brennstoff zu.

Er hatte das Boot unter ständigem Briefkontakt mit seinem Neffen, dem fünfundzwanzigjähren Ingenieur Ludvig, Roberts zweitem Sohn, bauen lassen.

Bertha hatte sich von dem in Bern stattfindenden 4. Weltkongreß frei genommen. In ihren Memoiren erzählt sie, daß Alfred über einige große Villen am Seeufer geäußert habe: »Ja, das haben alles die Seidenwürmer gesponnen.« Sie erwiderte: »Dynamitfabriken sind vielleicht noch einträglicher als Seidenfabriken, und weniger unschuldig.« Blitzschnell entgegnete Alfred: »Meine Fabriken werden vielleicht dem Krieg noch früher ein Ende machen als Ihre Kongresse...«

Auch wenn er in gewissen praktischen Fragen eine abweichende Meinung hatte, sympathisierte Alfred mit der zentralen Botschaft in »Die Waffen nieder«. Er hob gegenüber Bertha auch hervor, daß man ebenfalls Armut, religiöse Vorurteile und alle Formen von Ungerechtigkeiten bekämpfen müsse.

Der Friedenskongreß in Bern ließ Alfred nicht unberührt. Nach seinem Aufenthalt dort suchte er eine qualifizierte Person zu finden, die ihn über die Friedensarbeit in der Welt unterrichtet halten sollte. Zufällig suchte zu dieser Zeit ein pensionierter türkischer Diplomat, Aristarchi Bey, eine Anstellung bei ihm. Es kam zu einer Zusammenarbeit, die indessen nicht zu Alfreds Zufriedenheit ausfiel. Nach einiger Zeit fand er die Berichte des ehemaligen Diplomaten allzu wortreich und zu substanzlos.

Aber während der kurzen Zusammenarbeit schrieb Alfred einen Brief an Aristarchi Bey, der von prinzipiellem Interesse ist:

Ich bin erstaunt über die rasch wachsende Anzahl kompetenter und ernsthafter Kongreßteilnehmer, aber auch über die unsinnigen Anstrengungen, die andere Schwätzer produzierten, und die imstande sind, das Scheitern auch der besten Absichten zu verursachen... Alle Regierungen ohne Ausnahme haben ein Interesse daran, Kriege zu verhindern, wie sie von Zeit zu Zeit von Industriebaronen vom Typ Boulanger provoziert werden. Wenn man nur eine Möglichkeit finden könnte, deren Anzahl zu verringern, so würden die meisten Regierungen dies wahrscheinlich dankend akzeptieren. Ich frage mich, warum man nicht die gleichen Gesetze für Duelle zwischen Nationen hat wie für solche zwischen Individuen. Man ernennt Zeugen, die feststellen, ob die Ursachen für ein Duell schwerwiegend genug sind. Eine solche Voruntersuchung kann Nationen sicher nicht daran hindern, sich zu bekriegen, aber wer würde unter solchen Umständen das Risiko des Hasses aller oder der Gefahr einer Verbündung aller gegen den alleinstehenden in Kauf nehmen? Als Zeugen sollte man entweder neutrale Regierungen nehmen oder ein Tribunal wie das House of Lords. Ich wäre sehr glücklich, wenn ich auch nur um einen Schritt dazu beitragen könnte, daß die Arbeit der Friedensprozesse vorangeht, und würde dabei keine Kosten scheuen. Man sollte meinen Vorschlag nicht als utopisch abtun, denn schon die Regierung von Henry IV. arbeitete ernsthaft an der gleichen Sache, bis Ravaillac mit seinem Mord leider dem ganzen den Garaus machte. Im übrigen sind seit 1816 nicht weniger als 62 Fälle durch Schiedsspruch entschieden worden. Das beweist, daß auch wenn die Völker ganz unterdrückt sind, die Regierungen es nur zur Hälfte sind.

In einem anderen Brief schreibt Alfred im November 1892:

Ein Schiedsgericht sollte von sämtlichen neutralen Ländern die Garantie erhalten, daß das Urteil durchgesetzt wird – auch mit Waffengewalt. Geben wir zu, daß alles andere besser ist als Krieg. Alle Grenzen sollen unangetastet bleiben und eine Erklärung abgegeben werden, daß jeder Angreifer ganz Europa gegen sich hätte.

Alfred stellte sich vor, daß die Regierungen sich durch förmliche Verträge verpflichten sollten, gemeinsam jedes angegriffene Land zu verteidigen, wonach eine partielle Abrüstung stattfinden müsse. Eine Entlassung sämtlicher Truppen wollte er nicht empfehlen, »weil es doch eine bewaffnete Truppe zur Aufrechterhaltung der Ordnung geben muß«.

85

Als Sofie ihr Kind von dem jungen Kavallerieoffizier bekommen hatte, schrieb Alfred ihr weiterhin freundliche, aber unpersönliche Briefe. Er hatte dafür gesorgt, daß sie jährlich 6000 Florinen aus Zinserträgen bekommen sollte. Eine für die damalige Zeit sehr gute Leibrente – doch für jemand, der sich an ein Leben in Luxus gewöhnt hatte, reichte es nicht weit.

Sofie schrieb deshalb am 16. Januar 1892 an Alfred, um ihn um mehr Geld zu bitten:

Mein lieber Alfred!
Ich höre schon lange nichts von Dir bin daher sehr besorgt denn ich bin selbst sehr leidend u habe keine Ruhe denke fortwährend an Dich u möchte gerne wissen wie es Dir geht u was Du so machst.

Du schreibst so selten u wenn eine Nachricht von Dir kommt so höre ich nichts als Vorwürfe u Gemeinheiten welche ich nicht verdiene da ich ja niemals so zurückgezogen u sparsam gelebt habe. aber die Schulden welche ich von früher habe u noch auf den Namen Nobel sind möchte ich gerne zahlen, denn es wirft so ein schlechtes Licht wenn ich nicht zahle. ich versprach Dir ja niemals mehr Schulden zu machen.

(...)

Zu leben habe ich ... kein Geld u mußte heute meine letzte Brosche versetzen, ja wie jetzt ist es mir noch nie gegangen, ich bin ganz verzweifelt denn so im Elend war ich nicht einmal zu hause, und das arme Kind welchem Schicksal geht es entgegen??

Es grüßt und küßt Dich herzlich Deine

Sofie

Zwei Tage danach folgte ein neuer Brief:

[Lieber Alfred!
Seit drei Wochen hast Du mir nicht eine einzige Zeile geschrieben. Den Anlaß weiß ich nicht. Es ist ja sonst nicht Deine Gewohnheit, überhaupt nicht zu antworten und mich mit meinen Sorgen allein zu lassen. Ich habe allerdings die drei Briefe nach Paris gesandt, da ich nicht wußte, daß Du schon in San Remo bist und Deine Villa fertig hast. In Wien redet man von der Pracht und der Eleganz, die Du in Deinem Haus haben sollst.

Ich wünsche Dir viel Glück in Deiner neuen Wohnung, aber es ist kränkend für mich, daß Du mir nie Deine Adresse gibst, sondern daß ich sie von fremden Menschen bekommen muß.

Wie steht es mit Deiner Gesundheit? Gut hoffe ich. Die feine Luft dort wird Dir guttun. Wie ich hörte, hast Du viel Gesellschaft. Die Wiener hier dagegen können es wirklich, wenn es darum geht. Alles Süße im Gesicht und falsch hinter dem Rükken!

Ich möchte Dich bitten, Alfred, mir etwas Geld zu schicken. Ich bin seit 14 Tagen ganz ohne Geld und mußte meinen letzten Ring versetzen, um leben zu können, so weit ist es mit mir gekommen. Übrigens, hast Du das kleine Visitenkartenfutteral erhalten? Ich meinte, Du hättest etwas davon erwähnt.]

Einige Wochen später erhielt Sofie Antwort von Alfred:

Brief 198

Genua 2/2 1892

Liebe Sofie,
Vor allem muss Du mir nach Paris adressirt einen klaren detaillirten Aufsatz über Deine Schulden einsenden. Dann wollen wir sehen ob ich mich entschließe noch etwas zu thun um Dich aus der durch Blödsinn entstandenen Verlegenheit zu helfen. Es

klingt fast unglaublich dass es Dir gelungen sei so viel Geld zu verschwenden und noch außerdem Schulden zu machen.
(…)

Sofie antwortete:

Mein lieber Alfred!
Vielen und besten Dank für Deine lieben Zeilen samt Inhalt von 2000 fr. nebst Telegramm Du kannst Dir lieber Alfred meine Freude bei Empfang der Depesche gar nicht vorstellen Ich hatte so viele Sorgen, grübelte über mein Schicksal machte mir Vorwürfe und wurde davon auch krank.
(…)
Der Schmuck den ich versetzte macht schon über 1000 fl aus, ich mußte es thun da ich oft keinen Heller im Hause hatte. Die Krankheit und die Pflege für das Wochenbett kostete sehr viel, nebstbei habe ich bei jedesmaliger Sendung gleich noch etwas abgezahlt u hatte dann in einigen Tagen wieder nichts zum leben. So ging es immer u zuletzt mußte ich etwas versetzen oder ausborgen mir, von solchen Sorgen u Kummer wußte ich vorher nichts, alles habe ich mir selbst gemacht war blöde u jetzt muß ich dafür leiden und büßen. Ach mein armes Kind das so schön u reizend, ist am meisten zu bedauern. Von mir will ich nichts sagen ich habe mir die Suppe selbst eingebrockt u muß sie auch auslöffeln. Deine heutigen Zeilen erhielt ich waren für mich nicht sehr schmeichelhaft u kränke ich mich sehr, täglich u täglich solche Vorwürfe.

Nachdem sie weitere zwei Geldsendungen erhalten hatte, schrieb Sofie:

(…)
[Du bist ja so gut und hast ein Herz wie selten jemand in dieser Welt. Wie oft denke ich zurück, wie gut Du mich behandelt hast, an die Herzlichkeit, an Deine Güte und Deinen Edelmut.

Kurz gesagt alles, das ich bei Dir und von Dir bekam. Seit einem Jahr ist alles vorbei, und was mir in meinem Leben noch Freude bereitet, ist mein Kind, das ich vergöttere und liebe und zum Fressen gern habe.

Du schreibst, lieber Alfred, gar nichts von einem Zusammentreffen, nur daß ich mich nach jemand anderem umsehen soll, aber ich bitte Dich doch und wäre so glücklich, liebes Bubi, Dich zu sehen. Du würdest mich nicht wiedererkennen, so sehr habe ich mich in allem verändert, zufrieden und einfach und kein Gedanke an Prunk. Wenn ich bei Dir wäre, würde die gute Laune und alles andere wiederkommen.

Du willst ja auch mit mir über so viel sprechen. Ich glaube, daß es besser wäre, sich persönlich zu treffen, als daß es durch fremde Menschen geschieht. Meinst Du nicht auch?

Ich hätte Dir auch so vieles zu sagen und Dich auch um Rat zu fragen, aber das läßt sich auf Abstand nicht machen. Ich würde schnell packen und kommen, und wenn es ans Ende der Welt wäre.

Natürlich ängstige ich mich sehr um die kleine Gretl, dir mir ihre Ärmchen entgegenstreckt und Mama sagt. Sie ist so verständig. Das hat sie nicht von mir, nur die Lebhaftigkeit und Freundlichkeit. Sie sieht aus, als wäre sie schon ein Jahr alt, so groß ist sie. Sie hat wunderbare blaue Augen und einen bezaubernden kleinen Mund mit sechs Zähnen, eine Seltenheit mit acht Monaten. Wenn Du die Kleine sehen könntest, würdest Du sie sehr gern haben. Ja, sie ist das einzige, was ich nun habe, und bekäme ich dazu Dich, lieber Alfred, in diesem Augenblick, dann würde ich die ganze Welt umarmen! Aber Du denkst anders und bist noch immer bös. Obwohl ich Dir versprochen habe, nie wieder Schulden zu machen!]

Brief 199

24/2 1892

Liebe Sofie,

(...)

Du hast ja jetzt wie Du mir schreibst ein Töchterlein das Dir viel Freude bereitet. Hoffentlich wird Dir daraus ein Lebenszweck und ein Lebenstrost entspringen.

(...)

Ich habe Dir doch lange her geschrieben dass ich ungeheure Verluste erlitten habe. Das hätte Dir doch die Augen öffnen sollen und dem gewissenlosen Treiben ein Ende machen.

Brief 200

16/3 1892

(...)

Einliegend übersende ich Dir, damit Du die Schuld an K. Trensch, worüber Du mir geschrieben, tilgen kannst 2 Ungarische Scheine welche ungefähr 2200 Fl entsprechen und außerdem einen Tausend Franken Zettel.

(...)

Nun gehst Du sofort hin und machst die Zahlung in Gegenwart eines Zeugen, verlangst den Wechsel quittirt zurück und sendest mir denselben oder dieselben umgehend unter recommandirtem Couvert.

Brief 202

18/5 1892

(...)

Man sagt der Chistus sei ein sehr guter und nachsichtiger Bursche gewesen. Er hatte aber auch ein Papachen der ihn dafür anständig belohnen konnte und seither soll er im Himmel wie »Gott in Frankreich« leben. Ich aber, der gar keine so hohe Verwandschaft besitze, kann gar nicht einsehen warum man mir zumuthet um 10% gütiger und nachsichtiger als das Gottessöhnchen zu sein. Außerdem war mir höchstderselbe in der Multiplikationstabelle himmelweit überlegen. Sobald einer mir zeigt wie ich aus drei abgenagten Fischen flugs 2000 fette Fische mache – ohne Hocus pocus – so werde ich mir 3000 Fische kaufen und daraus 2 Millionen machen welche mir viel Geld einbringen werden. Damit werde ich aber viel splendider sein als der gekreuzigte und vielleicht zürnt mir dann der liebe Gott weil ich seinen erstgeborenen an Wohlthätigkeit übertreffe. Mittlerweile gedenke ich aber Dir und den deinigen zu zeigen dass obwohl ich sehr gut bin ich doch nicht gesonnen bin mich weiter ausbeuten zu lassen. Bitte dieses kleine Wörtchen nicht zu übersehen.

Brief 203

13/11 92

(…)

Es ist wieder die linke Lunge welche mir diesen Spaß macht. Bonato tröstet mich damit dass alle welche ungewöhnlich lange Nägel haben, wie ich, zur Schwindsucht auserkoren sind, von dieser vermeintlichen Thatsache bin ich jedoch nur halb überzeugt…

(…)

Das liegt an verschiedenen Verpflichtungen die ich übernommen habe und welche mich jetzt bleischwer drücken. Wenn man mit Neuerungen arbeitet ist nichts schwerer als vorauszusehen wann man damit fertig werden kann. Es scheint dass jeder Tag das gewünschte Resultat herbeiführen soll und man weiß nicht wie und warum aber Woche nach Woche und Monat nach Monat vergehen ehe alles klappt wie es soll…

Zur gleichen Zeit schreibt Sofie an Alfred:

[Mein lieber Alfred!
Ich kann keine Wohnung finden, da alle zu teuer sind. Dazu habe ich große Schwierigkeiten, weil ich nicht verheiratet bin.

Die Esel hier haben solche Vorurteile, und die jüdischen Hausbesitzer sind, wie Du weißt, richtige Schurken. Ich bin verzweifelt. Es ist deprimierend, im Winter mit einem kleinen Kind in einem kalten Hotelzimmer zu wohnen und schlechtes Essen zu bekommen. Es ist als ginge jetzt alles gegen mich. Ich fühle mich nicht glücklich, seit ich Dich verlassen habe. Es ist so einsam und ich bin so herunter, daß ich oft denke, es wäre besser, wenn ich mir das Leben nehme.

(...)

Du kannst Dir nicht vorstellen, was man hier in Österreich auszustehen hat, wenn man nicht verheirathet ist. Kapy will sich mit mir verheiraten, und um des Kindes willen könnte ich das tun. Sie ist so süß, und Du kannst Dir nicht vorstellen, wie klug sie spricht ... aber sie muß doch einen Nachnamen haben. Wie soll ich das regeln. Gibst Du die Erlaubnis, Deinen zu benutzen? Du bist doch für mich alles in der Welt.

Herzliche Küsse von Deiner ewig liebenden
Sofie]

Brief 205

[Dezember 1892]

Liebe Sofie,
(...)

Wie sehr ich mich hier auch abplage so konnte ich bis jetzt noch nicht mit den vorliegenden Arbeiten zurecht kommen und bin darüber in eine unbeschreibliche Nervosität gerathen. Kein Mensch in dieser Stadt von 2 1/2 Millionen Menschen lebt so wie ich und plagt sich so ab.

Am 21. Dezember 1892 schrieb Sofie aus Wien:

Mein lieber Alfred!
(...)

Was mich sehr betrübte ist die Nachricht das Du nicht so ganz wohl bist wie ich vermuthet habe Als ich Dich das letztemal sah, warst Du völlig verjüngt u kein Mensch würde glauben das Du mehr als 45 Jahre hast Ich glaube das kommt von Deiner Güte lieber Alfred Du bist ja so gut wie kein zweiter auf Erden Ich wünsche Dir auch alles Gute, viel Glück u recht angenehme Feiertage Ich wäre so gerne zu Dir gekommen damit Du meine Kleine gesehen hättest, sie ist reizend, das Plauschen von ihr würde Dir gut gefallen u fortwährend lacht die Kleine, hat einen süßen, apetittlichen, Mund kleine Hände u Füße nicht so wie die Fotografie zeigt. Denke Dir, der Fotograf sagte so ein lebhaftes gescheidtes Dingerl sei ihm selten vorgekommen als er sich das schwarze Tuch um den Kopf nahm schrie sie fortwährend Kuß, Kuß spielen u lief zu ihm, ungenirt u herzig ist sie über alle Maassen ... Was mir zu meinem Glücke fehlt bist Du lieber Alfred u Dich habe ich durch mein Verschulden verloren ...

Brief 206

Nizza 23ten 12 [1892]

Liebe Sofie,
(...)
Mir giebt mein Herzleiden viel zu schaffen und ich verbringe hier Weihnachten in größter Zurückgezogenheit und Einsamkeit. Ich kenne hier keine Seele und gebe mir nicht einmal die Mühe nachzuschauen ob in der Fremdenliste bekannte Namen vorkommen.
(...)

Alfred

86

Bertha von Suttner, die Friedensnobelpreisträgerin des Jahres 1905, berichtet in ihren Memoiren, daß es Alfred war und nicht sie, der in Paris zuerst das Gespräch auf die Friedensfragen gebracht habe:

»Ich möchte einen Stoff oder eine Maschine schaffen können, von so fürchterlicher, massenhaft verheerender Wirkung, daß Kriege dadurch überhaupt unmöglich würden.«

Spätere Forschung hat auch bestätigt, daß es nicht in erster Linie Bertha war, die Alfreds Interesse für den Frieden weckte, aber daß ihr Engagement es in den folgenden Jahren stimulierte, jedoch nicht in so hohem Maße, wie sie in ihren Memoiren geltend macht.

Bereits im April 1885 – also zwei Jahre vor dem Besuch Berthas und ihres Mannes in Alfreds Haus in Paris – schrieb er einem Friedensfreund in Belgien:

Ich werde mehr und mehr philosophisch. Mein Zukunftstraum unterscheidet sich nicht sehr vom Kohlanbau des Diocletian, bewässert mit dem Wasser des Lethe. Je mehr ich die Kanonen dröhnen höre, je mehr ich Blut fließen, Plünderung legalisiert und den Revolver sanktioniert sehe, desto ausgeprägter und stärker wird dieser Traum.

Alfred spielt auf den römischen Kaiser Gajus Aurelius Valerius Diocletianus an, der im Jahre 305 nach einer schweren Krankheit den Thron verließ, um unter anderem in Salona in Dalmatien Kohl anzubauen. Das »Wasser Lethes« bezieht sich auf den unterirdischen Fluß, dessen Wasser der griechischen Mythologie zufolge den Toten Vergessen schenkt.

Alfreds Brief bezeugt, welche Sorgen es ihm bereitete, daß die Sprengstoffe, die er für friedliche Zwecke erfunden hatte, auch zur Gewaltanwendung und im Krieg benutzt wurden. Den Krieg bezeichnete er als »Schrecken der Schrecken und das größte aller Verbrechen«, und er verabscheute alle Formen von Gewalt.

Das Problem der Verantwortung von Forschern und Erfindern wurde gut ein halbes Jahrhundert später von Albert Einstein, der 1921 für seine Theorie über den fotoelektrischen Effekt den Physik-Nobelpreis erhielt, auf die Spitze getrieben.

Einstein war ein Vorkämpfer des Friedens wie Bertha von Suttner, Mahatma Gandhi, Martin Luther King und Bertrand Russell. Er hielt 1945 nur einige Monate nach den Atombombenabwürfen über Hiroshima und Nagasaki eine Rede bei einem Nobelpreisträgerbankett. Einstein erklärte, daß sich die Wissenschaftler bei dieser Gelegenheit in dem gleichen Dilemma befunden hätten wie Alfred Nobel nach der Entdeckung des Dynamits:

»Er erfand einen Sprengstoff, der kräftiger war als irgendein vorher bekannter – ein außerordentlich effektives Vernichtungsmittel. Um sein Gewissen zu erleichtern, stiftete er den Nobelpreis.«

Alfred ließ häufig durchblicken, daß er meinte, wenig Veranlassung zu haben, seine Erfindungen vor der Nachwelt zu rechtfertigen. Seine eindeutige Auffassung war, daß seine Sprengstoffe von allgemeinem Nutzen waren, nicht zuletzt im Bergbau und im Verkehrswesen, aber er war sich auch darüber im klaren, daß »es nichts gibt in der Welt, das nicht mißbraucht werden kann«. Er meinte, daß man von Forschern und Erfindern keine Verantwortung fordern könne. Es seien die Politiker und Generale, die Kriege führten. Im Prinzip ist dies die gleiche Auffassung, wie sie Göran Hermerén, Professor der praktischen Philosophie in Lund, vertritt. Er hat über Ethik und Moral im Schatten der Atombombe geforscht: »Nicht die Technik ist böse oder gut, sondern natürlich nur, wie sie angewendet wird.«

Nicht einmal als Alfred 1894 in Bofors die waffentechnologische Entwicklung priorisierte, scheint er, den Briefen nach zu urteilen, von Skrupeln befallen gewesen zu sein. Er stellte fest, daß er Erfinder sei und aus »rein technischen und nicht kommerziellen und finanziellen Motiven« handele, im Gegensatz zu jenen, die allein aus Profitgründen Waffen fabrizierten, welche er verächtlich »Schädlinge« nannte.

Während einer Diskussion mit einem Waffenproduzenten in Paris äußerte er: »Krieg muß für die Zivilbevölkerung zu Hause ebenso todbringend gemacht werden wie für die Truppen an der Front. Lassen Sie das Damoklesschwert über jedermanns Kopf hängen, meine Herren, und Sie werden ein Wunder erblicken – alle Kriege werden mit einem Mal aufhören, wenn die Waffe Bakteriologie heißt.«

Es findet sich eine bemerkenswerte Übereinstimmung zwischen diesem Zitat und einer Dialogpassage in »Nemesis«. An beiden Stellen spricht Alfred vom Damoklesschwert – seit dem fünften Jahrhundert vor Christus das Sinnbild für die Unsicherheit des Daseins. Im IV. Akt, Szene 4, seines Dramas heißt es:

GUERRA: *Siehst du, welches Damoklesschwert über Deinem Haupt hängt?*
BEATRICE: *Ich sehe es wohl, aber keine Warnung hilft. Ich werde von einer unsichtbaren Hand zur Vollendung meines Schicksals getrieben.*

1890 schrieb Alfred: »An dem Tag, wenn zwei Armeekorps sich in einer Sekunde gegenseitig vernichten können, werden wohl alle zivilisierten Nationen vor einem Krieg zurückschrecken und ihre Truppen entlassen.« Auch wenn er häufig die technische Entwicklung richtig voraussah, überschätzte er doch grob die Vernunft »aller zivilisierten Nationen«.

Als Bertha mit ihrem »Die Waffen nieder« weltweiten Erfolg hatte, sandte sie Alfred eine schwedische Übersetzung des Buchs mit einer Widmung. Es dauerte ein paar Monate, bis er sich bedankte, aber dafür war sein Dankesbrief um so höflicher:

April 1890

Liebe Gräfin und Freundin!
Ich habe gerade die Lektüre Ihres bewundernswerten Meisterwerks beendet. Man sagt, daß es zweitausend Sprachen gibt – das sind 1999 zuviel –, aber selbstverständlich muß Ihr bemerkenswertes Werk in sie alle übersetzt werden. Es muß von allen Men-

schen gelesen und bedacht werden. Wie lange brauchten Sie, dieses Wunder zu erschaffen? Sie müssen mir die Frage beantworten, wenn ich die Ehre und das Glück haben werde, aufs Neue Ihre Hand zu drücken – die Hand einer mutigen Amazone, die dem Krieg den Krieg erklärt hat.

Alfred schrieb den Brief auf französisch, schloß ihn aber plötzlich auf englisch:
Yours for ever and more than ever, Alfred Nobel.

Der weitere Briefwechsel läßt erkennen, daß es Bertha kaum gelungen war, ihn davon zu überzeugen, daß ihre Friedensstrategie die richtige sei. Dennoch konnte sie eine gewisse Befriedigung empfinden. Sie konnte den berühmten Dynamitkönig als Mitglied ihrer Friedensvereinigung registrieren.

Zum Friedenskongreß in Bern 1892 gab Alfred eine prinzipielle Erklärung ab, nachdem er Bertha eine kleinere Summe als Kostenbeitrag gesandt hatte:

Ich glaube nicht, daß es in erster Linie an Geld fehlt, sondern an einem wirklichen Programm. Noch so gut gemeinte Wünsche allein sichern keinen Frieden. Das gleiche läßt sich von Banketten und langen Reden sagen. Man muß den Regierungen einen akzeptablen Plan präsentieren. Abrüstung zu fordern, bedeutet ja fast, sich lächerlich zu machen, wenn es niemandem Nutzen bringt. Eine unmittelbare Einsetzung eines Schiedsgerichts zu fordern würde auf tausend Vorurteile stoßen. Um Erfolg zu haben, muß man vorgehen wie in England bei Gesetzesvorschlägen, über deren Annahme man sich nicht sicher ist. Man stiftet in solchen Fällen provisorische Gesetze von zwei oder sogar nur einem Jahr Gültigkeitsdauer ... Wäre es beispielsweise zuviel verlangt, daß die europäischen Regierungen sich verpflichteten, für die Dauer eines Jahres jeden zwischen ihnen aufkommenden Streitfall einem zu diesem Zweck eingesetzten Schiedsgericht zu unterbreiten? Oder wenn sie sich dem widersetzen, daß sie auf je-

den Fall innerhalb der festgesetzten Zeit auf jede Kriegshandlung verzichten... Am Ende der Frist sollten alle Staaten sich beeilen, den Friedenspakt um ein Jahr zu verlängern. Auf diese Weise brächte man nahezu unmerklich eine längere Friedensperiode zustande. Erst danach lohnt es sich, an eine allgemeine Abrüstung zu denken, die alle anständigen Menschen und fast alle Regierungen wünschen...

87

Brief 209

17/1 1893
Liebe Sofie,
(...) Nicht nur äußerlich sondern auch innerlich bin ich ganz grau geworden.
(...)

Sofie schrieb am 22. März aus Meran an Alfred:

[Lieber Alfred!
Durch Herrn Haidner erfahre ich, daß Du nichts dagegen hast, wenn Rittmeister Kapy von Kapivar sich mit mir verheiratet. Ich tue diesen Schritt um des Kindes willen, das ich über alles liebe. Ich will ihr einen Namen geben, so daß sie sich später nicht zu schämen braucht und die Menschen mit dem Finger auf sie zeigen, weil die arme Kleine ein uneheliches Kind ist, dessen Mutter gefehlt hat. Warum soll das arme Geschöpf das ganze Leben dafür leiden?
(...)
Ich war sehr niedergeschlagen, als ich von Haidner hörte, daß Du das Kind betreffend in der Erbfrage nicht getan hast, was Du versprochen hast. Du versprachst ja, wenn es ein Mädchen würde, Dich ihrer anzunehmen und auf jeden Fall keinen Groll

gegen sie zu hegen. Ein außereheliches Kind würde Dich ja juristisch nichts angehen und meine Leibrente wertlos sein, so daß die arme Kleine nach meinem Tod nichts bekäme.

Nein, so unbarmherzig kannst Du nicht sein, lieber Alfred, nicht wahr? Du mußt es mit der Leibrente so einrichten, daß mein armes Kind nach meinem Tod Geld bekommt, das kann man doch. Mein Kind ist noch so klein, und Deine Erben werden gewiß nicht auf das Geld angewiesen sein...]

Brief 212

Undatiert

Liebe Sofie,
Was glaubst Du mir da für Kindermärchen anbinden zu können? Ein Advokat ist kein grüner Junge welcher nicht weiß was eine Clientin ihm schuldet oder nicht. In Juli 1892 schrieb Herr B. eigenhändig eine Rechnung an dich aus welche in vollem Widerspruch zu dem steht was Du jetzt behauptest. Die Geschichte ist also nicht geheuer und da Gott, der Pabst und die Rechtsgelehrten ja unfehlbar sind so bleibt nichts anderes übrig als anzunehmen dass Du die Sache absichtlich verdreht hast.

Sofie antwortete am Samstag, dem 11. August 1894:

Mein lieber Alfred!
(...)
Aus Deinen Zeilen habe ich ersehen das Du glaubst betreff der Summe es war Schwindel, nur lieber Alfred da kann ich Dir die Versicherung geben das ich das Geld von ihm bekommen habe *ohne Zinsen* glaube mir ich lüge nicht u bitte Dich vielmals das Du Dich an ihn selbst wendest falls du mir nicht Glauben schenkst –
(...)
Ich lieber Alfred habe ja nichts davon, will nur das ich keine Schande habe u nicht als Bettlerin ohne [?] dastehe, u deshalb

bitte ich Dich tausendmal darum die ganzen Nächte träume ich nichts als von Execution u einmal sogar das sie mir mein Kind auch gepfändet hätten so eine Dummheit Ach solche Sorgen sind schrecklich das ich das erleben würde hätte ich mir nicht gedacht ich bin vom Himmel in die Hölle gekommen u nur aus lauter Dummheit!
(...)

Viele Grüße u Küsse von deiner Sofie.

88

Am 20. Januar 1897 veröffentlichte Bertha von Suttner in der »Neuen Freien Presse« einen Nachruf auf Alfred Nobel. Sie hob unter anderem hervor, daß er rastlos an der Vollendung von Kanonen und Projektilen gearbeitet habe. Er sei der Ansicht gewesen, die immer schrecklichere Entwicklung der Waffentechnik müsse die Absurdität und Unmöglichkeit kommender Kriege immer deutlicher machen und auf diese Weise zu ihrer Abschaffung beitragen.

In ihrem Nachruf bestätigte Bertha auch, daß Alfred regelmäßig Geld an die österreichische Gesellschaft der Friedensfreunde geschickt habe, was einige Spötter veranlaßt habe, auf den Widerspruch hinzuweisen, der darin liegen sollte, daß der Erfinder des Dynamits und des rauchschwachen Pulvers für den Friedensgedanken geschwärmt habe. »Nein, Nobel schwärmte nicht; er handelte im klaren Bewußtsein seines Ziels.«

Alfreds Kritiker haben geltend machen wollen, daß sein Engagement für die Friedensbewegung nur dem Zweck gedient habe, seine Investitionen in der Waffenindustrie in einem günstigeren Licht erscheinen zu lassen. Unzweifelhaft versah Alfred die Kritiker mit Munition, indem er in seinen Aussagen nicht immer konsequent war. So soll er dem Chef der französischen Rüstungsfirma »Schneider & Cie.« E. Schneider zufolge 1890 in Paris versichert haben: »...nur eine Steigerung der tödlichen Präzision des Kriegsgeräts wird uns keinen Frieden schaffen können«.

Alfreds umfassendes wirtschaftliches Engagement und die Tatsache, daß er auf zwei Stühlen saß, bewirkten, daß vieles von dem, was er sagte und tat, mißverstanden wurde. Sigvard Strandh hat eine treffende Beobachtung gemacht, als er konstatierte, daß die Erhaltung des Friedens für Alfred, dessen Dynamitfabriken über ganz Europa verteilt waren, von größter Wichtigkeit war, damit ein freier Warenaustausch zwischen den Ländern stattfinden konnte.

Anderseits war sein Interesse am Frieden so genuin, daß er sicher auch ohne diesen Nützlichkeitsaspekt weiterhin großzügige Spenden für die Friedensarbeit geleistet hätte.

89

Am 10. Juli 1894 schrieb Sofie:

Lieber Alfred!
Trotzdem ich angewiesen bin von Dir Nachrichten durch dritte Personen zu bekommen, so kann ich es nicht unterlassen Dir zu sagen das ich zu Deiner Religion übergetreten bin u Protestantin geworden bin selbsredend auch mein Kind, jetzt stehen wir uns eigentlich noch näher als wie bisher u ich hoffe das Du dein gutes edles Herz nicht mehr von mir abwenden wirst
(…)
Wenn auch die Liebe schwindet muß die herzliche Freundschaft bis ans Grab bleiben. Ich bitte Dich bleib auch wenigstens meinem Kinde das so lieb und nett ist ein guter Freund, denn ich schließe schon ganz mit dem Leben ab. Es ist sehr bitter von Geld zu reden, (…) u wenn du mich schon abfertigen willst lieber Alfred so bitte ich Dich mir 200 000 fl zu geben, dann hast Du doch das Bewustsein daß ich u mein Kind versorgt sind u leben können das Geld kannst Du ja anlegen in einer

Bank daß ich nur die Interesse bekomme, es sind ja ohnedies nur 8000 fl wie muß man da sparen…

Brief 215

Aix 12/9 1894
Liebe Sofie,
(…)
Ich fand Dich bei besserer Gesundheit als je bevor und weiß nicht warum Du jammerst. Allerdings fehlt Dir etwas und Deine Umgebung ist weder die beste noch die angenehmste. Aber im großen ganzen gehörst Du nicht zu den Unglücklichen obwohl Du alles mögliche angestellt hast um es zu werden.
(…)
Ein Heidenglück hast Du gehabt das muss sich jeder sagen der die Verhältnisse kennt, denn jeder andere an meiner Stelle hätte Dich ruhig dem Elend überlassen welches Du wirklich bestrebt warst herbeizuführen.
(…)
Dein kleines Kind ist recht nett und muss nur richtig erzogen werden. Dein Verhältniss zu dem Vater des Kindes kenne ich nicht und kann daher gar nicht beurtheilen wer [von] beiden recht oder unrecht hat. Übrigens habe ich ja damit gar nichts zu schaffen.

Herzliche Grüße von
Alfred

Über Sofies Hochzeit weiß Ragnar Sohlman zu berichten. Während eines Besuchs in Wien 1919 kam er in Kontakt mit einer schwedischen Krankengymnastin, die den Vater von Sofies Kind, Rittmeister Kapy von Kapivar, kannte und erzählen konnte: »Nach der Heirat mit Sofie Hess war er gezwungen gewesen, seinen Abschied zu nehmen, und hatte anschließend als Vertreter für eine Champagnerfabrik gearbeitet. Seine Hochzeit mit Sofie hatte er in lebhaften Farben ausgemalt. Von Kapivar hatte die Braut in ihrer Wohnung abgeholt und sie in einer eleganten Kutsche zur Kirche geführt, vor der die Kutsche warten mußte, während die Trauung stattfand. Danach hatte er seine Braut zum Wagen geleitet, ihr chevaleresk die Hand geküßt und sich verabschiedet – »à jamais!«

Es war also eine Scheinehe, aber Sofie hatte den Namen und den Status einer verheirateten Frau bekommen, den sie ersehnt hatte. Das hinderte sie nicht daran, sich verstoßen zu fühlen.

Sie schrieb einen neuen Brief an Alfred:

Wien Samstag

Lieber Alfred!

(...)

Das Ende ist von allem das ich mich operiren muß lassen von Dr. Breus der mich entbunden hat. Ich habe viel ausgestanden und sehe wie eine Leiche aus, pflegen kann ich mich nicht denn Geld habe ich keines u muß um jeden Kreuzer bitten kommen. Professor Breuss bedauert mich sehr u nimmt viel Antheil an mein Geschick...

Sage mir lieber Alfred machst Du Dir keine Gewissensbüße darüber Du bist ja sonst so gut gegen alle Menschen, ich glaube Du weißt nicht wie schlecht es mir geht sonst bin ich überzeugt möchtest Du Dich selbst überzeugen u ganz anders gegen mich sein.

(...)

...u eines schönen Tages wird die Welt von mir erzählen am Leben liegt mir wenig denn so ein Hundeleben zu führen bin ich satt, nicht genügend das Du mir nicht einmal genügend zum leben giebst muß ich noch betteln um das Geld u bin Skandale ausgesetzt wie zum Beispiel hier im Hotel das mich der Oberkellner weil ich nicht gleich bezahlte so einen Skandal machte das sich ein Herr im Hotel sich meiner annahm u nicht begreifen konnte wie ich so elend dasteh. Du kennst zufällig diesen Menschen er ist Franzose seit dieser Zeit bin ich derart krank und nervös, das ich bei jedem Laut erschrecke Du würdest mich nicht kennen so sehe ich aus u weil mich die Ärzte durchaus operieren wollen hat Heidner mit Breus handeln wollen betreff der Operation, ich müßte ins Sanatorium gehn u 8 Tage dort liegen da ich kein Heim habe so stehe ich da lieber Alfred u von der ganzen Welt vergannt da ich nicht verheirathet bin u ein Kind habe, Du kennst ja die Österreicher dieses blöde Volk Wenn man nicht den Trauungsschein am Rücken hat so glauben sie man ist eine hergelaufene Dirne die Verheiratheten lassen sich aber für einen Hut oder Kleid von den erst besten verkaufen u betrügen ihre Männer aber der Geisliche oder Pfarrer hat sie getraut deshalb ist mein fester Entschluß meinem armen Kinde einen Namen zu geben u ihren Vater zu heirathen auch das Opfer zu bringen u vielleicht nicht so glücklich zu sein wie ich es verdiene denn ich bin ohne mir zu schmeicheln eine sehr gute Mutter u bringe viel Opfer dem Kinde, das weiß Gott allein Wäre ich nicht so fein würde es mir gewiß anders gehn u ich dürfte nicht auf Almosen angewiesen sein. Du bist nicht gerecht lieber Alfred u wenn Du nachdenken würdest wie ich meine Jugend verbrachte ohne alle diese Freude wie andere Mädchen so müßtest Du mehr Gefühl u Mitleid haben Du bist ja so gut u hast ein Herz wie selten Jemand, daher lieber Alfred bitte ich Dich mich von diesem elenden Leben zu befreien ich halte so etwas nicht länger aus…Ich bitte Dich richte es so ein das ich das Geld Monatlich bekomme u nicht von der Gnade dieses Herrn abhänge…

Mit vielen Grüßen
Deine Sofie

Sofie versuchte demnach weiterhin, Geld von Alfred zu bekommen. Sohlman erwähnt, daß auch Kapy von Kapivar Alfred gebeten habe, seiner Frau zusätzlich zu der Leibrente, die sie bekam, Unterstützung zu gewähren. Alfred ließ diese Briefe jedoch unbeantwortet.

Als 1897 der Inhalt von Alfreds Testament bekannt wurde, war es für Sofie eine schwere Enttäuschung, daß sie nur mit einem kleineren Betrag bedacht wurde. Sie wandte sich an einen Anwalt in Wien, der Kontakt mit dem Testamentsvollstrecker Sohlman aufnahm, um um mehr Geld zu bitten, wobei die Bitten bald in Drohungen übergingen. Falls man die gut 200 Briefe, die Alfred an sie geschrieben hatte, nicht auslöse, werde Sofie einen Skandal nicht scheuen und sie veröffentlichen.

Sohlman kam zu der sicherlich richtigen Einschätzung, daß eine Veröffentlichung der Briefe im gegenwärtigen Klima der öffentlichen Meinung seine Aufgabe, den Willen Alfreds zu verwirklichen, erschweren würde. Skandalschreibereien würden der Allgemeinheit ein irreführendes Bild nicht nur der Privatperson Alfred Nobel, sondern auch seines Lebenswerks vermitteln.

Nach widerwärtigen Verhandlungen erreichte Sohlmann eine Vereinbarung über die Einlösung der Briefe. Sofie Hess erhielt eine einmalige Zahlung von 12 000 Florinern über die Leibrente hinaus. Sie mußte sich verpflichten, ihr Verhältnis zu Nobel nie öffentlich zu kommentieren. Falls sie diese Abmachung bräche, würde die Zahlung ihrer Leibrente eingestellt werden.

Dies war die Schlußvignette des achtzehnjährigen Verhältnisses zwischen dem Imperiumerbauer Alfred Nobel und dem Blumenmädchen aus Wien.

Alfreds Briefe an sie und ihre an ihn wurden mit einer Verschwiegenheit behandelt, die eines Staatsgeheimnisses würdig gewesen wäre. Erst 1950 gab die Nobelstiftung sie frei.

90

Am 7. Januar 1893 sandte Alfred aus San Remo einen Brief an Bertha von Suttner, den sie ungekürzt in ihrem Nachruf wiedergab:

Liebe Freundin,
Ein gutes neues Jahr wünsche ich Ihnen selbst und der beherzten Kampagne, welche Sie so energisch gegen die Unwissenheit und die Dummheit betreiben!

Ich würde gerne einen Teil meines Vermögens einer Stiftung zur Schaffung von Preisen vermachen, die alle fünf Jahre zur Verteilung kommen sollen (sagen wir sechsmal hintereinander; denn wenn es innerhalb von dreißig Jahren nicht geglückt ist, unsere Gesellschaft, so wie sie sich heute zeigt, zu reformieren, werden wir unrettbar in Barbarei versinken) und zwar an eine Person, männlich oder weiblich, die den besten Beitrag zur Verwirklichung des Friedens in Europa geleistet hat. Ich spreche absichtlich nicht von Abrüstung, da wir dieses Traumbild nur langsam und vorsichtig erreichen können, und auch nicht von einem zwangsweise eingesetzten Schiedsgericht. Aber wir können und müssen bald endlich soweit kommen, daß alle Staaten sich gegenseitig verpflichten, gegen einen eventuellen Friedensbrecher vorzugehen. Damit besäßen wir dann das Mittel zur Beseitigung von Kriegen, und wir wären in der Lage, auch die brutalste und unvernünftigste Macht zu zwingen, entweder sich dem Spruch des Schiedsgerichts zu unterwerfen oder sich ruhig zu verhalten. Wenn die Triple Alliance aus allen Staaten, und nicht nur aus dreien bestünde, wäre der Friede auf Jahrhunderte hinaus gesichert.

Ich sende Ihnen und Ihrem Mann die herzlichsten Grüße
Ihr sehr ergebener
A. Nobel

Wie gewöhnlich hatte Bertha Einwände: Sie fand, daß 30 Jahre eine viel zu lange Zeitspanne seien, war sie sich doch sicher, daß die Friedensbemühungen schon vor dem Jahr 1900 von Erfolg gekrönt sein würden. Ihr wesentlichster Einwand richtete sich jedoch gegen etwas anderes. Diejenigen, die für den Frieden arbeiteten, brauchten keinen Preis, sondern Geld, um weiter für die Sache wirken zu können.

Schon in dem Testament, das Alfred am 14. März 1893 aufsetzte, bestimmte er, daß ein Prozent seines hinterlassenen Vermögens an die österreichische Gesellschaft gehen und der Friedenspreis demjenigen zufallen sollte, der »auf dem weiten Feld des Wissens und des Fortschritts« die bahnbrechendste Leistung vollbracht hatte. In einem Zusatz betonte er, daß besonders Personen in Frage kommen sollten, die »erfolgreich die Vorurteile bekämpft [hatten], die Völker und Regierungen gegen die Einrichtung eines europäischen Friedenstribunals hegen«.

Am 7. Dezember 1895 bat Alfred seinen Neffen Hjalmar, die Möglichkeiten für einen Kauf der Zeitung Aftonbladet zu untersuchen. Der junge Nobel ging davon aus, daß sein Onkel mit einem solchen Kauf seine geschäftlichen Interessen fördern wolle, aber dem war nicht so. Alfreds Verleumder wären erstaunt gewesen, wenn sie seinen Antwortbrief hätten lesen können:

Du glaubst, daß ich beabsichtige, auf Kredit- und Bestellungsfragen Einfluß zu nehmen. Eine Zeitung in meinen Händen würde eher Opposition dagegen schaffen. Es ist eine Eigenheit bei mir, nie meine Privatinteressen in Betracht zu ziehen. Mein Standpunkt als Zeitungsinhaber wäre folgender: der Rüstung und anderen Überbleibseln des Mittelalters entgegenzuwirken, doch wenn sie weiterhin betrieben wird, dafür zu plädieren, daß die Herstellung innerhalb des Landes geschieht, denn wenn es eine Industriebranche gibt, die von Zufuhr aus dem Ausland unabhängig sein sollte, dann ist es die Verteidigungsbranche. Und da es in Schweden Waffenfabriken gibt, ist es erbärmlich und lächer-

lich, sie nicht zu erhalten. Der Grund, warum ich eine Zeitung haben will, ist ganz einfach, daß ich der Redaktion eine sehr liberale Tendenz eintrichtern will.

Zehn Tage, bevor Alfred diesen Brief an Hjalmar Nobel schrieb – am 27. November 1895 –, hatte er sein drittes und endgültiges Testament unterzeichnet. Die neue Version hatte eine Form bekommen, die als Eloge auf Bertha gelten kann, da sowohl die Abrüstung als auch Friedenskongresse hervorgehoben wurden. Im Testament stiftete er auch einen Teil seines Vermögens für einen Preis für denjenigen, der »am meisten und besten für die Verbrüderung der Völker und die Abschaffung oder Verringerung stehender Armeen sowie für die Bildung und Verbreitung von Friedenskongressen gewirkt hat«.

Daß Alfred dabei an Bertha dachte, geht aus der Tatsache hervor, daß er sie umgehend über den endgültigen Wortlaut unterrichtete. Sie war unzweifelhaft hoch erfreut:

»Ob ich dann noch lebe oder nicht, spielt keine Rolle. Was Sie und ich gegeben haben, wird weiterleben.«

In Alfreds letztem Brief an sie äußert er seine Anerkennung ohne Vorbehalte. Es sei in erster Linie ihr Verdienst, daß die Friedensbewegung weiter an Terrain gewonnen habe.

Bertha schloß ihren Nekrolog mit den Worten: [»Vor einigen Monaten, als er einige Zeit krank gewesen war, schrieb er mir, daß er, weil die Krankheit ihn an seiner Arbeit gehindert habe, seine unfreiwillige Muße benutzt habe, um ein Drama über Beatrice Cenci zu schreiben. Ich bat ihn, das Stück lesen zu dürfen, doch er erwiderte, es sei auf Schwedisch geschrieben und noch nicht übersetzt.«]

In der ersten Szene des ersten Aktes läßt Alfred die Hauptperson ein Geheimnis enthüllen:

Nun kann ich offen zugeben, daß du seit dem ersten Augenblick, da ich dich sah, in den Gedanken meine Geliebte und in den Träumen meine Gattin bist…

91

Während seiner Besuche bei Robert in Getå faßte Alfred immer mehr Zuneigung zu dessen Kindern: den Söhnen Hjalmar und Ludvig und den Töchtern Tyra und Ingeborg. Die jungen Leute waren ja im Frühjahr 1891 einige Zeit bei ihm in San Remo zu Besuch gewesen, und Alfred schrieb am 8. Januar des folgenden Jahres an ihren Vater:

Lieber Bruder Robert,
Ich hätte Deinen Brief vom 8/12 längst beantworten sollen, doch zuerst wurde ich durch eine Augenblessur davon abgehalten, und anschließend wurde alles durch Geschäftsärger und Bauärger verschleppt. Man wird alt und schafft nicht mehr, alles das einem auf den altersschwachen Schultern lastet, zu erledigen, ja nicht einmal mehr es zu ordentlich zu vernachlässigen.

Für Deine Kinder habe ich getan, was ich konnte, und ich hoffe, daß sie einen Nutzen davon haben.
(…)
Sie legen alle, aber insbesondere Ludvig, eine Anspruchslosigkeit an den Tag, die bezaubernd ist, und die entschuldigt, was Du »Gefühlsduselei« nennst. Teils weil ich selbst mein ganzes Leben gegen übertriebene Empfindlichkeit angekämpft habe, teils weil ich mir sage, daß Gedanken und Gefühle zwei gleichberechtigte Äußerungen des menschlichen Nervensystems sind, muß ich die Gefühlsduselei in Schutz nehmen.

In meiner Philosophie ist es so, daß alles, was geschehen ist, sich so ereignet hat, weil es aufgrund unbeeinflußbarer Gesetze nicht anders geschehen konnte. Wo bleibt da Raum für Kritik? Sie platzt wie eine Seifenblase. Aber einem unausweichlichen Schicksal zum Trotz strebt man dennoch, weil Gehirn-, Herz- und Nervenmechanik es fordern.
(…)
Jedes Deiner Kinder hat, wie Du weißt, ein kleines Kapital bei mir stehen, das sie abheben können, wenn sie möchten, und wor-

auf ich ihnen 6% Zinsen bezahle, bis es ausgezahlt wird. Nadelgeld für die Mädchen und eine kleine Reserve für die Jungen.

Wir, mein alter Bruder, befinden uns tief unten auf der abschüssigen Lebensbahn. Das Verbindungsglied, das Leben und Materie mit dem Ganzen des Weltgeistes verbindet, ist ein Rätsel, angesichts dessen kleine Gedanken und Sorgen sich verflüchtigen zu etwas Nichtssagendem – einer Art Lebensvakuum. Aber diejenigen, die Seite an Seite durchs Leben gewandert sind, verstehen doch einander besser und nähern sich, wie wir, einander in treuer und brüderlicher Freundschaft an.

92

Der Kontakt mit Schweden wurde in Alfreds drei letzten Jahren immer intensiver und stimulierte ihn zu neuen Anstrengungen. Gewöhnlich stieg er im Grand Hotel ab, aber Sven Hedin erzählt, daß er später ein anderes Hotel bevorzugte. »Alfred Nobel verhandelte über den Kauf des alten Eisenwerks in Bofors. Zu dieser Zeit wohnte er im Hotel Carl am Brunkebergstorg, wo er glaubte, unbemerkter zu sein als im Grand Hotel. Er wohnte in einer kleinen Doublette, Schlafzimmer und Empfangszimmer im dunklen und schweren Stil der achtziger Jahre, mit düsteren Vorhängen an den Fenstern und einem bauschigen Sofa.«

Während einer seiner Stockholmbesuche schrieb Alfred am 29. Juli 1893 einen Brief, der uns Einblick vermittelt in seine Gedankenwelt, als er sich dem Alter von 60 Jahren näherte:

Lieber Bruder Robert,
Was gibt Dir Grund anzunehmen, daß zwischen uns ein kühles Verhältnis entstanden sei? Was mich betrifft, weiß ich davon nichts. Daß unser Briefwechsel aufgehört hat, beruht wohl auf beiden Seiten auf der gleichen Ursache: der Notwendigkeit, unsere Augen zu schonen.

Meine Sehkraft hat in der letzten Zeit mit fast zehn mal höherer als der normalen Schnelligkeit abgenommen, das heißt, daß ich im Abstand von weniger als drei Monaten zur nächsten Glasnummer übergehen muß statt alle zwei Jahre, wie es normal ist. Der Optiker hat mir für die nächsten sechs Monate jedes Schreiben und Lesen untersagt, aber wie soll das zu bewerkstelligen sein?

Die gestrige Post enthielt 57 Briefe und 10 Telegramme. Einen Sekretär habe ich nicht, und es ist schwer, einen zu bekommen für die Art von Geschäften, wie ich sie zu erledigen habe. Aber die Notwendigkeit eines solchen macht sich von Tag zu Tag mehr bemerkbar, und das Zittern der Hand macht auch meine Schrift immer undeutlicher. Ich weiß daß auch bei Dir, der im Vergleich zu mir eine großartige Gesundheit hat, die Sehkraft abgenommen hat, aber glücklicherweise bist Du in der Lage, sie nicht so anstrengen zu müssen, und deshalb dürfte sie Dir noch viele Jahre erhalten bleiben.

Ich muß mit einer gewissen Schwermut der nicht allzu weit entfernten Zeit entgegensehen, wo alles im Leben dunkel ist. Ich bin mehr Philosoph als die meisten, aber dabei hilft das nicht.

Die Nobels und die Ahlsells sind eigentlich schlechte Rassen, dazu verdammt, eine kurze Existenz zu haben. Im Nobelschen Hirn spuken eine unnormale Anzahl Bilder, die wir Ideen nennen, und im Ahlsellschen gedeihen Myriaden, die den Blutkreislauf stören und unsere Natur zu einem Folterinstrument umschaffen.

(…)

Hast Du die Absicht, nach Stockholm zu kommen? Andernfalls komme ich nach Getå. Wie alt wir werden, mein lieber Robert! Du bist bald 65 (eigentlich 64 3/4) und ich bald 60.

Das Stück, das uns noch bleibt, ist weniger als ein volles Leben, zumindest bei mir, denn Energie habe ich immer wenig gehabt, und Kraft gewinnt man nicht auf der abschüssigen Lebensbahn. Aber Du hast davon immer eine gute Portion gehabt, die Dir auch für das Alter noch erhalten bleiben dürfte. Das ist das väterliche Erbe.

Daß ich indessen mit meinem elenden Körper fast die 60 erreicht habe und tätig sein konnte, ist mir nahezu ein Rätsel. Aber hierüber und über vieles andere können wir an einem schönen Augustabend in den nächsten Tagen sprechen. Wenn nun Ingeborg und Ludvig sich verheiraten, dann folgen Hjalmar und Tyra sicher bald nach. Heiratsgedanken sind ansteckend.

Herzlich Dein
Alfred

93

»In alten Tagen erwirbt man keine Freunde mehr«, hatte Alfred bei einer Gelegenheit versichert.

Die Wirklichkeit sollte ihn korrigieren. Ein paar Monate vor seinem 60. Geburtstag lernte er den damals dreiundzwanzigjährigen Ingenieur Ragnar Sohlman kennen, der sein überaus loyaler Mitarbeiter und engster Freund werden sollte. Alfred hatte einen Vertrauten nötig, nachdem die Mutter und Ludvig gestorben waren, sein Kompagnon Barbe sich das Leben genommen und die langjährige Beziehung zu Sofie aufgehört hatte.

Durch Ragnar Sohlmans 1950 posthum erschienene Schrift »Ein Testament« sind wir über die Umstände der ersten Begegnung mit Alfred informiert. Sohlman hatte nach seinem Examen an der Technischen Hochschule Stockholm die USA besucht und dort eine Zeitlang in einer Dynamitfabrik gearbeitet, die dem Du-Pont-Konzern angehörte. 1893 bekam er das Angebot, als Ingenieur eine Stelle in einer geplanten Sprengstoffabrik in Mexiko anzutreten, doch seine Gesundheit war nach einer Lungenentzündung nicht die beste, und seine Familie wünschte, daß er nach Schweden zurückkehrte.

Im Sommer 1893 arbeitete er im schwedischen Pavillon auf der Weltausstellung in Chicago. Dort erhielt er zu seiner Überraschung ein Telegramm mit dem Angebot, Alfred Nobels persönlicher Assistent zu werden. Weit später – an seinem eigenen 60. Geburtstag – sollte Sohlman erfahren, daß es Alfreds Hauptfinanzier in Vinterviken, der »König von Kungsholmen« Smitt, und Roberts Sohn Ludvig gewesen waren, die ihn für die Stelle empfohlen hatten.

Im Oktober 1893 fand sich Sohlman – mit einem gewissen Zittern – bei Alfred ein, der zu einem seiner Besuche in Paris weilte. Er wurde von einem Hotelbediensteten in das Arbeitszimmer seines berühmten Landsmanns geführt. Dort saß Alfred und schrieb Briefe. Sohlman zufolge war er kleiner als mittelgroß, hatte sehr markante Gesichtszüge, eine hohe Stirn, kräftige Augenbrauen und ziemlich tief liegende Augen, »deren Blick durchdringend war und wie sein ganzes Temperament lebhaft wechselte«.

Sohlman verbrachte seine drei ersten Arbeitstage damit, die leicht chaotische Bibliothek in der Avenue Malakoff zu ordnen. Er gruppierte die technisch-wissenschaftlichen Werke nach Fachgebieten und die literarischen nach Sprachgebieten. Dadurch wurde die große Buchsammlung überschaubar, und Alfred war mit dem Ergebnis zufrieden. An seinen ersten Arbeitstagen wohnte Sohlman in einem kleinen Hotel in der Nähe der Avenue Malakoff. Jeden Tag speiste er mit Alfred im Wintergarten zu Mittag.

Alfred erkannte schnell, daß Sohlman nicht der Sekretär war, den er brauchte, da er nicht über die nötigen Sprachkenntnisse verfügte. Am 24. Mai 1894 schrieb er deshalb aus San Remo an Alarik Liedbeck: »Ich bin nicht gerade schreibfaul, aber schreibmüde und muß daran denken, mir koste was es wolle einen Sekretär oder eine Sekretärin zu suchen. Am liebsten letzteres, denn die sind weniger schwierig, wenn man sie nicht voll beschäftigt. Dann schaffen sie sich selbst jemand, der ihnen den Hof macht, und man braucht nicht loszuziehen und sie auf die Weide führen, wie man es mit einem männlichen Sekretär tun muß...«

Erst 1895 fand Alfred in der Schwedin Sophie Ahlström die

Schreibkraft, die er benötigte. Seine Ansprüche waren erheblich. Seine Sekretärin sollte »ausgezeichnet englisch, französisch und deutsch« stenographieren können und die Fertigkeit besitzen, »die Remingtonsche Schreibmaschine zu bedienen«. In einem Brief an Fräulein Ahlström schrieb er: »Im vergangenen Jahr engagierte ich einen Herrn Sohlman als Sekretär, doch es zeigte sich nach einer Woche, daß er mehr Sinn für das Chemische hatte. Seitdem ist er in meinem Laboratorium in Bofors angestellt und ist einer meiner wenigen Lieblingsmenschen. Das kommt daher, daß ich, wiewohl selbst eine Art wertloses Grübelinstrument, doch verstehe, den Wert anderer zu erfassen und zu schätzen. Avis à la lectrice.«

Sohlman machte sich in Alfreds Laboratorium in San Remo sehr beliebt. Seine Arbeitskollegen waren Alphonse Tournaud und der fähige George Hugh Beckett, der mit einem der hervorragendsten Chemiker in England, Sir Alfred Mond, zusammengearbeitet hatte. Alfred betraute seinen jungen Landsmann unter anderem mit der Erledigung der umfassenden Patentkorrespondenz.

Wahrscheinlich sah Alfred in Sohlman sein eigenes Spiegelbild als junger Mann. Er war immer stärker beeindruckt von dem Verstand und der allgemeinen Kapazität des jungen Mannes. Ragnar Sohlman erwies Alfred während der drei Lebensjahre, die diesem noch blieben, weiterhin Respekt. Alfred bot ihm das Du an, doch Sohlman titulierte ihn weiter »Herr Doktor«, auch nachdem er aufgefordert worden war, dies nicht zu tun. Alfred hatte auch nichts für Sohlmans hochtrabendes »Geehrter Bruder« in den Briefen übrig. 1895 schrieb er in einem Brief: »Zwei Dinge leihe ich nie – Geld und Projekte. Aber wenn jemand so Kerngesundes wie Herr Sohlman willens ist, mir ein wenig Freundschaft zu leihen, dann nehme ich sie gerne entgegen und bin dankbar dafür.«

Es war sicher Sohlmans Verdienst, daß Alfreds Gedanken immer öfter um Schweden kreisten. Den wichtigsten Grund hat er indessen selbst in sein Laboratoriumsjournal eingetragen:

»...denke über den Kauf des schwedischen Werks Bofors nach«. Dies schrieb Alfred am 21. Oktober 1893, seinem sechzigsten Geburtstag. Sein Wunsch war, daß der Geburtstag ein Arbeitstag wie alle anderen sein sollte. Abgesehen von den Überlegungen hinsichtlich Bofors war man dem Journal zufolge im Laboratorium in San Remo an diesem Tag mit dem »Patent für geräuschlose Schußabgabe« und mit »Eliminierung störender Geräusche im Phonographen« beschäftigt. Der Phonograph war die Sprechregistriermaschine mit rotierenden Zylindern, die Edison 1877 erfunden hatte und die 1910 durch das Grammophon ersetzt werden sollte.

94

Als Roberts Tochter Ingeborg sich mit dem jungen Graf Carl von Frischen-Ridderstolpe verheiraten wollte, schrieb Alfred im Herbst 1893 folgenden Brief an seinen besorgten Bruder:

Liebster Bruder Robert,
Ich würde an Deiner Stelle die Sache sehr gelassen betrachten, aus drei Gründen, nämlich

1) daß das Geschehene nicht ungeschehen gemacht werden kann;
2) daß in Amerika 20 Millionen Frauenzimmer in Heiratsangelegenheiten nie den Rat ihrer Eltern einholen, und daß in keinem anderen Land die Frauen so glücklich und so gut gestellt sind wie dort;
3) daß die Gesundheit Deiner kleinen Tochter von einer solchen Natur ist, daß sie keinem allzu derben Wohlwollen ausgesetzt werden darf.

(...)
Dein zukünftiger Schwiegersohn sieht entschlossen und männ-

lich, aber nicht hart aus, hat eine ungekünstelte Art und ist freier von Adelssnobismus als irgendein bekannter schwedischer Adliger mit Ausnahme von Nollan und Pirre.

Der junge Riddarsporre sieht aus, als sei er erwachsen genug, eine Sache ernsthaft zu betreiben. Er macht den Eindruck eines Chefs, nicht einer untergeordneten Persönlichkeit.

Daß das Anwesen nicht so schön und das Haus nicht so großartig ist, macht nichts.

Ingeborg ist ein überaus anspruchsloser Mensch. Weder sie noch ihr Mann werden in gräflichen Livrees herumstolzieren. Als Resümee würde ich nun, ohne in irgendeiner Weise raten zu wollen, meine Ansicht zusammenfassen, daß die Schattenseite des jungen Mannes sein Vater ist, dessen unvernünftige Verschwendung ihm sehr geschadet, aber vielleicht sein Wesen auch etwas sensibel gemacht hat, so daß er sehr viel netter zu seiner kleinen Frau sein wird, als Deine Voraussagen geltend machen wollen.

(...)

Natürlich sehe ich ein, wenngleich selbst Junggeselle, daß es nicht so leicht ist, seine Töchter zu erziehen oder ihr zukünftiges Glück zu versichern.

Aber wie dunkel liest nicht der Klarsichtigste im Buch des Schicksals. Deshalb ist es vielleicht besser, die Fügung walten zu lassen als sie beeinflussen zu wollen: zumindest kann einem nicht nachgesagt werden, zur Unzeit gebremst zu haben.

Ridderstolpe hat etwas Frisches an sich, ohne von unfeiner Art zu sein. Solche Menschen reagieren oft auf ein weiches oder feinfühliges Wesen.

Die Verschmelzung ergibt vielleicht eine bessere Legierung, als Du glaubst. Ein Kerl, der heutzutage hingeht und ohne eigenes Vermögen zu haben, sich mit einem Mädchen verheiratet, das mit leeren Händen dasteht, ist eigentlich ein verliebter Esel, der alle Möglichkeiten hat, sie unglücklich zu machen. (...)

Daß ich hier um ein Uhr in der Nacht sitze und mit der Feder philosophiere, hat zwei Gründe: der eine, daß ich meinem philosophischen Doktorgrad Ehre machen muß, der andere, daß ich *dem seligen Hiob gleiche: bin voll von unzähligen Wunden, nur Mückenstichen zwar, aber trotzdem… Sie tragen zu einer philosophischen Stimmung bei. (…)*

Paris, den 23/10 1893

(…)

Ich möchte fast glauben, daß Du bereits meine Meinung über Carl Ridderstolpe teilst… Auf jeden Fall ist er ganz frei von der schwedischen Adelskrankheit. Das ist um so schöner, als er in einem Land lebt, wo eine Menge sogenannte Aristokraten mit antiquierten Ideen umherstolzieren, als seien sie stehengebliebene Schilder von abgerissenen Irrenhäusern.

Ridderstolpe hingegen hat eine sehr natürliche und würdige Art: es ist ja keineswegs sein Fehler, daß die Gesellschaft ihn mit einem Rangzeichen versehen hat.

Mein Prozeß gegen die englische Regierung hat mich gezwungen, hierher zurückzukehren. Ich bin sehr erschöpft von der langen Reise und schreibe schlecht, aber sei um so herzlicher gegrüßt von

Alfred

95

Es war Alfred Nobels Ehrgeiz, Bofors zu einer Kanonenindustrie von internationalem Standard zu machen. Er sollte bald davon sprechen, daß es »Spaß machen würde, Schweden auf dem Waffensektor mit Deutschland und England konkurrieren zu sehen«. Mit dem Erwerb sollte er zugleich in dem Herrenhof Björkborn endlich einen schwedischen Wohnsitz bekommen. Zwar waren die schwedischen Winter für ihn noch immer abschreckend lang, doch das industrielle Klima des Landes war um so besser. Initiativen, die erhöhte Beschäftigung schufen, konnten mit Unterstützung der Behörden rechnen.

Nobel war auch angetan von der Aussicht, in einem neu eingerichteten Laboratorium und in einer anderen Umgebung seine immer avancierteren waffentechnischen Experimente durchführen zu können. Was das Arbeitsmilieu betraf, tauschte er San Remo ohne ein Gefühl des Verlustes gegen Bofors ein.

England war zu dieser Zeit keine denkbare Alternative, da der quälende Cordit-Prozeß noch immer nicht abgeschlossen war. Dazu kam, daß »...der Konservatismus in England allzu hoch in Blüte steht, als daß man dort etwas akzeptierte, daß nicht in irgendeiner Form aus vorhistorischer Zeit herrührt«.

In Frankreich hatten die Behörden sein Laboratorium in Sevran geschlossen, und Alfred war außerdem der Meinung, daß »alle Franzosen in dem seligen Glauben leben, das Gehirn sei ein französisches Organ«.

Die Deutschen schließlich fand er »pedantisch umständlich und übertrieben detailliert«. Der ausschlaggebende Grund dafür, daß er nicht daran dachte, sich auf Dauer in Deutschland niederzulassen, war jedoch die politische Unruhe nach Bismarcks Abgang. Aber er war stets bereit anzuerkennen, daß die chemische und mechanische Industrie des Landes führend in der Welt sei.

Die Möglichkeit, Bofors zu kaufen, erschien ihm daher attraktiv. In einem entlegenen schwedischen Umfeld würden die Voraussetzungen für seine geplanten Experimente die denkbar besten sein.

Anfang Januar 1894 kaufte Alfred für einen Barbetrag von einer Million Kronen sämtliche Stammaktien in der Kjellbergschen Familienfirma.

Die Waffenschmiede in Bofors war veraltet und der Investitionsbedarf schwer vernachlässigt worden. Als erfahrener Finanzmann sah Alfred ein, daß er ein konkursgefährdetes Unternehmen erworben hatte. Das hinderte ihn indessen nicht daran, eine Option auszunutzen und ebenfalls das alte Werk Björneborg zu kaufen, dessen Hochofen-, Bessemer- und Walzwerk gut in seinen Aktionsplan hineinpaßten. Um die Wasserkraft des Svartälven auszunutzen, gab er auch ein Angebot für den nahegelegenen Karåsfall ab.

Als der Vorstand der »AB Bofors-Gullspång« am 19. Februar 1894 eine außerordentliche Hauptversammlung und eine Vorstandssitzung abhielt, wurde Alfred zum neuen Vorstandsvorsitzenden gewählt, und es wurde beschlossen, daß der geschäftsführende Direktor Jonas C. Kjellberg im Amt bleiben sollte, obgleich die Familie ihre Aktien verkauft hatte.

Alfred legte dem neuen Vorstand einen Maßnahmenkatalog vor, und die Geschäftsleitung wurde beauftragt:

1) Ein Laboratorium für die Herstellung von rauchfreiem Pulver und die Durchführung chemischer Experimente einzurichten.

2) Einen Schießplatz für Versuche mit Pulver und Sprenggranaten in kleinerem Umfang anzulegen.

3) Die Kanonenfabrik zu erweitern, wobei Alfred »ein vollständiges Projekt mit Plänen und Kostenvoranschlägen« verlangte, »so daß etwas wirklich gut Durchdachtes zustandekommt«.

Die von Alfred aufgestellten Richtlinien wurden auch über seinen Tod hinaus für Bofors wegweisend.

Damit war Alfreds Name für immer mit der Stadt Karlskoga verbunden. Neunzig Jahre nach Alfreds Ankunft sagte der Gemeinderatsvorsitzende Nils Söderholm am 6. September 1983 im Rahmen einer Gedenkfeier:

»Als Alfred Nobel 1893 zum ersten Mal in Karlskoga ankam, fand er ein idyllisches Dorf vor. Die Bahnstation war von Feldern und Wiesen umgeben, wo Vieh weidete. Als er zum Marktplatz kam, konnte er ein paar Verkaufsstände entdecken. Er war vermutlich erstaunt, als er erfuhr, daß dennoch gut 9000 Menschen in dieser unansehnlichen Gegend lebten.«

96

Alfreds Besuch in Bofors im ersten Sommer nach dem Kauf zog sich in die Länge, weil er sich aktiv an den Vorbereitungen des Laboratoriumbaus im Park des Herrenhofs beteiligte. Als Ragnar Sohlman im August 1894 die Stelle als Leiter antrat, stand ihm der von San Remo angereiste George Hugh Beckett zur Seite. Dieser sollte in Zukunft seine Zeit zwischen Björkborn und San Remo teilen.

Alfred trat nicht mehr auf, als sei sein Lebenswerk abgeschlossen. Die Unterlagen über seine erste Zeit in Bofors berichten über eine Kraftprobe eines von Krankheit gezeichneten Mannes. Noch 1966 fanden sich Zeugen aus jener Zeit. Der 87jährige August Åhling erzählt in der »Svenska Amerikanaren Tribunen« vom 2. November:

»Nobel ließ auf Eisenbahnwagen ein ganzes Laboratorium aus Stockholm herbringen. Wir kleinen Jungen durften mithelfen beim Transport zum Werk hinauf, wo das Gebäude errichtet wurde. Er widmete sich vor allem der Projektilherstellung und war bei den Schießproben dabei. Sie schossen mit alten Vorderladern, um verschiedene Pulversorten auszuprobieren, und ich war einer von denen, die Nobel engagiert hatte, um nach den Schießübungen die Kanonenkugeln draußen auf den Wiesen einzusammeln.«

Eins der Probleme, die Alfred lösen wollte, war, »wie Sprengladungen gegen dickes Panzerblech effektiv gemacht werden können«. Er stellte sich »eine Schußwaffe [vor], aus der in der Nähe des Panzerblechs eine Menge kleiner Projektile herausschießen, die eine ungeheure Geschwindigkeit erreichen und den Stahl wie Butter behandeln. Sie sollen dem großen Projektil vorarbeiten und ihm bereits vorgekaute Nahrung geben.«

Wie aus einer Zeitungsnotiz vom 3. Oktober 1894 hervorgeht, dachte Alfred auch an neue Produkte für den friedlichen

Gebrauch: »Dr. A. Nobel sucht um ein Patent für die Herstellung von Substituten für Kautschuk, Guttapercha, Leder und Firnissen an, sowie für auf diese Weise hergestellte Fabrikate.« Er widmete sich auch der elektronischen Herstellung von Kalium, Kunstseide, Natrium und sogar synthetischen Edelsteinen.

Da Alfred sich nach dem Erwerb von Bofors über längere Perioden in Schweden aufhielt, pflegte er nun den Umgang mit Freunden wie Liedbeck und S. A. Andree, dem Erfinder Wilhelm Unge, dem geschäftsführenden Direktor der Nitroglyzeringesellschaft Carl Öberg sowie Nordenskjöld und seinem treuen Trabanten Louis Palander, die an der Expedition nach Spitzbergen 1868 teilgenommen und zehn Jahre später die »Vega« durch die Nordostpassage geführt hatten.

Zum Freundeskreis gehörte auch der Erfinder und Zivilingenieur Robert Strehlert. Strehlert hatte nach seinem Examen an der Technischen Hochschule in Alfreds Laboratorien in Sevran und San Remo gearbeitet, und arbeitete nun auch in Bofors. Strehlert besaß ausgeprägte Unternehmereigenschaften. Nach seinen Studien war er in die USA gegangen und hatte bei Thomas A. Edison praktiziert. Dort hatte er eingehend die Glühlampenherstellung studiert, und nach seiner Rückkehr baute er in Södertälje die Schwedische Glühlampenfabrik auf. Alfred interessierte sich für die Methode der Herstellung von Kunstseide mit Nitrozellulose, die Strehlert hatte patentieren lassen. Als der junge Schwede seine Zukunftspläne darlegte, sah Alfred sogleich die Möglichkeiten für eine Kunstseidenproduktion im großen Stil.

Gut einen Monat nach Alfreds Tod schrieb Strehlert an Rudolf Liljequist, nachdem dieser zum Testamentsvollstrecker bestellt worden war: »Mit seiner großen Weitsicht für den Fortschritt auf technischem Gebiet entwickelte Nobel einen Monat vor seinem Tod vollständig den Plan, der bei der Realisierung der vegetabilischen Seidenindustrie verfolgt werden müsse. Er wollte auch, da seine Gesundheit nachließ, ein schwedisches

Unternehmen mit dieser Zielsetzung ökonomisch absichern. Alle preliminären Vereinbarungen zu diesem Zweck waren bereits abgeschlossen, als der Tod mit einem Schlag seinem großartigen Projekt ein Ende setzte.«

Der Stahl ist ein anderes Beispiel für Alfreds Fähigkeit, früh neue Entwicklungsmöglichkeiten zu erkennen. Im Laboratorium in Björkborn begann er Versuche mit dem Ziel, eine neue Stahllegierung zu entwickeln, um die Produktion effektiver zu machen.

Um bessere Stahlsorten zu erreichen, sondierte Alfred bezüglich einer Zusammenarbeit mit französischen und deutschen Gesellschaften, bevor er sich an die »Bethlehem Steel Corporation« in Amerika wandte. Sein Ziel war, eine »Allianz« – wie er es nannte – mit dem mächtigen USA-Unternehmen zustande zu bringen. Bofors sollte sich in Bethlehem einkaufen und umgekehrt. Führende Personen beider Gesellschaften sollten im Vorstand der jeweils anderen sitzen.

Während Alfred die Details seines Plans ausarbeitete, entstand ein unvorhergesehenes Problem. Plötzlich kündigte der geschäftsführende Direktor Jonas Kjellberg in Bofors, da er das Angebot bekommen hatte, Chef des Branchenorgans der schwedischen Stahlindustrie, des 1747 gegründeten »Jernkontoret«, zu werden. Das Problem löste sich jedoch schnell, als ein guter Freund Alfreds, Thorsten Nordenfelt, den Marineoffizier Gustaf Dyrssen als neuen Chef vorschlug. Es bedurfte nicht mehr als einer kurzen Plauderstunde in Paris, und Alfred bot Dyrssen den Posten als neuer Chef der AB Bofors an.

Alfreds Briefe bezeugen, daß die Pläne für eine Zusammenarbeit mit Bethlehem während der letzten sechs Monate, die er noch zu leben hatte, im Zentrum seines Interesses standen. Wäre sein Projekt verwirklicht worden, hätten die Folgen nicht nur für Bofors, sondern auch für Schweden sehr positiv sein können.

97

In einer medizinischen Zeitschrift hatte Alfred gelesen, daß das Auge ein Bild ungefähr eine Zehntelsekunde auf der Netzhaut festzuhalten vermag. Die Beobachtung war nicht neu, aber einige Wissenschaftler hatten begonnen, diese »Trägheit des Auges« eingehend zu studieren. Alfreds Phantasie geriet in Bewegung, und er schrieb in sein Notizbuch: »Den Effekt des Lichts verdoppeln oder vervielfachen, indem man Lampenspiegel mehr als zehnmal pro Sekunde rotieren läßt.« Er stellte sich vor, daß man auf die eine oder andere Weise aus der Trägheit des Auges einen praktischen Vorteil ziehen könnte. Mehrere Jahre, bevor die Brüder Lumière in der Rue Capucines in Paris den Kinematographen erfanden, wollte er »mit beweglichen Bildern auf einem Rundhorizont« experimentieren.

Alfred löste das Problem nicht, doch zeigen seine Skizzen, daß er auf dem richtigen Weg war. Er dachte an die Möglichkeit, den Lichtstrom mit Hilfe eines Spiegels zu vermehren, der mit mehr als zehn Umdrehungen in der Sekunde um eine Flamme rotieren sollte. Er spricht von einer »umgekehrten Zaubertrommel«. In der Mitte eines runden Raumes wollte er eine Lichtquelle mit einem rotierenden Spiegel anbringen, die Bilder an den Wänden beleuchtete.

Alfred gelang es nicht, seine Mitarbeiter für diese Ideen zu begeistern, auch wenn sie pflichtschuldigst seinen Darlegungen zuhörten. Der Chefchemiker Beckett scheute sich nicht, die Idee seines Arbeitgebers als »toy business« – Spielkram – zu bezeichnen. Hätten die Mitarbeiter in Alfreds Laboratorium seine Vision ernst genommen, ist nicht auszuschließen, daß als Geburtsstadt des Films nicht Paris, sondern Bofors genannt werden müßte.

Dem Aktiengesellschaftsgesetz zufolge ist es der geschäftsführende Direktor, der ein Unternehmen im Auftrag des Vorstands leitet, doch wenn Alfred in Bofors auf dem Stuhl des Vorstandsvorsitzenden Platz nahm, war er es, der bestimmte. In zeitgenössischen Aufzeichnungen wird er als »schrecklicher Antreiber« bezeichnet. Wenn er sich nicht in Björkborn befand, lenkte er die Gesellschaft mit Telegrammen und Briefen von San Remo aus. Er gab selten Order, sondern zog es vor zu schreiben: »Mir ist eingefallen, daß...« Seine Autorität war so unbestritten, daß selten Einwände vorgebracht wurden – nicht einmal, wenn sie motiviert waren.

Als Alfred die Leitung von Bofors übernahm, war das Unternehmen von der Stillegung bedroht. Der Gegend drohte eine Massenarbeitslosigkeit. Doch als Alfred die Zügel in die Hand nahm, trat ein Wendepunkt ein. Als erste Maßnahme stellte er 2,5 Millionen Kronen für den Wiederaufbau des Unternehmens zur Verfügung. Sein Handlungsprogramm wurde rasch verwirklicht. Das neue Laboratorium wurde gebaut, die heruntergekommenen Werkstätten wurden neu eingerichtet und die Maschinen für die Herstellung der berühmten Bofors-Kanonen ausgetauscht.

Nach und nach verminderte sich die Spannung in der kleinen Werkssiedlung, und das lähmende Gefühl, daß das Unternehmen zum Untergang verurteilt sei, verschwand. Durch den Bericht des Kriegsarchivars Birger Steckzén anläßlich des 300jährigen Jubiläums von Bofors ist die Entwicklung des Unternehmes unter Alfreds Führung gut dokumentiert. Nicht zuletzt wurde der Betrieb durch sein Qualitätsbewußtsein geprägt. In einem Schreiben an den Vorstand vom März 1894 unterstreicht er, daß es »...aus rein geschäftlichen Erwägungen noch wichtiger [ist], in einer speziellen Branche etwas so Ausgezeichnetes zu produzieren, daß es allem Bestehenden überlegen ist. Nur in einem solchen Fall können wir großen Lieferungen ins Ausland entgegensehen. Spezialisierung und Verdienst gehen fast immer Hand in Hand. Aus dem daraus gezogenen Gewinn soll das Werk wachsen.«

Die von Alfred ins Auge gefaßte Spezialisierung betraf in erster Linie den Stahl. Er wollte den schwedischen Stahl durch eine überlegene Qualität berühmt machen. Er hatte auch avancierte Pläne für die Herstellung von Kanonenpulver und wollte »nach Krupps Beispiel dessen Verwendung für die Kanonen, die [wir] liefern, vorschreiben. Das ist sehr rationell.«

Alfreds Forderungen nach größtmöglicher Qualität betrafen nicht nur das Rohmaterial und das Endprodukt, sondern auch die Arbeitsleistung des Personals. Entsprach eine Person in verantwortlicher Stellung nicht seinen Erwartungen, zögerte er nicht. Er schrieb einmal, daß er »Ehrlichkeit..., aber nicht Sentimentalität« praktiziere. Er scheute sich nicht, einen unehrlichen Mitarbeiter zu entlassen – ungeachtet seiner Stellung und Verantwortung.

Alfreds Fürsorge für sein Personal wurde mit der Zeit ebenso hoch geschätzt wie seinerzeit Ludvigs. Seine Philosophie als Vorsitzender und de facto Unternehmensleiter in Bofors kann in wenigen Worten zusammengefaßt werden: Erst wenn den Menschen materielle Sicherheit garantiert werde, könne man uneingeschränkten Arbeitseinsatz von ihnen erwarten. Die gleiche Einstellung hatte er seit vielen Jahren in seinen Dynamitgesellschaften in Europa praktiziert. Dies führte häufig dazu, daß Arbeiter auf Wartelisten standen, um in seinen Unternehmen angestellt zu werden. Das Personal bekam freie Medizin und kostenlose ärztliche Versorgung. Früh sprach Alfred auch vom Recht auf Pension für diejenigen, die ihr ganzes Leben gearbeitet hatten.

Eine konservative Zeitung – »Arbetarens vän« [dt. Arbeiterfreund] – wollte ihn einmal dazu veranlassen, eine Anzahl von Exemplaren zu abonnieren, um sie unter den Werksangehörigen zu verteilen, »da gegenwärtig von Agitatoren soviel Gift unter den Angestellten ausgestreut wird, daß es jedes Arbeitgebers Pflicht sein sollte, im eigenen Interesse ein Gegengift zu verbreiten«. Alfred gab eine Antwort, die sicher nicht so bald vergessen wurde: »Ich würde es unpassend finden, wenn die Arbeiter in Bofors mir vorschreiben wollten, was ich lesen oder nicht lesen soll. Umgekehrt können sie verlangen, daß auch ich einen derartigen Eingriff in ihre Freiheit unterlasse.«

August Åhling gibt in einem Zeitungsinterview ein auf persönlichem Erleben fußendes Bild Alfreds als neuem Besitzer von Bofors:

»Nobel hatte Feuer. Er arbeitete hart, sprühte von Ideen und trieb seine Mitarbeiter mit seiner ansteckenden Energie an. Gleichzeitig wollte er als sehr anspruchsloser Mann erscheinen, wies gern darauf hin, daß er keinen wählerischen Magen habe, und betonte, daß seine Ansprüche auf Komfort nicht größer seien, als daß er sich auch mit einer Hundehütte als Wohnung begnügen könne. Aber wenn er auf Björkborn wohnte, wollte er alles bequem haben. Er ließ Wasserklosetts und elektrisches Licht installieren.«

Er hätte hinzufügen können, was in der Gegend allgemein bekannt war, daß Alfred solche Angst vor Kälte und Zug hatte, daß er in einer Art Kiste schlief. Um sein Bett hatte er sich vier zugfreie Holzwände aufstellen lassen. Vermutlich waren sie das Resultat der Kindheitserinnerung an den eiskalten Unterschlupf in der Norrlandsgata und der Erinnerung an die nicht weniger zugige Wohnung seiner Jugendjahre in St. Petersburg.

Die Möblierung von Björkborn überließ Alfred Roberts Sohn Hjalmar. Im Herbst 1894 schrieb er ihm:

Ich möchte ein paar Dinge bemerken, nämlich

1) daß die Herren bei mir, solange ich es mir leisten kann, guten Tabak bekommen werden, so daß ein Rauchzimmer eigentlich nicht nötig ist;
2) daß ein unverheirateter Mann sich nicht erlauben kann, ein Damengästezimmer zu haben, wohl aber mehrere. Es wäre deshalb gut, ein paar Zimmer so zu möblieren, daß sie sich für anspruchslose Herren wie Damen eignen.

Der Betriebsleiter Jonas C. Kjellberg, der sich frühzeitig darüber informierte, wie Alfred wohnen wolle, erhielt zur Antwort, daß Alfreds Ansprüche gering seien: »Aber ich brauche ein sehr gutes Bett, weil ich sonst nicht schlafen kann, und eine sehr gute Küche, weil ich darauf angewiesen bin. Mit meinem zwar nicht wählerischen, aber empfindlichen Magen muß ich eine genaue Diät einhalten. Meine Prätentionen beschränken sich im übrigen auf einen Bücherschrank und was ansonsten an Möbeln vorhanden ist.«

Es trifft zu, daß er einen empfindlichen Magen hatte, dem es schwerfiel, schwedische Hausmannskost zu verdauen, und obwohl er erklärte, daß seine Ansprüche gering seien, ließ er französisches Küchenpersonal suchen.

Die Herbstkälte in Schweden veranlaßte Alfred, früher als geplant nach Italien zurückzukehren. Er befand sich daher in San Remo, als Ingeborg heiratete. Von dort schrieb er an Robert in Getå:

San Remo, den 31. Oktober 1894

(...)
Wie schön, daß Ingeborgs Hochzeit so gut verlaufen ist! Sie soll ja gesunder und fröhlicher sein, als sie viele Jahre lang war.

Der arme Emanuel dagegen plagt sich in Rußland mit geschäftlichem Ärger und mit der schweren Last, die zu tragen er keineswegs erwachsen genug ist. Mir ist es ein Rätsel, daß die Sache immer noch geht, wie sie geht, und daß unsere Gesellschaft sich durchwurstelt. Mir scheint, daß Emanuel jetzt selbst die Notwendigkeit neuer Führungskräfte einsieht, aber vielleicht tut er es zu spät, oder er trifft eine schlechte Wahl.

Ich fühle mich sehr erschöpft und werde oft von Herzbeschwerden geplagt. Es wäre mir deshalb unmöglich, Emanuel zu Hilfe zu kommen, und ich sehe mich immer mehr gezwungen, den Umfang meiner eigenen Zwangstätigkeiten einzuschränken.
(...)
[PS] Vielen Dank für Eure Glückwünsche zu meinem Ge-

burtstag. Ich höre mit großer Freude, daß Du gesund und munter bist und daß der Kahn seetüchtig genug zu sein scheint, um ein gutes Stück weit ins zwanzigste Jahrhundert hineinzusegeln.

Einige Wochen später schrieb Alfred einen neuen Brief an seinen Bruder:

San Remo, den 11 September 1894

(…)

Der Inhalt Deines Briefs vom 5.11., der sich mit meinem gekreuzt hat, erstaunt mich doch etwas. Das einfachste wäre doch gewesen, mich offen zu fragen, warum ich nicht zur Hochzeit gekommen bin.

Wie Du weißt, stand gerade da der unerfreuliche Prozeß gegen die englische Regierung bevor, und alle Direktoren sämtlicher Gesellschaften trafen sich in Berlin, teils um den Plan zu beraten, der dem House of Lords vorgelegt werden soll, teils um vertragliche Verhältnisse mit mir zu verhandeln, um deren Revision ich selbst nachgesucht hatte.

Ich hatte mich ja mehrfach bei Ingeborg nach dem Zeitpunkt ihrer Hochzeit erkundigt, um anwesend sein zu können, und was Du mit den Gefühlen meinst, die mein Fortbleiben veranlaßt haben könnten, ist mir rätselhaft.

Wenn ich in meinem Leben meinem Gefühl oder meiner Vernunft folgen könnte, so würde ich alle Festlichkeiten, bei denen Trinken und Schmausen vorkommen kann, vermeiden. Das tue ich auch, soweit es sich ermöglichen läßt, und lebe wie ein Eremit, aus dem einfachen Grunde, daß ein schwer verdauliches Gericht oder ein paar Glas Wein meinen Magenkatarrh verschlimmern und mich einer oft monatelang anhaltenden Tortur aussetzen. In Stockholm lebe ich aufgrund einer ungeeigneten Küche und aufgrund von Essenszeiten, die mir nicht passen, in einer beständigen Hölle.

Daß ich noch lebe, beruht nur auf meiner äußersten Vorsicht, Einladungen anzunehmen. Doch gewohnt, mein eigenes Wohl hintanzustellen, wäre ich gerne zur Hochzeit geblieben, wenn ich das hätte tun können, ohne mich vor einer Menge von Kollegen, die mich in Berlin erwarteten, zu blamieren.

Es war mir umso unangenehmer abzureisen, als ich nach Bofors hätte zurückkehren sollen, um der Hauptversammlung beizuwohnen. Aber man kann ja nicht überall sein.

Ich bin im letzten Jahr ungeheuer gealtert und fühle mich sehr bedrückt und erschöpft. Kein Wunder, bin ich doch fast mein ganzes Leben eine Art Halbleiche gewesen.

(...)

Zurück in Bofors, fand Alfred sein Vergnügen an Ausfahrten mit Pferd und Wagen. Er hatte Emanuel gebeten, in St. Petersburg ein paar Orlow-Traber zu kaufen. Im Volksmund hießen sie nach kurzer Zeit »Nobels urluffare« [Nobels Urlandstreicher]. Der Augenzeuge Åhling weiß wiederum Auskunft zu geben: »Nobel war ein feiner Kerl, aber er hatte natürlich seine Eigenheiten. Eine davon war, daß es schnell gehen mußte, wenn er ausfahren wollte. Deshalb ließ er drei russische Hengste importieren – zwei schwarze und einen grauen –, die er vor seinen Landauer spannte, und dann ging's los in rasender Fahrt.«

Åhling zufolge hatte Alfred an den Kotflügeln des Wagens elektrisches Licht montieren lassen, »und es leuchtete und dröhnte um den Herrn des Dynamits, wenn er vorüberfuhr«. Die Lokalzeitung schilderte eine von Alfreds Fahrten, als seine prächtigen russischen Pferde Schwierigkeiten gehabt hatten, sich auf den abschüssigen Straßen Värmlands zurückzuhalten: »Da kam er in schnellem Tempo mit höchster lokomotorischer Kraft in seinem geschlossenen Coupé. Nur die raschen Schritte der Hengste waren zu hören, denn der Wagen war lautlos, er war mit seiner eigenen Erfindung versehen: Gummiriemen um die Räder.«

Alfreds Kutscher in Björkborn hieß Anders Karlsson und wurde am 4. März 1938 achtzig Jahre alt. Da brachte »Karlskoga Bergslag« ein Interview mit ihm:

»Als Alfred Nobel nach Strömtorp kam, gab es keinen Anschluß nach Bofors. Da fragte er den Stationsvorsteher, ob man einen Extrazug für ihn bestellen könne. Aber der Stationsvorsteher antwortete, das könne eine teure Geschichte werden, und er glaube nicht, daß der Herr sich das leisten könne. Da fragte Nobel, was es kostete, und die Antwort lautete: 50 Kronen. Der Doktor zog daraufhin seine Brieftasche und zeigte ein paar Tausender. Da lief der Stationsvorsteher sofort und bestellte einen Sonderzug aus Kristinehamn...«

Auf die Frage, ob Alfred Nobel längere Zeit auf Björkborn verbrachte, antwortete Anders Karlsson: »Er wohnte zwei Jahre hier, aber die meiste Zeit war er auf Reisen. Während er fort war, kümmerte sein Neffe sich um das Haus. Er wurde immer mit »Herr Ingenieur« angeredet, aber einmal, als jemand das zum Doktor sagte, bekam er einen Lachanfall und sagte, daß der Junge ganz bestimmt kein Ingenieur sei, sondern ein Neffe, der wegen des Umbaus da sei, denn darauf verstehe er sich.«

98

Während seines Aufenthalts auf Björkborn im Sommer 1895 scheint Alfred sich in einer fast harmonischen Gemütsverfassung befunden zu haben. Trotz seiner Angina pectoris, die ihn zwang, täglich beachtliche Dosen von Nitroglyzerinspiritus zu schlucken, war er weiter aktiv und richtete vieles aus.

Er hatte zu dieser Zeit angefangen, sich für die jungen Erfinder Birger und Fredrik Ljungström zu interessieren, die 1872 und 1875 geboren waren. Alfred schrieb über sie: »Es macht Freude, mit Personen von so bedeutenden Fähigkeiten und solcher Anspruchslosigkeit wie den Herren Ljungström zusammenzuarbeiten.« Die beiden Brüder arbeiteten tagsüber für ihren Lebensunterhalt und besuchten anschließend Abendkurse an der Technischen Hochschule. Als Lehrer in Physik hatten sie übrigens Ingenieur S. A. Andrée.

Alfreds Zusammenarbeit mit den Brüdern galt mehreren ihrer Erfindungen, vor allem aber dem Svea-Velociped. Ljungströms war es gelungen, das erste Fahrrad mit Übertragungswechsel zu konstruieren. Birger war erst 16 Jahre alt, als er die sogenannte Rollsperre erfand. Es war ein Mechanismus, der eine feste Kupplung – Sperre – in der einen Richtung und Freilauf in der anderen Richtung ermöglicht. Mit Hilfe dieser Erfindung erhielt die Hinterradnabe eines Fahrrads im Prinzip die Konstruktion, die sie heute noch hat.

Alfred entschloß sich zur Zusammenarbeit mit den Brüdern Ljungström nach einer Demonstration auf Drottningholmsvägen außerhalb von Stockholm. Alfred war von der Konstruktion des Fahrrads, die das Treten erleichterte, beeindruckt. Am 17. August 1894 kam es zu einer formellen Übereinkunft mit der Ingenieursfirma »Waern och Barth«, die durch ein neugegründetes Unternehmen in England, »The New Cycle Co.«, die Erfindung kommerziell nutzen sollte. Alfred zeichnete für 40 000 Pfund Anteile in der Gesellschaft. Bald danach erblickte eine dreirädrige Version des Fahrrads das Licht der Welt – mit einem Antriebsrad hinten und zwei Steuerrädern vorn. Dieses »cab-cycle« hatte die asiatische Riksha zum Vorbild.

»The New Cycle Co.« ging trotz großer Anstrengungen, das Unternehmen zu retten, im März 1898 in Konkurs. Doch die grundlegende Geschäftsidee war richtig gewesen, und Alfred war ein begeisterter Fürsprecher des »Radsports«, der außerdem während dieses Jahrzehnts einen großen technologischen Sprung nach vorn im Transportwesen darstellte. Unser zeitgenössischer Berichterstatter Åhling weiß zu berichten: »Nobel hatte die Idee, daß auch er während seines Aufenthalts hier in Bofors fahrradfahren lernen wollte. Er benutzte kein gewöhnliches Fahrrad, sondern eine hochrädrige Maschine, die auf sonderbare Weise getreten wurde. Mehrere Stunden pro Woche verbrachte er draußen um das Herrenhaus und trampelte darauf. Ein Ingenieur mußte immer dabei sein und Nobel festhalten, damit er nicht umfiel.«

Zu Alfreds Zeit prangte auf der schwedischen Zweikronenmünze das Profil Oscars II. mit der Devise »Der Brudervölker Wohl«. Als der König aus Anlaß eines Militärmanövers in Värmland Bofors besuchte, wurde er in der lokalen Zeitung sehr viel später von unserem zweiten Gewährsmann in Björkborn, Anders Karlsson »rezensiert«:

»Ich erinnere mich daran, als Oscar II. hierher kam und den Doktor besuchte. Er war der stattlichste Mensch, den ich je gesehen habe. Einen großen, schönen Bart hatte er auch. Vernünftig war er sicher auch, weil er Norwegen die Freiheit gab, denn sonst hätte es wohl nie etwas anderes als Streit zwischen uns Brudervölkern gegeben.«

Die Majestät traf um 8 Uhr am Morgen in Bofors ein, und als er eine flaggengeschmückte Ehrenpforte passierte, wurde mit echtem Boforspulver Salut geschossen. Nach der Besichtigung der Fabriken in Anwesenheit von Alfred und Emanuel, der die lange Reise von St. Petersburg ausschließlich wegen des Königsbesuches unternommen hatte, wurden hoch gestimmte Reden gehalten. Alfred versicherte, daß man den königlichen Besuch in Bofors als eine Ermutigung betrachtete, »die zu weiteren Anstrengungen, König und Vaterland Nutzen zu bringen, anspornen sollte. Ich für meinen Teil werde alles tun, was ich kann, um die Industrie hier vorwärtszubringen.«

Oscar II. erwiderte die Rede mit einem Toast auf die Familie Nobel, »aus der verschiedene Mitglieder eine Ehre für Schweden waren und sind und dem Namen Schwedens in der ganzen Welt Ehre gemacht haben«.

Ein paar Jahre nach diesem Austausch von Höflichkeiten sollte König Oscar Emanuel ins Schloß rufen, um ihn dazu zu veranlassen, den letzten Willen, den Alfred in seinem Testament niedergelegt hatte, nicht zu verwirklichen.

Vor dem Besuch des Königs hatte Alfred zwei Briefe mit detaillierten Anweisungen an Hjalmar geschrieben:

Boulogne, den 29. Juli 1895
Lieber Hjalmar,
(…)
Um den König empfangen zu können, wird es wohl notwendig sein, den Salon mit hübscheren Möbeln als den gegenwärtigen einzurichten. Kannst Du das rechtzeitig besorgen?
(…)
Ein Piano werde ich schicken. Tischtücher und Servietten auch, aber ich muß die Breite der Tische im Speisesaal wissen. Kannst Du mir diese Angaben nach Paris schicken?

Paris, den 12. August 1895
(…)
Tischtücher und Servietten werden von hier geschickt. Aber ein Piano müssen wir wohl aus Göteborg oder Stockholm kommen lassen, da die Zeit nicht ausreicht, ein solches von hier zu senden.
(…)

Herzlich Dein
Alfred

99

Wilhelm T. Unge war ein ehemaliger Artilleriehauptmann, der 1885 seinen Abschied genommen hatte, um sich voll und ganz seiner Erfindertätigkeit widmen zu können. 1892 nahm er in Stockholm Kontakt zu Alfred auf, um diesen für sein »fliegendes Torpedo« zu interessieren. Unge wollte ein waffentragendes Projektil konstruieren. Wenn dieses nach dem Abschuß seinen höchsten Punkt erreicht hatte, sollte eine Rakete gezündet werden, die das Projektil weitertrieb. Die Vorgehensweise ist den Fernsehzuschauern des Raumfahrtzeitalters bekannt.

Alfred war von dem technisch begabten ehemaligen Offizier beeindruckt, und um das fliegende Torpedo zu finanzieren, wurde die Aktiengesellschaft Mars mit 40 000 Kronen Startkapital gegründet. Unter den Anteilzeichnern befanden sich Oscar II., Gustaf de Laval und die Nitroglyzeringesellschaft, und als 7 000 Kronen fehlten, schoß Alfred den Betrag selbst zu.

Trotz seiner meist mit Terminen vollgepackten Tage in Stockholm nahm sich Alfred die Zeit, bei Unges ersten Probeabschüssen zugegen zu sein, die in dem heute als Lärkstaden bekannten Gebiet in der Hauptstadt stattfanden.

Neue Experimente wurden sowohl in San Remo als auch auf dem einen Kilometer langen Schießplatz in Bofors östlich von Björkborn durchgeführt. Alfreds Interesse an Unges Versuchen verringerte sich nicht, als ihm klar wurde, daß das Lufttorpedo auch für zivile Zwecke genutzt werden konnte, beispielsweise bei Schiffskatastrophen. Er beschloß, weitere 100 000 Kronen zu investieren.

Nach Alfreds Tod wurde der größte Teil des Unternehmens an Krupp verkauft. Den Deutschen lag daran, das Patent für das fliegende Torpedo zu erwerben, da sie darin eine potentielle Konkurrenz zu ihrer eigenen gewinnbringenden Kanonenproduktion sahen. Unge hatte schon früh über Krupps Kanonen an Alfred geschrieben, daß »diese gewaltigen Eisenungetüme bald von dem fliegenden Torpedo ersetzt werden können«. Die Deutschen sollten später in Wernher von Braun ihren eigenen Unge bekommen. Auf dem »Raketenflugplatz« in Berlin wurden Anfang der 30er Jahre von den Krupp-Werken unter der Leitung von Brauns ähnliche Versuche unternommen. Unges und Alfreds Lufttorpedos waren auf diese Weise eine Art Vorgänger der Vergeltungswaffen des Zweiten Weltkriegs geworden.

Eine weitere Idee, die im Verlauf der Zusammenarbeit mit Unge entwickelt wurde, war die Fotografie aus der Luft. Hier kam die Idee von Alfred, und er schrieb an Sohlman:

Ich habe vor, einen kleinen Ballon mit Fallschirm und Kamera sowie einem kleinen Uhrwerk oder Zeitzünder aufsteigen zu lassen. In passender Höhe wird der Ballon automatisch entleert oder der Fallschirm abgetrennt, welcher mit dem Kamerabild herunterkommt.

In seinem letzten Herbst durfte Alfred erleben, daß die schwedischen Behörden von Bofors zwei 25-Zentimeter-Geschütze für die Marine und die Küstenartillerie bestellten. Für die Herstellung wurden neue Anlagen erforderlich, da die alten nur für die Herstellung von 16-Zentimeter-Kanonen geeignet waren. Als das erste schwere Geschütz, das 30 Tonnen wog, auf der Industrieausstellung 1897 der Öffentlichkeit vorgeführt wurde, lebte Alfred nicht mehr.

Als Besitzer von Bofors war es ihm gelungen, die Finanzen des Unternehmens zu sanieren und es in die Lage zu versetzen, mit den größten ausländischen Unternehmen der Branche zu konkurrieren. Die Breite des Produktangebots war imponierend: von Artillerieausrüstung, Munition und Panzerblech bis zu Innovationen im Chemiebereich, die Bofors später in Produktbereichen wie Röntgenkontrastmittel, Heilmittel und Farbstoffen in der Welt führend machen sollten. Das Unternehmen besitzt heute eine beinah einzigartige Kompetenz in bezug auf die Regenerierung von Salpeter- und Schwefelsäuren. Diese Entwicklung wäre ohne Alfreds grundlegende Leistungen als Erfinder, Anreger und Finanzier nicht möglich gewesen. Bis zuletzt arbeitete er an der Konstruktion eines explosionssicheren Dampfkessels.

100

Es ist kein Zufall, daß sich in Alfreds hinterlassener Büchersammlung viele Abenteuerschilderungen befinden. Er hatte viel übrig für strapazenreiche Wagnisse. Wie die meisten Menschen seiner Zeit liebte er es, von Leuten zu lesen, die Heldentaten vollbrachten. Deshalb war es für ihn natürlich, Männer wie den Entdeckungsreisenden Sven Hedin und den Ballonfahrer Andrée zu unterstützen. Hedin erhielt finanzielle Hilfe, als er »Tibets entlegene Bergwelt« erforschen wollte, und Andrée, als er plante, mit dem Luftballon den Nordpol zu erreichen.

Sven Hedin schreibt in seinen Memoiren, daß er lange gezögert habe, sich an Alfred zu wenden. Er ging davon aus, daß Alfred ein Mann sei, der meinte, sein Geld solle in erster Linie für die Herstellung von »15mm Kanonen und Projektilen aus gehärtetem Stahl für die Verteidigung des Landes« verwendet werden. Als Hedin um die Mittsommerzeit 1893 dennoch an Alfred schrieb, erhielt er folgende Antwort:

Paris, den 17. Juli 1893
Hoch geehrter Herr Doktor,
Seit die Elektrizität und in ihrem Schlepptau der Gedanke in einer Viertelsekunde die Erde zu umkreisen vermögen, habe ich eine souveräne Verachtung für die lumpigen Dimensionen unseres Erdballs bekommen. Daher kommt es, daß ich mich weniger als früher für Entdeckungs- und Forschungsreisen interessiere. Als Beweis meiner außerordentlichen Inkonsequenz muß ich jedoch zugeben, daß ich das lebhafteste Interesse für einen weitaus kleineren Weltkörper hege, nämlich das Atom. Seine Form, Bewegungen, Schicksale etc., sowohl als Individuum als auch als mitwirkende Zelle im Leben des Weltalls beschäftigen mein eigenes über Gebühr. Auch bin ich ein lausiger Geschäftsmann, und meine Kasse ist in letzter Zeit durch meine Böcke arg in Mitleidenschaft gezogen worden. Dadurch und durch allerhand Beiträge angezapft, beginnt sie Hohlräume aufzuweisen, in denen

das Vakuum spukt. Indessen möchte ich nicht ganz beiseite stehen und füge einen Scheck über 2 000 Kronen bei.

Mit größter Hochachtung
A. Nobel

Hedin war dankbar für das, was er bekam, und meinte, daß 2 000 Kronen mehr oder weniger für Alfred nichts bedeuteten, aber für ihn entsprach der Betrag einer Karawane von »fünfzehn frischen Kamelen«.

In verdeckten Worten hatte Hedin durchblicken lassen, daß er mit seinen guten Beziehungen zum Königshaus eine Auszeichnung dieser oder jener Art erwirken könne. Alfreds Antwort darauf gibt Hedin in seinen Memoiren nicht wieder. »Vielleicht gibt es unter den einenhalb Milliarden Mitviechern jemanden, der ebenso gleichgültig, aber sicher niemanden, der gleichgültiger ist als ich gegenüber Auszeichnungen. Man kann sie nicht ausschlagen, wenn sie einem angeboten werden, ohne als Original angesehen zu werden, aber sie verursachen im allgemeinen Mühe und sind mir deshalb zuwider. Ich hoffe, meinen Lebensabend davon unbelästigt verbringen zu können. Noch ein Wunsch, der eigentlich eine Bedingung ist, nämlich daß keine Zeitung über meinen Beitrag unterrichtet wird.«

Alfred war leicht für Ideen anderer zu begeistern. Deshalb ermutigte er die Brüder Ljungström, als sie von einer Maschine träumten, die es möglich machen sollte, sich durch Nachahmung des Flügelschlags der Vögel durch die Luft zu bewegen, ein sogenannter Ornithopter – ein Schlagflügelflieger.

Dies war 20 Jahre, bevor die Brüder Orville und Wilbur Wright ihr erstes anwendbares Flugzeug konstruierten. Auch Alfred hatte konkrete Visionen von zukünftigen Luftfahrzeugen:

Fliegen hat mich inspiriert, aber wir können nicht daran denken, das Problem mit Ballons zu lösen. Wenn ein Vogel eine hohe Geschwindigkeit erreicht hat, hat er die Möglichkeit, mit nur mini-

maler Bewegung der Flügel die Schwerkraft zu überwinden. Das geschieht nicht mit Magie. Was der Vogel tun kann, kann der Mensch. Wir brauchen Luftflöße, die mit hoher Geschwindigkeit vorwärtsgetrieben werden. Eine Taube fliegt von Paris nach San Remo in drei Stunden.

Sein Interesse für Luftfahrzeuge ließ Alfred den Plan des 41jährigen Salomon August Andrée unterstützen, mit einem lenkbaren Ballon den Nordpol zu erreichen. Die beiden hatten sich im Patent- und Registrieramt kennengelernt, wo Andrée Oberingenieur war. Sein Chef war Hugo Hamilton, einer von Alfreds persönlichen Freunden trotz ihrer sehr unterschiedlichen Auffassungen in Patentfragen. Es war Hamilton, der Alfred zuerst über Andrées Projekt und seine Methode informierte, mit Hilfe von Schleppleine und Steuersegel einen Luftballon mit bis zu 20 Grad Abweichung von der Windrichtung zu manövrieren.

Die Zeitung Aftonbladet brachte am 22. Mai 1895 folgende Notiz: »Neuer großartiger Beitrag von Dr. Alfred Nobel zu Herrn Andrées Nordpolexpedition. Dr. Nobel hat seinen Beitrag zur Nordpolfahrt des Oberingenieurs Andrée im Ballon auf 65 000 Kronen, d.h. die Hälfte der berechneten Kosten, erhöht unter der Bedingung, daß die restliche Hälfte innerhalb zweier Monate von anderer Seite gedeckt wird.«

So geschah es auch. Alfred meinte, daß selbst wenn Andrée sein Ziel nur halb erreiche, »die Tat an sich etwas sein wird, das die Gemüter bewegen wird«. Er gab ein Mittagessen für Andrée in Bofors, nachdem der erste Start 1896 aufgrund ungünstiger Windverhältnisse verschoben worden war. Sohlman, der daran teilnahm, erzählt, daß Alfred den Entschluß Andrées gelobt habe. Er stellte auch für den nächsten Versuch Unterstützung in Aussicht.

Alfred schlug auch einen speziellen französischen Firnis vor, um die Ballonhülle, die aus drei Schichten chinesischer Seide bestand, abzudichten. Andrée diskutierte dies mit verschiedenen Experten und schrieb danach an Alfred, daß der Firnis ungeeignet sei. In einem Brief aus Bofors vom 22. September 1895 beeilte sich Alfred zu antworten:

Hoch geehrter Herr Oberingenieur!
Glauben Sie bitte nicht, daß ich die Anzahl lästiger Ratgeber vermehren will in einer Sache, wo andere soviel kompetenter sind. Ich erwähnte lediglich so »en passant« kommende Möglichkeiten, ohne die geringste Prätention, ihren praktischen Wert beurteilen zu können. Aus dem gleichen Grund schlug ich Rieffels Firnisrezept vor, wodurch ich, wie ich mit Bedauern sehe, Ärger verursacht habe. Es freut mich ungeheuer, zu hören, daß die Versuche mit der Dichtheit des Ballons so zufriedenstellend ausgefallen sind und sich die Chancen des Polarhelden immer mehr erweitern.
Mit vorzüglicher Hochachtung
A. Nobel

Im Frühjahr 1896 diskutierte Alfred mit Andrée den Friktionskoeffizienten zwischen der Leine und dem Eis und inwieweit eine variierende Länge der Schleppleine die Geschwindigkeit des Ballons verringern könnte. Der Polarballon mit einer Dimension von 4 500 Kubikmetern Gas war im Mai des gleichen Jahres soweit fertig, daß er auf dem Marsfeld in Paris ausgestellt werden konnte, bevor er nach Schweden transportiert wurde. Am Monatsende machte sich die Expedition auf den Weg. Vor dem Start schrieb Andrée an Alfred: »Möchten Sie die Befriedigung erfahren, das Werk vollendet zu sehen, zu dem Sie den Eckstein gelegt haben.«

Eine von Alfreds Ideen war, daß Andrée Brieftauben benutzen sollte, um Kontakt mit der Außenwelt zu halten. Er schrieb, daß es in Nordrußland »von Tauben wimmelt, die die Winterkälte ausgezeichnet ertragen, wenn sie gut gefüttert werden... Stellen Sie sich vor, welchen Jubel sie hervorrufen würden, und wie nützlich sie für die Sicherung der Expedition sein könnten«.

Als Alfred den zugesagten Beitrag übergab, erklärte er, daß »die Zinsen davon die Kosten für den Taubenschlag decken können«. Wie so oft bekam Alfred seinen Willen. Der skeptische Andrée gab nach, und einige der mitgeführten Tauben sollten mit Nachrichten zurückkehren. August Strindberg schreibt am 16. Juli 1897 in sein okkultes Tagebuch: »Sah am Nachmittag zwei Tauben von Norden nach Süden fliegen... Sagte Herrlin: Da sind Andrées Tauben!« Am 17. Juli notierte er: »Am Morgen 3/4 4 erwachte ich von einem Schrei aus der Luft, der dem ho-ho-ho eines Sterbenden glich... Ich dachte an Andrées Ballon... es war schrecklich.«

Sechs Tage zuvor war Andrées Ballon von Spitzbergen aufgestiegen. Mit an Bord befanden sich Knut Fraenkel und Strindbergs junger Verwandter Nils. Sie verschwanden spurlos über dem Polarmeer. Erst am 6. August 1930 sollte die Besatzung des norwegischen Seehundfängers »Braatvaag« ihre Überreste auf Vitö finden.

101

Aus der Fabrik in Ardeer kam eine bedrohliche Mitteilung: Alfreds Gegner aus den Durchbruchsjahren des Dynamits und späterem Freund Frederic Abel war ein Patent bewilligt worden, das die Leitung von »Nobels Explosives« beunruhigte. Die Gesellschaft hatte von Alfred die englischen Patentrechte für das Ballistit erworben. Nun wurde bekanntgegeben, daß Abel gemeinsam mit einem anderen Freund Alfreds, dem Physikprofessor James Dewar, ein Patent auf ein rauchschwaches Pulver bekommen hatte, das im Prinzip mit dem Ballistit identisch war.

Alfred wollte zunächst nicht glauben, daß seine beiden Freunde, die viele Jahre lang gegen reichlich bemessene Beraterhonorare für seine englische Gesellschaft gearbeitet hatten, sich einer solchen Handlungsweise schuldig gemacht hatten. Obwohl die Tatsachen eindeutig darauf hinwiesen, wollte er anfänglich keine Maßnahmen gegen die offensichtliche Verletzung des Patentschutzes ergreifen. Er teilte »Nobels Explosives« mit, er wünsche keinen Prozeß und befürworte eine gütliche Einigung. In der Regel pflegte Alfreds Wille Gesetz zu sein, doch diesmal strengte man gegen seinen Wunsch einen Prozeß an, was formal möglich war, da Alfred keine Aktienmehrheit an der Gesellschaft innehatte.

Das rechtliche Verfahren zog sich lange hin, war belastend und kostspielig. Auch nachdem der Prozeß in Gang gekommen war, empfahl Alfred, eine gütliche Einigung mit Abel und Dewar zu treffen, doch die Leitung der Gesellschaft und ihre Anwälte wollten weitermachen.

Alfreds rauchfreies Nitroglyzerinpulver war in England ebenso stark beachtet worden wie in Italien. Die englische Regierung setzte 1888 eine Kommission ein, deren zwei einflußreichste Mitglieder ausgerechnet Frederic Abel und James Dewar waren. Der Auftrag der Kommission lautete: »...neue Erfindungen überhaupt, aber insbesondere solche zu untersuchen, die einen Einfluß auf militärische Sprengstoffe haben können, und dem Kriegsministerium Vorschläge für technische Verbesserungen zu unterbreiten, welche die Kommission glaubt empfehlen zu können.«

Die beiden Freunde Alfreds in »The Explosives Commission« erbaten und erhielten Informationen über sein Ballistit, natürlich unter strengster Verschwiegenheit.

Die Kommission konnte nach einiger Zeit Gesichtspunkte und Einwände äußern, die Alfred teilweise relevant fand. Der leicht verdunstende Kampfer wurde beispielsweise gegen Azeton, den Essigsäureester des Glyzerins, ausgetauscht. Währenddessen experimentierten Abel und Dewar auf eigene Faust im staatlichen Laboratorium, um ein rauchschwaches Pulver zu entwickeln, ohne Alfred zu informieren. Es gelang ihnen, einen Pulvertyp herzustellen, der aus 58% Nitroglyzerin, 37% Schießbaumwolle und 5% Vaseline bestand, der auf Alfreds Vorschlag mit Azeton gelatiniert wurde, dem farblosen flüchtigen

Lösungsmittel, das noch heute bei der Herstellung von rauchschwachem Pulver und Zelluloidprodukten verwendet wird. Man gab ihm den Namen »cordite«, da die Pulversubstanz in Strängen – cords – ausgepreßt wurde. Nachdem Abel und Dewar ihr rauchfreies Pulver patentiert bekommen hatten, gelang es ihnen noch einige Jahre, dies geheimzuhalten, um von Alfred noch weitere brauchbare Detailinformationen zu bekommen.

Da die staatliche Kommission – dominiert von Abel und Dewar – das Cordit empfahl, beschloß das Kriegsministerium, daß dieses Pulver von Englands Heer und Flotte benutzt werden sollte. Daß Alfred das Prioritätsrecht für die Erfindung besaß, wurde nicht berücksichtigt.

Abels und Dewars Patent wurde erst entdeckt, als »Nobels Explosives« dem Kriegsministerium das Ballistit anbot. Die bestürzte Geschäftsleitung nahm sogleich Kontakt zu Alfred in Paris auf. Es war eine unangenehme Mitteilung zu einem sehr ungünstigen Zeitpunkt. Die französische Polizei hatte gerade Alfreds Laboratorium heimgesucht, und die Pressekampagne gegen ihn war kurz vor ihrem Höhepunkt. Es zeigte sich, daß Abel und Dewar ihr Patent dem englischen Staat überlassen, die ausländischen Rechte aber hatten behalten dürfen.

Vor Gericht räumten Abel und Dewar ein, über Alfreds Experimente informiert gewesen zu sein, erklärten aber gleichzeitig, daß diese Informationen in keiner Weise die Ausarbeitung ihres Cordits beeinflußt habe. Sie versuchten auch, die Unterschiede in den Patentbeschreibungen des Cordits und des Ballistits nachzuweisen. Aber für Alfred waren die Unterschiede belanglos. Seine Geduld war am Ende. Es ging ihm nicht um Geld, sondern um seine Erfinderehre. Er war auch moralisch entrüstet darüber, daß ein hoher Beamter wie Abel sich privat an einer Erfindung zu bereichern versuchte, die er während seiner Arbeitszeit in einem dem Staat gehörenden Laboratorium erarbeitet hatte.

Alfreds geschwächte Gesundheit wurde während des langwierigen Prozesses neuen Belastungen ausgesetzt. Ihn quälte die Ungewißheit, ob Recht gesprochen werden konnte oder ob das Urteil von vornherein feststand. Die Ungewißheit sollte drei lange Jahre dauern.

Nachdem die Klage in der ersten Instanz behandelt war, ging sie vor das Berufungsgericht und wurde schließlich im House of Lords entschieden. In einer seiner Zeugenaussagen berichtete Alfred, daß er zwischenzeitlich an der Entwicklung eines rauchschwachen Pulvers gearbeitet habe und daß das Problem erst gelöst worden sei, als er sich für Zelluloid zu interessieren begonnen habe. Er sagte weiter:

Ich ließ das Problem eine Zeitlang ruhen und kam später wieder darauf zurück. So arbeite ich häufig. Aber ich komme immer wieder auf eine Aufgabe zurück, wenn ich das Gefühl habe, daß es mir am Schluß gelingen muß, sie zu lösen.

Sämtliche Instanzen wiesen die Schadensersatzklage von »Nobels Explosives« wegen Verletzung des Patentschutzes ab, und die Gesellschaft wurde zur Zahlung der Prozeßkosten von 28 000 Pfund verurteilt.

Der Urteilsspruch gründete sich auf eine vage Formulierung in Alfreds Patentbeschreibung, in der von »dem Bestandteil Nitrozellulose der wohlbekannten löslichen Art« die Rede war, die den Richtern zufolge alles, was unlöslich war, ausschloß. Es half nichts, daß die Anwälte der Verteidigung beweisen konnten, daß »unlösliches« Nitrozellulosepulver unter bestimmten Bedingungen »löslich« sein konnte.

Das Gericht entschied nicht zu Alfreds Gunsten, doch erfuhr er während der Schlußplädoyers durch einen der drei Richter moralische Genugtuung. Dieser erklärte, daß er aus streng juristischen Gründen seinen beiden Richterkollegen in der Abweisung der Schadensersatzforderung beipflichten müsse, fügte jedoch hinzu:

»Es ist nicht zu bestreiten, daß ein Zwerg, dem man erlaubt hat, auf den Rücken eines Riesen zu klettern, weiter blicken kann als der Riese selbst... Was den vorliegenden Fall betrifft, kann ich nicht umhin, mit dem Inhaber des Originalpatents zu sympathisieren. Herr Nobel hat eine bedeutende Erfindung gemacht, die theoretisch bemerkenswert und etwas wirklich Neues ist – und nun bekommen zwei geschickte Chemiker Einblick in die Patentbeschreibung, studieren sie genau und erkennen, daß sie durch Verwendung praktisch der gleichen Ingredienzen mit lediglich einer kleineren Änderung das gleiche Ergebnis erreichen können. Es muß als dringlich angesehen werden, soweit es möglich ist, dafür zu sorgen, daß dies nicht in einer Weise geschehen darf, die Herrn Nobel um den Wert eines außerordentlich bedeutenden Patents bringt.«

Diese Feststellung konnte indessen nichts an der Tatsache ändern, daß man Alfred der Früchte seiner Erfindung beraubt hatte. Er erlebte die Entscheidung als eine Schmach, und seine Einstellung zu Juristen und nicht zuletzt Anwälten wurde noch feindseliger. Die Schmach veranlaßte ihn dazu, zu schreiben, Anwälte seien »Blutsauger, die nach der Lieferung kurzsichtiger Deutungen sinnloser Gerichtsurteile, deren Dunkelheit noch das Dunkel verdunkelt, ganze Vermögen verschlingen«.

Doch der Prozeß war vorüber und das Unrecht ein Faktum. Es blieb Alfred nur, an die Geschichte zu appellieren, die hoffentlich das Urteil revidieren würde. In »Nemesis« läßt er Beatrice die folgende Überlegung anstellen:

Mir schaudert bei dem Gedanken, du könntest von den Ungeheuerlichkeiten bedroht sein, die man heutzutage Gerechtigkeit nennt... Sie müssen verstehen, daß man ein Leben voller erlittener Ungerechtigkeiten nicht im Handumdrehen vergessen kann.

Er begann auch, eine Satire zu schreiben, die er »The Patent Bacillus« nannte. Er strich, änderte und gab schließlich auf. Das Ergebnis war ein Torso von ein paar Seiten, unbegreiflich für alle, die nicht mit den Einzelheiten des Cordit-Prozesses vertraut waren.

Auch in Briefen an Mitarbeiter in seinen Gesellschaften kommentierte er das Gerichtsurteil:

... Ich kann es mir leisten, bezüglich der geldlichen Seite der Angelegenheit gleichgültig zu bleiben, aber meinen tiefen Ekel angesichts der begangenen Niedrigkeit kann ich nicht verwinden. Man sagt, daß es nichts nützt, über verschüttete Milch zu weinen, und das tue ich auch nicht, aber es liegt etwas von einer kränkenden Ungerechtigkeit darin, wenn sie vom Staat begangen wird, das mich über alle Maßen empört. Das Gefühl dafür, was Recht ist und was Unrecht, soll nicht vom Mob zur Krone aufsteigen, sondern stattdessen sich von der Spitze nach unten ausbreiten. Der Mangel an Moral im Cordit-Prozeß wäre von Hamlet vorhergesehen worden, wenn er gesagt hätte: ›there is something rotten in the state of Justice‹.

Wie in Paris wandte sich die Mehrzahl der Londoner Zeitungen gegen ihn. In beiden Fällen spielten chauvinistische Gefühle eine wesentliche Rolle.

In einem Brief an seinen älteren Bruder kommentierte Alfred den Cordit-Prozeß:

Bofors, den 20/2

Liebster Bruder Robert!
(...)
Den niedrigen Prozeß in London haben wir verloren, wie Du weißt: die Gesellschaft gibt deswegen nicht den Geist auf, doch einen großen Teil davon... so ist die Sache ernst genug.
(...)
Wie Du wohl seit langem weißt, habe ich Bofors gekauft. Ich

habe mir schon lange gewünscht, eine Kanonenfabrik zu haben, weil es für die Ausarbeitung von Dingen in meiner Branche höchst notwendig ist.

102

August Strindberg sagte in einem Interview in der französischen Zeitung »Le Temps« am 14. Januar 1895, die Dramatik und die schöne Literatur seien nur Zeitvertreib für ihn, und er beabsichtige, sich als Chemiker ganz der Wissenschaft zu widmen. Zur gleichen Zeit nahm der Erfinder und Imperiumerbauer Alfred Nobel seine literarischen Versuche wieder auf.

Sein Drama »Nemesis« besteht aus vier Akten. Im März 1896 schrieb Alfred an Bertha von Suttner:

Da ich mich während meiner Krankheit keinen ernsthafteren Arbeiten widmen konnte, habe ich eine Tragödie geschrieben. Ich habe sie bis auf ein paar noch ausstehende Änderungen gerade abgeschlossen. Wie Shelley in »The Cenci« bin ich von der rührenden wahren Geschichte von Beatrice ausgegangen, habe sie jedoch anders bearbeitet... Es wird spannend zu sehen, ob man dieses kleine Stück spielen wird, dessen szenischer Effekt meiner Ansicht nach ziemlich gut sein dürfte. Es ist in Prosa geschrieben; ich mag es nicht, wenn Gespräche in Versen geführt werden – das macht einen so unnatürlichen Eindruck.

Nur ein paar Tage später erhielt Bertha einen neuen Brief vom Verfasser des Dramas. Nun glaubte Alfred, daß der szenische Effekt nicht nur ziemlich gut, sondern sehr gut sei. Weiter teilte er mit, daß das Stück auf Schwedisch und »in einer poetischen Prosa« geschrieben sei. Außerdem äußerte er die Meinung, daß jemand das Stück ins Deutsche übersetzen solle, da er diese Sprache nicht gut genug beherrsche »und ich im übrigen anderes zu tun habe«.

Henrik Schück hat die offensichtlichen Schwächen in der Charakterzeichnung wie in der sprachlichen Gestaltung aufgezeigt. Er meinte, daß man nicht ungestraft mit 63 Jahren anfange, Dramen zu schreiben, und stellt fest, daß der Dialog in »Nemesis« in einer steifen Buchsprache verfaßt sei und mitnichten, wie Nobel selbst glaubte, in poetischer Prosa. Alfred war sich dessen bewußt, daß zumindest seine Rechtschreibung »infolge langjährigen Aufenthalts im Ausland schwach« war. In einem Brief an die Schwiegermutter seines Neffen, die Schriftstellerin Lea, läßt er diese wissen, daß er »im Bereich der Literatur keine Mitarbeiter annehme... Nicht ein einziges Wort soll ein Autor jemand anderen ändern lassen. Kritik sollte dagegen stets willkommen sein – je schärfer, desto besser. Du hast zu sehr beschönigt. Einige ausländische Wörter würde ich gerne ins Schwedische bringen, z.B. Tagtraum. Die Engländer schnappen jedes ausländische Wort auf, für das es in ihrer Sprache keinen Ausdruck gibt... Mein kleines Stück lasse ich hektografieren oder in Kristiania drucken. Mit der schwedischen Zensur will ich nichts zu schaffen haben.«

Ausgehend von der Märtyrergeschichte über Beatrice Cenci hatte Shelley 1819 sein Trauerspiel »The Cenci« geschaffen. Beatrice war das unschuldige Opfer, das seine verlorene jungfräuliche Ehre rächt, indem sie dem Stiefvater Francesco Cenci geschmolzenes Blei in die Augen gießt.

Alfred meinte, seine Version des Beatricedramas unabhängig von Shelley geschrieben zu haben, doch der Zusammenhang ist leicht festzustellen. In der Wirklichkeit fand die tragische Geschichte der Beatrice Cenci ihr Ende am 11. September 1599. Da wurde »die entschlossene Vatermörderin« vor den Augen der römischen Bevölkerung hingerichtet. Für Shelley wie auch für Alfred handelte es sich um einen Justizmord. Das Thema paßte zu Alfreds Gemütsverfassung. Sein Mißtrauen gegen die Rechtsmaschinerie faßte er in zwei Aphorismen:

Gerechtigkeit existiert nur in der Phantasie.

*Die beste Entschuldigung für Prostituierte ist,
daß Frau Justitia eine der ihren ist.*

An seinen Neffen Ludvig schrieb Alfred: »Während ich krank war, konnte ich keine geschäftlichen Arbeiten erledigen. Darum schrieb ich ein Theaterstück, ein wirkliches Trauerspiel, und ganz verteufelt traurig. Der Bühneneffekt ist gut und würde vielleicht überempfindliche Frauenzimmer in Ohnmacht fallen lassen.«

Der nonchalante Tonfall war gespielt. »Nemesis« war für Alfred die Frucht eines ernsthaften Engagements. Hier geht er alles Unrecht durch, das ihm im Leben widerfahren ist. In der Gestalt Beatrices spricht er frei aus offenem Herzen. Er läßt sie die Worte ausstoßen: »Ich bin die Rächerin der geschändeten Unschuld und der mit Füßen getretenen Gerechtigkeit.« Alfred sah sich selbst nach dem verlorenen Cordit-Prozeß als gekränkten Märtyrer.

Er ließ deshalb »Nemesis« in Paris drucken und wollte das Drama auch ins Norwegische und Deutsche übersetzen lassen. War er von literarischer Blindheit geschlagen? Wie konnte dem intelligenten und belesenen Alfred entgehen, welche offensichtlichen Mängel sein Drama hatte? Eine Antwort ist, daß »Nemesis« trotz aller Unvollkommenheiten sein geistiges Testament war, daß er ein letztes Mal seine Lebensanschauung in Worte fassen wollte. So läßt er beispielsweise den Aufklärungsphilosophen im Stück versichern, daß:

eine Dämmerung im entsetzlichen Dunkel Europas heraufzieht. Eine menschlichere Anschauung macht sich in allen Klassen bemerkbar. Der Gedanke verleiht einer betörten und niedergeschmetterten Welt seinen wunderbaren Schein. Und wir können stolz darauf sein, daß es unser Land ist, das die Fahne der Zivilisation erhoben hat. Es sind unser Columbus, unser Galilei, unser

Leonardo, unser Bruno, unser Campanella, unsere Philosophen, Dichter und Künstler, die die ersten Wegweiser der Welt zu einem höheren Ziel haben, als unsere Mitmenschen zu verbrennen und ihre Hirne auszutrocknen.

Die autobiographischen Hinweise sind zahlreich: Er spricht vom Schwärmen am Strand des Mittelmeers, von der Angst vor Spionen (wie im St. Petersburg des Zaren), von schwerer Migräne, davon, daß ein Mädchen (wie Sofie Hess) einen reifen Mann einem Jüngling vorziehen soll, von der Furcht, lebendig begraben zu werden. Er gibt Informationen über Sprengstoffe (!), Luftraketen und Ballons, Glühlampen und Kameras sowie über den Tod, die Kirche und die Ewigkeit.

Wendet man diese Lesart auf »Nemesis« an, dann erscheint das literarische Werk als ein wertvolles persönliches Dokument. Der von den Gerichten gekränkte Alfred sucht durch »Nemesis« seine Rehabilitation zu erreichen, doch er hat wenig Hoffnung. Schon in der ersten Szene des Dramas schreibt er: »Es gibt keine Gerechtigkeit, weder hier noch jenseits des Grabes.«

103

Im Herbst 1896 teilte Alfreds Arzt in Paris ihm mit, daß sein Gesundheitszustand äußerst beunruhigend sei. Doch nichts deutet darauf hin, daß er selbst damit rechnete, daß das Ende so nahe war, wie es sich erweisen sollte. Er ließ neue Pferde für San Remo kaufen und bestellte eine aufwendige Einrichtung für die neu erworbene Nachbarvilla.

Alfred kehrte am 21. November 1896 nach San Remo zurück. Die Briefe, die er in den letzten Wochen vor seinem Tod schrieb, spiegeln keine Beunruhigung oder Furcht wider. Möglicherweise hatte die Einsicht in den Ernst der Situation ihn vor dem Unausweichlichen resignieren lassen. Er vertiefte sich in eine selbstvergessene briefliche Diskussion mit Ingenieur Andrée über die Gasverluste des lenkbaren Ballons und die sich daraus ergebende Verminderung des Auftriebsvermögens. Seinen letzten Brief schrieb Alfred an Ragnar Sohlman:

San Remo 7/12 1896
Bofors

Die übersandten Proben sind besonders schön. Das reine N/Z Pulver erscheint mir ausgezeichnet. Leider ist meine Gesundheit wieder so schlecht, daß ich mit Mühe einige Zeilen schreibe, aber ich komme, sobald ich es kann, auf die Themen zurück, die uns interessieren.

Ihr ergebener Freund
A. Nobel

Wenige Stunden später erlitt Alfred einen Schlaganfall. Er wurde von seinen Dienern die Treppe hinauf in sein Schlafzimmer im Obergeschoß getragen. Ein italienischer Arzt mußte konstatieren, daß Alfred eine Gehirnblutung erlitten hatte, die seine Sprechfähigkeit und sein Erinnerungsvermögen stark beeinträchtigte. Plötzlich konnte er sich nur noch an die Sprache der Kindheit erinnern – Schwedisch. Sein Faktotum Auguste Oswald berichtete Emanuel, Hjalmar und Ragnar Sohlman später, sein Arbeitgeber habe vergebens versucht, sich verständlich zu machen. Ein Wort hatte Auguste jedoch verstanden: »Telegramm«. Deshalb telegrafierte er unmittelbar an die Neffen und Sohlman.

Alfred Nobel starb am Morgen des 10. Dezember. Weder Sohlman, Hjalmar oder Emanuel kamen rechtzeitig nach San Remo, um Alfred noch lebend zu sehen. Was er am meisten gefürchtet hatte, war eingetreten: Er starb einsam, nur umgeben von bezahlter Dienerschaft.

104

Mit seinen 37 Jahren war Emanuel der älteste der drei Schweden, die um Alfreds Bahre standen. Es wurde bestimmt, daß die Asche zur Beisetzung im Familiengrab auf dem Norra Kyrkogården nach Stockholm überführt werden sollte. Zuvor sollte in der »Villa Nobel« eine kleinere Zeremonie stattfinden. Der junge schwedische Pastor in Paris, Nathan Söderblom, wurde gebeten, als Offiziant den Trauerakt zu leiten, der auf den 17. Dezember festgesetzt wurde.

Die drei Schweden wagten nicht, Auguste Oswald oder jemand anderem zu vertrauen, und begannen systematisch nach Wertpapieren und Geld zu suchen. Sie fanden das zweite Testament mit Alfreds Bemerkung: »Beendet und ersetzt durch Testament vom 27. Dezember 1895«. Das endgültige Testament befand sich in einem Depot in Stockholms Enskilda Bank. Sohlman sandte ein Telegramm an den Direktor der AB Bofors-Gullspång, Gustaf D. Dyrssen, und bat um eine Abschrift sobald als möglich.

Sohlman berichtet, daß Emanuel am Abend des 15. Dezember ein Telegramm der Bank mit der Nachricht erhielt, daß das Testament eröffnet worden sei. Dabei wurde mitgeteilt, daß der Verstorbene Sohlman und Rudolf Liljequist zu Testamentsvollstreckern eingesetzt habe. Im Testament fand sich auch die Bestimmung, daß die Pulsadern des Verstorbenen zu öffnen seien und der Leichnam kremiert werden sollte.

Als Sohlman sich von der Überraschung erholt hatte, zum Testamentsvollstrecker ausersehen zu sein, nahm er Kontakt mit dem Arzt auf, der den Totenschein ausgestellt hatte. Dieser drückte seine Verwunderung über die Bestimmungen aus und sagte, er könne garantieren, daß die im Zusammenhang mit der bereits angeordneten Balsamierung der Leiche erfolgten Maßnahmen ebenso effektiv seien wie das Öffnen der Pulsadern.

Am 17. Dezember war der Sarg im Speisesaal der »Villa Nobel« aufgestellt. In seiner Traueransprache ging Nathan Söderblom unter anderem auf »Nemesis« ein:

»Ein eigentümlicher Zufall fügte es, daß der Verschiedene wenige Wochen vor seinem Tod mich mit einem Manuskript von seiner Hand Bekanntschaft machen ließ. Auf einer der letzten Seiten begegneten mir als erstes nach der Trauerbotschaft aus San Remo die folgenden Worte, von denen er bei der Niederschrift kaum ahnte, daß sie so schnell auf ihn selbst angewendet werden würden. Zu einer solchen Anwendung sind wir jedoch in dieser Stunde vollauf berechtigt, denn die Worte lassen uns etwas ahnen von den Gedanken des nun selbst Toten über das Leben und den Tod.«

Alfred Nobel hat diese Gedanken »Nemesis« (IV. Akt, Szene 9) zu Papier gebracht:

Schweigend stehst du vor dem Altar des Todes! Das Leben hier wie das Leben nach diesem ist ein ewiges Rätsel; aber sein erlöschender Funke weckt uns zu heiliger Andacht und läßt jede Stimme verstummen außer der der Religion. Die Ewigkeit hat das Wort.

Söderblom sagte weiter:

»...wenn Alfred Nobel jemandem Einblick gewährte in das hinter seinen weitverzweigten Interessen und Überlegungen verborgene Heiligtum seines Inneren, so fand man aufs neue den Beweis für die immerwährende Wahrheit, daß mehr und bemerkenswerter als alle kühnen Gedanken und bedeutenden Erfindungen und alle Reichtümer und interessanten Ereignisse des Lebens doch eine Menschenseele ist, die lebt, kämpft und leidet, die liebt und hofft und glaubt. Es gehörte ohne Zweifel zu seines Lebens Maß an Einsamkeit und Leiden, daß er in den Augen der Menschen zu sehr als der reiche und bemerkenswerte Mann und zu wenig als Mensch galt. So wollen wir ihn im Tod damit nicht verfolgen. Denn in das andere Land folgen nicht Reichtum noch Ruhm und Genialität. (...)

So mögen an dieser Bahre alles eitle Lob und die lauten Stimmen irdischen Ruhms verstummen. Im Tod ist kein Unterschied zwischen dem vielfachen Millionär und dem Häusler, zwischen dem Genie und dem Einfältigen. Wenn das Schauspiel zu Ende ist, sind wir alle gleich. Im Tod zählt wie in der Religion allein der Mensch.«

Alfred war alles andere als religiös gleichgültig. In der sechsten Szene des ersten Aktes seines Dramas »Nemesis« schreibt er:

CENCI: *Die Menschen werden vom Gewissen und von Gottesfurcht geplagt. Das ist mir nie so gegangen. Daß ein Gott existiert, bezweifle ich eigentlich nicht, denn die Schöpfung redet stumm aber doch beredt von seiner Allmacht. Soweit geht mein Glaube. Aber wenn die Menschen von seiner ewigen Gerechtigkeit sprechen, ist das doch die lächerlichste aller Fabeln. Diese Strafanstalt, die sie die Hölle nennen, ist eine großartige Erfindung, denn sie erlaubt der Geistlichkeit, die ganze dumme Menschheit zu schröpfen. Aber mir machen sie mit solchem Gefasel nichts vor. Im großen Werk der Natur gibt es keine Barmherzigkeit, keinen Lohn der Tugend, keine Strafe für Verbrechen. Alles frißt oder wird gefressen, quält oder wird gequält, und Gott belohnt wie der Staat den Stärksten.*

105

Am Tag nach der Trauerfeierlichkeit traf eine Abschrift des handgeschriebenen Papiers ein, das Alfreds letzten Willen zum Ausdruck brachte. Nach einer ersten raschen Lektüre konnte konstatiert werden, daß die Erben nicht wie im Testament Nummer zwei 20 Prozent des hinterlassenen Vermögens erhalten sollten, sondern nur persönliche Legate.

Hjalmar verbarg nicht seine Enttäuschung, doch Emanuels Reaktion war beherrscht. Alfred hatte in Paris ein Gespräch mit ihm geführt und dabei das endgültige Testament berührt. Wahrscheinlich war die Tatsache, daß die Erben, von den persönlichen Legaten abgesehen, enterbt worden waren, für ihn keine Überraschung. Er und seine Familie in St. Petersburg waren außerdem vermögend, was für Hjalmar und seine Geschwister nicht zutraf.

Sorgen bereitete Emanuel der folgende Satz in Alfreds Testament: »Über mein übriges realisierbares Vermögen wird auf folgende Weise verfügt: das Kapital, vom Testamentsvollstrekker in sicheren Wertpapieren realisiert, soll einen Fonds bilden, dessen jährliche Zinsen als Preise denen zuerkannt werden, die im verflossenen Jahr der Menschheit den größten Nutzen geleistet haben.« Emanuel befürchtete mit allem Recht einen Kurssturz für die Aktien sämtlicher Nobelunternehmen, wenn der Inhalt des Testaments in den Finanzzentren der Welt bekannt würde. Er fragte sich, wie ein erfahrener Finanzmann wie sein Onkel eine derart kapitalzerstörende Bestimmung hatte formulieren können.

Es ist wahrscheinlich, daß Alfred sein endgültiges Testament in der Gewißheit schrieb, daß alles Lebende nicht nur der Vergänglichkeit, sondern auch dem Vergessen anheimfiel. Er wollte nach seinem Tod Verständnis für sein Lebenswerk gewinnen. Mit seiner einzigartigen Donation wollte er zeigen, wer er wirklich war, indem er Männer und Frauen belohnte, die im gleichen »idealen« Geist wie er selbst etwas Neues geschaffen hatten.

Dazu kam, daß er ein Gegner ererbter Vermögen war. Er fand das aufdringliche Interesse gewisser Verwandter für sein Vermögen abstoßend, und es bereitete ihm sicher große Befriedigung, das Testament so zu formulieren, wie er es tat. Der Wortlaut in seinem Brief 153 an Sofie Hess unterstützt eine solche Annahme. Er schrieb aus dem Hôtel du Lac in St. Moritz am 1. September 1889, zu der Zeit, als er begonnen hatte, die erste Version seines Testaments niederzuschreiben, daß niemand ihn vermissen werde:

(...)

Nicht einmal Bella würde darüber eine Thräne vergießen und die wäre doch die aufrichtigste in ihrer Trauer denn sie würde wenigstens nicht nach etwa hinterlassenen Goldstücken spanen [spüren, schnüffeln, von schwed. spana; A.d.Ü.]. Übrigens werden die lieben Menschen in dieser Beziehung eine eigenthümliche Enttäuschung erleben und ich freue mich im Voraus über die weiten Augen die sie öffnen werden und die vielen Schimpfworte womit sie die Abwesenheit des Geldes kennzeichnen werden.

Alfred hatte vermutlich die gleiche Gedankenverbindung, als er in der sechsten Szene des ersten Aktes von »Nemesis« schrieb:

Wenn sie von dem kleinen Projekt erführen, das ich in meiner Phantasie streichle, es würde mir ein teures Vergnügen sein. Aber komme, was da will, ich verzichte um keinen Preis auf meine kleine Kaprice. Es ist schon eine Ewigkeit her, daß ich etwas im Gange hatte, das meinen Appetit so angeregt hat. Im Guten oder nicht, aber es muß sein.

106

Nach der einfachen Zeremonie in der »Villa Nobel« wurde der Sarg zum Bahnhof von San Remo gebracht und von dort nach Stockholm überführt. Dort legte Emanuel die Richtlinien für die Trauerfeierlichkeit in der Storkyrkan fest. Sie fand am Nachmittag des 30. Dezember 1896 um 15 Uhr statt.

Der Trauerzug zog mit fackeltragenden Vorreitern und erleuchteten Droschken im winterlichen Nachmittagsdunkel durch die schwedische Hauptstadt. Die Storkyrka war nach Emanuels Anweisungen ausgeschmückt. Als die Trauergäste durch das große Portal eintraten, standen Lorbeerbäume vor ihnen. Der Mittelgang war zu einer Allee aus Palmen mit Lorbeergirlanden verwandelt, sie vereinigten sich in einem prachtvollen Thronhimmel, der nach italienischer Sitte von einer weißen Taube hochgehalten wurde. Der Sarg war aus Olivenholz und mit silbernen Handgriffen versehen. Das Kopfende zierte eine silberne Platte mit der Inschrift:

> NOBEL, ALFRED BERNHARD
> geboren am 21. Okt. 1833
> gestorben am 10. Dez. 1896

In Emanuels Regie wurde das Begräbnis zu einem der aufwendigsten, die Stockholm je gesehen hatte. Unter den Trauergästen waren außer Verwandten und Mitarbeitern aus nah und fern J. W. Smitt, A. E. Nordenskjöld und S. A. Andrée. Ein Repräsentant des Königshauses war nicht anwesend.

Die Aussegnung wurde von Pfarrer Kiellmann-Göransson vorgenommen. Danach sang der Opernsänger Söderman aus Verdis »Requiem«. Gegen halb fünf wurde der Sarg aus der Kirche getragen, wo eine große Menschenmenge wartete. Als der Trauerzug sich in Bewegung setzte, umfaßte er 40 Wagen, davon vier mit Kränzen beladen. Tausende von Zuschauern säumten den Weg zum neu errichteten provisorischen Krematorium auf dem Norra Kyrkogården. Am Norrtull schlossen sich weitere berittene Fackelträger dem Trauerzug an. Einer Zeitungsnotiz zufolge »warf der Schein von Fackeln und Pechpfannen auf dem Norra Kyrkogården ein magisches Licht über die weißen Schneewehen«.

Dagens Nyheter schloß ihren Bericht: »Vor dem Krematorium auf dem Nordfriedhof wurde der Deckel abgeschraubt und ein innerer weißer Sarg wurde hineingetragen, um der verzehrenden Hitze des Ofens anvertraut zu werden. Der Pfarrer sprach einige letzte Worte, ein Harmonium summte und der Mechanismus, mit dem der Sarg in den Ofen befördert wurde, rasselte, während draußen die Fackeln flackerten.«

107

Beim Studium von Alfreds Testament fällt die etwas zerstreute Verteilung seines großen Vermögens auf. Sein letzter Wille war mit derart widersprüchlichen Klauseln und formalen Mängeln behaftet, daß er die Testamentsvollstrecker anfänglich nur verwirrte.

Bereits 1889 hatte Alfred sich entschlossen, seine Nachlaßverfügung eigenhändig aufzusetzen. Dies lag daran, daß er seine Vorurteile gegen Anwälte, die er ja »Formalitätsparasiten« genannt hatte, nicht überwinden konnte. Am 3. März schrieb er an einen Freund in Stockholm:

Würdest Du bei Gelegenheit irgendeinen schwedischen Anwalt beauftragen, mir ein passendes Formular für mein Testament aufzusetzen. Ich bin grauhaarig, innerlich verschlissen und muß an die Vorbereitung der Eventualität, daß ich weggefegt werde, denken. Es hätte schon vor langer Zeit geschehen sollen, aber ich habe soviel anderes zu tun gehabt.

Als er das Formular erhielt, war es aus natürlichen Gründen so vage formuliert, daß es Alfred keine große Hilfe brachte. Der Absender der Vorlage bat Alfred in einem Begleitschreiben, an Stockholms Hochschule zu denken, wenn er sein Testament mache. Alfred erwiderte: »Vielen Dank für das Testamentformular. Ich werde wohl an die Hochschule denken, aber mir ist noch nicht recht klar, inwieweit es für die heranwachsende Jugend besser ist, wie Nebuchodonsor zu graben oder wie Newton zu grübeln.«

108

Seinen ersten, vernichteten Testamentsentwurf kommentierte Alfred in einem Brief an Sofie Hess vom 11. November 1889:

... welches traurige Ende werde ich haben nur mit einem alten Diener, der sich die ganze Zeit fragt, ob er etwas von mir erbt. Er kann ja nicht wissen, daß ich kein Testament hinterlassen werde – das, welches ich einmal geschrieben habe, habe ich zerrissen. Auch kann er nicht wissen, daß mein Vermögen mehr und mehr ausgehöhlt wird.

Die zweite Version des Testaments ist interessant, weil Alfred darin keine bestimmten Beträge festsetzt, sondern 20% seines Vermögens für 22 namentlich genannte Verwandte, Mitarbeiter sowie männliche und weibliche Bekannte angesetzt hat. Weitere 16% seines hinterlassenen Vermögens sollten verschiedenen Institutionen zukommen. Unter diesen finden wir die »Oesterreichische Gesellschaft der Friedensfreunde« in Wien; das Geld sollte »zur Förderung von Friedensideen verwendet« werden – eine Huldigung an die Initiatorin Bertha von Suttner.

Außerdem hatte er im Rahmen der 16% an den Schwedischen Club in Paris, Stockholms Hochschule, Stockholms Hospital und das Karolinska Institutet gedacht. Das für letzteres bestimmte Geld sollte einen Fonds bilden, »dessen aufgelaufene Zinsen jedes dritte Jahr entsprechend den Bestimmungen der Direktion als Preis für die wichtigste und bahnbrechendste Entdeckung oder Erfindung auf dem Gebiet der Physiologie und der ärztlichen Kunst vergeben werden«.

Bezüglich der restlichen 64% seines Vermögens setzte Alfred in diesem zweiten Testament folgendes fest:

Der gesamte Rest an die Wissenschafts-Akademie in Stockholm, um daraus einen Fonds einzurichten, dessen jährliche Zinsen als Preis für die wichtigsten und bahnbrechendsten Entdeckungen oder Geistesarbeiten auf dem weiten Feld des Wissens und des Fortschritts mit Ausnahme des Gebiets der Physiologie und der Medizin verteilt werden. Ohne daraus eine absolute Bedingung zu machen, ist es mein Wunsch, daß diejenigen, denen es gelingt, durch Schrift oder Handlung die seltsamen Vorurteile zu bekämpfen, welche noch immer von Nationen wie von Regierungen gegen die Einsetzung eines europäischen Friedenstribunals gehegt werden, besondere Berücksichtigung finden mögen. Es ist mein bestimmter Wunsch, daß alle in diesem Testament ins Auge gefaßten Preise dem Verdienstvollsten zuerkannt werden, ohne Rücksicht darauf, ob Schwede oder Ausländer, Mann oder Frau.

Alfreds Briefe aus dieser Zeit deuten darauf hin, daß er sich zerrissen fühlte: Der Erfinder, der Dichter und der Geschäftsmann kämpften weiter um die Vorherrschaft über seine Persönlichkeit.

Die zweite Version des Testaments hat bedeutende formale Vorteile im Vergleich zu der dritten. In der zweiten werden bestimmte Empfänger genannt. Wären diese Direktiven die endgültigen gewesen, wäre »Alfred Nobels Fonds«, später »Nobelstiftung« genannt, nicht als eine Geld verwaltende und damit steuerpflichtige Institution betrachtet worden.

Ein weiterer Unterschied zwischen den Testamentsversionen von 1893 und 1895 besteht darin, daß in der früheren Fassung weder das norwegische Storting noch die Schwedische Akademie von Alfred für die Preisverteilung ausersehen wurden. Seine ursprüngliche Absicht war gewesen, daß die Wissenschaftsakademie diese Aufgaben erfüllen sollte. Was den Friedenspreis anbelangte, war diese Verpflichtung jedoch nicht absolut. Außerdem ist in der Version von 1893 von einem Literaturpreis überhaupt nicht die Rede. Die Anweisungen an die Wissenschaftsakademie waren jedoch so vage und dehnbar, daß die Institution auch einen Preis für schöne Literatur hätte vergeben können. Wahrscheinlich sah Alfred ein, wie schwierig es für die Wissenschaftsakademie werden würde, eine literarische Leistung, eine Entdeckung in der Chemie und einen Einsatz für die Friedensbewegung gegeneinander abzuwägen. Es war eine Verbesserung, daß er der Schwedischen Akademie die Wahl der Literaturpreisträger überließ und das Karolinska Institutet die Empfänger des Medizinpreises bestimmen sollte.

In der Version des Jahres 1893 sollte der Friedenspreis demjenigen zufallen, der sich für ein »Friedenstribunal« eingesetzt hatte, während die noch heute gültigen Bestimmungen von 1895 festlegen, daß dieser Preis vom norwegischen Storting demjenigen verliehen werden soll, der »am meisten und besten für die Verbrüderung der Völker und die Abschaffung oder Verringerung stehender Armeen sowie für die Bildung und Verbreitung von Friedenskongressen gewirkt hat«.

Alfred deponierte sein endgültiges Testament im Sommer 1896 bei Stockholms Enskilda Bank. Er hatte es im Schwedischen Club in Paris beglaubigen lassen. Bezüglich des Inhalts seiner Testamente war Alfred äußerst verschwiegen. Bei einem Gespräch über die zweite Testamentsversion in Paris hatte Emanuel jedoch erfahren, daß er die »Villa Nobel« erben und Alfreds Haus in Paris Roberts Töchtern zufallen sollte. Nun kam es nicht so. Nach dem annullierten zweiten Testament hätten die Verwandten ungefähr 2,7 Millionen Kronen in Wertpapieren und Bargeld sowie Immobilien mit einem Nachlaßverzeichniswert von cirka einer halben Million Kronen bekommen. Da Alfred nun in der endgültigen Version statt dessen begrenzte persönliche Legate eingesetzt hatte, bekamen sie »nur« eine Million Kronen.

Die persönlichen Legate waren folgendermaßen verteilt:

Neffe Hjalmar	200 000 Kronen
Neffe Ludvig	200 000 Kronen
Neffe Emanuel	300 000 Kronen
Fräulein Olga Boettger – Schwester von Sofie Hess. Für diese junge Schauspielerin hatte er eine ausgemachte Schwäche	100 000 Kronen

Sofie Hess (Frau Sofie Kapy von Kapivar); als Leibrente	26 000	Floriner
Herr Alarik Liedbeck	100 000	Kronen
Fräulein Elise Antun; als Leibrente, woneben sie bei Alfred ein Kapital von 48 000 Francs »stehen« hatte	2 500	Francs
Herr Alfred Hammond – ein junger Schriftsteller, der Alfred in verschiedener Weise geholfen und ihn u.a. mit Victor Hugo bekannt gemacht hatte; Hammond war der Bruder einer früheren Hausverwalterin Alfreds und später in die USA ausgewandert	10 000	Dollar
Fräulein Emmy Winkelmann	150 000	Mark
Fräulein Marie Winkelmann	150 000	Mark
(Töchter eines deutschen Geschäftsfreunds)		
Mme Gausher, Alfreds französische Hausverwalterin	100 000	Francs
Diener Auguste Oswald; als Leibrente	1 000	Francs
Dessen Ehefrau Alphonse, Angestellte in Alfreds Laboratorium in San Remo; als Leibrente	1 000	Francs
Der ehemalige Gärtnermeister Jean Lecoz; als Leibrente	300	Francs
Postangestellte Mme Dessolter; als Leibrente	300	Francs
Herr Georges Fehrenbach; als jährliche Pension bis zum 1. Januar 1899	5 000	Francs

Die Neffen und Nichten Hjalmar, Ludvig, Ingeborg und Tyra hatten außerdem je 20 000 Kronen Guthaben bei Alfred.

109

Kaum war der Inhalt des Testaments am 2. Januar 1897 in Nya Dagligt Allehanda publiziert worden, da begannen kritische Stimmen, die Veränderung der »unpraktischen« Bestimmungen zu fordern. Auf verschiedenen Seiten war man sogar der Meinung, daß sie die Verwirklichung der Intention des Stifters verhinderten. Andere hielten es für Verschwendung, einige wenige Forscher mit so großen Geldbeträgen zu belohnen, wo so viele Bedarf an erhöhten Mitteln hatten. Was den Literaturpreis anbetraf, wurden Befürchtungen geäußert, die Verleihungszeremonie könne das Interesse von anderen seriösen Autoren ablenken.

Die radikale Presse erklärte, sie sei im Prinzip gegen Donationen und private Großzügigkeit, auch solche mit ideellem Vorzeichen. Hjalmar Branting, Chefredakteur der Zeitung Social-Demokraten und seit 1896 Mitglied der Zweiten Kammer für Stockholm Stadt, publizierte einen vierspaltigen Artikel unter der Überschrift »Nobels Testament – Großartige gute Absichten – Großartige Mißgriffe«. Er hielt die Donation für »total verpfuscht« und dachte dabei besonders an den Literaturpreis, der demjenigen verliehen werden solle, der auf dem Gebiet der Literatur das Ausgezeichnetste »in idealer Richtung« produziert habe. »Man muß es laut sagen«, meinte Branting, »daß diese ganze Donation total verpfuscht ist aufgrund der Wahl der Schwedischen Akademie als Preisverleiherin«. Er zielte damit auf die Interpretation der Wörter »in idealer Richtung«, die man von einer konservativen Institution erwarten konnte.

Die nuancierteste Analyse des umstrittenen Adjektivs gibt uns Kjell Espmark in »Det litterära Nobelpriset«. Er zitiert u.a. Georg Brandes, der berichtet, daß ein guter Freund Nobels – Gösta Mittag-Leffler – befragt worden sei, was der Stifter eigentlich mit dem schwedischen Wort *idealisk* gemeint habe. Die Antwort ist interessant: »Nobel war Anarchist; mit *idealisk* meinte er dasjenige, was eine polemische oder kritische Haltung gegenüber der Religion, der Monarchie, der Ehe, der Gesellschaftsordnung im Ganzen einnimmt.«

Espmark wie auch Professor Knut Ahnlund unterstreichen, daß zwar eine Reihe von Dokumenten der Annahme widersprechen, Alfred Nobel sei eine Art Anarchist gewesen, doch daß »diese Interpretation sicher etwas für sich hat«. Ahnlund präzisiert: »Als er von idealer Richtung sprach, gab er wohl aufrührerischen und selbständigen Tendenzen größeren Spielraum, als seine zeitgenössischen Interpreten verstanden, soweit sie es verstehen wollten.«

Vermutlich wird nie mit Bestimmtheit geklärt werden können, was Alfred Nobel mit »ideal« meinte. Im übrigen ist nicht auszuschließen, daß er durch seinen langjährigen Aufenthalt im Ausland das Gefühl für gewisse sprachliche Nuancen im Schwedischen verloren hatte und eigentlich »idealistisch« meinte, aber »ideal« schrieb.

Auch der Friedenspreis fand vor Hjalmar Branting keine Gnade. Er lobte zwar die Wahl des norwegischen Stortings als Verleiher des Friedenspreises, vertrat aber die Meinung, daß »der einzige Weg über den internationalen Zusammenschluß – sowohl international als auch organisatorisch – der arbeitenden Massen in allen Ländern führt ... die wirklich große Friedensarbeit ist nie das Werk eines Menschen...« Branting schloß mit der prinzipiellen Erklärung: »Ein Millionär, der eine Donation macht, mag persönlich aller Achtung wert sein, aber es ist besser, die Millionen und die Donationen nicht zu brauchen.«

Im großen und ganzen waren die Reaktionen jedoch im Inland wie im Ausland positiv, in gewissen Fällen überaus positiv:

NYA DAGLIGT ALLEHANDA

»Dieses Testament, dessen Inhalt ohne Zweifel geeignet ist, in der ganzen zivilisierten Welt das größte Aufsehen zu erregen, stellt eine der großartigsten Verfügungen zum Wohle der

Menschheit dar, die ein einzelner Mann bisher hat treffen können und wollen.«

DAGENS NYHETER

»Alfred Nobels Testament wurde… am 31. Dezember 1896 eröffnet, der dadurch zu einem bemerkenswerten Tag in der Geschichte der menschlichen Kulturbestrebungen wird.«

SVENSKA DAGBLADET

»…ist nur eine Handlung zu verzeichnen, die von vergleichbarem Gewicht ist für die geistige Kultur in Schweden, nämlich als Gustaf Adolf II. aus seinem privaten Erbvermögen die Universität Upsala förderte…«

KÖLN-ZEITUNG

»Die Schenkung ist die größte, die ein einzelner Mann bisher für ideelle Zwecke gemacht hat. Schweden hat das Glück gehabt, früher schon eine Anzahl Männer gehabt zu haben, die wissenschaftliche Zwecke gefördert haben… In Nobel besitzt es einen Mäzen, der an Großmut jeden Krösus übertrifft, denn die reichen Mittel, die er in den Dienst der Wissenschaft und der Humanität stellt, werden nicht von nationalen Grenzen eingeschränkt.«

LE FIGARO

»Das Testament, dessen wesentlichste Bestimmungen wir hier wiedergegeben haben, wird ein Denkmal der Menschenliebe bleiben und damit den geachteten Namen Alfred Nobels vor dem Vergessen bewahren.«

In Daily News wurde ein Brief des schwedischen Ingenieurs und Kanoneninstruktors Axel Welin veröffentlicht: »Diejenigen Ihrer Leser, die nicht das Vergnügen hatten, den verstorbenen Alfred Nobel persönlich zu kennen, dürften eine Disharmonie sehen zwischen dem Paragraphen seines Testaments, der dem erfolgreichsten Förderer des Friedens eine Belohnung aussetzt, und seiner Tätigkeit zu Lebzeiten, insbesondere wenn sie erfahren, daß er fast alleiniger Inhaber von Schwedens größter Kanonenfabrik war. Daß Herr Nobel jedoch einen tiefen Widerwillen gegen den Krieg hegte, war seinen Freunden gut bekannt. Als ich ihm einmal wegen der Verbesserung gewissen Kriegsmaterials schrieb, erhielt ich aus San Remo eine am 5. Januar 1896 datierte Antwort, die mit den Worten schloß: ›Ich für mein Teil würde wünschen, daß schwere Geschütze mit Lafetten und allem, was dazugehört, in die Hölle geschickt würden, denn die ist der passendste Ort, um sie auszustellen und zu benutzen.‹«

Die unversöhnlichste Kritik an Alfreds Testament kam von Roberts Kindern Hjalmar, Ludvig und Ingeborg und ihrem Mann Graf Carl Ridderstolpe. Sie waren nicht so gut gestellt wie andere Teile der Familie und hatten die Verbitterung ihres Vaters nach dem Aufbruch von Baku geerbt. Jahr für Jahr hatten sie von Robert gehört, »alles, was in Baku getan wurde, nachdem ich die Stadt verlassen hatte, war teuer und schlecht«. Sein Verhältnis zu Ludvig und besonders zu Alfred besserte sich mit den Jahren, doch konnte sich Robert von seinem Neid auf die jüngeren und extrem erfolgreichen Brüder nie ganz befreien. Sein gesamtes restliches Leben hatte er Schwierigkeiten, sich mit der in seinen Augen allzu knapp bemessenen Abfindung bei seinem Ausscheiden zu versöhnen, insbesondere in den Jahren, als »Branobel« hohe Gewinne abwarf.

Roberts Kinder konnten Alfreds Auffassung, daß große Vermögen nicht vererbt werden sollten, nicht teilen. Alfred war für allgemeinen Wohlstand, aber nicht für ererbten Reichtum. Die einzelnen großen Vermögen sollten an die Allgemeinheit zurückfallen, und die Kinder der sehr Reichen sollten nur soviel bekommen, daß sie sich eine gute Ausbildung verschaffen konnten und keinen »Mangel an der Notdurft des Lebens« zu leiden brauchten. Dieser Gedankengang lag den großzügigen, aber begrenzten Legaten an die Kinder des Bruders zugrunde.

Das Testament war mit solchen formalen Mängeln behaftet, daß es in seiner ursprünglichen Fassung nicht verwirklicht werden konnte. Eine sehr schwere Verantwortung lastete daher auf Sohlman und Liljequist. Nun sollte Emanuel eine entscheidende Rolle spielen. Er hatte manches mit seinem Onkel gemeinsam. Er war unverheiratet und konnte die Verantwortung als Oberhaupt der Familie unbehindert auf sich nehmen.

Die Bereitschaft Emanuels, mit Sohlman und Liljequist zusammenzuarbeiten, war von Gewicht, weil Roberts Hinterbliebene rasch eine Anfechtungsklage gegen das Testament anstrengten. Obendrein verklagte Roberts Schwiegersohn – Professor Hjalmar Sjögren – seinen Schwager Hjalmar Nobel vor dem Kreisgericht von Karlskoga und seinen anderen Schwager Ludvig vor dem Stadtgericht in Stockholm. Der Grund war, daß Alfred ihnen in dem »mit dem Wort Testament bezeichneten Dokument« – so Sjögren – je 200 000 Kronen vermacht hatte.

Zuvor hatte Sjögren bei den französischen Behörden gegen Sohlmans und Liljequists Maßnahmen in Paris protestiert und verlangt, daß das gesamte in Frankreich befindliche Vermögen beschlagnahmt werden solle. Ihm war gut bekannt, daß französische Gerichte entschieden formalistischer waren als schwedische und daß gewisse von Alfreds vagen Bestimmungen leicht zu einer Ungültigerklärung führen könnten. Dann würden nach Sjögrens Plan die Verwandten das gesamte hinterlassene Vermögen unter sich teilen können.

Im Februar 1898 ließ König Oscar Emanuel zu sich rufen, der inzwischen russischer Staatsangehöriger war. Oscar II. war der Ansicht, daß ein Testament, das nicht nur Schweden, sondern auch Ausländer belohnte, »unvaterländisch« sei, und ermahnte Emanuel: »Es ist Ihre Pflicht gegenüber Ihren Brüdern und Schwestern, die ihre Mündel sind, darauf zu achten, daß deren Interessen nicht zugunsten der phantastischen Ideen, die Ihr Onkel hatte, an den Rand gedrängt werden.« Der König machte auch eine Andeutung, daß Alfred unter dem Einfluß von »Frauenzimmern« gestanden habe – er meinte offenbar Bertha von Suttner.

Emanuel gab dem Druck indessen nicht nach, sondern erwiderte offen: »Majestät! Ich will meine Geschwister nicht dem Risiko aussetzen, eines Tages von hochverdienten Wissenschaftlern den Vorwurf zu hören, sich Mittel zugeschanzt zu haben, die von Rechts wegen diesen hätten zufallen sollen.«

Als Emanuel ins Grand Hotel zurückkehrte, war sein russischer Diener zu Tode erschrocken, als er hörte, daß sein Herr sich dem Staatsoberhaupt widersetzt habe. Er begann sofort zu packen, fest davon überzeugt, daß sie beide binnen kürzester Zeit festgenommen würden. Es fiel ihm schwer, den Versicherungen Emanuels zu glauben, daß die Verhältnisse in Schweden nicht die gleichen seien wie im Reich des Zaren.

Ragnar Sohlman schrieb an seinen Mitexekutor Liljequist:

»Ich habe viel darüber gegrübelt, wie der Ausdruck ›mein ganzes übriges realisierbares Vermögen, vom Testamentsvollstrekker in sicheren Wertpapieren realisiert‹ zu verstehen ist. Sollte damit gemeint sein, daß sämtliche Industrieaktien verkauft und in Staats- oder andere garantierte Obligationen umgewandelt werden sollen, dann würde diese Bestimmung das größte Unglück für alle Nobelschen Unternehmen, die Dynamitgesellschaft, die Naphthagesellschaft und besonders Bofors bedeuten.«

Mit dem Ausdruck »sichere Wertpapiere« meinte Alfred Staatsschuldpapiere, die an den fluktuierenden Goldwert geknüpft waren. Das war am Ende des vorigen Jahrhunderts keine unsinnige Idee, wurde es aber 1931, als der Goldmünzfuß aufgegeben wurde.

Sohlmans Sorgen bezüglich Alfreds Boforsaktien waren nicht von langer Dauer. Der Familie des früheren Besitzers Kjellberg gelang es, eine Anzahl von Interessenten in einem Konsortium zu vereinen, das eine Übereinkunft mit der Nachlaßverwaltung schloß. Damit verblieben die für Schwedens Verteidigung so wichtigen Anlagen in schwedischer Hand. Ganz in Übereinstimmung mit Alfreds Wunsch wurde auch die Herstellung von Nobelpulver in eine neue Gesellschaft, »AB Bofors Nobelkrut«, nach Schweden verlegt, die später u.a. Alfreds Laboratorium in Björkborn erwarb.

Ragnar Sohlman begab sich im Januar 1897 nach Oslo, wo das norwegische Storting als erste der von Alfred für die Preisverleihung ausersehenen Institutionen seinen Auftrag akzeptierte. Danach reiste der junge Testamentsvollstrecker nach Paris, wo er sich mit zwei hervorragenden Anwälten, Paul Corbet und René Waldeck-Rousseau beriet. Er erfuhr, daß es technisch möglich sei, die Gültigkeit des Testaments trotz der formalen Mängel durchzusetzen, doch daß damit zugleich gewisse Risiken verbunden seien.

Wenn das Testament als gültig anerkannt wurde, würden sämtliche Nachlaßwerte, einschließlich des bedeutenden Vermögens, das Alfred bei Banken und Bankierfirmen deponiert hatte, in Frankreich besteuert werden. Angesichts der Tatsache, daß Alfred seit seinem zehnten Lebensjahr nicht in Schweden gelebt hatte, würde es schwer fallen, geltend zu machen, daß Bofors, wo er nur zwei Jahre gewohnt hatte, sein tatsächlicher Wohnort, oder was man in Frankreich »domicile de fait« nennt, war.

Sohlman traf eine ebenso schnelle wie richtige Entscheidung: Er beschloß, umgehend alle Wertpapiere abzuheben, um einer eventuellen Beschlagnahme zuvorzukommen. Der schwedische Generalkonsul Gustaf Nordling half ihm mit einem »Certificat de Coutume«, das die Befugnisse, die ein Testamentsvollstrecker nach schwedischem Recht hat, klarlegte.

Zur gleichen Zeit befanden sich Ludwig und Graf Ridderstolpe in Paris. Sie besuchten das Generalkonsulat, wo Sohlman in einem verschlossenen Raum damit beschäftigt war, die Aktien und Wertpapiere zu verpacken, die zum Verkauf nach London geschickt werden sollten. Andere Wertpapiere wurden an Stockholms Enskilda Bank adressiert.

Die französischen Postbestimmungen schrieben vor, daß man Sendungen nur bis zu einem Wert von 20000 Francs versichern konnte, aber Sohlman war nicht um einen Ausweg verlegen. Er schloß mit der Bankierfirma Rothschild einen raschen Versicherungsvertrag, so daß er die Papiere in Paketen bis zu einem Wert von 2,5 Millionen Francs versenden konnte. Die Transporte von den Banken zum Generalkonsulat und von dort zum Gare du Nord entbehrten nicht der Dramatik. Schwedens Generalkonsul und der junge Testamentsvollstrecker waren mit scharf geladenen Revolvern ausgerüstet, als sie den größten Teil von Alfreds Vermögenswerten in Frankreich in einer Pferdedroschke transportierten.

110

Ragnar Sohlman reiste anschließend nach St. Petersburg, um mit Emanuel Alfreds dortige Vermögenswerte durchzugehen. Aufgrund von Emanuels Kooperationsbereitschaft lagen Sohlman die Unterlagen für die Erfassung der Nachlaßwerte in Rußland nach kurzer Zeit vor. Zu der weiteren Erledigung der Nachlaßgeschäfte zogen Sohlman und Liljequist den damaligen Assessor und späteren Revisionssekretär und Bürgermeister von Stockholm, Carl Lindhagen, hinzu. Durch seinen Einsatz wurde er, laut Sohlman, »de facto zum Mitexekutor«.

Das Kreisgericht Karlskoga erklärte sich am 13. Februar 1897 für zuständig, die Überwachung der Testamentsvollstreckung zu übernehmen, nachdem das Stockholmer Stadtgericht es vier Tage zuvor abgelehnt hatte, die Angelegenheit zu behandeln.

Am 30. Oktober 1897 wurde auf Björkborn die gesetzliche Aufstellung des Nachlaßinventars durchgeführt. Die Erben waren geladen. Hjalmar und Ludvig sowie das Ehepaar Ridderstolpe fanden sich persönlich ein. Roberts Witwe – Frau Pauline Nobel – ließ sich durch den stellvertretenden Kreisgerichtsdirektor E. Hagelin vertreten.

Carl Lindhagen und Jacob Seligman fungierten als Bevollmächtigte der Nachlaßverwaltung, während der Nachlaß formal von Sohlman und Liljequist präsentiert wurde. Es wurde festgestellt, daß Alfred außer in Schweden Aktiva in Frankreich, England, Deutschland, Schottland, Italien, Österreich, Norwegen und nicht zuletzt in Rußland hinterlassen hatte. Sohlman und Liljequist hatten auf Vorschlag von Lindhagen die Aktiva in zwei Gruppen aufgeteilt:

Aktiva, für welche in anderen Ländern keine Erbschaftssteuer anfiel. Der gesamte Nachlaßinventarwert dieser Aktiva betrug 18 123 043,42 Kronen.

Aktiva im Ausland, für die Erbschaftssteuer zu bezahlen war. Der gesamte Nachlaßinventarwert dieser Aktiva belief sich auf 15 110 748,78 Kronen.

Der Gesamtwert sämtlicher Aktiva vor der Entrichtung von Steuern belief sich somit auf 33 233 792,20 Kronen.

Bei den Nachlaßinventarverhandlungen auf Björkborn wurde ein Schreiben überreicht, in dem die Witwe Pauline Nobel sowie Hjalmar und Ludvig zusammen mit Carl und Ingeborg Ridderstolpe gegen die Gültigkeit der Inventaraufstellung Protest einlegten.

Der Prozeß, der nun in Schweden begann, verursachte viele Sorgen und Zeitverlust. Sohlman glaubte indessen schon früh, Möglichkeiten zu einer einverständlichen Lösung zu erkennen, als die Erben vor Gericht versicherten, daß sie ungeachtet des Prozeßausgangs tun würden, was sie könnten, um »die Hauptgedanken in Doktor Nobels Testament« zu verwirklichen. Schließlich kam es zu zwei Vergleichsabsprachen – am 29. Mai 1898 und am 5. Juni des gleichen Jahres. Darin wurden den Erben ökonomische Vorteile zugesichert, die dem Wert der Einkünfte aus dem Nachlaßvermögen im Laufe von 18 Monaten entsprachen. Sie erkannten das Testament an, woraufhin die Beschlagnahme der Mittel in verschiedenen Ländern aufgehoben werden konnte.

Nachdem die Legate ausbezahlt und die Steuern sowie die Kosten für die Abwicklung und den Vergleich erledigt waren, standen der inzwischen gebildeten Nobelstiftung am 31. Dezember 1900 31 225 000,36 Kronen zur Verfügung.

Gemäß der Vergleichsabsprache sollten die Regeln für die von Alfred bestimmten Preisverteilungen in gemeinsamer Beratung mit einem von der Familie Robert Nobel ausersehenen Repräsentanten aufgestellt und von der Königlichen Majestät genehmigt werden. Weiter wurde festgelegt, daß der Nobelpreis mindestens einmal alle fünf Jahre vergeben werden müsse und daß die Höhe des Preisgeldes unter keinen Umständen weniger als 60 % des für die Preisverleihung verfügbaren Teils des Fonds-Jahresertrags ausmachen sowie ein Preis auf höchstens drei Personen verteilt werden dürfe.

Die Vergleichsabsprache wurde von der Königlichen Majestät Anfang September 1898 genehmigt und am 29. September des gleichen Jahres beim Kreisgericht Karlskoga eingereicht.

Die aufrechte Haltung Emanuels während der heiklen Verhandungen war von entscheidender Bedeutung für die Entstehung der Nobelstiftung. In einem Protokoll einer Sitzung vom 11. Februar 1898 liest man:

»Herr Emanuel Nobel erklärte, daß er die testamentarisch zum Ausdruck gebrachten Absichten und Wünsche seines verstorbenen Onkels zu respektieren wünsche. Er wolle deshalb das Testament nicht anfechten. Um die vom Testator beabsichtigten hohen Ziele angemessen fördern zu können, bedürfe es jedoch zweifellos einiger Änderungen und Zusatzbestimmungen, welche indessen nicht ohne das Einverständnis sämtlicher Erben zustande kommen könnten.«

Schon in einem frühen Stadium hatte Emanuel Ragnar Sohlman auf den eigentlichen Sinn des russischen Ausdrucks für Testamentsvollstrecker hingewiesen: »Dusje-Prikasstjik«, was ungefähr Bevollmächtigter der Seele bedeutet. Alfreds letzter Wille sollte wegweisend sein, meinte Emanuel, und nichts anderes.

111

Ungeachtet dessen, was Menschen in ihrem Leben erreichen, leben nur äußerst wenige in den Annalen weiter. Noch weniger sind es, deren Ruhm nach ihrem Tod wächst. Indem Nobel auf eine ebenso ideenreiche wie großzügige Weise seinen Reichtum zum Besten der Menschheit genutzt sehen wollte, gehört er zu denen, die nach ihrem Tod berühmter geworden sind.

Wie wir gesehen haben, hielt er nahezu ausnahmslos eine augenfällige Distanz zu anderen Menschen. Sie dürfte einen Schutz für seine allzu große Empfindlichkeit geboten haben. Nicht zuletzt hatten die vielen Täuschungen, denen er meinte, ausgesetzt gewesen zu sein, dazu beigetragen, ihn bedrückt und verschlossen werden zu lassen.

Bezeichnend für seinen fast ununterbrochenen Mißmut sind wohl zwei Zeilen, die er offenbar in aller Eile mit Bleistift auf einen Zettel schrieb, der im November 1956 in einem Stapel unsortierter Zeitungsausschnitte gefunden werden sollte:

Da wird des Lebens Wirklichkeit entblößt und offenbart
vom Traum des Glücks nur der Erinnerung Gespenst.

Vom »Traum des Glücks« blieb jedoch mehr erhalten als »der Erinnerung Gespenst«: Jedes Jahr am 10. Dezember, wenn in Stockholm und Oslo die Nobelpreise verliehen werden, geschieht dies in so würdevoller Form, daß eine ganze Welt an das Werk Alfred Nobels erinnert wird.

Gemäß seinem ausdrücklichen Wunsch werden die Nobelpreise ungeachtet der Ideologie, der Rasse, des Geschlechts oder der Nationalität verliehen. Nicht zuletzt dadurch sind sie zu einem unzerstörbaren Monument eines genialen Erfinders, eines visionären Imperiumerbauers und eines vorurteilsfreien Humanisten geworden.

Anhang

Zeittafel

1833 Alfred Nobel wird am 21. Oktober im Elternhaus in der Norrlandsgata 9 in Stockholm geboren.

1842 Wiedervereinigung des Neunjährigen mit dem 1838 nach St. Petersburg ausgewanderten Vater.

1850 Der siebzehnjährige Alfred wird vom Vater auf eine Studienreise nach Amerika geschickt, um dort bei John Ericsson in die Lehre zu gehen, aber auch, um sich endgültig seine Pläne, Schriftsteller zu werden, aus dem Kopf zu schlagen.

1860 Alfred gelingt es zum ersten Mal, seinen eigenen Worten zufolge, »mit Erfolg das Nitroglyzerin zur Explosion zu bringen«.

1863 Alfred verläßt St. Petersburg und läßt sich zusammen mit den Eltern in Heleneborg in Stockholm nieder. Unter äußerst primitiven Verhältnissen setzt er hier seine Experimente mit Nitroglyzerin fort.

Am 14. Oktober erhält er sein erstes Patent für seine Methode, »Pulver sowohl zum Sprengen wie zum Schießen herzustellen«.

1864 Am 3. September fliegt der Schuppen, in dem die Experimente durchgeführt wurden, in die Luft. Alfred selbst wird nur leicht verletzt, aber fünf Personen kommen um, darunter sein Bruder Emil.

1865 Am 8. November erhält Alfred Nobel die Genehmigung der deutschen Behörden, in Krümmel bei Hamburg eine Nitroglyzerinfabrik zu gründen.

1866 Als Dreiunddreißigjähriger unternimmt Alfred seine zweite Reise nach Amerika, diesmal um seine Patentrechte wahrzunehmen und eine kontinuierliche Dynamitproduktion in Gang zu bringen. Am 7. Mai erhält er das englische Patent auf das Dynamit.

1867 Alfred bekommt das Patent auf seine epochemachende Erfindung des *»Nobelzünders«*.

1868 Am 26. Mai wird das Dynamit in Amerika patentiert.
1870 Alfred gründet eine Dynamitfabrik in Paulilles in Südfrankreich.
1871 Alfreds eigener Aussage zufolge beginnt »das Dynamit sich zur Weltindustrie auszuweiten«. Er legt den Grund für eine Fabrik in Ardeer in Schottland.
1873 Als Vierzigjähriger läßt sich Alfred Nobel dauerhaft in Paris in der Avenue Malakoff nieder.
1875 Alfred erfindet die stoß- und friktionssichere *»Sprenggelatine«*.
1876 Im Frühjahr trifft der 43jährige Alfred die 33jährige Bertha Kinsky in Paris. Er verliebt sich heftig in sie und fragt, ob sie »freien Herzens« sei. Das ist sie nicht, sondern heiratet am 12. Juni den jungen Baron Arthur von Suttner. Im Herbst geht Alfred ein wenig glückliches, 18 Jahre währendes Verhältnis mit der österreichischen Blumenverkäuferin Sofie Hess ein.
1879 Ludwig als treibende Kraft sowie Robert und Alfred bilden in Rußland die »Naphthaproduktionsgesellschaft Gebrüder Nobel« (Branobel).
1883 Im März kehrt Alfred zum einzigen Mal nach St. Petersburg zurück, um den Brüdern aus einer vorübergehenden Liquiditätskrise zu helfen. Ludvig galt vor und nach dieser Krise als Rußlands ungekrönter Ölkönig.
1884 Alfred erfindet das *rauchfreie Pulver* – das sogenannte *Ballistit*.
1886 In Zusammenarbeit mit seinem französischen Kompagnon Paul Barbe sammelt Alfred alle seine Dynamitgesellschaften in einem Trust – von ihm selbst scherzhaft »Trustifikation« genannt.
1887 Alfred erhält das französische Patent auf sein rauchfreies Pulver.
1890 Obwohl Alfred der französischen Regierung das Herstellungsrecht angeboten, diese jedoch abgelehnt hatte, wird er von der chauvinistischen Presse als Verräter be-

zeichnet, als er statt dessen mit der italienischen Regierung einen Vertrag über das Ballistit abschließt.

Gekränkt und voller Bitterkeit verläßt Alfred Paris und läßt sich in San Remo in Italien nieder. Eine weitere Ursache seiner Schwermut ist der Selbstmord Paul Barbes und die anschließende Entdeckung, daß Barbe hinter Alfreds Rücken halsbrecherische Spekulationen in Nitroglyzerin betrieben hat. Bevor Alfred in äußerst zielbewußter Weise die Geschäfte wieder in Ordnung bringt, glaubt er eine Zeit lang allen Ernstes, daß er ruiniert sei.

1893 Obwohl Alfred sich entschlossen hatte, endgültig aus dem Geschäftsleben auszuscheiden, kauft er AB Bofors-Gullspång. Er stellt den jungen Ragnar Sohlman ein und faßt derartiges Vertrauen in ihn, daß er ihn in seinem Testament zu einem von zwei Testamentsvollstreckern ernennt. – Alfred wird zum Ehrendoktor der Universität Uppsala ernannt, eine der wenigen Ehrenbezeugungen, auf die er großen Wert legt.

1895 Alfred unterzeichnet im Schwedischen Club in Paris sein drittes und endgültiges Testament. – Er verliert zu seiner Enttäuschung den sogenannten Cordit-Prozeß. Er betrifft sein rauchfreies Pulver, und trotz offensichtlicher Verletzung des Patentrechts weisen alle drei juristischen Instanzen in England seine Schadenersatzansprüche ab. Alfred ist verbittert, nicht des Geldes wegen, das ihm entgeht, sondern weil man seiner Erfinderehre zu nahe getreten ist.

1896 Am 10. Dezember stirbt Alfred Nobel in San Remo.

Das Testament von Alfred Nobel

Ich, der Unterzeichnete, Alfred Bernhard Nobel, erkläre hiermit nach reiflicher Überlegung, daß mein letzter Wille hinsichtlich des Eigentums, das ich bei meinem Tode hinterlassen kann, folgender ist:

Meine Neffen Hjalmar und Ludvig Nobel, Söhne meines Bruders Robert Nobel, erhalten jeder eine Summe von zweihunderttausend Kronen;

Mein Neffe Emmanuel Nobel erhält dreihunderttausend und meine Nichte Mina Nobel einhunderttausend Kronen;

Die Töchter meines Bruders Robert, Ingeborg und Tyra, erhalten jede einhunderttausend Kronen;

Fräulein Olga Boettger, zur Zeit wohnhaft bei Frau Brand, 10 Rue St. Florentin in Paris, erhält einhunderttausend Kronen;

Frau Sofie Kapy von Kapivar, deren Adresse der Anglo-Österreichischen Bank in Wien bekannt ist, ist zu einer Leibrente von 6000 Florinern Ö.W. berechtigt, die ihr von der genannten Bank gezahlt wird, und wozu 150000 Fl. in Ungarischen Staatspapieren in dieser Bank deponiert sind.

Herr Alarik Liedbeck, wohnhaft Sturegatan 26, Stockholm, erhält einhunderttausend Kronen;

Fräulein Elise Antun, wohnhaft 32 Rue de Lubeck, Paris, ist berechtigt zu einer Leibrente von zweitausendfünfhundert Francs. Außerdem hat sie bei mir ein Kapitalguthaben von gegenwärtig achtundvierzigtausend Francs, das ihr auszubezahlen ist;

Herr Alfred Hammond, Waterford, Texas, United States, erhält zehntausend Dollar;

Die Fräulein Emmy Winkelmann und Marie Winckelmann, Potsdamerstr. 51, Berlin, erhalten jede fünfzigtausend Mark;

Frau Gaucher, 2 Boulevard du Viaduc, Nîmes, Frankreich, erhält einhunderttausend Francs;

Meine Diener Auguste Oswald, seine Ehefrau, Alphonse Tournand, beschäftigt in meinem Laboratorium in San Remo, erhalten je eine Leibrente von elftausend Francs;

Mein früherer Diener Joseph Girardot, 5 Place St. Laurent, Châlons sur Saône, Frankreich, ist berechtigt zu einer Leibrente von fünfhundert Francs, sowie mein früherer Gärtner Jean Lecof, bei Frau Desoutter, receveur Curaliste, Mesnil, Aubry pour Ecouen, S. & O. Frankreich, zu einer Leibrente von dreihundert Francs.

Herr Georges Fehrenbach, 2 Rue Compiègne, Paris, hat das Recht auf eine jährliche Pension von fünftausend Francs per 1. Januar, bis zum 1. Januar 1899 einschl., wonach sie endet.

Meine Neffen Hjalmar und Ludvig und meine Nichten Ingeborg und Tyra haben bei mir gegen Quittung je zwanzigtausend Kronen gut, die ihnen ausbezahlt werden sollen;

Über mein ganzes übriges, realisierbares Vermögen wird auf folgende Weise verfügt: Das Kapital, vom Testamentsvollstrekker in sicheren Wertpapieren realisiert, soll einen Fonds bilden, dessen jährliche Zinsen als Preise denen zuerteilt werden, die im verflossenen Jahr der Menschheit den größten Nutzen gebracht haben. Die Zinsen werden in fünf gleiche Teile geteilt, von denen zufällt: ein Teil dem, der auf dem Gebiet der Physik die wichtigste Entdeckung oder Erfindung gemacht hat; ein Teil dem, der die wichtigste chemische Entdeckung oder Verbesserung gemacht hat; ein Teil dem, der die wichtigste Entdeckung auf dem Gebiet der Physiologie oder der Medizin gemacht hat; ein Teil dem, der in der Literatur das Ausgezeichnetste in idealer Richtung hervorgebracht hat; ein Teil dem, der am meisten oder besten für die Verbrüderung der Völker und die Abschaffung oder Verminderung der stehenden Heere sowie für die Bildung und Verbreitung von Friedenskongressen gewirkt hat. Die Preise für Physik und Chemie werden von der Schwedischen Akademie der Wissenschaften verteilt; die für physiologische oder medizinische Arbeiten vom Karolinischen Institut in Stockholm; die für Literatur von der Akademie in Stockholm und die für Friedensvorkämpfer von einem Ausschuß von fünf Personen, die vom Norwegischen Storting gewählt werden. Es ist mein ausdrücklicher Wille, daß bei den Preisverteilungen keine Rücksicht auf irgendeine Nationalitätszugehörigkeit genommen wird, so daß der Würdigste den Preis erhält, sei er Skandinavier oder nicht.

Zu Vollstreckern dieser meiner testamentarischen Verfügungen bestelle ich Herrn Ragnar Sohlman, wohnhaft in Bofors, Värmland, und Herrn Rudolf Liljequist, Malmskillnadsgatan 31, Stockholm, und Bengtfors in der Nähe von Uddevalla. Als Entschädigung für ihre Arbeit und Mühe erkenne ich Herrn Ragnar Sohlman, der dieser Angelegenheit vermutlich die meiste Zeit widmen wird, einhunderttausend Kronen, und Herrn Rudolf Liljequist fünfzigtausend Kronen zu.

Mein Vermögen besteht gegenwärtig teils in Immobilien in Paris und San Remo, teils in Wertpapieren, deponiert bei der Union Bank of Scotland Ld in Glasgow und London, bei Crédit Lyonnais, Comptoir National d'Escompte und bei Alphen, Messin & Co. in Paris; bei dem Effektenmakler M. V. Peter der Banque Transatlantique, ebenfalls in Paris; bei der Direktion der Disconto Gesellschaft sowie Joseph Goldschmidt & Cie in Berlin; in der Russischen Reichsbank sowie bei Herrn Emmanuel Nobel in Petersburg; bei der Skandinaviska Kreditaktiebolaget in Göteborg und Stockholm; Enskilda Banken in Stockholm sowie in meinem Kassenschrank in 59 Avenue Malakoff, Paris; und teils in ausstehenden Forderungen, Patenten, mir zukommenden Patentgebühren oder sogenannten Royalties u. a. m., worüber die Nachlaßverwalter Angaben in meinen Papieren und Büchern finden.

Dieses Testament ist bis jetzt das einzige gültige und hebt alle meine früheren testamentarischen Bestimmungen auf, wenn sich solche nach meinem Tod vorfinden sollten. Schließlich ordne ich als meinen ausdrücklichen Wunsch und Willen an, daß mir nach meinem Tod die Pulsadern aufgeschnitten werden, und daß, nachdem dies geschehen und von kompetenten Ärzten deutliche Anzeichen des Todes festgestellt worden sind, die Leiche in einem sogenannten Krematoriumsofen verbrannt wird.

Paris, den 27. November 1895
Alfred Bernhard Nobel

Liste der Nobelpreisträger 1901-1996

Jahr	Physik	Chemie
1901	W. G. Röntgen (D)	J. H. Van't Hoff (NL)
1902	H. A. Lorentz (NL) P. Zeeman (NL)	H. E. Fischer (D)
1903	A. H. Becquerel (F) P. Curie (F) M. Curie (F)	S. A. Arrhenius (S)
1904	J. W. S. Rayleigh (GB)	W. Ramsey (GB)
1905	P. E. A. Lenard (D)	J. F. W. A. von Baeyer (D)
1906	J. J. Thomson (GB)	H. Moissan (F)
1907	A. A. Michelson (USA)	E. Buchner (D)
1908	G. Lippman (F)	E. Rutherford (GB)
1909	G. Marconi (I) C. F. Braun (D)	W. Ostwald (D)
1910	J. D. van der Waals (NL)	O. Wallach (D)
1911	W. Wien (D)	M. Curie (F)
1912	N. G. Dalén (S)	V. Grignard (F) P. Sabatier (F)
1913	H. Kamerlingh-Onnes (NL)	A. Werner (CH)

Medizin	Literatur	Frieden
E. A. von Behring (D)	Sully Prudhomme (F)	J. H. Dunant (CH) F. Passy (F)
R. Ross (GB)	Theodor Mommsen (D)	E. Ducommun (CH) C. A. Gobat (CH)
N. R. Finsen (DK)	Björnstjerne Björnson (N)	W. R. Cremer (GB)
I. P. Pavlov (RUS)	Frédéric Mistral (F) José Echegaray (E)	Institute of International Law, Gent
R. Koch (D)	Henryk Sienkiewicz (PL)	B. S. F. von Suttner (A)
C. Golgi (I) S. Ramón y Cajal (E)	Giousè Carducci (I)	T. Roosevelt (USA)
C. L. A. Laveran (F)	Rudyard Kipling (GB)	E. T. Moneta (I) L. Renault (F)
P. Ehrlich (D) I. Mečnikov (RUS)	Rudolf Eucken (D)	K. P. Arnoldson (S) F. Bayer (DK)
E. T. Kocher (CH)	Selma Lagerlöf (S)	A. M. F. Beernaert (B) P. H. B. B. d'Estournelles de Constant (F)
A. Kossel (D)	Paul Heyse (D)	Permanent International Peace Bureau, Berne
A. Gullstrand (S)	Maurice Maeterlinck (B)	T. M. C. Asser (NL) A. H. Fried (A)
A. Carrel (F)	Gerhart Hauptmann (D)	E. Root (USA)
C. R. Richet (F)	Rabindranath Tagore (IND)	H. La Fontaine (B)

Jahr	Physik	Chemie
1914	M. von Laue (D)	T. W. Richards (USA)
1915	W. H. Bragg (GB) W. L. Bragg (GB)	R. M. Willstätter (D)
1916	Nicht vergeben	Nicht vergeben
1917	C. G. Barkla (GB)	Nicht vergeben
1918	M. K. E. L. Planck (D)	F. Haber (D)
1919	J. Stark (D)	Nicht vergeben
1920	C. E. Guillaume (CH)	W. H. Nernst (D)
1921	A. Einstein (D/CH)	F. Soddy (GB)
1922	N. Bohr (DK)	F. W. Aston (GB)
1923	R. A. Millikan (USA)	F. Pregl (A)
1924	K. M. G. Siegbahn (S)	Nicht vergeben
1925	J. Franck (D) G. Hertz (D)	R. A. Zsigmondy (D)
1926	J. B. Perrin (F)	T. Svedberg (S)
1927	A. H. Compton (USA) C. T. R. Wilson (GB)	H. O. Wieland (D)
1928	O. W. Richardson (GB)	A. O. R. Windaus (D)
1929	L.-V. de Broglie (F)	A. Harden (GB) H. K. A. S. von Euler-Chelpin (S)

Medizin	Literatur	Frieden
R. Bárány (A)	Nicht vergeben	Nicht vergeben
Nicht vergeben	Romain Rolland (F)	Nicht vergeben
Nicht vergeben	Verner v. Heidenstam (S)	Nicht vergeben
Nicht vergeben	Karl Gjellerup (DK) Henrik Pontoppidan (DK)	International Committee of the Red Cross, Geneva
Nicht vergeben	Nicht vergeben	Nicht vergeben
J. Bordet (B)	Carl Spitteler (CH)	T. W. Wilson (USA)
S. A. S. Krogh (DK)	Knut Hamsun (N)	L. V. A. Bourgeois (F)
Nicht vergeben	Anatole France (F)	K. H. Branting (S) C. L. Lange (N)
A. V. Hill (GB) O. F. Meyerhof (E)	Jacinto Benavente (E)	F. Nansen (N)
F. G. Banting (CDN) J. J. R. Macleod (CDN)	W. B. Yeats (IRL)	Nicht vergeben
W. Einthoven (NL)	Wladyslaw Reymont (PL)	Nicht vergeben
Nicht vergeben	G. B. Shaw (GB)	J. A. Chamberlain (GB) C. G. Dawes (USA)
J. A. G. Fibiger (DK)	Grazia Deledda (I)	A. Briand (F) G. Stresemann (D)
J. Wagner-Jauregg (A)	Henri Bergson (F)	F. Buisson (F) L. Quidde (D)
C. J. H. Nicolle (F)	Sigrid Undset (N)	Nicht vergeben
C. Eijkman (N) F. G. Hopkins (GB)	Thomas Mann (D)	F. B. Kellog (USA)

Jahr	Physik	Chemie
1930	C. V. Raman (IND)	H. Fischer (D)
1931	Nicht vergeben	C. Bosch (D) F. Bergius (D)
1932	W. Heisenberg (D)	I. Langmuir (USA)
1933	E. Schrödinger (A) P. A. M. Dirac (GB)	Nicht vergeben
1934	Nicht vergeben	H. C. Urey (USA)
1935	J. Chadwick (GB)	F. Joliot (F) I. Joliot-Curie (F)
1936	V. F. Hess (A) C. D. Anderson (USA)	P. J. W. Debye (NL)
1937	C. J. Davisson (USA) G. P. Thomson (GB)	W. N. Haworth (GB) P. Karrer (CH)
1938	E. Fermi (I)	R. Kuhn (D)
1939	E. O. Lawrence (USA)	A. F. J. Butenandt (D) L. Ruzicka (CH)
1940	Nicht vergeben	Nicht vergeben
1941	Nicht vergeben	Nicht vergeben
1942	Nicht vergeben	Nicht vergeben
1943	O. Stern (USA)	G. de Hevesy (H)
1944	I. I. Rabi (USA)	O. Hahn (D)

Medizin	Literatur	Frieden
K. Landsteiner (A)	Sinclair Lewis (USA)	L. O. N. Söderblom (S)
O. H. Warburg (D)	Erik Axel Karlfeldt (S)	J. Addams (USA) N. M. Butler (USA)
C. S. Sherrington (GB) E. D. Adrian (GB)	John Galsworthy (GB)	Nicht vergeben
T. H. Morgan (USA)	Ivan Bunin (staatenlos)	N. R. L. Angell (GB)
G. H. Whipple (USA) W. P. Murphy (USA) G. R. Minot (USA)	Luigi Pirandello (I)	A. Henderson (GB)
H. Spemann (D)	Nicht vergeben	C. von Ossietzky (D)
H. H. Dale (GB) O. Loewi (A)	Eugene O'Neill (USA)	C. Saavedra Larnas (RA)
A. Szent-Györgyi von Nagyrapolt (H)	Roger Martin du Gard (F)	E. A. R. G. Cecil (GB)
C. J. F. Heymans (B)	Pearl Buck (USA)	Nansen International Office for Refugees, Geneva
C. Domagk (D)	F. E. Sillanpää (FIN)	Nicht vergeben
Nicht vergeben	Nicht vergeben	Nicht vergeben
Nicht vergeben	Nicht vergeben	Nicht vergeben
Nicht vergeben	Nicht vergeben	Nicht vergeben
E. A. Doisy (USA) H. C. P. Dam (DK)	Nicht vergeben	Nicht vergeben
J. Erlanger (USA) H. S. Gasser (USA)	Johannes V. Jensen (DK)	International Committee of the Red Cross, Geneva

Jahr	Physik	Chemie
1945	W. Pauli (A)	A. I. Virtanen (FIN)
1946	P. W. Bridgman (USA)	J. B. Sumner (USA) J. H. Northrop (USA) W. M. Stanley (USA)
1947	E. V. Appleton (GB)	R. Robinson (GB)
1948	P. M. S. Blackett (GB)	A. W. K. Tiselius (S)
1949	H. Yukawa (J)	W. F. Giauque (USA)
1950	C. F. Powell (GB)	O. P. H. Diels (D) K. Alder (D)
1951	J. D. Cockcroft (GB) E. T. S. Walton (IRL)	E. M. McMillan (USA) G. T. Seaborg (USA)
1952	F. Bloch (USA) E. M. Purcell (USA)	A. J. P. Martin (GB) R. L. M. Synge (GB)
1953	F. Zernike (NL)	H. Staudinger (D)
1954	M. Born (GB) W. Bothe (D)	L. C. Pauling (USA)
1955	W. E. Lamb (USA) P. Kusch (USA)	V. du Vigneaud (USA)

Medizin	Literatur	Frieden
A. Fleming (GB) E. B. Chain (GB) H. W. Florey (GB)	Gabriela Mistral (RCH)	C. Hull (USA)
H. J. Muller (USA)	Hermann Hesse (CH)	E. G. Balch (USA) J. R. Mott (USA)
C. F. Cori (USA) G. T. Cori (USA) B. A. Iloussay (RA)	André Gide (F)	The Friends Service Council (GB) The American Friends Service Committee (USA)
P. H. Müller (CH)	T. S. Eliot (GB)	Nicht vergeben
A. C. de Abreu Freire Egas Moniz (P) W. R. Hess (CH)	William Faulkner (USA)	J. Boyd Orr (GB)
P. S. Hench (USA) E. C. Kendall (USA) T. Reichstein (CH)	Bertrand Russell (GB)	R. Bunche (USA)
M. Theiler (ZA)	Pär Lagerkvist (S)	L. Jouhaux (F)
S. A. Waksman (USA)	François Mauriac (F)	A. Schweitzer (F/D)
H. A. Krebs (GB) F. A. Lipmann (USA)	Winston Churchill (GB)	G. C. Marshall (USA)
J. F. Enders (USA) T. H. Weller (USA) F. C. Robbins (USA)	Ernest Hemingway (USA)	Office of the UN High Commissioner for Refugees, Geneva
A. H. T. Theorell (S)	Halldór Laxness (IS)	Nicht vergeben

Jahr	Physik	Chemie
1956	W. Shockley (USA) J. Bardeen (USA) W. H. Brattain (USA)	C. N. Hinshelwood (GB) N. N. Semenov (RUS)
1957	C. N. Yang (China) T.-D. Lee (China)	A. R. Todd (GB)
1958	P. A. Cerenkov (RUS) I. M. Frank (RUS) I. J. Tamm (RUS)	F. Sanger (GB)
1959	E. G. Segrè (USA) O. Chamberlain (USA)	J. Heyrovsky (CZ)
1960	D. A. Glaser (USA)	W. F. Libby (USA)
1961	R. Hofstadter (USA) R. L. Mössbauer (D)	M. Calvin (USA)
1962	L. D. Landau (RUS)	M. F. Perutz (GB) J. C. Kendrew (GB)
1963	E. P. Wigner (USA) M. Goeppert-Mayer (USA) J. H. D. Jensen (D)	K. Ziegler (D) G. Natta (I)
1964	Ch. H. Townes (USA) N. G. Basov (RUS) A. M. Prochorov (RUS)	D. Crowfoot Hodgkin (GB)
1965	S.-I. Tomonaga (J) J. Schwinger (USA) R. P. Feynman (USA)	R. B. Woodward (USA)

Medizin	**Literatur**	**Frieden**
A. F. Cournand (USA) W. Forssmann (D) D. W. Richards Jr. (USA)	J. R. Jiménez (E)	Nicht vergeben
D. Bovet (I)	Albert Camus (F)	L. B. Pearson (CDN)
G. W. Beadle (USA) E. L. Tatum (USA) J. Lederberg (USA)	Boris Pasternak (RUS) (hat abgelehnt)	G. Pirc (B)
S. Ochoa (USA) A. Kornberg (USA)	Salvatore Quasimodo (I)	P. J. Noel-Baker (GB)
F. M. Burnet (AUS) P. B. Medawar (GB)	Saint-John Perse (F)	A. J. Luthuli (ZA)
G. von Békésy (USA)	Ivo Andric (YU)	D. H. A. C. Hammarskjöld (S)
F. H. C. Crick (GB) J. D. Watson (USA) M. H. F. Wilkins (GB)	John Steinbeck (USA)	L. C. Pauling (USA)
J. C. Eccles (AUS) A. L. Hodgkin (GB) A. F. Huxley (GB)	Giorgos Seferis (GR)	International Committee of the Red Cross, Geneva League of Red Cross Societies, Geneva
K. Bloch (USA) F. Lynen (D)	Jean-Paul Sartre (F) (hat abgelehnt)	M. L. King (USA)
F. Jacob (F) A. Lwoff (F) J. Monod (F)	Mikhail Sholokhov (RUS)	United Nation's Children's Fund (UNICEF)

Jahr	Physik	Chemie
1966	A. Kastler (F)	R. S. Mulliken (USA)
1967	H. A. Bethe (USA)	M. Eigen (D) R. G. W. Norrish (GB) G. Porter (GB)
1968	L. W. Alvarez (USA)	L. Onsager (USA)
1969	M. Gell-Mann (USA)	D. H. R. Barton (GB) Hassel (N)
1970	H. Alfvén (S) L. Néel (F)	L. Leloir (RA)
1971	D. Gabor (GB)	G. Herzberg (CDN)
1972	J. Bardeen (USA) L. N. Cooper (USA) J. R. Schrieffer (USA)	Ch. B. Anfinsen (USA) S. Moore (USA) H. Stein (USA)
1973	L. Esaki (J) I. Giaever (USA) B. D. Josephson (GB)	E. O. Fischer (D) G. Wilkinson (GB)
1974	M. Ryle (GB) A. Hewish (GB)	P. J. Flory (USA)
1975	A. Bohr (DK) B. Mottelson (DK) J. Rainwater (USA)	J. W. Cornforth (GB) V. Prelog (CH)
1976	B. Richter (USA) S. C. C. Ting (USA)	W. N. Lipscomb (USA)

Medizin	Literatur	Frieden
P. Rous (USA) C. B. Huggins (USA)	Shmuel Y. Agnon (IL) Nelly Sachs (D)	Nicht vergeben
R. Granit (S) H. K. Hartline (USA) G. Wald (USA)	Miguel A. Asturias (GCA)	Nicht vergeben
R. W. Holley (USA) H. G. Khorana (USA) M. W. Nirenberg (USA)	Yasunari Kawabata (J)	R. Cassin (F)
M. Delbrück (USA) A. D. Hershey (USA) S. E. Luria (USA)	Samuel Beckett (IRL)	International Labour O. Organisation, Geneva
B. Katz (GB) U. von Euler (S) J. Axelrod (USA)	Alexander Solsjenitsyn (RUS)	N. E. Borlaug (USA)
E. W. Sutherland (USA)	Pablo Neruda (RCH)	W. Brandt (D)
G. M. Edelman (USA) R. R. Porter (GB)	Heinrich Böll (D)	Nicht vergeben
R. von Frisch (D) K. Lorenz (A) N. Tinbergen (GB)	Patrick White (AUS)	H. A. Kissinger (USA) Le Duc Theo (VN) (hat abgelehnt)
A. Claude (B) C. de Duve (B) G. E. Palade (USA)	Eyvind Johnson (S) Harry Martinson (S)	S. MacBride (IRL) E. Sato (J)
D. Baltimore (USA) R. Dulbecco (USA) H. M. Temin (USA)	Eugenio Montale (I)	A. Sakharov (RUS)
B. S. Blumberg (USA) D. C. Gajdusek (USA)	Saul Bellow (USA)	M. Corrigan (GB) B. Williams (GB)

Jahr	Physik	Chemie
1977	P. W. Anderson (USA) F. Mott (GB) J. H. Van Vleck (USA)	I. Prigogine (B)
1978	P. L. Kapitsa (RUS) A. A. Penzias (USA) R. W. Wilson (USA)	P. Mitchell (GB)
1979	S. L. Glashow (USA) A. Salam (PK) S. Weinberg (USA)	H. C. Brown (USA) G. Wittig (D)
1980	J. W. Cronin (USA) V. L. Fitch (USA)	P. Berg (USA) W. Gilbert (USA) F. Sanger (GB)
1981	N. Bloembergen (USA) A. L. Schawlow (USA) K. M. Siegbahn (S)	K. Fukui (J) R. Hoffmann (USA)
1982	K. G. Wilson (USA)	A. Klug (GB)
1983	S. Chandrasekhar (USA) W. A. Fowler (USA)	H. Taube (USA)
1984	C. Rubbia (I) S. van der Meer (NL)	B. Merrifield (USA)
1985	K. von Klitzing (D)	H. A. Hauptman (USA) J. Karle (USA)
1986	E. Ruska (D) G. Binnig (D) H. Rohrer (CH)	D. R. Herschbach (USA) Y. T. Lee (USA) J. C. Polanyi (CDN)

Medizin	Literatur	Frieden
R. Guillemin (USA) A. Schally (USA) R. Yalow (USA)	Vicente Aleixandre (E)	Amnesty International N.
W. Arber (CH) D. Nathans (USA) H. O. Smith (USA)	Isaac B. Singer (USA)	M. Begin (IL) A. Sadat (ET)
A. M. Cormack (USA) G. N. Hounsfield (GB)	Odysseus Elytis (GR)	Mutter Teresa (IND)
B. Benacerraf (USA) J. Dausset (F) G. D. Snell (USA)	Czeslaw Milosz (PL/USA)	A. Perez Esquivel (RA)
D. H. Hubel (USA) R. W. Sperry (USA) T. N. Wiesel (S)	Elias Canetti (GB)	Office of the UN High Commissioner for Refugees, Geneva
S. Bergström (S) B. I. Satnuelsson (S) J. R. Vane (GB)	Gabriel García Márquez (CO)	A. Myrdal (S) A. García Robles (MEX)
B. McClintock (USA)	William Golding (GB)	L. Walesa (PL)
N. K. Jerne (DK) G. J. F. Köhler (D) C. Milstein (GB/RA)	Jaroslav Seifert (CZ)	D. Tutu (ZA)
M. S. Brown (USA) J. L. Goldstein (USA)	Claude Simon (F)	Intern. Physicians for the Prevention of Nuclear War
S. Cohen (USA) R. Levi-Montalcini (I/USA)	Wole Soyinka (WAN)	E. Wiesel (USA)

Jahr	Physik	Chemie
1987	J. G. Bednorz (D) K. A. Müller (CH)	D. J. Cram (USA) J.-M. Lehn (F) C. J. Pedersen (USA)
1988	L. M. Lederman (USA) Schwartz (USA) J. Steinberger (USA)	J. Deisenhofer (D) R. Huber (D) H. Michel (D)
1989	N. F. Ramsey (USA) H. G. Dehmelt (USA/CDN) W. Paul (D)	S. Altman (USA) T. R. Cech (USA)
1990	J. I. Friedman (USA) H. W. Kendall (USA) R. E. Taylor (CDN)	E. J. Corey (USA)
1991	P.-G. de Gennes (F)	R. R. Ernst (CH)
1992	G. Charpak (F)	R. A. Marcus (USA)
1993	R. A. Hulse (USA) J. H. Taylor (USA)	K. B. Mullis (USA) M. Smith (CDN)
1994	B. N. Brockhouse (CDN) C. G. Shull (USA)	G. A. Olah (USA)
1995	M. L. Perl (USA) F. Reines (USA)	P. J. Crutzen (NL) M. J. Molina (USA) F. S. Rowland (USA)
1996	D. M. Lee (USA) D. D. Osheroff (USA) R. C. Richardson (USA)	R. F. Curl, Jr. (USA) H. W. Kroto (GB) R. E. Smalley (USA)

Medizin	Literatur	Frieden
S. Tonegawa (J)	Joseph Brodsky (USA)	O. Arias Sánchez (CR)
J. W. Black (GB) G. B. Elion (USA) G. H. Hitchings (USA)	Naguib Mahfouz (ET)	United Nations' M. Peace-Keeping Forces
J. M. Bishop (USA) H. E. Varmus (USA)	Camilo José Cela (E)	Der 14. Dalai Lama (Tibet)
J. E. Murray (USA) E. D. Thomas (USA)	Octavio Paz (MEX)	M. Gorbachev (RUS)
E. Neher (D) B. Sakmann (D)	Nadine Gordimer (ZA)	Aung San Suu Kyi (Burma)
E. H. Fischer (USA/CH) E. G. Krebs (USA)	Derek Walcott (WL)	R. Menchu Tum (GCA)
R. J. Roberts (GB) P. A. Sharp (USA)	Toni Morrison (USA)	F. W. de Klerk (ZA) N. Mandela (ZA)
A. G. Gilman (USA) M. Rodbell (USA)	Kenzaburo Oe (J)	Y. Arafat (Palästina) Y. Rabin (IL) S. Peres (IL)
E. B. Lewis (USA) C. Nüsslein-Volhard (D) E. F. Wieschaus (USA)	Seamus Heaney (IRL)	J. Rotblat (GB) Pugwash Conferences on Science and World Affairs (CDN)
P. C. Doherty (AUS) R. M. Zinkernagel (CH)	Wisława Szymborska (PL)	C. F. de Ximenes Belo (East Timor) J. Ramos-Horta (East Timor)

Der Preis der Bank von Schweden für Wirtschaftswissenschaften in Gedenken an Alfred Nobel, Liste der Preisträger

1969	R. Frisch (N)	1984	R. Stone (GB)
	J. Tinbergen (NL)	1985	F. Modigliani (USA)
1970	P. Samuelson (USA)	1986	J. M. Buchanan Jr. (USA)
1971	S. Kuznets (USA)	1987	R. M. Solow (USA)
1972	J. R. Hicks (GB)	1988	M. Allais (F)
	K. Arrow (USA)	1989	T. Haavelmo (N)
1973	W. Leontief (USA)	1990	H. M. Markowitz (USA)
1974	G. Myrdal (S)		M. Miller (USA)
	F. A. von Hayek (GB)		W. F. Sharpe (USA)
1975	L. V. Kantorovich (RUS)	1991	R. Coase (GB)
	T. C. Koopmans (USA)	1992	G. S. Becker (USA)
1976	M. Friedman (USA)	1993	R. W. Fogel (USA)
1977	B. Ohlin (S)		D. C. North (USA)
	J. Meade (GB)	1994	J. C. Harsanyi (USA)
1978	H. Simon (USA)		J. F. Nash (USA)
1979	A. Lewis (GB)		R. Seiten (D)
	T. W. Schultz (USA)	1995	R. E. Lucas, Jr. (USA)
1980	L. Klein (USA)	1996	J. A. Mirrlees (GB)
1981	J. Tobin (USA)		W. Vickrey (USA)
1982	G. J. Stigler (USA)		
1983	G. Debreu (USA)		

Abkürzungen

RA Argentinien; AUS Australien; A Österreich; B Belgien; CDN Kanada; CH Schweiz; CO Kolumbien; CR Costa Rica; CZ ehem. Tschechoslowakei; D Deutschland; DK Dänemark; E Spanien; ET Ägypten; F Frankreich; FIN Finnland; GB Großbritannien; GCA Guatemala; GR Griechenland; H Ungarn; I Italien; IL Israel; IND Indien; IRL Irland; IS Island; J Japan; MEX Mexiko; N Norwegen; NL Niederlande; P Portugal; PK Pakistan; PL Polen; RCH Chile; RUS Rußland; S Schweden; USA Vereinigte Staaten; VN Vietnam; WAN Nigeria; YU ehem. Jugoslawien; ZA Südafrika

Quelle

Nobelstiftelsen
The Nobel Foundation, Box 5232, S-102 45 Stockholm, Sweden
The Swedish Institute, Box 7434, S-103 91 Stockholm, Sweden

Index

A

Abel, Frederic 137, 180, 181, 225-227, 302, 456-458
Acrel, Olaf 27
Adam, Edmond 349
Adam, Juliette 348-350
Agrell, Ingrid 347
Ågren, Gertie 10
Ahlberg, Brita Katarina 28
Åhling, August 436, 442, 445, 447
Ahlsell, Andriette s. Nobel-Ahlsell, Andriette
Ahlsell, Ludvig 44, 54, 59, 73, 75, 77
Ahlsell, Mina s. Nobel, Mina
Ahlström, Sophie 429, 430
Ahnlund, Knut 479
Alexander I. 48
Alexander II. 79, 159
Alexander III. 341
Almquist, Sven 273
Anderson, James H. 140
Andrée, Salomon August 437, 447, 452, 454-456, 466, 472
Antun, Elise 477
Appelbom, Frans 24
Arfvedsson, Carl David 75, 76
Aron, Jules 317, 318, 322, 324, 342
Aufschläger, Gustaf 175, 210, 359

B

Balzac, Honoré de 70, 239
Bandmann, Christian Eduard 128, 134, 151, 153, 214, 251
Bandmann, Julius 153, 210, 211
Barbe, Paul François 171, 181, 206-213, 218, 240-244, 246, 251, 270, 296, 307, 348, 357, 370, 383-388, 428, 494, 495
Beckett, George Hugh 430, 436, 439
Beliamin, Mikhail 278, 316-318, 334-337, 339, 342
Bender, Xavier 242
Bergengren, Erik 28, 112, 133, 207
Bergman, Ingmar 93
Bergström, Lasse 10
Bergström, O. 157
Berndes, J.A. 120
Berthelot, Marcelin 161
Bey, Aristarchi 400
Bilderling, Alexander 278, 287, 288
Bilderling, Peter 278, 283, 287, 288
Bildermann, Peter 256
Bismarck, Otto Fürst von 434
Björnson, Björnstjerne 69
Blanche, August 42
Blom, Fredrik 100, 103
Blomberg, Fritz 278
Boettger, Olga 476
Boulanger, Georges 400
Brandes, Georg 478
Branting, Hjalmar 478, 479
Braun, Wernher von 450
Bürger, Gottfried August 263
Burmeister, Kaufmann 90, 100, 104, 105
Bürstenbinder, Otto 151
Byron, Lord 69, 185

C

Calonne, H. 240
Carstens, Christian Ferdinand 219, 251
Cederberg, Hedda Charlotta 46
Cenci, Beatrice 424, 463
Chevreul, Michel Eugène 161
Claesson, Fredrika 46
Collin, Edla 256
Corbet, Paul 484
Courbet, Gustave 170
Creutz, Gustaf Philip 64
Cronquist, A. Walter 87
Csikszentmihalyi, Mihaly 93
Cuthbert, Alexander A. 233, 234, 245, 315

D

Dewar, James 456, 457, 458
Diocletian 410
Dostojevskij, Fjodor 58
Downie, John 166, 226-233, 309
Du Buit, Paul 387
Du Pont, Henry 149
Dyrssen, Gustaf D. 438, 467

E

Edison, Thomas Alva 98, 138, 431, 437
Einstein, Albert 410, 411
Ericsson, John 73-78, 148, 149, 493
Espmark, Kjell 10, 478, 479

F

Fagerberg, Sven 10, 57
Fehrenbach, Georges Denis 95, 134, 170, 239, 355, 477
Flaubert, Gustave 350
Fogelström, Per Anders 10
Fraenkel, Knut 456
Frischen-Ridderstolpe, Carl von 431, 432, 433, 481, 484, 485, 486
Frischen-Ridderstolpe, Ingeborg von s. Nobel, Ingeborg
Fulton, Robert 78

G

Gambetta, Léon 348, 349
Gandhi, Mahatma 411
Golisjambarov, Stephan 265, 267
Gottwald, K. 269
Grévy, Jules 171
Guareschi, N. 164
Günther, Christian 64

H

Haartmann, Lars Gabriel von 41, 47
Hagelin, E. 485
Hagelin, Karl 286, 337, 338, 342, 345
Hall, Israel 152, 153
Hamilton, Hugo 454
Hammond, Alfred 477
Hamsun, Knut 338
Heckscher, Eli 291
Hedin, Sven 315, 316, 426, 452, 453
Henry IV. 401
Hermerén, Göran 411
Hertzman, C.E. 99, 102, 103, 107, 108, 142
Hess, Sofie 9, 10, 178, 190-201, 230, 246, 348, 359, 365, 392, 393, 395-398, 402-404, 407, 408, 414,

415, 417-421, 465, 470, 474, 476, 477, 494
Hoffman, John T. 145
Hugo, Victor 22, 70, 167, 263, 295, 307, 350, 359, 477
Huss, Maja 50, 51, 340, 347

I
Ibsen, Henrik 69
Ingvar, David H. 10, 96

J
Jansson, Pehr Wilhelm 140

K
Kapivar, Kapy von 402, 408, 414, 418-420
Karl XII. 25
Karl Johan XIV. 48, 75
Karl Johan XV. 29, 123
Karlsson, Anders 445, 446, 448
Kielland, Alexander 69
King, Martin Luther 411
Kinsky von Chinic und Tettau, Bertha Sofia s. Suttner, Bertha von
Kjellberg, Jonas C. 435, 438, 443, 483
Klein, Georg 93
Kreuger, Ivar 147, 249
Krupp, Alfred 450

L
Lagerlöf, Selma 69
Lagerwall, Ivar 316-318, 323, 340
Lamartine, Alphonse de 70
Laval, Carl de 344
Laval, Gustaf de 450

Lecoz, Jean 477
Lenin, Vladimir I. 343, 345, 346
Lenngren, Pauline 255
Lesseps, Ferdinand de 293, 307, 350, 385, 386
Libby, William Herbert 324, 342
Lie, Jonas 69
Liedbeck, Alarik 15, 112, 120, 124, 156, 171, 194, 207, 208, 211, 230, 238, 242, 245, 256, 308, 337, 383, 429, 437, 477
Liljequist, Rudolf 437, 467, 482, 483, 485, 486
Lindhagen, Carl 485, 486
Ling, Pehr Henrik 156
Linné, Carl von 25
Ljungström, Birger u. Fredrik 446, 447, 453
Ludwig XIII. 339
Lumière, Auguste 439
Lund, Fredrik 10
Lundblad, Erik 10, 126
Lundholm, C.O. 175, 231
Lundström, Ragnhild 218, 240, 251, 303

M
Mac Mahon, Patrice Maurice de 171
Majendie, Vivian D. 136, 181, 227, 232, 234
Martinson, Harry 92
Marvin, M. Charles 283, 285
Maupassant, Guy de 70
McRoberts, George 211, 231
Michael, Großfürst von Rußland 260
Miles, F.D. 92

Milton, John 68
Mittag-Leffler, Gösta 478
Mond, Alfred 430
Musil, Robert 251

N
Napoléon III. 209, 263
Newton, Isaac 473
Newton, Robert 224
Nikolaj I. 47, 61, 62
Nobel-Ahlsell, Andriette 31, 34-37, 40-42, 49, 52, 79, 83-85, 91, 108, 109, 119, 195, 247, 248, 262, 269, 270, 286, 308, 309, 364, 369, 375-379
Nobel, Carl 331, 340, 344
Nobel, Edla 18, 50, 325
Nobel, Emanuel 22, 255, 259, 325, 330-347, 385, 387, 443, 445, 448, 466, 467, 469-472, 476, 482, 483, 485, 487, 488
Nobel, Emil (Bruder von Emanuel) 344, 345
Nobel, Emil Oscar (Bruder von Alfred) 52, 79, 82-85, 97, 99, 103, 107, 379, 493
Nobel, Gösta 345, 346
Nobel, Hjalmar 332, 423-425, 428, 442, 449, 466, 469, 470, 476, 477, 481, 482, 485, 486
Nobel, Immanuel d.Ä. 27
Nobel, Immanuel (Vater von Alfred) 28-34, 36, 37, 40, 41, 43, 44, 46-49, 51-55, 59-62, 65, 73, 74, 76-79, 81-91, 97, 99-101, 104, 105, 107-113, 116-119, 121, 123, 139, 142, 254, 378, 379
Nobel, Ingeborg 360, 425, 428, 431, 432, 443, 444, 477, 481, 485, 486
Nobel, Ludvig d.J. (Sohn von Robert) 400, 425, 428, 429, 464, 476, 477, 481, 482, 484-486
Nobel, Ludvig (Bruder von Alfred) 13, 15, 19, 23, 31, 36, 37, 40, 42, 44-47, 52, 56-58, 60, 73, 77, 79-82, 87, 90, 111, 118, 141, 170, 193, 195, 234, 254-261, 264-268, 271-273, 277-279, 282-286, 289-292, 295-300, 302-307, 310, 311, 313, 315-318, 322-326, 331, 332, 337, 338, 343, 363, 365, 366, 376, 377, 428, 441, 481, 494
Nobel, Marta 347
Nobel, Mina 80, 255
Nobel, Minna 256
Nobel, Pauline 112, 485, 486
Nobel, Robert 9, 19, 31, 36, 37, 40, 42, 45, 47, 49, 53, 56, 57, 59, 60, 73, 79-82, 94, 114, 115, 118, 119, 121, 124, 131, 141, 142, 223, 234, 238, 254-260, 264-267, 270-272, 274, 277-280, 282, 289, 296, 304, 305, 311, 325, 326, 332, 333, 335, 338, 339, 355, 358-360, 369, 376, 378, 379, 400, 425, 426, 431, 443, 444, 461, 476, 481, 482, 487, 494
Nobel, Tyra 425, 428, 477
Nobelius, Olof Pärsson 25, 26
Nobelius, Petrus Olai 23, 24
Nord, Herman 102, 103, 107
Nordenfelt, Thorsten 438
Nordenskjöld, Adolf Erik 287, 308, 437, 472
Nordling, Gustaf 484, 485
Nordquist, Maria 102, 103, 107

Norris, J. 165
Nyman, Johan Peter 103, 108

O

Öberg, Carl 376, 437
Ogarev, Nikolaj 52, 59
Olofsson, Sven Ingemar 10
Oscar II. 123, 448, 450, 482
Oswald, Alphonse 477
Oswald, Auguste 466, 467, 477
Owen, Samuel 75

P

Palander, Louis 287, 308, 437
Pelouze, Th. J. 56, 73, 80, 161, 162
Pereire, L. 86
Peterov, Magister 56, 57

R

Ramel, Stig 10
Randolph, Charles 227
Rathsman, Hjalmar 130
Ravaillac, François 401
Reichnach, Jacques de 386
Richelieu, Armand-Jean du Plessis de 339
Rockefeller (Familie) 296, 298, 316, 324, 335
Roospigg, Carolina 40
Rosell, Anna Kristina 28
Rosen, Nils Adolf von 211
Rothschild, Alphonse 316-318, 373
Rothschild (Familie) 272, 292, 298, 311, 316-318, 324, 335, 336, 342, 485
Roux, Louis 213, 242, 270
Rudbeck, Olof 22, 24, 25, 31

Rudbeck, Wendela 25
Russell, Bertrand 411
Rydberg, Viktor 69, 70, 72

S

Sand, George 350
Sandgren, Erhard 315
Santesson, B. Lars 56
Scheele, Carl Wilhelm 161
Schiller, Friedrich 319
Schneider, E. 416
Schopenhauer, Arthur
Schück, Henrik 23, 27, 39, 62, 64, 65, 69, 72, 75, 84, 111, 463
Schwartz, Barthold 160
Seligman, Jakob 486
Shaffner, Taliafero Preston 139, 140, 142-144, 146, 150-154, 209
Shakespeare, William 66
Shaplen, Robart 147
Shaw, Archibald 180, 309
Shaw, Bernard 193
Shelley, Percy Bysshe 39, 66, 68-70, 463
Sjögren, Hjalmar 482
Smith, Lesingham, Reverend 67, 68
Smitt, Johan Wilhelm 117, 118, 121, 124, 135, 211, 215, 216, 256, 429, 472
Sobrero, Ascanio 80, 81, 88, 158, 161, 162-165
Söderberg, Sten 77
Söderblom, Nathan 38, 57, 194, 467, 468
Söderholm, Nils 435
Söderman, Carl August 472
Sohlman, Ragnar 20, 21, 23, 38,

43, 57, 71, 75, 92, 93, 116, 124, 176, 194, 284, 418, 420, 421, 428-430, 436, 450, 454, 466, 467, 482-486, 488, 495
Spencer, Herbert 69
Stalin, Josef 343
Steckzén, Birger 440
Strandh, Sigvard 10, 26, 30, 36, 55, 74, 80, 125, 164, 232, 337, 417
Strehlert, Robert 437
Strindberg, August 38, 42, 44, 92, 98, 159, 160, 456, 462
Strindberg, Nils 456
Sundgren, A.S. 278
Suttner, Arthur von 184, 189, 190, 349, 399, 410, 494
Suttner, Bertha von 21, 57, 178, 183-191, 193, 194, 199, 349, 399, 400, 409-413, 416, 422-424, 462, 474, 483, 494

T

Tegnér, Esaias 69
Tennant, Charles 226
Théel, Erland 265
Thomson-Roos, Eva 47
Tisell, Carin 10
Tolf, Robert 346
Törnudd, Gustav A. 280
Totleben, Eduard 82
Tournaud, Alphonse 430
Trapp, Yuli 55, 56, 80
Trauzl, Isidor 133, 134, 211, 274
Trotzki, Lev 345
Tschechow, Anton 40
Turgenieff, Ivan 318

U

Unge, Wilhelm T. 437, 449, 450

V

Vian, Géo 213
Vieille, P.M.E. 356
Voltaire, François-Marie Arouet 65

W

Wahlberg, Alfred 170
Waldeck-Rousseau, René 484
Wallenberg, Marcus 235
Wallin, Anna 26
Watt, James 74, 128
Webb, Orlando 224-226, 302
Welin, Axel 480
Wennerström, Carl 116-121, 140
Widerberg, F.A. 46
Winberg, Kristina 9
Winkelmann, Emmy 477
Winkelmann, Marie 477
Winkler, Theodor 127, 128, 151, 211, 214, 215
Winkler, Wilhelm 128, 151, 211, 214, 215
Witte, August 46
Wright, Orville u. Wilbur 453
Wunderlich, Bruno 278

Z

Zabelskiv, I.J. 278
Zinin, Nikolaj N. 55, 56, 80, 81, 88, 141, 161
Zola, Emile 70, 167, 368
Zorn, Anders 377

Zu dieser Ausgabe

insel taschenbuch 2104, Kenne Fant, Alfred Nobel

Der Text folgt der Ausgabe: Kenne Fant, *Alfred Nobel. Idealist zwischen Wissenschaft und Wirtschaft*, Birkhäuser Verlag AG, Basel 1995. Die schwedische Originalausgabe erschien 1991 unter dem Titel *Alfred Bernhard Nobel* bei Norstedts Förlag, Stockholm. Die Übersetzung aus dem Schwedischen besorgte Wolfgang Butt.

Abbildungen: Archiv des Autors: Abbildung 1, 23, 26. Nobel-Stiftung, Stockholm: Abbildung 2–21, 24, 25, 27–35. Stadtmuseum, Stockholm: Abbildung 22.

Biographien, Leben und Werk
im insel taschenbuch

Peter Altenberg. Leben und Werk in Texten und Bildern. Herausgegeben von Hans Christian Kosler. it 1854

Lou Andreas-Salomé: Lebensrückblick. Grundriß einiger Lebenserinnerungen. Aus dem Nachlaß herausgegeben von Ernst Pfeiffer. Neu durchgesehene Ausgabe mit einem Nachwort des Herausgebers. it 54

– Rainer Maria Rilke. Mit acht Bildtafeln im Text. Herausgegeben von Ernst Pfeiffer. it 1044

Elizabeth von Arnim: Elizabeth und ihr Garten. Aus dem Englischen von Adelheid Dormagen. it 1293 und Großdruck. it 2338

Angelika Beck: Jane Austen. Leben und Werk in Texten und Bildern. it 1620

Marian Brandys: Maria Walewska. Napoleons große Liebe. Eine historische Biographie. it 1835

Bertolt Brecht. Sein Leben in Bildern und Texten. Mit einem Vorwort von Max Frisch. Herausgegeben von Werner Hecht. it 1122

Die Schwestern Brontë. Leben und Werk in Texten und Bildern. Herausgegeben von Elsemarie Maletzke und Christel Schütz. it 814

Robert de Traz: Die Familie Brontë. Eine Biographie. Aus dem Französischen von Maria Arnold. Mit einem Beitrag von Mario Praz und zahlreichen Abbildungen. it 1548

Georg Büchner. Leben und Werk in Texten und Bildern. Von Reinhold Pabst. it 1626

Hans Carossa: Ungleiche Welten. Lebensbericht. it 1471

Benvenuto Cellini: Leben des Benvenuto Cellini florentinischen Goldschmieds und Bildhauers. Von ihm selbst geschrieben, übersetzt und mit einem Anhange herausgegeben von Johann Wolfgang Goethe. Mit einem Nachwort von Harald Keller. it 525

Cézanne. Leben und Werk in Texten und Bildern. Von Margret Boehm-Hunold. it 1140

George Clémenceau: Claude Monet. Betrachtungen und Erinnerungen eines Freundes. Mit farbigen Abbildungen und einem Nachwort von Gottfried Boehm. it 1152

Sigrid Damm: Cornelia Goethe. it 1452

– »Vögel, die verkünden Land.« Das Leben des Jakob Michael Reinhold Lenz. it 1399

Joseph von Eichendorff. Leben und Werk in Texten und Bildern. Herausgegeben von Wolfgang Frühwald und Franz Heiduk. it 1064

Biographien, Leben und Werk
im insel taschenbuch

Elisabeth von Österreich. Tagebuchblätter von Constantin Christomanos. Herausgegeben von Verena von der Heyden-Rynsch. Mit Beiträgen von E. M. Cioran, Paul Morand, Maurice Barrès und Ludwig Klages. Mit zeitgenössischen Abbildungen. it 1536

Die Familie Mendelssohn. 1729 bis 1847. Nach Briefen und Tagebüchern herausgegeben von Sebastian Hensel. Mit einem Nachwort von Konrad Feilchenfeldt. it 1671

Theodor Fontane: Kriegsgefangen. Erlebnisse 1870. Herausgegeben von Otto Drude. Mit zahlreichen Abbildungen. it 1437

– Meine Kinderjahre. Autobiographischer Roman. Mit einem Nachwort von Otto Drude. it 705

Theodor Fontane. Leben und Werk in Texten und Bildern. Von Otto Drude. it 1660

Frauen mit Flügel. Lebensberichte berühmter Pianistinnen. Von Clara Schumann bis Clara Haskil. Herausgegeben und mit einem Nachwort von Eva Rieger und Monica Steegmann. it 1714

Sigmund Freud. Sein Leben in Bildern und Texten. Herausgegeben von Ernst Freud, Lucie Freud und Ilse Grubrich-Simitis. Mit einer biographischen Skizze von K. R. Eissler. Gestaltet von Willy Fleckhaus. it 1133

Dagmar von Gersdorff: Marie Luise Kaschnitz. Eine Biographie. Mit zahlreichen Abbildungen. it 1887

Klaus Goch: Franziska Nietzsche. Eine Biographie. Mit zahlreichen Abbildungen. it 1623

Goethe. Sein Leben in Bildern und Texten. Vorwort von Adolf Muschg. Herausgegeben von Christoph Michel. Gestaltet von Willy Fleckhaus. it 1000

Manfred Wenzel: Goethe und die Medizin. Selbstzeugnisse und Dokumente. Herausgegeben von Manfred Wenzel. Mit zahlreichen Abbildungen. it 1350

Herman Grimm: Das Leben Michelangelos. it 1758

Gernot Gruber: Mozart. Leben und Werk in Texten und Bildern. it 1695

Klaus Günzel: Die Brentanos. Eine deutsche Familiengeschichte. Mit zahlreichen Abbildungen. it 1929

Adele Gundert: Marie Hesse. Die Mutter von Hermann Hesse. Ein Lebensbild in Briefen und Tagebüchern. Mit einem Essay von Siegfried Greiner und Illustrationen von Gunter Böhmer. it 261

Heinrich Heine. Leben und Werk in Daten und Bildern. Von Joseph A. Kruse. Mit farbigen Abbildungen. it 615